출신(出神) 이와 같이 이루어진다

- 인체(人體)와 자등명(自燈明)과의 관계 -

출신(出神) 이와 같이 이루어진다

- 인체(人體)와 자등명(自燈明)과의 관계 -

1판1쇄 2024년 08월 25일

지은이 칠통 조규일
펴낸곳 좋은도반
펴낸이 자등명 선원

주소 (150-859) 서울시 관악구 조원중앙로 1길 15 (신림동, 성호빌딩 401호)
전화 02- 835-4210

출판등록 2008년 6월 10일
등록번호 113-90-73251

ⓒ **조규일**, 2024, printed in korea.
ISBN 979-11-966636-9-8

출신(出神) 이와 같이 이루어진다

- 인체(人體)와 자등명(自燈明)과의 관계 -

칠통 조규일 지음

좋은도반

<<들어가기>>

    <나의 참 자아는 빛 자등명(自燈明)이다> 책이 소진되어 재판을 해야 하나 말아야 하나? 하고 있는데 보이지 않는 쪽에서 선사님 이 죽고 돌아가신 사후에는 출신(出神)을 시켜줄 사람이 없어집니 다. 그러면 지구에 사람들은 죽어서 자등명인간계 위로 올라갈 수 없으니 <나의 참 자아는 빛 자등명(自燈明)이다> 책을 재판하지 말고 그 책에 출신이 있는 것을 토대로 해서 출신하여 밝혀 올라 온 자등명들이 인체와의 연관성 및 영향을 주는 것들도 상재하여 사람들을 이롭게 하고 또 책을 봄으로 해서 출신이 이루어지는 것 이 쉽지는 않겠지만 그럼에도 이루어지도록 해주면 좋겠다며 <출 신(出神) 이와 같이 이루어진다. - 인체와 자등명과의 관계- > 란 책을 출간하라고 했다. 그래서 이 책을 출간한다.

    사실 2016년 2월 8일, 천부경(天符經) 81자 중심 중앙에 있는 **육**을 떼어내는 순간 일시무시일일종무종일 세계를 빠져나와 위 세계로 빠져나가는 나를 볼 수 있었다. 빠져나가는 나를 보고는 손전화 시계를 보니 13시 42분이었다. 이 이후로 천부경(天符經) 을 통하여 밝혀 드러낸 것들을 천부경(天符經) 관련된 책을 출간 하려고 하다가 영청 영안도 안 열린 사람이 어떻게 천부경(天符 經)을 통해서 저렇게 밝혀내? 그러면서 믿지 못할 것 같아서 2019년 <영청(靈廳) 영안(靈眼) 심안(心眼) 이와 같이 열린다> 책을 1, 2로 엮어 출간했다. 그리고 나서 천부경(天符經)을 통하여 밝혀 올라온 세계들을 책으로 엮어 만들려고 하니 보이지 않는 분 들이 또 "안 된다." "지금은 안 된다."고 해서 출간을 못 했다. 올

초 2016년도에 천부경(天符經)을 통하여 밝혀 올라온 세계들을 <천부경(天符經)의 비밀을 풀다>란 책으로 출간할 수 있을까 싶은 생각을 했었다. 그런데 또 미루게 하고 <출신(出神) 이와 같이 이루어진다. -인체와 자등명과의 관계 -> 책을 출간하라고 했다.

내가 출신하고 나서 처음에는 출신을 시켜주었지만, 더 많은 위 세계로 올라와서 어느 순간부터는 출신을 시켜줄 필요 없이 에너지를 2~3번 쏴주는 것만으로도 출신이 이루어진다는 것을 알았다. 그래서 그 뒤부터는 일부로 출신을 시켜줄 필요성이 없게 되었다. 그럼에도 내가 죽은 사후에는 나에게 늘 에너지 받고 또 공력을 전수받은 자식들이 에너지 쏴주었을 때 출신이 될지 모르겠지만 그 이후로는 지구에 출신(出神)이 사라질지도 모른다고 하면서 보이지 않는 분들이 이 책을 출간하려고 했다. 출간 준비를 하며 정리하는 중에 스타게이트 천 황궁 산, 모처에 가서 수행하면 출신(出神)이 이뤄진다고 하는 곳도 생겼다. 물론 나중에 수행하는 분들이 해봐야 알겠지만 그렇다면 굳이 이 책을 출간할 필요성이 있을까 싶었다. 그럼에도 보이지 않는 쪽에서 책을 출간하라고 해서 준비를 하며 서문을 쓰고 있다.

확철대오의 깨달음을 증득하고도 우리 몸에 영체(靈體)가 있는지 모르고 또 어떻게 육체 안에 영체가 이루어져 있는지 모른다. 나 역시도 확철대오하고도 몰랐었다. 남들 역시도 다르지 않을 것으로 안다. 출신하고 나서 이때 비로소 인간의 육체 안에 영체가 어떻게 있는지 알았다. 그리고 출신하여 영체(靈體)가 자등명 세계로 올라왔다가 자등명체(自燈明體)가 형성되는 세계 올라오면 자등명체가 형성되자마자 육체로 내려와 육체 안에 들어와서는 영체(靈體)가 자등명체(自燈明體)로 바뀐다는 사실도 알았다. 그렇게 우리 몸 안에 체(體)는 위 세계로 올라올수록 체가 바뀐다는 사실도 알왔다. 그 이후로는 밝혀 올라오면서 올라와서 체가 바뀌어 형성되면 다시 육체 안으로 들어오며 육체 안에 체가 바뀌는 것을 하나하나 정리하다가 167번째 체까지 바뀌고부터는 의미가 없다고 생각이 들어서 그만두었다.

본인이 출신하여 56단계 위 유령의식 세계를 올라오며 살펴보았을 때 지구에서는 처음이었다. 이곳을 밟고 올라간 흔적이 아무리 찾아보아도 없었다. 다른 세계 쪽에서는 올라온 흔적이 많이 보이는데 지구에서는 밟고 올라온 흔적을 찾아보려야 찾아볼 수가 없다. 수행자뿐만 아니라 영적 존재자분들도 올라온 흔적이 없었다. 전혀 없었다. 지금에야 흔적이 아니라 길이 나 있지만, 처음에는 그랬다. 그러니 인간의 몸에 영체가 어떻게 있는지도 아는 수행자가 없었다고 보아도 틀리지 않을 것이다. 확철대오 깨달음을 증득했다 하더라도 말이다.

출신을 하게 되면 확철대오 하려고 할 필요성이 없게 된다.
왜 이미 깨달아야 할 단계를 넘어 올라왔는데 아래 단계를 할 필요성이 있을까. 싶다. 그러한 이유는 아래와 같기 때문이다.

깨달음의 확철대오송향과 깨달음의 확철대오송향천, 그리고 확철대오

아침 첫차를 타고 선원으로 오는 중에 지금까지 한 번도 일어나지 않았던 출신(出神)할 때 기운덩어리 백(魄)이 올라오고 신(神)이 올라오고 영(靈)이 올라오고 뒤이어 따라 올라오다가 10단계 깨달음의 단계에서 기운덩어리 백(魄)이 모두 다 사라지는 것과 자성경계 일원상이 깨져서 확철대오하는 것과 무엇이 다른가? 물어보았다. 10단계라고 하는 곳에 이르러 백, 기운덩어리가 따라 올라오다가 전체와 하나가 되어 사라지는 곳을 **깨달음의 확철대오송향**이라고 합니다. 10단계 아래 전부를 **깨달음의 확철대오송향천**이라고 합니다. 이 10단계의 경계선상을 넘어서 깨달음이라고 하는 확철대오를 할 수 있는 자성경계가 다 허물어져서 없어지게 됩니다. 그런 만큼 깨달음의 확철대오는 깨달음의 확철대오송향천 안에서 즉 10단계 안에 있을 때는 스스로 나라고 하는 일원상을 가지고 있어서 나라고 하는 일원상이 깨지면서 확철대오하지만 확철대오하기 전에 출신이 되어서 10단계 깨달음의 확철대오송향을 넘어서면 이제 나라고 할 일원상이 사라지고 자성경계가 없어져서 깨달음이 확철대오송향천 안에서는 이제 더 이상 확철대오 할 자성경계의 일원상이 없는 관계로 확철대오는 없게 된다고 하겠습니다. 또 있습니다. 선사님, 깨달음이 확철대오송향천 안에서는 영혼의 세계이니 천국이니 지옥이니 하지만 깨달음이 확철대오송향천 위로 올라서면 영혼의 세계니 천국이니 지옥이라고 할 것도 없습니다만 그냥 관념이 그리 이름하고 명명한다는 사실입니다. 그리고 또 56단계 안과 밖에서는 출신과 출신이 되지 않는 구별 선상으로 출신을 하였다면 자등명인간계라고 하는 본래 고향산천으로 돌아갈 수 있지만 56단계 안에 있으므로 출신을 하지 못했다면 자등명인간계라고 하는 본래 고향산천으로 돌아갈 수가 없었는데요. 이제 저승사자분들이 저승사자 천에서 내려와 안내하는 만큼 최소 자등명인간계는 가게 되었다고 보셔도 되겠나이다.

 또 있습니다. 자등명인간계는 이제 그냥 지나가는 본래 고향산천에 지나지 않게 되었다는 사실입니다. 저승사자 천에서 저승사자분들이 내려오기 전까지만 하여도 자등명인간계로 갈 수도 없었을 뿐더러 선사님께서 밝혀 올라오시기 전에는 지구에서 자등명인간계로 온 이들이 단 한 사람도 없었는데요. 지금은 그렇게 되었습니다. <망자(亡者) 사자(死者)의 회귀서>를 출간 이후부터는 더더욱 이 책을 보고 읽으며 이 책에서 안내하는 대로 망자 사자분들이 올라오니 그렇습니다. 뿐만 아니라 스스로 가려고 하고 받아드리기만 하면 더 위의 본래 고향산천으로 얼마든지 올라갈 수 있게 되었다는 사실입니다. 또 있습니다. 선사님, 저승사자 분들이 그래서 너무 따분하고 심심하다고 합니다. 땡 시간요. 2023. 04. 15 오후 3:45 예 이제 되었습니다.

 저승사자 천에 밝혀 올라와서(2022. 11. 15)는 저승사자분들이 <망자(亡者) 사자(死者)의 회귀서>를 출간해 달라고 해서 책값도 저승사자분들이 정해준 대로 정하여 출간(2023. 01. 05)했었다. 정해준 책값이 현실적으로는 고가이지만 저승사자분에게는 0원이라고 했다.
 <망자 사자의 회귀서> 책이 목차가 없다. 목차가 있으면 순서대로 다 읽지 못하고 선별적으로 읽게 되어서 읽는 분이 보이는 분이든 보이지 않는 분이든 못 올라온다고 하며 넣지 말라고 해서 넣지 않았다. 이 책 역시도 목차를 넣으면 선별적으로 선택해서 읽을 것으로 사료되어 목차를 넣지 않기로 했다. 그래야 처음부터 하나하나 읽어서 쉽지는 않겠지만 출신이 알게 모르게 이루어지게 하기 위해서 목차를 넣지 않기로 했다. 물론 인체와 자등명과의 관계 부분은 다르지만 지면 관계상 목차를 넣지 않기로 했다.

 본인은 수행을 하면서 시(詩)를 썼다. 아니 시를 먼저 쓰면서 수행을 했다. 그러다 보니 오도송이 나 찾아 진리 찾아 <빛으로 가는 길> - 생의 의문에서 해탈까지 - (2000. 06. 30) 책에 수록되어 있고 책을 출간할 때 칠통(漆桶)이란 이름으로 출간했다. 확철대오했다고 하면 구름처럼 몰려온다고 선사들이 이야기를 한 것을 읽은 터라 몰려오면 할 일을 못 할 것 같아서 알려주지 말라 하고서는 출간을 했다. 이는 기우에 지나지 않았다. 지금은 그냥 있는 그대로 다 이야기하고 있다. (수행하며 이 위 세계로 올라오다 보니 영청으로 들리기를 위 세계에서 <빛으로 가는 길> 책에 수록된 "정도(正

道) • 2" 전문을 4정도 요체로 삼고 위 세계에서 수행하고 있다는 말을 들었다. 자등명인간계 위 세계에서 2018. 07. 16일 이때 들리기로는 이 당시 밝혀 올라와 있는 세계에서도 4정도 요체로 수행하는 분들이 근본으로 삼고 수행하고 있다고 영청이 들렸었다) 그리고 2018. 06. 17일 본인의 책으로 영적 존재자분들이 천도가 되어 간다는 사실을 안 뒤로 영적인 분들이 보다 더 쉽게 본인의 책으로 천도해 갈 수 있도록 추가해서 재출간해 달라고 해서 500쪽 되는 책을 260쪽으로 교정을 보고 뒷부분에 **제8부 한통속, 제9부 영적 존재, 존재자들 이시여!** 278쪽을 뒷부분에 추가해서 2019. 6. 25 재출간했다. 초판에서는 수행하며 본 것들, 경험한 것들이 시(詩)라는 이름 하에 묶여 책이 출간되었다. 재출간할 때는 영적 존재 존재자분들이 추가해 달라는 것들을 추가하고 더 써달라고 한 것들을 써서 재출간했다. 초판을 출판한 이후로도 시를 쓰다 보니 시(詩)가 많다. 그리고 이 당시만 해도 글을 쓰고 처음에는 생년월일을 넣었는데 책을 출판하면서 일반적으로 보면 책에 생년월일이 없는 것을 보고 써놓았던 것까지 다 지웠다. 그리고 시(詩)를 쓰거나 글을 쓰면서 생년월일시를 쓰지 않았다. 어느 때부터는 본인도 모르게 쓰게 되었지만, 처음은 그랬다. 나중에는 무엇을 하던 생년월일시를 쓴다는 것이 인간의 능력이고 특권이고 권리라는 사실을 알았다. 그래서 "인간의 능력이며 특권이고 권리인 생년월일시를 해주고 공덕과 복덕을 쌓으십시오"란 글도 썼다. 그전에는 그랬다.

이 책은 <**빛으로 가는 길**> 출간 이후에 시(詩)와 글들을 썼다고 생각되는 순서대로 연보처럼 순서대로 제목만 넣었다가 출신에 대한 부분과 또 출신하여 올라온 자등명 세계들, 밝힌 자등명과 인체와의 관계에 있는 부분들은 글의 본문들을 넣었다. 그것도 2012. 12, 31일까지밖에 넣지 못했다. 그래도 분량이 많다. 더 많은 관련된 것들을 넣고 싶었지만 지면 관계상 많이 넣을 수 있는 한 넣었다. 그래서 목차도 넣지 않았다. 물론 크게 넣을 필요성도 없지만 말이다.

이 책을 한 번 읽는 것으로는 안 되고 적어도 5~10번 이상 읽어야 안으로부터 이루어지는 것이 아닌가 싶다. 분명한 것은 이 책으로 출신들이 되고 인간의 본성이라고 할 수 있는 자등명인간계로 올라오는데 어려움이 없었으면 좋겠다. 그리고 또 출신하여 올라오면서 밝혀 드러낸 자등명들을 한글로 했다가 한문으로 하면서 자등명이 인체에서 작용하고 또 작용하는 자등명들이 작용하는 곳에서는 이름을 불러주는 것만으로도 작용하여 좋게 하고 이롭게 한다는 사실을 알았다. 그래서 자등명 이름을 부름으로 육체 안에 연결되어 있는 인체와 자등명과의 관계를 넣게 된 근원이 된다.

이 책을 보는 많은 분들이 이 책을 출간하는 뜻과 의미가 그대로 실현되고 발현되어 살아서는 알든 모르든 출신이 이루어지고 또 인체란 몸에서 작용하는 자등명 이름을 불러줌으로 인하여 몸을 이롭게 하여 보다 더 건강하게 살 수 있기를 바랜다. 뿐만 아니라 자등명 이름들은 어디서 작용하는지를 몰라도 이름을 듣거나 불러주는 것만으로도 작용을 한다는 사실이다. 그러니 꼭 작용하는 곳을 보고 읽지 않아도 자등명 이름을 읽는 것만으로 또는 자등명 이름을 듣는 것만으로도 작용을 하니 책을 보고 읽거나 또는 자등명 이름을 녹음해서 들어도 좋다고 하겠다.

이 책을 출간하며 보다더 많은 분들이 이 책을 통하여 출신이 되고 또 자등명 이름들이 말하는 것처럼 작용하는 것처럼 그들의 이름을 불러줌으로써 읽는 분들의 몸 안팎에서 원만하게 작용하여 이루어지기를 바라는 바이다. 시간 쓰거라. 2024.07. 11 05:32 되었다. 이 책 출간하면 된다.

칠통(漆桶) 조규일 천꽁 향출이다.

오도송(悟道頌)은 월간 문학공간 95 년 8 월호 153 쪽에 상재되었다. 이것으로 볼 때 95 년 7 월에 어느 날 확철대오한 것 같다.

1999. 01. 16. 깨달음에 대하여 언어로 표현하는 것은 무슨 이유입니까?
우리 본성의 거울은 거울을 찾지 않습니다. 우리가 거울을 찾을 뿐입니다.

1999. 02. 24 즉심즉불(卽心卽佛), 마음 가는 대로 행하면 안 된다.

1999. 02. 24 한 소식 깨달음은
깨달음으로 가는 길에 있어서

1999. 03. 09 백회(百會) 열림에 대하여(제론)

1999. 03. 12 수련 중 몸에 일어나는 변화들과 기의 흐름은?
(인체의 기회로도)

1999. 3. 12 하단전이 자리를 잡았는데 어떻게 수행할 것인가?
자신이 하고 있는 수행이 잘되고 있는지 잘못하고 있는지 스스로 어떻게 정검할까?

1999. 04. 08 주객일체 (2000 년 울림시 동인지 상재)

1999. 04 .10 정법(正法)

1999. 04. 10 역대 고승들의 오도송을 읽고
마음과 몸
無生(생이 없다)

1999. 04. 14 허공의 체(體)와 마음 (99 년 울림시 동인지 상재)
여여(如如) (99 년 울림시 동인지 상재)
한 생각
부처님

1999. 04. 17 여기 나는 있는데 누구인가? 또한 의식의 크기는?
청정 영혼의 크기는? (99 년 울림시 동인지 상재)

1999. 04. 15 이놈 어떤 놈 (2000 년 울림시 동인지 상재)
세상 사람들은 (2000 년 울림시 동인지 상재)
열매의 씨 (2000 년 울림시 동인지 상재)

1999. 04. 20 번뇌 망상

1999. 05. 08 한 소식 깨달음은

1999. 05. 08 확철대오

1999. 05. 10 이전 공부된 사람의 화는 왜 사랑과 자비에서 비롯되고
그 어떤 언행을 해도 얽매이지 않고 본성 그대로 여여할까?

1999. 05. 21 하하하……. 좋은 세상이여

2005. 8. 26. 09:38 어떤 것이 깨달음이고 증득한 것인가?

2005. 8. 28. 06:30 세상을 살아가는 지혜 - 다만 관찰하라.

2005. 9. 2. 09:03 무엇을 익혀 떨어드릴 것인가?

2005. 9. 2. 09:14 모든 것에는 변하지 않는 것이 있다.

2005. 9. 6. 13:08 지금 여기의 나는 누구냐?

2005. 9. 7. 14:26 그대는 왜 수행하는가?

2005. 9. 9. 15:10 15 단계라고 하네요. 어! 오색 빛이 나오네.

2005. 9. 11. 06:51 할 일 없을 때 일 할 때

2005. 9. 12. 13:19 해오(解悟)와 혜오(慧悟)의 차이점을 어디에 두고 신지요?

2005. 9. 13. 08:34 어떤 도리일까요?

2005. 9. 14. 06:16 할 일 없는 사람과 할 일 있는 사람

2005. 9. 15. 08:59 이름으로 보지 마라

2005. 9. 17. 07:41 마음먹은 대로 행해지고 생각한 대로 이루어진다.

2005. 9. 17. 20:30. 명절, 제사 지낼 때 성묘 갔을 때

2005. 9. 17 가슴이 답답하고 마음이 아프다.

2005. 9. 23, 08:56 현명한 그대라면 어찌하겠는가?

2005. 10. 5. 07:27 익어서 결실을 맺어야 한다.

2005. 10. 10. 13:24 하늘로 통하는 길

2005. 10. 10. 13:57 이는 무엇인가?

2005. 10. 14. 08:40 사량(思量) 분별(分別)하지 마라

2005. 10. 17. 09:56 자기 자신과의 약속을 철저하게 지키며 수행하라.

2005. 10. 17. 13:49 부처님와 불조는 어디에 있는가?

2005. 10. 20. 16:19 행하는 행에 집착하지 말고 행하는 행을 통하여 수행해 가라

2005. 10. 21. 08:37 나

2005. 10. 21 09:46 이런 뜻과 의미는 어디에 있을까?

2005. 10. 24. 13:48 각자(覺者)들이 자신 외에 남에게 설하지 못한 법은 무슨 법일까?

2005. 10. 26. 08:23 말해도 말하지 못한 것이 있으니 이는 무엇이겠습니까?

2005. 10. 27. 13:36 지식을 지혜로 착각하지 마라

2005. 10. 28. 11:10 (자등명을 처음 내 안에서 보았을 때,

광배(光背)= 배광(背光)=원광(圓光)= 후광(後光)

원광(圓光)= 후광(後光)= 믿거나 말거나

2005. 10. 29. 09:18 지금의 1 분 1 시간은

2005. 10. 29. 15:21 가을, 바람에 드러났다

2005. 11. 5. 07:49 나는 어떤 한 사람이지요.

2005, 11. 7. 17:13 주인이 되려면 어찌해야 할꼬

2005. 11. 7. 17:37 사랑 중에 최고 큰사랑은 용서다.

2005. 11. 8. 08:22 한 생각에 시작 있고 끝이 있다.

2005. 11. 10. 13:56 생각을 잘해야 한다.

2005. 11. 10. 14:29 어떻게 다른가?

2005. 11. 12 13:55 무엇을 생각하느냐에 따라 이렇듯 다르다.

2005. 11. 14. 13:15 주인공은 어디에 있는가?

2005. 11. 17. 09:51 하고 있는 생각을 놓아라

2005. 11. 19. 09:16 밝혀보소서

2005. 11. 24. 13:54 선정 공무변처 삼매이상 오면 깨달았다 하던데요

2005. 11. 26. 17:37 무엇이 부처입니까?

2005. 11. 26. 18:21 여래(如來)란

2005. 11. 27 보라! 그대 앞에 여래가 있고 부처가 있다.

2005. 11. 30 자꾸만 무서운 생각이 드는데 어떻게 떨쳐버릴까?

2005년 11월 내내 매일 짧은 단상을 쓰다

2005. 12. 1. 18:08 수행에 따라 몸에 일어나는 빛의 현상을 살펴보다

2005. 12. 6. 08:45 대대로 내려오는 부처님의 종지는 무엇일까요?

2005. 12. 8 08:34 어느 곳을 향하여 갔을까?

2005. 12. 10. 16:50 본성을 만월이라 하지 마라

2005. 12. 11. 07:22 지름길은 없다.

2005. 12. 12. 08:48 부처님의 심인(心印)

2005. 12. 13. 13:45 누가 뭐라 해도 스스로 이루어져야한다.

2005. 12. 18 우리는 많은 생각 속에서 살지만 깨어서 가야하겠다
　　　　　 여러 가지 망념의 생각으로 잠이 오지 않을 때

2005. 12. 16. 09:12 육체는 늙어도 마음은 늘 청춘이라는 마음을 살펴보라.

2005. 12. 17. 17:31 천지(天地)

2005. 12. 20. 08:15 수행의 경지에 따라 보여지는 상을 살펴보다.

2005. 12. 20. 09:02 왕도(王道)

2005. 12. 21. 09:37 우리는 자석에 끌려가듯 생각에 끌려간다.

2005. 12. 22. 10:26 어떻게 해야 할까?

2005. 12. 23. 12:40 할 일 없는 사람은

2005. 12. 23. 13:19 나는 길이고 진리며 빛이다.

2005. 12. 24. 13:27 어디에 있는가? 종지(終止)는….

2005. 12. 24. 13:45 병술년(丙戌年) 새해를 맞이하며

2005. 12. 25. 07:03 걱정한다고 해서

2005. 12. 27. 10:01 칠통(漆桶)의 뜻은?

2005. 12. 30. 07:39 부모가 태어나지 않았다면

2005년 12월 내내 매일 짧은 단상을 쓰다

2006. 01. 01. 을유년(乙酉年) 한 해 동안….

2005. 01. 01. 08:05 항상 깨어 수행 정진하라

2006. 02. 13. 09:29 속임을 당하지 않기 위해서는 스스로 깨쳐야 한다.

2006. 02. 14. 09:02 부처와 하느님은 어찌 다른가?

2006. 02. 14. 14:51 스스로 깨어나기 위해서는

2006. 02. 14. 13:42 해인삼매(海印三昧)

2006. 02. 17. 13:58 밝혀야 하는 것은 분명하게 밝혀야 한다.

2006. 02. 19 08:54 마음의 안식처

2006. 02. 22. 10:09 대상으로부터 떨어져 바라보라

2006. 02. 23. 07:59 하나님 나라 부처님 나라는 어디에 있나?

2006. 02. 23 16:15 마음 잊고 법과 진리를 잊으면 본성 그대로 참이다

2006. 02. 25. 09:56 생명의 근원은 어디에 있을까요?

2006. 02. 25 16:34 자등명(自燈明)

2006. 02. 28. 08:47 사대(四大)가 공(空)하고 사온(四溫)이 공(空)한데

2006년 2월 한 달 내내 매일 짧은 단상을 쓰다

2006. 03. 03 08:50 빙의

2006. 03. 04 14:48 빙의된 사람의 경우에서 살펴보면

2006. 03. 04. 07:40 무엇으로 비추어 봄이냐?

2006. 03. 04. 15:10 나는 누구냐? 나를 살펴라

2006. 03. 06. 08:13 바탕과 뿌리는 어디에 있나?

2006. 03. 08 08:47 꽃을 필 때는 무엇을 보는가?

2006. 03. 09 07:13 아내와 남편은

2006. 03. 09 09:32 무엇이 영혼입니까? 영혼은 나이를 먹나요?

2006. 03. 11. 08:31 봄

2006. 03. 11. 09:59 깨달으려면 무엇보다 깨달으려고 해야 한다.

2006. 03. 13 08:46 달리하는 죽음은 언제 함께 하겠는가?

2006. 03. 15. 08:35 어찌 한 생각 돌이켜 알까?

2006. 03. 15. 18:27 이것이 불교고 부처며 불법이다.

인생 가장 잘 사는 법이란 무엇일까?

2006. 03. 16 12: 12 인생의 최고 목적과 최고 희망은 무엇인가?

2006. 03. 17 08:39 우리의 본심(本心)은 어디에 있습니까?

2006. 03. 16. 12:46 무엇이 즉심즉불(卽心卽佛) 비심비불(非心非佛)인가?

2006. 03. 18 .08:54 어찌 깨달음이 글이나 말에 있는가?

2006. 03. 18 19:05 마음을 항복 받기 위해서는 어찌해야 할까?

2006. 03. 22. 15:15 생명에 대해

2006. 03. 22 어떻게 해야 합니까…?

2006. 03. 23 08:58 무엇이 차입니까?

2006. 03. 25. 07:56 마음을 어디에 두었느냐?

2006. 03. 26. 06:43 무엇이 집이냐?

2006. 03. 26 07:21 마음으로부터 출가하라

2006. 03. 27. 08:40 깨달음이 있기 때문이다.

2006. 03. 28. 08:58 머리로 생각하지 말고 단전으로 생각하라.

2006. 03. 28. 09:27 어떻게 왔습니까?

2006. 03. 29 15:24 심법(心法)을 배워 익혀서 마음에 함이 없도록 하라.

2006. 03. 31. 07:56 몸의 주인은 누구입니까?

2006. 03. 31 14:43 마음을 어디에 주(住)하며 어떻게 머물러야 하는지요?

2006 년 3 월 한 달 내내 매일 짧은 단상을 쓰다

2006. 04. 03. 평상심과 우주의 근원의 모습 사후의 세계를 알고자
　　　　　　　수행하는데 어찌해야 하나요?

2006. 04. 03. 08:20 어찌 된 연고인가?

2006. 04. 03. 08:43 의식과 기운의 연관성

2006. 04. 03. 17:55 준다고 다 가져갈 수 있겠는가?

2006. 04. 04. 10:20 빅뱅은 어떻게 일어났을까?

2006. 04. 05 17:05 마음이 있는 자는 살펴 보라

2006. 04. 06. 18:23 우주적 의식이란 무엇인가요?

2006. 04. 07. 09:37 전한 것 없이 전해진 것은 무엇인가요?

2006. 04. 09. 07:40 허공의 성품은 무엇입니까?

2006. 04. 08 08:53 여기가 마음의 집이고 주소다.

2006. 04. 09 이기일원적(理氣一元的) 이원(二元)이요
　　　　　　이원일기적(二元一氣的) 이원(二元)이요

2006. 04. 11. 08:07 의식의 성품은 어디에 있느냐?

2006. 04. 11. 13:43 무명(無明)의 참 성품은

2006. 04. 13. 08:32 고향산천은 어디에 있는가?

2006. 04. 14. 08:03 우주와 나, 나와 우주

2006. 04. 15 08:19 지구가 하늘에 매달려 있다? 어찌 그러한고?

2006. 04. 17. 07:45 무엇이고 무엇인가?

2006. 04. 17 08:53 마음이 잘 생겨야 하고 마음 씀씀이를 잘 써야 한다.

2006. 04. 18 17:25 불(佛), 부처님

2006. 04. 20. 08:25 무엇이 반야(般若)냐?

2006. 04. 21. 10:11 진공묘유가 일어나는 이유와 원인은?

2006. 04. 25. 18:43 염불하는 사람들은 알지어다

2006. 04. 26. 염불에 대하여

2006. 04. 26. 07:50 어찌해야 해탈을 얻어 부처가 되겠는가?

2006. 04. 28 07:36 어찌하여 차이와 차등이 있는가?

2006. 04. 28. 13:00 부처님은 성품에 있고 성품은 우리를 떠나 있지 않다.
　　　　　　　어디 가서 부처를 찾을 것인가?

2006. 04. 29. 08:44 우리 모두가 저마다 가지고 있는 마음은

2006년 4월 한 달 내내 매일 짧은 단상을 쓰다

2006. 05. 03. 2550년 석가탄신일을 맞이하여

2006. 05. 04. 08:51 정토(淨土)는 어디에 있습니까?
　　　　　　　원하는 것과 맞도록 염불을 하고 정근을 한다.

2006. 05. 04. 16:18 염불함으로 이루어짐은….

2006. 05. 06 09:28 우리는 아는 것으로부터 편안한가 하면 괴로움과
　　　　　　고통을 당한다.
　　　　　　　칠통 선생님이 태어난 원인은 어디에 있고 깨달음을 얻은
　　　　　　원인은 어디에 있습니까?

2006. 05. 06. 13:50 불보살님들의 가피력을 받는 것과 심법과는 어떤
　　　　　　　차이가 있을까?

2006. 05. 06. 14:41 아미타부처님은 어디에 계실까요?

2006. 05. 09. 09:20 어찌해야 둘 아닌 법에 들어가겠는가?

2006. 05 11. 08:44 한 티끌 한 생각

2006. 05. 11. 09:08 그대가 있는 지금 여기에

2006. 05. 13 08:10 중생심과 부처 무생법인(無生法忍)

2006. 05. 13. 08:32 이 경전은 어디에 있을까요?
　　　　　　　자성경계의 뜻은

2006. 05. 17. 08:45 막힘과 통함의 차이

2006. 05. 18. 14:50 말과 언어를 쫓다 보면 마구니 소굴에서 놀게 된다.

2006. 05. 20. 정법(正法)과 사법(邪法)은

2006. 05. 22. 13:08 대광념처(大光念處)란

2006. 05. 25. 19:19 어찌해야 바른 법을 보고 바르게 갈 것인가?

2006. 05. 28 지혜의 뿌리는 무엇인가?

2006. 05. 29. 13:23 생각과 마음을 마음대로 할 수 있는 것이 마음이다

2006. 05. 29. 13:37 부처

2006. 05. 30. 17:51 마음이란 일합상(一合相)의 이름이 마음인 것이다.

2006년 5월 한 달 내내 매일 짧은 단상을 쓰다

2006. 06. 01. 09:35 깨달았다고 달라지는 것 아무것도 없다. 다만 의식이
　　　　　　변화될 뿐이다.

2006. 06. 02. 14:41 부처님 말을 배우는 사람이 되지 마라

2006. 06. 02. 16:56 지금 이 순간, 과거는 지나갔고 미래는 오지 않았다.

2006. 06. 03. 17:46 무엇이 법일까요?

2006. 06. 06. 15:38 자기 자신에게 속지 않으면서 바르게 살아가는 사람

2006. 06. 09. 07:49 선정에 깊게 들고 싶다면

2006. 06. 09. 09:59 저승사자는

2006. 07. 14. 19:03 깨달음의 길 없는 길을 만들기 위해서는

2006. 07. 15. 15:22 평평하고 평등한 곳은 어디에 있나?

2006. 07. 15. 15:59 마음은 여여(如如)하고 중도(中道)에 있다.

2006. 07. 17. 07:52 많은 비가 왔음에도 있는 그대로 있는 것은
무엇이겠습니까?

2006. 07. 21. 19:42 대상에 따라 변하는 것을 마음이라고 하지만….

2006. 07. 21 기운이 넘치면 연정화기가 되어 신(정신)을 맑혀야 합니다

2006. 07. 22. 07:27 죽어서 어디로 갈까나?

2006. 07. 22. 16:59 수행하면서 몸과 장기들이 손상되는 것을 보면

2006. 07. 25. 07:25 이것은 무엇인가요?

2006. 07. 26. 19:20 불법(佛法)

2006. 07. 27 삼매에 듦으로….

2006. 07. 29. 09:28 업을 짓지 않는 자 누구이겠습니까?

2006. 07. 30 마음과 생각 의식이 좌우한다.

2006년 7월 한 달 내내 매일 짧은 단상을 쓰다

2006. 08. 01. 13:07 믿는 만큼 기적을 일으키고 믿음만큼 기적이 일어난다.

2006. 08. 03. 15:02 어찌하면 날마다 휴가(休暇)를 얻을 수 있겠는지요?

2006. 08. 05. 16:27 오직 자기 자신에게 달린 일이다

2006. 08. 07. 16:34 화두를 타파(打破了達)했다고 깨달음을 얻은 것이 아니다.

2006. 08. 08. 19:17 화두를 타파하고 나서 어떻게 수행 정진해 가야 하는가?

2006. 08. 12. 06:48 행을 통하여 실천 수행하는 사람이 돼라

2006. 08. 12. 07:21 쓰임과 이름이 다를 뿐, 본성의 성품이다.

2006. 08. 12. 08:31 이 소식은 어디로부터 일어났을꼬?

2006. 08. 15. 17:45 자기가 자신을 좋아하고 사랑하고 인정해 줘야 한다.

2006. 08. 16. 08:09 무엇이 핸드폰입니까?

2006. 08. 18. 돈오한 사람이 다시 빠꾸되고 일반인이 된다는 것이 궁금합니다

2006. 08. 22. 14:44 본 성품을 보면서도 성품을 찾고 있는 것이다

2006. 08. 25. 07:24 평화롭고 행복하기 위해서는

2006. 08. 25. 09:51 이것이 사람이라고 할 사람을 일러보세요
진아(眞我)란

2006. 08. 28. 09:35 삶은 향기로 말을 한다.

2006. 08 29. 08:45 여름과 가을은 어디에 있는가?

2006년 8월 한 달 내내 매일 짧은 단상을 쓰다

2006. 09. 02. 17:34 자신의 행복은 스스로 선택할 수 있다.

2006. 09. 03. 12:47 자성불(自性佛)은 모두 다 알고 있다.

2006. 09. 06. 08:40 어찌 본 성품을 보고도 모를까나?

2006. 09. 13. 07:20 어찌 된 연고인가? 금강경 제8품과 제9품 사경 글을 읽으며

2006. 11. 23. 16:06 흔들림 없이 가라

2006. 11. 26. 12:50 본인의 말과 글이 거짓되지 않고 참되고 진실되게 하여주소서

2006. 11. 26. 13:27 깨달음의 순간에 웃는 웃음은 어이없는 웃음이다.

2006. 11. 28. 14:28 깨달음을 얻었다 하여도 나를 떠나 따로 내가 없나니.

2006. 11. 28. 14:37 스승과 제자

2006. 11 29. 09:03 무아법(無我法)에 통달하면 • 1

2006년 11월 한 달 내내 매일 짧은 단상을 쓰다

2006. 12. 01. 12:14 어찌 이러한지요?

2006. 12. 02. 13:13 불, 부처, 불성, 일체지, 법신, 법계, 법성은..???...

2006 12. 02. 14:07 눈앞에, 코앞에 있는 본 성품

2006. 12. 01 07:38 말과 글 이름이 그러하고 밝힌 것이 또한 이러하다.

2006. 12. 03. 08:41 무엇이 여래고 어디가 법계인가?

2006. 12. 08. 14:51 적(敵, 賊)을 두지 마라

2006. 12. 08. 13:31 불교를 믿으면서 외도가 되지 마라

2006. 12. 09. 11:14 무엇이 진신(眞身)입니까?

2006. 12. 14. 07:26 상(相)을 떠나 공(空)에서 허공을 바로 보아야 한다

2006. 12. 14. 14:18 무아법(無我法)에 통달하려면 • 2

2006. 12. 19. 14:51 이렇듯 우리는 하나인데…. 어찌 저마다 다르꼬?

2006. 12. 19. 16::17 나는 나의 주인이다

2006. 12. 21. 09:54 나는 누구인가?

2006 12. 21. 16:07 세계(世界)의 생성과 12 연기와 진공묘유의 생성은?

2006 12. 21. 17:19 무엇이 내 마음입니까?

2006. 12. 22. 16:18 나로 하여금 세상과 세계가 있는 것이다.

2006. 12. 23. 15:46 (최초) 생명(生命)의 탄생은

2006. 12. 23. 16:48 삼천 대천 세계

2006년 12월 한 달 내내 매일 짧은 단상을 쓰다

2007. 01. 02. 10:30 삼혼(三魂) 칠백(七魄)

2007. 01. 06. 16:28 등불을 찾아 들어라

2007. 01. 06. 17:20 자기 자신을 다루는 사람이 되라

2007. 01. 09. 09:25 현명한 사람일수록 자기 자신을 잘 다룬다.

2007. 01. 10. 08:28 어찌하면 상에서 그 실상을 볼거나?
금강경 14 품 사경을 읽고 일어난 생각

2007. 01. 10. 17:52 겸손과 하심을 가지고 수행해야 한다.

2007. 01. 10. 08:19 이것이 '나는 누구인가?' 할 때의 '나'
능엄경 사경 글을 읽고 일어난 생각

2007. 01. 11. 08:38 상(相)과 함께 오롯이 있는 것이 무엇인가?
금강경 14 품 사경을 읽고 일어난 생각

2007. 01. 12. 07:42 참된 성품은 무량하다. 능엄경 사경 글을 읽고 일어난 생각
2007. 01. 12. 08:17 참된 성품은 헤아려 알 수 없는 것
　　　　　　　능엄경 사경 글을 읽고 일어난 생각
2007. 01. 12. 08:28 참된 성품은 볼 수 없는 것
　　　　　　　능엄경 사경 글을 읽고 일어난 생각
2007. 01. 12. 08:3 허망한 생각에서 어찌해야 참된 생각을 드러낼고?
　　　　　　　능엄경 사경 글을 읽고 일어난 생각
2007. 01. 16. 10:05 마음의 부자가 되어라
2007. 01. 16. 08:42 모두 다 여래장이다. 능엄경 사경 글을 읽고 일어난 생각
2007. 01. 17 08:17 그대의 밥은?
2007. 01. 17 성품이라는 것을 마땅히 알아야 하느니라
　　　　　　　능엄경 사경 글을 읽고 일어난 생각
2007. 01. 19. 08:35 여래 아닌 것은 무엇입니까?
　　　　　　　금강경 사경 글을 읽고 일어난 생각
2007. 01. 20. 07:51 경계, 그대의 살림살이는….
2007. 01. 22. 07:55 성품의 속성 능엄경 사경 글을 읽고 일어난 생각
2007. 01. 24. 08:12 아뇩다라삼먁삼보리
　　　　　　　금강경 제18품 사경을 읽으며 일으킨 생각
2007. 01. 24 몸이 없을 때에 무엇으로 수행하겠습니까?
2007. 01. 24. 08:22 여(如)에서 나와 여(如)로 사라진다. 능엄경 사경을 읽으며
2007. 01. 24 이를 밝혀 알아야 한다
2007. 01. 25. 08:50 여래가 무엇인지를 알아야 한다. 금강경 19품 사경을 읽으며
2007. 01. 26. 09:13 허공은 본성의 속성으로 생겨난 것이다.
　　　　　　　능엄경 사경 글을 읽으며
2007. 01. 26. 09:48 여래와 성품과 본성과 어떤 관계가 있겠는가?
　　　　　　　금강경 제20품 사경 글을 읽으며
2007. 01. 26. 14:18 성주괴공(成住壞空)
2007. 01. 26. 16:07 본성의 속성과 참 성품
2007. 01. 27. 08:03 이것을 여래께서 말씀하신 설법이라 하는 것이다
　　　　　　　금강경 제21품 사경 글을 읽으며
2007. 01. 28. 08:35 이러하기에 법을 얻은 바가 없다하신 것이다
　　　　　　　금강경 제22품 사경 글을 읽으며
2007. 01. 28. 08:41 여에 들어가면 곧 아뇩다라삼먁삼보리를 얻는다
　　　　　　　금강경 제23품 사경 글에…
2007. 01. 29. 14:59 그대에게 있어 바람은 무엇입니까?
　　　　　　　능엄경 사경을 읽고 일으킨 생각
2007. 01. 29 20:31 허공의 성품은 무엇일까요?

능엄경 사경을 읽고 일으킨 생각.....

2007. 01. 30. 08:34 복과 지혜는 비교할 수 없다 금강경 제 24 품 사경에

2007. 01. 30. 08:15 성품이 어떠하기에 이러할까요?

2007. 01. 30. 08:27 여가 됨으로 아뇩다라삼먁삼보리를 증득하게 되는 것이다
금강경 제 25 품 사경을

2007 년 1 월 한 달 내내 매일 짧은 단상을 쓰다

2007. 02. 01. 14:19 법을 보는 이 여(如)를 보고 여(如)를 보는 이 여래를 본다

2007. 02. 01. 09:07 부처님 법신(法身)의 몸은? 금강경 제 25 품 사경 글을 읽으며...

2007. 02. 01. 08:55 의식의 성품은 무엇인가요? 능엄경에 사경을 읽고.....

2007. 02. 02. 07:51 시방 허공을 손바닥 보듯 살펴보라 능엄경에 사경을 읽고

2007. 02. 02. 08:26 여에는 법도 법 아님도 아닌 것이 여이다.
금강경 제 27 품 사경을

2007. 02. 03. 07:53 여래장….

2007. 02. 03. 08:31 일체법이 생멸하는 여에 있는 분께 일체법이 있으랴
금강경 제 25 품 사경 글을 읽으며….

2007. 02. 06. 10:22 공불공여래장(空不空如來藏)...능엄경 사경 글을 읽고 일으킨 생각...

2007. 02. 06. 12:36 법과 진실한 이치로 인한 세계와 그 현상의 일합상
금강경 제 27 품 사경 글을 읽으며...

2007. 02. 0.7 15:29 여래(如來)께서는 이렇게 알고 이렇게 보며 이렇게
믿고 이해하고 있다 금강경 제 31 품 사경 글을 읽으며...

2007. 02. 07. 15:45 인연은 법과 진리로 인하여 생겨난 것이다.
능엄경 사경 글을 읽고 일으킨 생각...

2007. 02. 08. 09:38 이러함으로 이 경의 이름이 금강반야바라밀경이다
금강경 제 31 품 사경 글을 읽으며...

2007. 02. 08. 17:31 여래를 알려면 여여부동(如如不動)을 알아야 한다

2007. 02. 09. 12:36 참다운 수행의 기초란 무엇이겠습니까?

2007. 02. 09. 17:01 처음도 좋고 중간도 좋고 끝도 좋으니라

2007. 02. 09. 17:27 시절인연에 단박에 깨닫는다는 것은

2007. 02. 09. 수행자가 화를 낼 때는

2007. 02. 10. 17:37 법과 진리에는 예외가 없다

2007. 02. 10 수행은 점수돈오(漸修頓悟)고 돈오(頓悟)는 돈수(頓修)로 광휘(光輝)다

2007. 02. 11. 15:47 변화하는 속 변하지 않는 것을 찾아야 할 것이다
능엄경 사경 글을 읽고 일으킨 생각...

2007. 02. 12. 13:27 업의 근본이 무엇인가? 능엄경 사경 글을 읽고 일으킨 생각...

2007. 02. 12. 13:42 이것이 중생의 세계다. 능엄경 사경 글을 읽고 일으킨 생각...
무명을 밝혀라

2007. 02. 13. 14:33 나고 죽음이 없는데 이르고자 한다면 능엄경 사경글 읽고....

2007. 04. 07. 09:22 있는 그대로 법(法)의 실상(實相)이고 불(佛)의 실상이다.

2007. 04. 0.7 14:45 부처님의 3신(三身)를 현재의 자기 자신에게 비추어 보면

2007. 04. 07. 15:38 마음 공부하는 데에는 3가지 3단계가 있다.

2007. 04. 07. 15:53 꽃은 어디에 피었습니까?

2007. 04. 07. 16:02 보지 못하는 분에게 꽃을 보여주소서

2007. 04. 10. 16:42 마음을 닦고 청소하는 수행함에 있어서

2007. 04. 12. 15:20 마음이 고통스럽고 괴로운 것은

2007. 04. 17. 13:26 그대는 어떠하겠습니까?

2007. 04. 17. 13:37 낙처(落處)는 어디인가요?

2007. 04. 17. 13:48 봉사(奉事)

2007. 04. 18. 07:40 내 탓으로 돌려라

2007. 04. 18. 13:36 양생법(養生法)

2007. 04. 24. 07:33 내가 바라고 희망하는 나만의 길은 없다

2007. 04. 25. 08:09 죽지도 늙지도 않는 것이 있으니 이는 무엇인가?

2007. 04. 26. 07:32 그대 몸은 집이다

2007. 04. 2.7 07:28 우리 서로 저마다 다른 것은 관점 때문이다

2007. 04. 27. 12:17 용서는 살아있는 사람의 특권이다

2007. 04. 28. 07:10 행복한 자와 불행한 자

2007년 4월 한 달 내내 매일 짧은 단상을 쓰다

2007. 05. 11. 08:43 바람을 잡아 꿰어 보세요

2007. 05. 14. 11:58 이것을 무엇이라 하겠습니까?

2007. 05. 16. 10:03 왜 수행합니까?

2007. 05. 18. 07:46 생활이란 육체적 작용에서

2007. 05. 20. 07:53 부처님 믿으면서 도적이 되지 마라

2007. 05. 21. 09:17 복은 행위의 과보로 받는 것이다

2007. 05. 23 귀접이라는 말 아시죠?

2007. 05. 23 어떻게 공부해야 합니까?

2007. 05. 24. 09:33 무엇이 부처입니까?

2007. 05. 25. 07:38 일체의 하나와 참 성품은 어떤 관계가 있는가?

2007. 05. 25. 08:26 수행은 연습이고 생활은 실전이다

2007. 05. 26. 07:42 여여부동(如如不動)은 어디에 있으며 어떻게 생겼을까요?

2007. 05. 26. 11:55 자문자답해 보세요.

2007. 05. 30. 09:07 도(道)를 말하면서 죽음의 삶을 말하지 마라

2007. 05. 30. 12:32 이것은 어디에 있고 어떻게 생겼을까요?

2007. 05. 31. 08;09 부부로 즐겁고 행복하게 살려면 이런 말 자주 하세요

2007. 05. 31 자주 말하며 살아요

2007년 5월 한 달 내내 매일 짧은 단상을 쓰다

2007 .08. 11. 10:04 해야 할 일은 반드시 행하라

2007. 08. 11. 10:24 상대방과 편안하고자 한다면

2007. 08. 15. 13:33 부처님께 절하고 예의를 갖추려면 어찌해야 하겠습니까?

2007. 08. 16. 18:05 생명에너지의 활용

2007. 08. 18. 16:47 흔들림 없이 수행 정진하고자 한다면

2007. 08. 25. 16:01 많고 많은 생각으로 인한 번뇌를 쉬고자 한다면

2007. 08. 25. 16:35 우주에서 가장 큰 도둑을 잡아라

2007. 08. 25. 16:45 절대자를 떠나 따로 있는 것이 없다

2008. 08. 29. 09:21 어떤 이를 절대자라 하겠습니까?

2007년 8월 한 달 내내 매일 짧은 단상을 쓰다

2007. 09. 01. 08:20 편안하기 위해서는 자기 자신으로부터 진화해야 한다

2007. 09. 01. 11:30 다시 이 무슨 물건이리오

2007 .09. 01. 12:16 많이 깨어나라. 그리고 행하라

2007. 09. 01. 14:25 공(空)하되 공(空)함 속 공(空)하지 않은 것은 무엇인가?

2007. 09. 01. 15:31 모든 사람들은 모두 다 똑같다

2007. 09. 01. 16:22 공부라는 것은 걸림과 막힘 장애로 공부라는 것이다.

2007. 09. 01. 자기 자신으로부터 진화해야 한다

2007. 09. 06. 08:47 맑고 깨끗한 물들지 않은 마음으로 닦아야 한다

2007. 09. 08. 17:22 그대는 그대가 원하는 대로 태어날 수 있다

2007. 09. 15. 08:33 정(定)에 쉽게 들고 삼매(三昧)에 좀더 쉽게 들고자 한다면

2007. 09. 19 07:39 오늘을

2007. 09. 15. 09:36 과거와 미래 현재를 통하여 있는 그대로를 보라

2007. 09. 27. 10:57 그대 감정의 행위는 어디로부터 일어나는가?

2007. 09. 27. 12:24 영혼의 빛이란

2007. 09. 29. 08:15 멸하지 않는 법의 성품은 무엇입니까?

2007. 09. 29. 10:09 자등명(自燈明)이란 빛은

2007년 9월 한 달 내내 매일 짧은 단상을 쓰다

2007. 10. 01. 08:34 업식덩어리가 따뜻함을 느낄 때와 차가움을 느낄 때의 현상에 대하여

2007. 10. 09. 09:24 사는 것은 업의 삶이고 인생이다.

2007. 10. 12. 08:02 내가 왜 이러할까?

2007. 10. 12. 09:02 본성에 이르러 있는 자등명이란 빛에서 보면

2007. 10. 17. 09:09 스스로 바르게 성장하기 위해서는

2007. 10. 18. 09:17 깨달음, 보리를 얻기 위해서는 마음의 뿌리를 제거해야 한다.

2007. 10. 19. 15:54 마음이 닫혀 있는 사람은

2007. 10. 21. 07:23 내 스스로 행하고 실천하는 것은 과연 무엇일까요?

2007. 10. 22. 금강경 18 분에서 세계라고 하는 세계는

2007. 10. 22. 12:57 혜능의 게송을 본인은 이렇게 생각한다.

2008. 02. 15. 15:42 정신(情神)적 수행을 하되 정(精)을 닦는 수행을 해야합니다.

2008. 02. 20. 16:49 영혼(靈魂)이 육체와 하나로 있는 것은

2008. 02. 25. 15:05 호흡으로 이루어지는 정신적(精神的), 영적(靈的) 수행

2008. 02. 26. 08:01 무엇이 마음작용입니까?

2008. 02. 27 정(精)과 신(神), 영(靈)과 혼(魂)에 대하여

2008. 02. 29. 09:02 이를 아는 이 마음을 알고 부처를 알리라.

2008. 04. 23. 13:47 어찌 반야를 지혜라 하는가?

2008. 05. 03. 08:44 이것이 진정한 깨달음의 수행이다.

2008. 05. 09. 08:47 생각이나 의식으로 수행하지 말고 마음의 눈으로
바라보고 마음으로 수행 정진하라.

2008. 05. 14. 08:36 선정(禪定) 삼매(三昧)란

2008. 05. 15. 17:08 길 없는 길 만들기

2008. 05. 17. 15:44 돈오문의 종지와 체용

2008. 05. 17 업은 어디에 있습니까?

2008. 05. 23. 18:17 5 공상(五空相), 사해탈(四解脫)

2008. 05. 24. 15:43 공(空)의 성품, 없고도 있고 있고도 없다.

2008. 06. 05. 12:02 성품은 공(空)하다 하되 공(空)하지 아니하다.

2008. 06. 12 수행에 따라 보여지는 상(相)으로 생각해 보는 영체(靈體)와 발광(發光)

2008. 06. 18. 17:05 좌선(坐禪)과 참선(參禪)

2008. 06. 20. 17:15 자등명 직관이란

2008. 06. 21. 07:45 어찌 바로 보고 바로 깨달음 얻을 것인가?

2008. 06. 24. 18:55 있다(有) 없다(無)에 머물러서는 아니 된다 하는 것에 대하여

2008. 06. 24 공상(空相)의 성품

2008. 06. 26. 8:15 허공(空)은 성주괴공하되 허공 스스로 움직이지 않는다.

2008. 07. 02. 08:59 일심(一心)이 생겨난 곳 어디입니까?

수행 중에 빛의 현상에 대하여….

빛을 쫓아가 갑자기 환해지는 천계에 대하여 어제(08. 7. 7) 오후
가만히 앉아서 생각해 보았습니다.

내 몸 발에서 머리까지 위치를 본다면 어디쯤 될까?

그러면서 살펴보니

인간계는 발목 바로 위쯤으로 느껴 보여지고

천계 골반 위 단전 아래쪽쯤으로 느껴 보여지고

그래서 움직이면서 또 살펴보고 살펴보니

신계 가슴 부분쯤으로 느껴져 보여지고

그래서 000 님과 연결된 기운의 위치는 어디쯤일까? 살펴보니
턱과 입술 사이쯤의 위치로 일직선상인 몸을 벗어나 느껴
보여진다. 2008. 07. 08 07:53

2009. 03. 18. 09:24 법의 성질과 모양은 이와 같으나 상(相)이 없다

2009. 03. 20. 15:58 공(空)과 공(空)의 성품이 한 몸인 것과 같이 부처와
불성도 한 몸이다.

(모두 다 공(空)과 공(空)의 성품(性品)에서의 일이다.)

2009. 3 자언(自言)

2009. 3 자언(自言) 0

2009. 04. 02. 13:43 불과 불성을 알고 보고 법을 보고 알았으면 싶네요

2009. 04. 06 이런 삶을 사는 사람을 수행자라 할 것이다.

2009. 04. 09. 16:49 본래 성불과 본래 무명 자리는 둘이 아니다.

2009. 04. 11. 08:51 자등명(自燈明) 직관 수행은

2009. 04. 22. 08:17 당신은 소중하고 귀한 존재입니다.

(자등명에 대한 진실한 말)

2009. 04. 25. 12:58 자각(自覺)하라. 자각하지 않고 해탈할 수 없다.

2009. 05. 01. 13:31 우리들 모두는 빛의 존재. 자등명(自燈明)이란

2009. 05. 02 10:45 성품(性品)과 본성(本性)은 다르다.

2009. 05. 05. 08:26 반야(般若), 지혜(智慧), 반야의 지혜, 진여(眞如)

2009. 05. 09. 09:55 여(如), 여여(如如), 여여부동(如如不動)에 해오(解悟)
혜오(慧悟) 깨달음(大悟)

2009. 05. 13. 09:39 중생과 각자의 자등명 수행

2009. 05. 16. 13:29 현상계 −법(法) −공(空) − 여여(如如) − 여(如) −
여여부동(如如不動) − 자등명(自燈明)

2009. 05. 17. 09:58 깨달음을 증득하려면 자기 자신 안에서 먼저 깨달아야 한다

2009. 05. 20. 17:08 나라고 하는 내가 있어서는 깨달음을 증득할 수 없다.

2009. 05. 28 定과 靜, 靜에 들어가면 얻어지는 이득은?

2009. 05. 30. 08:49 육도 윤회를 벗어나고 싶다면 참 자아를 알고 참 자아로 살아라

2009. 06. 03. 15:48 현상계는 공(空)의 성품의 일이고 영계(靈界)는 공의
성품 속 자등명(自燈明)의 일이다.

2009. 06. 05. 15:03 자등명 직관 수행함에 있어서

2009. 06. 05. 13:28 깨닫는 방법, 이를 실천하지 않고서는 깨달을 수 없다.

2009. 06. 12. 09:04 나의 참 자아는 누구인가?

2009. 06. 13. 15:43 어떻게 살아야 진정한 삶을 살까?

2009. 06. 17. 16:53 머리부분에서의 자각과 마음이란 업에서의 자각

2009. 06. 19. 12:36 무아(無我)라 하는 이것은 무엇이겠는가?

2009. 06. 25. 18:27 천도와 퇴마는 다르고 몸통에 달라붙어 있다.

2009. 07. 04. 08:51 기(氣)의 춤(丹舞)

2009. 07. 08. 17:25 기와 바람

2009. 07. 11. 08:54 몸통(桶) 안을 청소하라.

2011. 01. 01. 03:04 기운 연결의 진화

2011. 01. 12. 05:02 그대가 지금 꼭 해야 할 일은 무엇입니까?

2011. 01. 13 09:50 **여기는 또 어디인가? 28 단계에 올라서다**

2011. 01. 14. 21:44 28 단계에서의 몸통 청소 및 임독맥 기경팔맥 뚫고
상 중 하단전에 팽이 설치(만들다)

2011. 01. 17. 05:16 무엇이 받고 무엇이 느끼는가?

2011. 01. 17 우주가 56 단계 56 차원으로 되어 있음을 밝히다

2011. 01. 18 그저께 있었던 딸아이의 체험

2011. 01. 19. 07:45 스스로 하지 않으면 아니 된다.

2011. 01. 21 **우주가 이렇게 56 단계?**

2011. 01. 25. 07:28 몸통에 좋지 않은 것들을 빼내는 강력한 것을 만들어 보다.

2011. 01. 25. 11:47 법과 진리를 말한다고 모두 다 밝은 쪽 높은 단계가
아니니 조심하라.

2011. 02. 01. 08:16 영혼을 파는 행위를 하지 마라.

2010. 02. 16. 07:30 머리 속에서 펑! 하고 터진 이것은 어떤 현상일까?
힘들고 아팠던 이유에는 3 가지가 있는 듯싶다.

2011. 02. 17. 16:20 본인과 수행하면서 하지 말아야 할 것과 해야 할 것

2011. 03. 14 7 차크라 외에 3 개를 더하여 10 개의 차크라를 말하고
그것들이 임독맥처럼 순환하는 것을 밝히다

2011. 03. 17 각종 차크라, 각종 신경총, 하·중·상단전, 흔히 마음이라고 하는
곳, 업(식)덩어리, 자등명, 정(精), 신(神), 단(丹)...등의 위치를 밝히다

2011. 03. 19. 14:27 출신(出神)을 처음으로 하고, 백회와 정수리가 서로 다른
위치에 있음을 밝히고, 신경총들이 몸통 안에 붙어 뿌리 내리고
있는 것을 밝히고, 출신(出神)한 것과 몸통과 연결되어 있는 몸통
안에 연결되어 있는 곳의 위치와 상태를 밝히다

이것이 무엇인지 모르겠다. 생각나는 단어는 양신(養神), 출신(出神)?

이것이 무엇인지 모르겠다
생각나는 단어는 양신(養神), 출신(出神)?

2011. 3. 19일 오전 10:40~12:00 사이에 있었던 일이다.

운전하면서 입을 다물고 혀를 입천장에 붙이고 운전하는데, 입안에 침이 고였다. 그러면서 자신도 모르게 백회와 정수리를 보게 되었다. 근데 백회는 아무런 증상이 없는데 정수리 위로부터 물기둥 같은 것이 정수리에 세워져 있는 것 같아서 정수리를 관찰해 보았다.

정수리에 세워진 물기둥 같은 것을 따라 정수리 아래로 하여 머리로 들어가 보니 물기둥은 송과선 신경총에 집중적으로 떨어지고 있었고, 송과선 신경총은 정수리로 떨어진 물기둥 같은 것을 받아서는 밑으로 해서 어깨 밑 온몸으로 보내지고 있었다.

'송과선이 무슨 작용을 하기에 받아서 온몸으로 보내는 것일까?' 그러면서 '무슨 일을 하는지 찾아봐야겠다.'는 생각을 했다.

송과선 신경총 옆에 있는 6차크라는 송과선 신경총에 떨어지는 것이 튀어서 벗어난 것을 맞고 있었고, 그 사이로 떨어진 것을 몸통 안으로 들어가는 것 같았다.

이런 사이에 아침에 머리 부분에 대한 차크라 글을 쓸 때 혼의 부분을 말한 것이 기억이 나면서 의식불명인 사람이 머리 부분에서 혼이 빠져나갔을 때, 머리 부분의 신(神)이 빠져나가는지 단순히 현재의식과 생각만이 빠져나가는지 본다고 보면서 머리 부분에 있는 신(神)을 보니 신이 정수리로 올라가 있는 모습이 보였다. '이럴 수 있을까.' 생각하며 신(神)을 바라보니 신(神)은 머리를 뚫고 올라와 머리 위에서 마치 꽃모양으로 퍼지면서 꽃과 같은 모양으로 드러냈다.

이러다가 신(神)이 마치 몸 밖으로 나올 것만 같았다. 운전하면서 일어나는 현상이라 신(神)이 몸 밖으로 나왔을 때 어떤 현상이 일어날지 모르니 불안하기도 해서 차를 사무실을 향해 돌렸다. 사무실에 들어가 좌선해 봐야겠다는 생각을 하고 사무실로 운전을 하고 오는데, 머릿속에서 머리 위로 올라오더니 머리 위에서 어떤 모양을 드러내는가 싶더니. 그것이 머리 위에서 마치 원이 되어가는 것 같았다. 머리로 빠져 나온 것이 마치 꽃모양 같이 정수리부분에 붙어서 피어나더니 어느 덧 꽃모양은 사라지면서 원형을 만들고 있었다.

'이것이 무엇일까?' 운전하며 관하며 들어오는데 거래처로부터 전화가 왔다. "물건을 갔다 달라"며…. 본인에게 그 물건이 없는 관계로 그 물건을 가지러 거래처에 들렸다. 거래처에서 물건을 챙겨주는 잠깐의 시간에 머리 위로 올라온 원형에 가까운 것을 관찰해 보았다. 위에서 몸통 속으로 그랬더니 위에서는 원형으로 커져가는 것 같았고, 몸통 안으로 있는 것은 몸통 속에 있는 차크라 크기 그대로 연결되어 있는 듯 보였다.

그래서 이미 신은 정수리로 빠져나가고 지금 본다고 보니 송과선 신경총이 지금 정수리 위 부분에 걸쳐 있는 듯 보인다.

서서 관하여 보니 머리 전체적으로 해서 목젖 밑 차크라 반대쪽 목 경동맥 신경총은 몸통에 붙어 있는 듯 보였다. 붙어 있는 모습이 마치 몸통이란 바위에 꽃모양의 차크라가 뿌리를 내리고 있는 강하게 붙어 있는 것 같았다. 그래서 목젖 밑에 있는 것을 떼어보고 경동맥 신경총도 떼어보고 아래로 내려와 명치 밑에 있는 것, 이것은 다른 것에 비하여 약하게 붙어 있는 것 같았다.

이것을 떼어내고 등 뒤쪽에 있는 태양 신경총을 보니 꽃모양이 크기도 했지만 달라붙어 있는 것이 뿌리도 깊게 붙어 있는 것 같았고, 또 붙어있는 것의 뿌리가 넓게 분포되어 붙어있는 것 같았다. 그래 그것도 떼어냈다. 그리고 다시 앞쪽으로 와서 보니 '어!' 이곳은 어딘지 단전 아래 생식기 위쪽 어떻게 설명해야 하나? 이 부분을 생식기가 시작되는 부분 바로 위 조금 앞으로 튀어나온 부분과 연결되어 있는 것이 아닌가. 그래서 이것도 떼어내고, 하단전과 하복부기저부를 이것을 그 안에 포함되어 있었다. 그래서 생식기가 시작되기 전에 앞으로 튀어나온 곳으로 하여 회음 즉 척추 신경총을 보니 그곳에 역시 붙어 있는 것이 아닌가. 그래서 떼어내고 위쪽으로 꼬리뼈 차크라에 붙어 있는 것도 떼어내고 태양 신경총을 보니 모두 다 떨어져 있다.

몸통 안에 있던 것들이 차크라로 연결되어 있는 안의 것들이 몸통에서 모두 다 떨어져 있는 것이 아닌가.

그래 머리 위쪽을 보았다. 머리 위쪽에 둥그렇게 된 것은 더 커져 있는 것 같았고, 차크라 안에 있는 것은 정수리를 통하여 정수리 밖으로 나오는 것 같았다. 전에 보다 더 나와 있는 것 같았다. 서서 이러고 있는 사이 물건이 챙겨줘서 물건을 가지고 사무실로 들어왔다.

사무실에 들어오면서 본다고 보니 이제는 머리 위로 동그란 풍선 같은 것은 위로 올라가 있고, 머리 윗부분은 무엇인지 모르겠지만 풍선 같이 올라가 있는 것과 연결되어 있는 것 같았다. 가늘게 연결된 것이 아니라 조금 굵직하게 연결되어 있는 것 같았다.

사무실에 들어와 컴퓨터를 켜고 지금 이 글을 쓰고 있다. 글을 쓰면서 본다고 보니 차크라 안에 있는 것이 몸통 안에서 위로 올라와 있다. 지금 보니 송과선 신경총이 정수리를 막 벗어나있고, 생식기 위쪽 회음부분 꼬리뼈 부분이 몸통 안에서 위로 올라와 있다. 지금 본다고 보면 꼬리뼈 차크라 부분이 일반적으로 태양 신경총이 있던 곳까지 올라왔다.

이것이 무슨 현상인지를 몰라서 글을 쓴다.

사실 좌선하려고 사무실에 들어왔는데. 들어오는 길에 거래처로부터 전화가 와서 지금 이 글을 대충 쓰고 좌선할 시간 없이 배달 가야 한다. 지금 시간을 보니 12시 45분 이제 점심을 먹고 배달 가야 한다. 이 글을 쓰는 사이에 계속해서 몸통 안에 있던 차크라, 몸통 안에 있던 것들이 자꾸 정수리를 통하여 밖으로 나온다. 이것이 무엇인지 모르겠다. 지켜봐야겠다.

좌선해도 되었는지 모르지만 정확하게 쓰기 위해서 좌선에 앞서 10:40분경부터 일어났던 상황들을 글로 쓰고 있고 글을 쓰면서 일어나는 현상들을 관찰하며 글을 썼다. 이런 상황에서 운전하며 움직여도 되는지 모르겠다. 지금 보면 더 위로 올라와 있다.

거래처에 배달 갔다 와서 잠시 좌선을 하고 이 글을 이어서 쓴다. 점심 먹으며 관찰해 보니 계속 나간다. 점심을 마쳤을 때는 이미 거의 다 정수리를 통하여 나간 상태였다. 운전을 하며 거래처를 가면서 관찰해 보니 전부 다 나간 상태였고, 생식기 바로 윗부분에서부터 정수리 위까지 조금 검게 보였다. 그래 밝힌다고 밝히고 보니. 생식기 위쪽에 연결된 곳을 차크라가 아니라 연결되어 말뚝과도 같아 보였다. 자세히 본다고 관하여 보니 몸통 안과 밖으로 서로 연결되어 있고 밖으로는 고리 같은 것이 있고, 안으로는 마치 실을

감는 것과 같이 보였으며 무엇인지 모르지만 감겨 있는 것을 풀어
보았다. 그랬더니 풀리면서 정수리로 빠져나간 것을 더 멀리 가도
록 하는 것 같았다. 그래서 더 멀리 가는 것 같은 것을 보며 '생식
기 위에 것과 연결되어 있던 부분 차크라가 아닌가?' 했던 곳을 보
니 그곳은 마치 서로 연결하게끔 되어 있는 것 같이 보였으며 연결
되도록 되어 있는 부분 안쪽으로는 밧줄인지 실인지? 비슷한 것이
많이 감겨 있는 것 같았다. 그래서 풀었더니 더 멀리 간다.

하단전을 본다고 보면 머리 위쪽 정수리로 빠져나간 것 아래쪽에
서 보이고 중단전이나 마음을 본다고 보면 정수리로 빠져나간 것
위쪽에서 보인다. 그리고 거기에는 동그란 것도 보이고 더 위쪽에
는 아무것도 없는 듯 보인다. 그래서 상단전을 본다고 보니 상단
전이 보이지 않는다. 상단전이 보이지 않고 중단전 하단전이 하나
의 덩어리 있을 뿐 상단전이 보이지 않는다. 어찌 된 것인지 모르
겠다. 그렇게 관하고 가는데 손전화가 와서 전화를 받고 보니 어
느덧 정수리를 빠져나갔던 것은 몸통 안에 들어와 있는 것으로 보
였다.

현장에 물건을 배달하고 돌아오는 길에 다시 정수리를 관하며 보
니 마치 정수리 부분 아니 머리 위쪽이 마치 뚜껑이 있는 듯 보이
고 그 뚜껑처럼 보이는 중앙에 정수리가 있다. 그래 다시 위로 빠
져나간다 생각하니 다시 위로 올라간다.

그래서 생식기 위쪽 이 부분이 어디인지 명칭이 무엇인지 찾아봐
야겠다는 생각을 하며 감겨 있는 것을 풀어도 보고, 내려오도록
하니 아래쪽으로 밧줄 같은 것이 마치 아래로 흩어져 눌려지는 것
같아서 다시 위로 올라가게 한 후, 생식기 위 몸통 밖에서 고리
같은 것을 통하여 감으면서 내려오도록 하니 마치 연이 실 감기듯
감기면서 내려앉는다. 몇 번이고 반복해서 해 보았다. 풀어도 보고
다시 감아보기도 하고, 그러면서 정수리 위쪽을 보니 머리 위 밖
에서는 실이나 밧줄처럼 보이는 것이 아니라 탯줄처럼 보였다. 이
글을 쓰는 지금도 밖으로 나가 있고 머리 위쪽 몸통 밖으로는 탯
줄이 위로 쭉 뻗어 있다.

사무실에 들어왔을 때 1시 48분경 들어오자마자 관찰해 보기 위
해서 좌선을 잠깐 해 보았다. 잠시 잠깐 좌선을 해보았으나 아직
은 잘 모르겠다 싶어서 다시 눈을 뜨고 나서 이글을 썼다. 지금도

몸통을 나가 있다. 이것이 무엇인지 모르겠다. 시간을 두고 더 관찰해 봐야 알겠는데…'이것은 무엇일까?' 2011. 3. 19 14:27
이 글을 쓰면서 떠오른 단어가 있는데, 그것은 양신(養神), 출신(出神)이다. 스스로 지켜보며 관하여 볼 일이다.
퇴근하면서 본다고 보니 하단전과 중단전 부분만 보이던 것이 사라지고, 아주 멀리 텅 빈 허공에 하단전 중단전이 덩어리 있는 것처럼 보일 때는 보이지 않던 상단전의 신(神)만이 까마득히 멀리서 남아 있는 것 같이 보였다. 생각해 보면 정수리로 물기둥으로 들어왔던 것이 신이 있는 허공인 것 같다. 이 허공이 어느 차원인가 찾아보려다가 그만두었다.
그리고 몸통으로 들어오게 해도 이제는 몸통 안에서 단전도 마음이란 부분의 중단전도 없다. 그냥 빈 허공인 것 같다.
몸통을 관하여 본다고 보니 몸통이 약간 탁한 것 같아서 밝게 하니 앞쪽으로는 육안으로는 보이는데 영안으로는 보이지 않는다. 팔 역시도 육안으로는 보이는데 영안으로는 보이지 않는 것 같다. 몸통 뒤쪽은 아직 있는 것 같다. 퇴근하여 집에 들어서기 전까지…. 저녁밥을 먹고 조금 있다가 오늘 있었던 것을 그림으로 간략하게 그려보았다. 이해를 돕기 위해서…. 이해가 되는지 모르겠지만 뒷부분은 퇴근하면서 관하여 본 것을 그린 것이다.

출신(出神)하는 과정의 그림

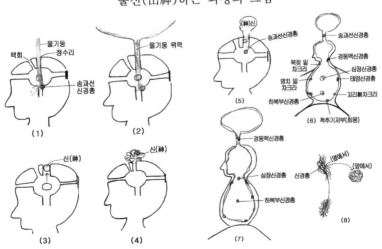

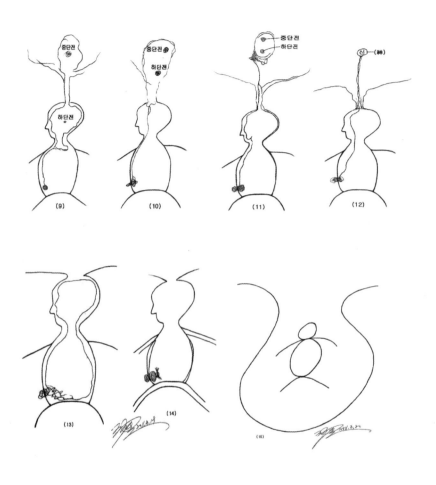

2011. 03. 21. 13:15 출신(出神)이 이루어지는 것을 밝히며 유체이탈은
　　　　　　　　백회로 이루어지고 출신은 정수리로 이루어짐을 말하다

양신(養神, =陽神, =胞胎)출신(出神,=出胎)은 이와 같이 이루어진다.

양신(養神, =陽神, =胞胎)출신(出神, =出胎)
이와 같이 이루어진다

본인이 19일 날 체험한 것이 양신(養神, =陽神, =胞胎)출신(出神, =出胎)이 맞는다면 양신은 머리 부분에 신(神)이 머리 위로 올라오고, 몸통 안에 있는 신경총들이 몸통과 달라붙어 있음으로 이루어지지 않다가 몸통 안에 신경총이 몸통 안에서 떨어지면서 떨어진 것(무엇이라고 이름하기가 모호하다)이 정수리로 올라오면서, 맨 위에 있는 신(神)이 정수리 밖으로 나오고 따라서 몸통 안에 있는 것이 완전히 정수리로 빠져나온 것을 양신이라 할 것이다.

양신(養神, =陽神, =胞胎)출신(出神, =出胎)이 되기 위해서는 우선 먼저 백회가 아니 정수리가 열려야 하고, 열린 정수리로 위에서부터 무엇인가? 모르겠지만 물기둥 같은 것이 정수리로 들어와 송과선 신경총으로 떨어져 그것이 온몸 즉 몸통 안에 있는, 즉 모든 신경총 안에 있는 곳으로 떨어지고, 몸통에 달라붙어 있는 신경총들이 몸통으로부터 떨어졌을 때 비로소 양신(養神, =陽神, =胞胎)출신(出神, =出胎)은 이루어지기 시작한다.

인도에서 말고 있는 차크라와 같은 의미로 신경총이 쓰이지만, 차크라가 아니라 신경총이 몸통으로부터 떨어져야 한다.

본인이 볼 때 차크라는 몸통에 붙어 있지 않고 신경총은 몸통에 달라붙어 있는데, 마치 뿌리를 몸통에 내리고 있는 듯 찰싹 달라붙어 있다.

어느 신경총이 먼저 떨어져도 상관없으리라 생각한다. 다만 몸통에 달라붙어 뿌리내리고 있는 듯한 신경총이 모두 다 몸통으로부터 떨어져야 양신(養神, =陽神, =胞胎)출신(出神, =出胎)이 이루어지기 시작한다.

태양 신경총이 몸통으로부터 떨어지게 하고 - 경동맥 신경총을 몸통으로부터 떨어지게 하고 - 그 위로해서 머리로 정수리가 있는 곳까지 - 거기서 정수리에서 앞쪽으로 백회 -이마 -코- 입 - 목으로 와서 - 목점 밑에 있는 것을 떼어내고 -명치 아래쪽 것을 떼어내고 -밑으로 내려가니 단전 아래 생식기가 시작 되는 바로 위부분에서 묵직하게 무엇인지 모르게 있는데, 나중에 보니 이것이 양신 출신했을 때 양신한 것과 연결하고 있는 것이 여기에 있다. 그래 거기서 멈추고, 태양 신경총으로 가서 척추가 있는 몸통 안쪽으로 아래로 쭉 내려오며 꼬리뼈에 달라붙어 있는 것을 떼어내고 - 더 내려와 척추기저부 신경총(회음)을 떼어내면 정수리로 나가기 시작한다.

정수리로 몸통 안에 있는 것이 모두 다 나가니 그때 생식기 바로 위에 연결되어 있는 것이 풀리면서 연실이 풀리듯 풀리며 양신이 위로 올라간다. 지금 보면 연결하고 있는 것이 시간의 흐름에 따라 더 길어지는지 더 멀리까지 나가지는 것 같다. 처음은 정수리로 빠져나간 것 같은데, 몇 번 입출하며 보니 이제 머리가 마치 무슨 뚜껑이 열려서 뚜껑과 같이 올라가는 것 같더니 뚜껑은 올라갈대로 올라가 있고 그 위로 정수리로 나간 신(神)은 아주 더 위로 올라가 있다.

양신(養神, =陽神, =胞胎)출신(出神, =出胎)은 수행의 경지가 어디에 있는 수행된 경지로부터 양신을 하는 것 같다. 인간 세상에 있을 경지라면 인간 세상에서 양신이 되어 영계 천계 신계...로 올라가겠지만, 영계에서 양신이 된다면 천계 신계 광계...로 올라가는 것 같고, 수행의 경지가 천계에 이를 수 있는 수행자가 양신을 한다면 신계 광계 자등명이란 빛덩어리...로 올라가는 것 같고, 28단계에서 양신을 하면 28단계 위로 쭉쭉 올라가는 것 같다.

현재의식은 몸이 있는 현실 세계에 있으며 영적인 부분을 의식하면 수행의 경지에서 올라선 단계를 의식하게 되고 의식한 단계에서 양신은 이루어져서 수행된 단계에서 더 높이 양신되어 올라서 보게 되는 것 같다. 그러니 양신하기 전에는 28단계에서 보게 되더니 양신하고 나서는 56단계라고 위아래가 멀리서 보이더니만, 자꾸 입출하며 양신하다 본다고 보니 까마득히 멀리서 보인다.

이와 같이 양신(養神, =陽神, =胞胎)출신(出神, =出胎)은 수행의 경지의 단계에서 자라고 몸은 지금 여기 몸이 있는 이곳에서 변화를 하는 것 같다. 몸은 변화는 시간을 두고 지켜봐야 알겠다.

본인은 이미 수행의 경지가 있어서 그런지 수시로 입출을 하는 것 같고, 그저 거의 나가 있는 것 같다. 본인이 의식하여 몸으로 불러들이기 위하여 연결된 것을 감지 않는 한, 그런 것 같다. 몇 달에 몇 번, 몇 년에 몇 번하는데…. 이렇게 하고 있으니 본인은 모르겠다. 가만히 본다고 보면 양신이란 것 주변에 보호하려고 하는지 지키려고 하는지 모르겠는데, 그 주변에 몇이 있다. 2011. 3. 21

양신(養神) 후

어떤 색으로 육체를 그려야 하나 처음에는 색을 잡지를 못했다. 130색에서 그래도 그려야 하는데 가장 가까운 색이라고 잡자는 마음으로 색을 선택하여 잡아진 것이 황금색이다. 황금색을 육체를 그리고 육체 안에 있는 단전의 기(氣)를 그린다고 생각하고 그려보니 처음은 단전에서 시작하더니 그 기가 밖으로 나와서 흩어져 있게 그려진다. 전에 양신하고 나서 단전이 사라진 것이 이상해서 한번 해 본 것이다.

황금색으로 육체를 그리고 마음을 그린다고 마음을 그려보니 처음 시작은 중단전에서 시작해서 몸 밖으로 빠져나오더니 처음에는 허공에 흩어져 있는 듯 흩어지게 그려지고, 그러다 위로 빠져나간 신(神)과 육체가 양쪽에 두고 8자 모양을 그리며 무한대를 그린다.

머리에 있던 신(神)이 어떻게 있는지 그림으로 그려보았다. 신(神)은 본인이 보고 있는 것과 같이 위쪽으로 있고, 그것은 몸에 생식기 윗부분에 연결선 같은 것이 연결되어 있고, 빛이 시방으로 비추고 있는 것은 중단전 부분에 있던 자등명(自燈明)이 위로 올라가서 마음이란 부분과 중단전이 사라지고 자등명은 남아서 신(神)과 합일이 되어서 그러한 것 같다.

신(神)자체로 존재하는 듯하되 자등명이 존재해 있음으로 해서 자등명이 있고 거기에 신이 있어서 자등명(自燈明)의 빛이 신(神)으

로 하여금 시방을 비추는 것이 아닌가 싶다.

이것을 그려놓고 여기서 영(靈)이나 정신(精神)이라고 할 때의 정(精)을 찾으면 위쪽에 신(神)과 함께 한 몸이 되어 있다. 혼(魂)은 머리 부분에 있다. 이것으로 볼 때 혼이 나가면 의식이 없는 의식불명인 사람이고 혼이 있고 의식이 나간 사람은 양신한 사람?

그려볼 줄 아는 사람은 한 번 그려보는 것이 이해하는 데 도움이 되지 않을까 생각한다.

기(氣)와 마음(心) 신(神)이 육체와 어떻게 하고 있는지. 그림으로 그려서 살펴볼 수 있도록 그려보았다.

그리는 종이가 연결되어 있어서 복사할 때 그럴까 싶어서 A4에 다시 그려본 것이다. 좀 더 진하면 알아보기 쉽지 않을까 해서….

2011. 03. 22. 08:56 차크라와 신경총, 하·중·상단전, 정·기·신. 그리고
업(식)덩어리와 자등명의 위치

차크라와 상·중·하단전과
정·기·신과 저마다의 위치

차크라와 상·중,하단전과 정.기.신과 저마다의 인체 위치를 그리고 그 인체에 7차크라라고 하는 7신경총을 찾아 그려보았다. 그리고 인도에서 시작되어 불리어지는 이름에 7차크라도 찾아 그렸다. 거

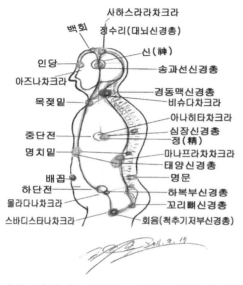

기에 하단전, 중단전, 상단전을 그려 넣었고, 가슴에 있는 정(精)과 머리 부분에 있는 신(神)의 자리도 찾아 그렸다.

각 신경총을 넣을 때 또 각 차크라를 그릴 때 신경총과 차크라에 맞는 색깔로 그렸다. 본인이 찾은 바로는 차크라가 7군데가 아니라 10군데로 나온다. 차크라라고 하는 신경총과 인도에서 이름하고 있는 차크라가 약간이 다르다는

것을 알았다. 위치는 같아보였지만 아주 약간 다른 것 같아서 일일이 하나하나 그려서 살펴보기로 했다.

차크라는 자체에서 빛을 낼 뿐만 아니라 순환하는 것 같았다. 그래 어떻게 순환하는지 살펴보니 태양신경총에서 돌기 시작하여 태양신경총 – 경동맥신경총 – 대뇌신경총 – 송과선 신경총 – 목적밑에 있는 차크라 – 명치 밑에 있는 차크라 – 하복부신경총 – 척추기저부(회음) 신경총 – 꼬리뼈 신경총 – 태양신경총으로 순환하는 것 같았다. 그래 태양신경총을 본다고 보니 연보라로 보이고 그 연보라가 척추 안쪽으로 돌고 있다. 몸을 하나의 통으로 보고 몸통이라 했을 때 차크라는 몸통 안으로 돌고 있는 것처럼 보였다. 이것은 단순히 육체란 몸통을 위한 것이라기보다는 육체란 몸통 안에 있는 것을 위하여 순환하는 것 같았다.

신경총이란 차크라, 차크라가 순환하며 도는 것의 시발점은 태양신경총인 것 같았고, 태양신경총의 색이 연보라여서 그런지 연보라가 순환하며 신경총을 지나간다. 그리고는 다시 태양신경총에

들어간다. 그림에서 보는 것과 같이 보라색으로 순환한다.

그래 이번에서는 기운이 순환하며 도는 것을 그려보았다. 기(氣) 거의 색깔이 없어 보였지만 연초록으로 노랑에 가까운 듯싶은 색이 단전에서 백회로 올라와 임맥을 타고 내려와 독맥을 타고 올라간다. 그림에서 보는 것과 같이 기(氣)가 순환하면 도는 것은 차크라가 돌고 있는 밖으로 도는데, 이것은 육체란 몸통으로 보았을 때 몸통이란 육체에서 돌아간다.

이것들이 돌아가며 순환을 하는 것을 알겠는데 각기 저마다 무슨 역할을 하는지는 모르겠다. 그런데 기(氣)가 몸통이란 통을 이루고 있는 육체에서 임독맥으로 순환하듯 육체란 몸통 속 안에서 차크라가 순환을 한다. 순환하는 것을 임독맥처럼 순환은 하되 임독맥이 육체란 몸통에 있어서 육체에서 순환한다면 차크라는 몸통이란 육체 안에서 육체에 기대여 순환한다. 차크라가 순환하는 것을 무엇이라고 이름해야 맞는지는 모르겠다. 그러나 분명한 것은 육체에 기가 임독맥으로 순환하고 있다면 차크라는 그 안에서 순환하고 있었다.

인간의 몸을 영안으로 볼 때 육체는 하나의 통(桶)과도 같고 육체란 통 안에는 여러 가지들이 있다. 육체란 몸통을 하단전에 있는 기(氣)가 시발점이 되어서 몸통이란 육체 속을 크게는 임독맥이 돌고 그 주변으로 기경팔맥으로 돌아간다. 육체란 몸통 안에서 태양신경총이 시발점이 되어서 임독맥처럼 몸통 안에서 차크라가 돌아간다. 크게 차크라가 돌아가면서 임독맥에 기경팔맥이 돌아가듯 차크라가 크게 돌아가는 주변으로 무엇인지 모르지만 돌아갈 것 같은데 아직 무엇인지 어떻게 돌아가는지는 모르겠다.

전체적으로 볼 때는 이러했는데…각 명칭에 따라 위치는 정확하게 어디인지 살펴보기로 하고, 머리 부분을 그려서 살펴보았다.

전체적으로 볼 때는 이러했는데…. 각 명칭에 따라 위치는 정확하게 어디인지 살펴보기로 하고, 머리 부분과 목 부분을 그려서 살펴보았다.

이 그림을 그리기 전까지 본인은 백회와 정수리가 똑같은 곳으로 알고 있었다. 그냥 무심결에 정확하게 알려고도 하지 않고, 그렇게 보아왔고 그렇게 알아 왔다. 머리를 그려놓고 각 부분의 명칭들을 살펴보며 그 위치를 확인해 보니 백회와 정수리의 위치가 다르다.

많은 사람들이 수행하는 사람들 역시 같은 위치라고 생각하는 사람들이 많은 것 같다. 그런데 다르다. 그림에서 보는 것과 같이 분명하게 그 위치가 다르다.

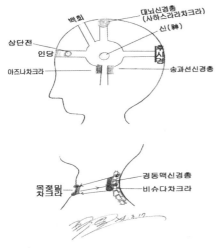

머리를 그려놓고 본인이 늘 말해왔던 머리 부분에 있는 신(神)의 위치를 표시하고 후시경 및 인당을 그리고 정수리 및 백회를 그렸다. 그리고 대뇌신경총 위치에 색칠을 하고 송과선신경총의 위치에 색칠했다. 그리고 다시 7차크라라고 하는 사하스라라 차크라를 위치를 잡으니 정수리 바로 아래 부분 대뇌신경총 자리와 똑같이 있는 것 같다. 그러고 나서 6차크라 아즈나 차크라 위치를 보니 송과선 신경총과는 위치가 다르게 보인다. 보는 시선이나 시각의 차이에서 다르게 보였는지는 잘 모르겠다. 그러나 분명한 것은 다르다는 것이다. 백회나 정수리로 내려온 기운은 신(神)의 자리를 통하여 중단전으로 내려오는데 이때 신(神)의 자리를 통하여 중단전으로 내려가는 통로 아래쪽에 아즈나 차크라와 송과선 신경총이 있는데, 이곳에서 중단전으로 내려가는 통로가 열려 있지 않다면 아마도 두 개가 나란히 송과선 아래쪽에 있겠지만 통로가 열려 있는 상태에서 보면 중단전으로 내려가는 통로 좌우에 위치하고 있는 듯싶다. 옆에서 살펴보니 이와 같이 보인 것이겠지만 앞 정면에서 보았다면 두 개가 하나로 보였을 것이다. 색도 그 짙음이 약간의 차이가 있을 뿐 큰 차이를 느낄 수 없이 그 안에서 두 색이 어우러져 보이지 않았을까 싶다. 그러고 나서 일반적으로 인당이라고 하는 위치는 어디인가? 하고 보니 인당은 양미간 바로 안쪽의 위치가 인당이라고 이름하는 곳이 아닌가 싶고, 일반적으로 상단전이라고 했을 때 상단전의 위치는 인당 안쪽에 위치해 있는 곳을 상단전이라고 하는 것 같다.
머리 부분을 그리면서 그렸어야 하는데 그리지를 못했다. 그리지

못한 것이 아니라 생각하지를 못했다. 이것을 그릴 때는 차크라에 때문에 그린 것이기에 의식(현재의식)이라고 하는 부분과 생각이라고 하는 부분에 있어서는 표시하여 그 위치를 그려서 설명할 생각을 하지 못했다. 지금 설명하면서 보면 의식이란 부분은 신(神)을 저의 중심 지점에 두고 원으로 나타나 있는 부분이 현재의식부분이라고 보시면 되고, 생각부분은 의식부분이라고 하는 원 밖으로 해서 상단전이라고 위치를 표기한 것을 테두리로 하여 원을 그렸을 때 그 원 부분을 생각이란 것이 차지하고 있다고 보면 될 것이다. 그러니 생각이란 부분과 상단전이란 부분을 보면 의식 이란 부분의 원 밖으로 원으로 그린 부분에 있어서 생각이란 부분으로 원을 그렸을 때, 상단전이라고 표시한 위치가 생각이란 원 바로 안에 들어가 있는 위치라 보면 된다.

그러니 상단전은 생각 밖에 있는 것이 아니라 생각 안에 위치해 있고 의식이라고 하는 부분 밖에 위치하고 있는 곳이 상단전이라고 이름하는 곳이다.

그림에는 표시를 하지 않았지만 혼(魂)이라 했을 때 혼은 생각이란 테두리 안에 있는 모든 것들을 혼의 부분이라 할 것이다. 혼이 나갔다고 했을 때는 생각과 의식이라고 하는 현재의식이 몸을 빠져 나간 것이지 머리 부분에 있는 신(神)마저 빠져나간 것은 아니다.

머리 부분의 그림에서 아래 쪽 목 부분의 그림으로 내려와 보면 이렇다. 목젖 밑에 차크라가 있고 그 반대쪽 즉 맞은편 쪽으로 경동맥 신경총이 있다. 그리고 비슈다 5차크라라고 이름하는 위치가 어디인가 살펴보니 경동맥 신경총 바로 아래가 비슈다 차크라의 위치가 아닌가 싶었다. 경동맥 신경총과 비슈다 차크라는 붙어 있는 듯 약간 거의 틈 없이 떨어져 있는 것이 아닌가 싶다. 그리고 경동맥 신경총과 목젖 밑에 차크라와 맞대응하고 있는 것을 보았더니 경동맥 신경총은 목젖 밑 차크라 위쪽과 맞대응하여 연결되어 있는 것 같고 목젖 밑 차크라는 경동맥 신경총 아래쪽과 맞대응하고 있는 것 같았다. 비슈다 차크라는 목점 밑 차크라 아래쪽과 맞대응하고 있는 것 같았다. 목적 밑 차크라는 그냥 연결되어 있는 것 같았으나 경동맥 신경총이나 비슈다 차크라는 차크라 자체에 연결되어 있는 것이 아니라 바로 뒤쪽의 경추가 지나가는 곳에 연결되어 있는 것 같다. 경동맥 신경총은 경추 2번째 시작되는 곳으로부터 연결되어 있는 것 같았고 목젖 밑 차크라는 경추 3번째 아래쪽에 연결되어 있는 것 같았으며 비슈다 차크라는 경추 앞에 있되 목젖 밑 차크라 아래쪽과 연결되어 있되 경추에는 연결점이 없는 듯 보였다. 전면 앞에서 보면 전부 하나로 보이겠지만 옆에서 보면 이와 같이 보였다. 앞에서 본다면 경동맥 신경총, 목젖 밑 차크라, 비슈다 차크라가 크게는 하나로 보이겠지만 자세하게 본다면 두 개로 보일 것이다. 목젖 밑 차크라가 마치 경동맥 신경총 아래와 겹쳐 있고 비슈다 차크라는 전부다 아래쪽으로 겹쳐 있어서 앞에서 볼 때는 두 개로 보이는 것 같다.

중단전 부분에 있는 심장 신경총, 아나히타 차크라 및 중단전, 흔히 마음이라고 할 때 가슴을 가리키는데 이때 마음은 이라고 하는 부분과 업(식)덩어리, 그리고 자등명과 아래로 내려와 명치 밑 차크라와 대응하는 듯한 척추 안쪽으로 있는 태양 신경총과 마나프라 차크라의 위치를 그렸다.

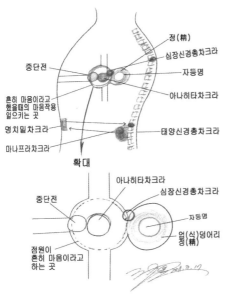

가슴 부분에 있는 것은 작아서 잘 알아보지 못할 것 같아서 아래쪽에 확대하여 그렸다. 아래에서 보면 흔히 중단전이라고 하는 부분은 가슴을 가리키며 마음이라고 하는 것이 가슴 안팎으로 출입함에 있어서 흔히 마음이라고 하는 것이 통로를 통하여 가슴 안팎으로 출입하게 되는 곳을 꽉 막고 있는 곳이 중단전이라고 하는 것이고, 아나히타 차크라라고 하는 곳의 위치는 흔히 마음이라고 하는 곳이 점선으로 그려진 중앙에 위치에 있으며 점선으로 마음이라고 하는 것의 크기에 4분의 1정도 크기로 있는 것 같다. 아나히타 차크라와 심장 신경총과는 약간 떨어져 있으며 심장 신경총 아래 그림 심장을 그려놓고 위치를 그려놓은 것과 같이 다르다. 심장 신경총은 업(식)덩어리가 들어있는 곳을 보호하기 위하여 있는 돌기가 많이 나있는 위쪽에 위치하고 있다. 심장 신경총 안에 업(식)덩어리를 흔히 정신(精神)이라고 할 때 정(精)에 해당되며 영혼이라고 할 때 영(靈)에 해당된다. 흔히 윤회한다고 할 때 윤회의 주체는 업(식)덩어리이다. 업(식)덩어리 안에는 자등명이라고 하는 스스로 그 어느 것에도 의탁 의지하지 아니하고 스스로 등불과 같이 빛을 내며 시방을 밝히는 것이 있다.

그러므로 생명의 주체라고 할 때 생명의 근원이 이곳에 있으면 자등명이란 빛덩어리에서 순수 생명에너지는 이곳에 해당되며 에너지가 머물고 있는 곳은 아나히타 차크라가 있는 곳으로 색은 노란색이다. 근본은 노란색이되 업이 있고 또 마음이라고 하는 곳에 업이 되려고 하는 것이 있는 정도에 따라서 색은 다르게 보여질 수도 있다고 생각한다. 이는 밝고 환한 자등명이 업이 달라붙어 전등불에 갓을 씌운 것과 같아서 무엇을 씌웠느냐에 따라 전등불의 색깔이 다른 것과 같이 다르게 볼 수도 있다고 하겠다. 그러나 그 근본 색깔은 노란색이다. 왜 노란색이냐 묻는다면 "정(精), 기(氣), 신(神) 각기 서로 다른 에너지가 있다."란 그림을 보면 알 수 있을 것이다.

태양 신경총은 척추 안쪽 몸통에 달라붙어 뿌리는 내리고 있는 듯하며 3차크라 마나프라는 태양 신경총 앞에 있는 위치한 것이 아닌가 싶다. 이것이 명치 밑 차크라와 연결되어 있는 듯 대응하고 있는 것을 보면 명치 밑 차크라는 태양 신경총 바로 위쪽으로 해서 척추에 연결점이 있는 것 같고, 태양 신경총은 명치 밑 차크라라고 하는 것과 직접 연결되어 있는 것 같으며, 3차크라 마나프라는 명치 밑 차크라 바로 아래쪽과 연결되어 있는 것 같다.

이 그림 위는 심장을 놓고 보았을 때 심장에서 중단전의 위치, 흔히 가슴을 가르치며 마음이라고 하는 위치, 4차크라 아나히타, 심장 신경총, 자등명, 업(식)덩어리, 정(精)이라 하고 영(靈)이라고 하는 것이 어느 위치 정도에 있는 가늠하며 이해를 돕기 위해서 그린 것이다.

아래는 하단전의 위치, 단(丹)의 위치, 단(丹)을 이루고 있는 기(氣), 2차크라 물라다라의 위치, 하복부 신경총의 위치, 흔히 회음이라고 하는 곳, 1차크라 스바디스타나의 위치, 척추기저부의 위

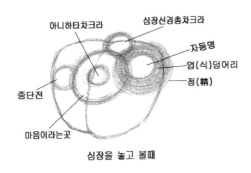

치를 알아보기 쉽게 그린 그림이다.

배꼽 바로 위 뒤쪽으로 척추 안쪽 몸통에 붙어 있는 태양 신경총이 있고, 그 신경총 앞에 마나프라 차크라가 있으며, 배꼽 위쪽 배 부분에 명치 밑 차크라가 있다. 배꼽 아래는 하단전, 명문, 기(氣)가 모이는 곳, 기가 모여서 단(丹)이 되는 곳, 생식기와 통하는 통로에 2차크라 물라다라가 있고, 회음으로 통하는 통로 입구 우측으로 하복부 신경총이 있다. 흔히 회음이라고 할 때의 회음은 하단전과 통하는 통로로 아래쪽에 있은 그 통로 시작되는 곳에 1차크라 스바디스타나가 있고, 그 통로 시작되는 위에 척추 기저부가 있다. 척추 기저부 위쪽 척추가 시작되는 부분에 꼬리뼈 차크라가 있다.

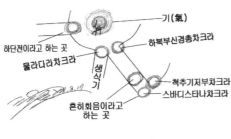

아래쪽 그림으로 하단전과 회음을 확대시키고 그것도 부족한 듯하여 좀 더 잘 알아볼 수 있도록 심장을 놓고 볼 때를 그리고 난

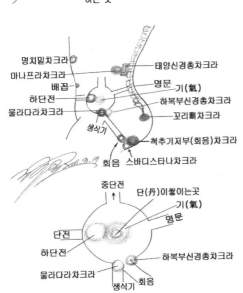

여백에 좀 더 명확하게 살펴볼 수 있도록 1차크라 스바디스타나 척추기저부 회음...등을 그렸다.

전체적으로 그려놓고 각 치크라와 신경총의 색깔을 그려보았다. 1

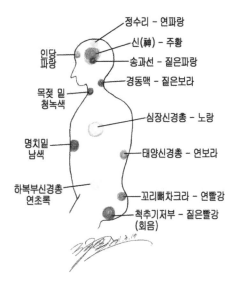

정수리 - 연파랑

신(神) - 주황

인당
파랑

송과선 - 짙은파랑

경동맥 - 짙은보라

목젖 밑
청록색

심장신경총 - 노랑

명치밑
남색

태양신경총 - 연보라

하복부신경총
연초록

꼬리뼈차크라 - 연빨강

척추기저부 - 짙은빨강
(회음)

차크라와 척추기저부는 짙은 빨강이고, 꼬리뼈 차크라는 연빨강, 하단전이라고 하는 하복부 신경총과 2차크라고 하는 물라다나 차크라는 연초록이되 노랑에 가깝고, 3차크라 마나프라차와 태양신경총은 연보라, 명치 밑에 있는 차크라는 남색, 심장신경총과 4차크라 아나히타는 노랑, 목젖 밑에 있는 차크라는 청록색, 경동맥 신경총은 짙은 보라, 6차크라 아즈나와 송과선 신경총은 짙은 파랑, 인당은 파랑, 정수리(대뇌 신경총)이라고 하는 7차크라 사하스라라는 연파랑이고, 송과선이 있고 신(神)이 있는 부분은 주황이다. 신(神)의 부분이 주황으로 있고 그 주변으로 파랑이 있되 아래는 짙은 파랑 옆으로는 파랑 위로는 연파랑색이다.

이렇게 찾아놓고 보니. 기존 차크라를 말하는 곳에서는 색을 어떻게 구별하였는가. 살펴보니

1차크라 짙은 빨강, 2차크라 연빨강, 3차크라 주황, 4차크라 노랑, 5차크라 청록색, 6차크라 남색, 7차크라 보라색으로 말하고 있었다. 본인과는 달랐다. 왜 다를까를 생각해 봤다.

그 근본을 보지 못하고 섞여서 보이는 것을 보았기 때문이 아닌가 하는 생각을 해 보았다. 자등명이란 빛덩어리 속의 순수 100% 기(氣)에너지는 연초록으로 노랑에 가까웠다. 그래서 연초록으로 기(氣)를 표시하기 위해서 그림을 그려도 마치 생명에너지가 있는 중단전 순수 100% 생명에너지의 색인 노랑을 같이 그려놓으면 서로 구별하기가 쉽지 않은 듯 노랑에 가깝게 그려졌었다. 전에 그렇게 나타내고 드러낸 것으로 볼 때 하단전의 기(氣)를 노랑에 가까운 연초록이고 1차크라가 짙은 빨강이다 보니 2차크라를 주황으로 본 것이 아닌가 싶다.

2차크라를 연빨강으로 말하는 것은 2차크라를 꼬리뼈 차크라를 그리 본 것이 아닌가 싶다. 본인이 볼 때 1차크라 스바디스타나, 척추기저부(회음)는 짙은 빨강이었고 그 위에 꼬리뼈 차크라는 연빨강이었고, 그 위에 하단전에 있는 2차크라 물라다나 하복부 신경총은 연초록이었다.

3차크라 마나프라와 태양 신경총은 보라이었고 명치 밑 차크라 역시 보라색으로 보았으며, 심장신경총과 4차크라 아나히타는 순수 100% 생명에너지로 보았을 때 노랑이다. 이는 이미 자등명이란 빛덩어리에서 순수 100%의 생명에너지에서 이미 노랑으로 이야기했고 또 업을 떨어지게 하거나 녹이는데 자등명이란 빛덩어리에서 생명에너지를 가져올 때 그리 가져다가 업을 녹여주었었다.

목젖 밑은 청록색이고 그 대응 경추 몸 안에 붙어 있는 경동맥 신경총과 4차크라 비슈다는 짙은 보라로 보였다. 기존 사람들이 청록색으로 본 것은 짙은 보라가 뒤에 있고 앞에 청록색이 있어서 그렇게 본 것이 아닌가 하는 생각을 해본다.

제6차크라 아즈나와 송과선 신경총은 짙은 파랑으로 보였는데 기존 사람들은 남색으로 말하고 있는데 이것은 신의 자리에 있는 순수 100%의 신성에너지의 주황과 짙은 파랑, 그리고 의식과 생각이 뒤섞여 한데 어우러져 있는 것들이 서로 혼합되어 있는 상태의 색을 보아서 남색으로 본 것이 아닌가 싶다.

7차크라 사하스라라와 대뇌 신경총(정수리)은 연파랑으로 보였는데 기존 사람들이 보라라고 하는 것은 태양 신경총을 시작으로 순환하기 때문에 태양 신경총의 보라가 경동맥 신경총을 걸쳐 7차크라 사하스라라 대뇌 신경총으로 순환해 오니 신(神)의 자리에서 빛처럼 밝게 비추니 연파랑이 아니라 보라가 순환하며 흘러가니 보라로 본 것은 아닌가 하는 생각을 해 보게 되었다. 이런 것으로 볼 때 대체적으로 차크라마다 색이 같을 수도 있지만, 또한 다르게 보일 수 있으며 어느 것이 더 발달되어 있느냐에 따라서 드러나는 색깔도 다르리라 생각한다.

이렇게 구성되어진 색을 몸을 그려서 그 색들을 위치에 따라 그려놓은 것이다. 하단전 중단전 상단전에 하나의 기(氣)로 작용하는 것이 아니라 각기 서로 다른 에너지들이 작용하는 것을 밝혀 놓으며 색을 구별해 놓은 것과 같이 하단전 중단전 상단전의 색이 다르고 거기에 각기 저마다 위치한 차크라와 신경총의 색을 표기한 것이다.

이 그림에서 보면 나중에 양신(養神)이니 출신(出神)이니 할 때 머리 부분의 신(神)이 정수리를 통하여 몸 밖으로 나갈 때 차크라가 아니라 신경총을 몸에서부터 다 떼어내야 한다.

본인이 보건데 신경총 안에 있는 것은 영적인 부분이 아닌가 싶고 신경총을 따라 순환하는 것은 영적인 것을 위한 것이 아닌가 싶다. 몸이란 육체적인 부분은 임독맥과 기경팔맥이 순환하는 것 아닌가 싶다.

옆에서 보아서 몸통 안에 있는 모든 차크라와 신경총을 그려놓은 것을 전면에서 바라보며 저마다의 색을 그려 넣었다. 그려 넣다

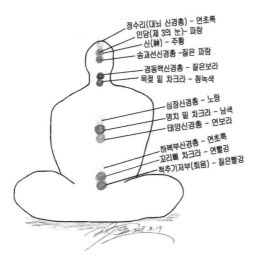

정수리(대뇌 신경총) - 연초록
인당(제 3의 눈)- 파랑
신(神) - 주황
송과선신경총 -짙은 파랑
경동맥신경총 -짙은보라
목젖 밑 차크라 - 청녹색
심장신경총 - 노랑
명치 밑 차크라 - 남색
태양신경총 - 연보라
하복부신경총 - 연초록
꼬리뼈 차크라 - 연빨강
척추기저부(회음) - 짙은빨강

보니 일직선에 놓이게 되었다. 그리고 7차크라라고 했는데 본인이 볼 때 7차크라가 아니라 인당, 신(神)의 부분을 빼놓고 보면 10개가 있다. 기존 7차크라를 말하는 것들의 설명을 보면 분명하지 않고 어느 곳에서 어느 것을 어느 곳에서는 어느 것을 보면서 즉 각기 서로 다르게 보면서 7개 차크라에 맞추는 듯한데, 본인이 볼 때 정확하게 본

다면 10개로 봐야 한다고 생각한다.

그 10개를 맨 아래서부터 나열한다면 척추기저부(회음), 꼬리뼈차크라, 하복부 신경총, 태양 신경총, 명치 밑 차크라, 심장 신경총, 목젖 밑 차크라, 경동맥 신경총, 송과선 신경총, 대뇌 신경총, 이렇게 10개로 봐야 하는 것 아닌가 하는 생각을 해본다….

2011. 3. 22 08: 56

양신(養神: 出神) 깨달음과 관계가 있는가?

몸에서 영혼이 나가는 문은 영문(靈門)으로 백회로 나가고 몸에서 신(神)이 나가는 문은 정수리로 양신(養神: 出神)을 할 때는 정수리로 나간다. 몸통 안에 양신(養神: 出神)할 수 있는 것은 다 있다. 수행을 해서만 있는 것이 아니라 살아 있는 사람이라면 누구나 다 있다.

이것이 몸 밖으로 나가게 하려면 즉 양신(養神: 出神)하려고 한다면 일단 정수리가 열려야 한다. 백회가 열려서는 이루어질 수 없고 반드시 정수리가 열려야 나갈 수 있다. 백회로는 이것이 나갈 수가 없기 때문에 백회가 열려서는 나갈 수 없는 것이다.

정수리가 열리고 물기둥 같은 것이 들어오고 머리 부분에 있는 신(神)이 정수리를 통하여 머리 위로 올라온다. 그리고 머리 위에서 꽃모양으로 피어난다.(물기둥 같이 들어온 것이 신성에너지가 아닌가 생각된다.) 정수리 부분 몸통 안에서 대뇌 신경총이 몸통 안에 뿌리를 내리고 있다. 몸통에 뿌리를 내리고 있는 것을 떼어내야지 바르게 올라간다 할 것이다. 본인 같은 경우에는 미처 뿌리를 떼어내지 않아서 백회가 열릴 때 머리의 뚜껑이 열린 것이 나중에는 같이 간 것이 아닌가 한다.

신(神)이 정수리 위로 올라가면서 몸통에 붙어 있는 신경총과 차크라들이 떨어지면서 몸통 안에 있던 이것이 몸통을 빠져나간다. 처음에는 신(神)이 나가며 머리 부분이 나가고, 그 다음에는 몸통에 뿌리를 내리고 있던 경동맥 신경총이 몸통으로부터 떨어지고 목젖 아래 차크라가 떨어져 나가며 나가고, 그 다음에는 몸통에 뿌리를 내리고 있던 태양 신경총의 뿌리가 떨어지고 명치 밑에 있는 차크라가 몸통에서 떨어지니 (본인 차크라라고 했으니 이것을 보면 신경총과 같이 몸통에 달라붙어 있는 것으로 보면 신경총이 아닌가 생각되는데 전문적인 몸통에 구조에 이름을 모르니 차크라라고 한 것이다. 목젖 밑에 있는 차크라 역시도 그러하다.) 몸통에서 빠져나가는 듯 몸통 안에 있는 이것은 형태의 모습이 변한 듯 빠져나가는 듯한 모습으로 보인다.

명치 밑 차크라를 통해 아래로 내려가니 생식기 바로 위에 무엇인지 모르지만 묵직하게 연결된 것이 있는데 이것은 차크라도 신경총이 아니라 떨어지지 않으니 몸통 뒤쪽으로 가서 꼬리뼈에 뿌리를 내리고 있는 것을 제거하고 척추기저부 신경총(회음)을 제거하면 몸통을 빠져나간다.

이렇게 신이 나가고 마음이란 부분 정이란 것 업(식)덩어리라고 하는 것이 그 안에 같이 있으면서 나가고 단전도 한 몸이 되어 빠져나간다. 마치 호리병 속에 있는 것이 몸을 자유자재로 해서 빠져나가는 것과 같이 빠져나간다.

몸통 안에 있는 이것은 심장 신경총과 자등명으로 커지는 것 같다. 그리고 이것은 마음의 크기와도 비례하는 것 같다. 심장 신경총이라 하고 자등명이라 했으나 생명에너지로 커지는 것 같다.

이렇게 양신(養神: 出神)은 이루어진다. 본인이 깨달음을 증득하고 양신(養神: 出神)을 해서 쉽게 생각하는지 모르겠지만, 양신(養神: 出神)은 깨달음과는 관계없이 정수리가 열리고 몸통에 붙어 있는 모든 신경총이 떨어지면 자연스럽게 나가게 되는 것이 아닌가 싶다.

이것이 몸통 안에 있는 것은 몸통에 뿌리를 내리고 있기 때문에 몸통과 달라붙어서 한 몸이 되어 있는 것이지. 몸통에서 이것이 붙어 있도록 하고 있는 뿌리를 제거하면 이것이 나갈 문이 열려있다면 자연스럽게 나가는 것이 당연한 것 같다.

이렇게 본다면 양신(養神: 出神)은 깨달음과 전혀 관계가 없고 오직 정수리가 열렸느냐? 그리고 몸통에 붙어 한 몸이 되도록 하고 있는 몸통에 뿌리를 내리고 있느냐 없느냐가 아닌가 한다.

이렇게 생각하면 이해가 쉽지 않을까 싶다. 몸통이란 통이 있다. 그 안에 다른 것을 넣었다. 두 개가 한 몸이 되게 하기 위해서 즉 붙어 있게 하기 위해서 처음에 통 몸통과 그 다음에 들어간 것과 연결시켜놓는다. 이렇게 연결되었을 때 둘은 하나가 된 것과 같이 움직이게 된다. 이렇게 되어서 한 몸 하나로 움직이다가 어느 날 몸통과 연결된 것이 모두 다 떨어졌다. 만약에 모두 다 떨어졌는데 몸통 밖으로 나오는 문이 닫혀 있다면 나오지 못하겠지만 열렸다면 당연히 자연스럽게 나오게 되는 것 아닌가 싶다.

몸통과 이것은 이런 관계가 아닌가 싶다. 이것을 무엇이라고 이름 해야 옳은지 모르겠다. 영체라고 해도 맞지를 않으니 무엇이라고 해야 맞을까? 이름을 생각 중이다.

이런 과정에 깨달음이 있겠는가? 이는 마치 사람이 죽었을 때 죽음 사람의 몸통에서 영(靈)이 빠져나오는 것과 흡사하다고 할 것이다. 죽은 사람의 몸에서 영(靈)이 빠져나오는데 깨달음과 관계가 있는 가? 전혀 없는 것과 같이 양신(養神: 出神)도 그러하다. 몸통이란 통 에서 몸통 안에 있는 이것이 정수리로 나오도록 하면 되는 것이 양 신(養神: 出神)이다. 지금 이글을 읽는 그대의 생각은 어떠한가?

수행을 열심히 해서 하단전에 축기해서 단(丹)을 만들고 중단전에 도 축기를 해서 단(丹)을 만든다고들 했었는데, 기(氣)의 단(丹)을 만드는 것이 아니라 생명에너지를 쌓아서 업(식)덩어리를 녹이고 가볍게, 그런 다음 머리 부분의 신(神)에 달라붙어 있는 의식이나 생각을 녹여낸다면, 그리고 7차크라라고들 하지만 몸통에 붙어 있 는 차크라과 같이 나란히 있는 신경총을 차크라를 연다고 의식하 다가 신경총의 뿌리가 제거되거나 없어지면, 그렇게 모든 차크라 에서 일어난다면, 어떻게 되겠는가? 7차크라가 각기 한 두 개가 다르다. 그러니 그 한두 개를 잘못 알았나 하고 다른 쪽으로 하면 서 의식하며 차크라를 연다고 열다가 몸통에 달라붙어 있는 뿌리 가 제거된다면 어찌되겠는가?

영안이 열렸다면 정수리를 뚫고 몸통에 달라붙어 뿌리를 내리고 있는 모든 것을 제거한다면 어떻게 되겠는가? 이렇게 양신(養神: 出神)은 이루어지는 것이 아닌가 한다.

여기서 양신(養神: 出神)하기 위해서 필요한 것은 무엇이겠는가? 정수리를 여는 것, 몸통과 한 몸이 되도록 하고 있는 뿌리를 볼 수 있는 눈, 몸통과 몸통 안에 있는 이것과 뿌리를 제거할 수 있 는 에너지 즉 기운이 있으면 양신(養神: 出神)이 되는 것 아닌가? 아! 그것도 필요한 것 같다. 본인은 우연히 한 것 같은데, 생식기 위에 연결되어 있는 실 같은 것이 감겨 있는 것과 이것과 연결되 어 있는 것, 이것은 뿌리내려져 있는 것이 아니라 연결되어 있어 서 연결되어 있는 것을 뽑아주어야 한다. 그러고 뽑아주어야 하니 뿌리를 제거하듯 뽑으면 이것 역시 되는 것 아닌가 싶기도 하다.

이것이 몸통에서 분리되어 정수리 밖으로 나온다. 나오게 하려면 영안이 열려야 하고, 뗄 힘(에너지) 기운이 있어야 한다.

정수리로 빠져나와서 몸통과 생식기 위에 있는 것으로 연결되어 있기는 하되 따로 있다.

육체란 몸통에는 생각이 있고 현재의식이 있으며 정수리로 빠져나간 것에는 기운이 있고 마음이 있고 마음에 업(식)덩어리가 있으며 머리 부분의 신(神)이 있다. 머리 부분의 신(神)은 밝은 빛이고 업(식)덩어리는 무의식 잠재의식이다. 이것들이 한데 어우러져 그것이 있는 것이다.

본인처럼 깨달았다면 기운으로 이미 하나 되었으니 몸통 안에 있을 때는 몸통 때문에 단전의 흔적이 있겠지만 몸통 밖으로 빠져나오면 그 자취 흔적이 있겠는가? 이미 안팎의 기운으로 하나가 되었는데, 중단전을 역시 생각해 보라. 마음이란 것 없이 다 놓았는데 어디에 걸려서 남아 있겠는가? 몸통 안에 있을 때는 몸통으로 그러할지라도 안팎으로 통하여 있었던 것이 몸통 밖으로 나와서는 어찌되겠는가? 당연히 사라지는 것 아니겠는가? 깨닫지 못한 경우라면 당연히 단전도 있고 중단전도 있고 마음도 있어서 몸통에서 나간 그것을 나름대로 키워야 할 것이로되 깨달은 사람에게 있어서는 그럴 필요가 없는 것 아닌가 싶다.

이런 것으로 볼 때 깨닫지 않고서는 양신(養神: 出神)하려고 수행한다면 얼마든지 양신(養神: 出神)할 수 있는 일 아니겠는가?

어떻게 양신(養神: 出神)이 이루어지는지를 몰라서 어렵게 했거나 아니면 못했을지도 모르지만 이미 확연히 알고 있고 또 할 수 있다면 얼마든지 가능한 일이 아닌가 싶다.

몸통 안에 있을 때나 몸통 밖에 있을 때 영안으로 본다. 다만 몸통은 현재의식과 생각이 있고 마음이 위로 올라간 곳에 몸통에 일부가 있을 뿐, 마음이고 할 것도 없다. 그러므로 본인이 본인을 볼 때 몸통은 텅 빈 것 같고 머리 부분에 의식과 생각은 있되 무의식 잠재의식은 없는 것 아닌가 싶다.

누군가가 양신(養神: 出神)되어 신(神)이 위로 올라갔다면 무의식 잠재의식은 자체는 볼 수 없을 것이다. 살아가는 것의 원인은 무의식 잠재의식 때문이지만 현실을 살아가는 것은 현재의식과 현재의 생각이고 현재의 마음인 만큼 영안으로 몸 밖을 빠져나간 그것을 볼 뿐 그것이 육체의 나를 보는 것은 아닌 것 같다. 그리고 몸에서 빠져나간 그것이 주변을 보는 것이 아니라 육체에서 그것을 보면서 그것의 주변을 보는 것이다. 이것은 육체에서 혼(魂)이 나간 것과 다른 것이 아닌가 한다.

유체이탈하고 다른 것이 이것이 아닌가 한다. 유체이탈은 자기 자신의 육체를 본다. 그리고 남이 육체를 건드려도 건드리는 것을 볼 뿐 어떤 제재를 하지 못한다. 그러나 양신(養神: 出神)은 생각과 의식이 몸에 있음으로 해서 얼마든지 활동하고 또 누가 건드리면 제제가 가능하다. 일상생활이 그대로 된다. 유체이탈하고서는 일상생활을 할 수 없다.

이것은 왜 그러한가 하면 유체이탈은 혼이 나간 것이고 양신(養神: 出神)은 혼은 남겨두고 그 외의 모든 것들이 나가서 그런 것이 아닌가 싶다.

그러므로 유체이탈해서 육체를 버리기 위해서는 영(靈)이 나가야 하고, 양신(養神: 出神)을 해서 육체를 버리기 위해서는 혼(魂)이 나가야 하는 것 아닌가 싶다. 유체이탈해서 혼이 들어오지 않는다면 이것을 두고 죽었다 하지 않고 의식불명인 사람이라 할 것이며 영이 빠져나가 혼이 있는 사람은 그냥 현실을 잘 살아가는 사람이라 할 것이다. 영이 빠져나간 사람에게 혼이 빠져 나간다면 죽었다 하지 않을까 싶다. 죽지 않고 신선(神仙)이 된다고 하는데 우화등선(羽化登仙)해서 신선(神仙)이 되는 것은 모르겠다.

깨닫지 않고 양신(養神: 出神)해서 신선이 되었다면 그들은 깨달음을 가르칠까? 무엇을 가르칠까? 본인이 생각하건데 깨닫지 않고 했을 것 같은데…. 왜? 깨달음 보다는 양신(養神: 出神)을 해서 신선이 되려고 했을 테니까. 당연히 깨달음에 대해서는 모르지 않겠는가? 그래도 알까? 테스트해 보면 우주는 모른다고 한다.

만약 어디까지나 만약이지만… 본인이 우화등선해서 신선(神仙)이 된다면 이 과정 또한 본인이 밝혀 놓을 수 있는 한 최대한 글로 옮겨놓을 것이다.

앞으로도 일어나는 현상들이 수행하는 사람들에게 도움이 되고 또 길을 걸어오는 사람들에게 도움이 된다면 최대한 글로 옮겨서 밝혀 놓을 것이다. 체험하고 경험한 것들을….

양신(養神: 出神)으로 인하여 궁금한 것들은 해소가 되었는지 모르겠다. 이 정도면 어느 정도는 해소되지 않았나 싶다.

2011. 3. 23. 17:50

2011. 03. 25. 10:25 양신(養神) 출신(出神)할 때, 양신 상태, 양신후 육체에 축기(築氣)

양신(養神) 출신(出神)할 때,
양신 상태, 양신 후 육체에 축기(築氣)

백회는 열렸어도 정수리가 열린지 열리지 않은지 분간도 하지 않았고 또 백회가 곧 정수리 알고만 있다가 백회와 정수리가 다르다는 것을 백회를 보고 정수리를 본다고 하고 보았을 때 이날은 3월 19일 날, 출신(出神)하는 과정의 그림(1)(p226)은 정수리로 물기둥 같은 것이 생겨 들어와서는 정수리 위로부터 송과선 신경총으로 물 같은 것이 폭포수처럼 쏟아진다. 쏟아지는 폭포수 같은 것은 송과선 신경총에 거의 다 흡수되는데 미처 흡수되기 전에 폭포수가 떨어지면 흩어지는 것이 아즈나 차크라에 떨어져 중단전에 흘러가고 송과선 신경총에 떨어진 것은 온몸으로 퍼졌다. 손끝에까지 전달되는 느낌을 가졌다. 그래서 그 물기둥은 어디로부터 쏟아지는지 위를 본다고 위를 보니 출신(出神)하는 과정의 그림(2)(p63)과 같이 보였다.

그러고 나서 머리 부분에 신(神)을 본다고 보니 신(神)은 출신(出神)하는 과정의 그림(3)(p63)과 같이 정수리로 물이 쏟아졌던 통로를 따라 위로 올라와 정수리 입구까지 올라왔나 싶었는데, 본다고 보니 정수리에서 꽃모양을 하고 무엇인지 모르지만 피어났다. 피어난 곳을 본다고 보니 출신(出神)하는 과정의 그림(4)(p63)과 같이 꽃모양으로 피어난 중앙에 신(神)에 있는 듯싶었다.

그러다 또 본다고 보니(운전 중이어서 계속해서 볼 수가 없었다) 꽃잎이 사라지면서 출신(出神)하는 과정의 그림(5)과 같이 신(神)이 머리 위로 올라가 있어서 정수리 부분 및 아래는 어떤지 정수리 부분을 본다고 보니 송과선 신경총이 정수로의 통로로 올라와 있었다. 그래 지켜본다고 보니 송과선 신경총이 출신(出神)하는 과정의 그림(6)과 같이 정수리를 빠져나가 머리 위로 올라가 있었다.

그래서 의식을 몸통 안으로 들어가서 경동맥 신경총이 몸통에 붙어서 떨어지려고 하는 것 같아서 몸통으로부터 떼어내고, 본다고 보니 이번에 목젖 밑에 붙어 있는 것 역시도 몸통에 붙어서 떨어지려고 해서 이것도 몸통으로부터 떼어냈다.

그리고 보니 이제는 태양 신경총과 명치 밑에서 몸통과 달라붙어 있는 것도 떨어지려고 하고 있었다. 그래서 태양 신경총을 몸통으로부터 떼어내고 이어 명치 밑에서 몸통과 달라붙어 있는 것도 떼어냈다. 그랬더니 마치 부력을 받은 듯 몸통 안에 있는 것이 몸통 안에서 분리되며 위로 올라가는 느낌이 들었다.

그래 이번에 그 아래를 보았다. 아래를 보니 배꼽 아래 생식기가 시작되기 위쪽 (나중에 신체구조를 통하여 찾아보니 이곳은 관원(關元)과 중극(中極) 사이에 있되 관원에 붙어 있는 듯 관원 쪽에 치우쳐 있는 곳인가 같았다.)을 떼어내려고 하였더니 떼어지지가 않았다. 그래서 뒤쪽으로 가서 꼬리뼈에 달라붙어 있는 것을 떼어내고, 그런 다음 회음에 달라붙어 있는 것도 떼어내고, 어둡게만 보이는 관원과 중극에 달라붙어 있는 것을 다시 떼어낸다고 떼어내니 몸통 안에 있는 부력을 갖고 있는 듯, 마치 풍선이 뜨듯 아니 유령처럼 출신(出神)하는 과정의 그림(7)과 같이 몸통을 빠져나갔다. 이 몸통에는 경동맥 신경총 심장 신경총 하복부 신경총도 한 몸이 되어 빠져나가는 것 같았다.

출신(出神)하는 과정의 그림(8)(p63)은 몸통에 달라붙어 있는 신경총을 몸통으로부터 뗄 때 본 것을 그림으로 그린 것이다. 옆에서 보았을 때는 몸통에 마치 뿌리를 내린 듯 찰싹 달라붙어 있었고 전면에서 보았을 때 본다고 보니 마치 꽃 모양 같았다. 무슨 꽃인지 또는 꽃잎이 몇 개인지는 미처 살펴보지를 못했다.

이렇게 몸통 안에 있는 것은 몸통을 빠져나갔다. 빠져나가는 것을 본다고 보니 신경총이 떨어진 자국이나 흔적들은 없었으며, 몸통 안에 있는 것과 같이 따라 올라가던 송과선 신경총과 심장 신경총, 하복부 신경총은 사라지고, 위로 중단전 아래로 하단전이 출신(出神)하는 과정의 그림(9)과 같이 보였다.

조금 있다가 본다고 또 보니 출신(出神)하는 과정의 그림(10)과 같이 중단전을 멀리 올라가 있고 하단전은 따라 올라가는데, 중단전 부분에는 자등명이 올라가는 것이 보이고 아래 하단전은 단(丹)이 보이는 듯한 아래쪽으로 무엇인지 모를 끈 같은 것이 연결되어 있는 것 같아서, 그것을 따라 몸통을 살펴보니 몸통 앞쪽 안으로 거무스레하게 생식기가 시작되는 위쪽 부분까지 쭉 이어져 있는 것이 아닌가. 그래서 거무스레하고 어둡게 보이는 그곳을 밝히고 보니 연결된 끈이 있었다. 그 끈은 생식기가 시작하기 전 부분 안팎으로 연결되어 있었고, 그것 밖에는 마치 고리처럼 되어서 잡으면 손잡이가 되는 듯싶었으며, 놓으면 마치 문고리가 몸통에 달라붙는 듯 달라붙었다. (나중에 해 본 것이지만 이것을 잡고 돌려 감으면 연결된 끈이 감겨지면 몸통에서 빠져나간 것이 돌아왔고, 이것 안쪽을 감겨 있는 것을 풀면 마치 연이 날아가듯 날아갔다. 처음은 그렇게 긴 것 같지 않았는데…. 시간이 지나며 본다고 보니 끈은 더 길어진 것 같았다.) 2011. 3. 25. 10:25

출신(出神)하는 과정의 그림(11)(p63) 관원(關元)과 중극(中極) 사이에 연결되어 있는 것을 따라 위쪽에 연결된 부분을 보았다. 위쪽에 연결되어 있었던 부분에는 아직도 끈들이 감겨져 있었다. (처음에 보았을 때 지금은 다 풀려 있고, 몸통 안에 들어오면 이제 몸통 안에서 끈이 접혀져 있는 것과 같다.) 그래서 몸통에 달라붙어 연결하고 있는 것과 몸통에서 빠져나간 것과 연결되었던 부분을 본다고 보니 몸통에 있는 것은 수컷으로 몸통을 빠져나간 것 안에 들어가게 되어 있고, 몸통 밖으로 나가 있는 것은 마치 암컷처럼 몸통에 있는 것을 끼워지게 되어 있었다. 연결되는 부분이 몸통에 있는 것을 튀어나와 있고, 몸통 밖에 나가 있는 것은 튀어나와 있되 안에 텅 비어 있어서 빈 곳으로 몸통에 나와 있는 것이 들어가면 마치 몸통에 붙어 있는 것에 홈이 있어서 홈에 무엇인가가 있어. 그것으로 인하여 빠질 때 잡아 빼면 빠지게 되어 있고 또 끼면 쉽게 끼워지도록 되어 있는 것 같았다.

조금 시간이 지나니 출신(出神)하는 과정의 그림(12)과 같이 하단전이 사라지고 그 다음에 중단전이 사라지고 아무것도 없고, 신(神)만이 남아 있는데, 그것을 자세히 본다고 보니.

그것에 자등명이 신(神)과 함께 합일되어 있었다. 언제 머리 부분의 신(神)과 중단전 부분에 있던 자등명(自燈明)이 합일이 되었는지는 모르겠다.

아주 오래전에 머리 부분의 신(神)은 빛을 발하고 있지만 허공과 같아서 신(神)을 직관해 들어가면 허공으로 빠져들어 가는 것 같다고 했고, 가슴에 자등명도 신(神)과 같이 빛을 발하는데, 자등명은 실체가 있어서 직관해 들어가면 부딪치게 되어 있다고 말한 적이 있는데, 지금에 와서 보니 신(神)이 빛을 발하는 허공에 자등명(自燈明)이란 실체가 함께 하나가 되어. 즉 합일됨으로 해서 자등명의 빛을 신(神)으로 하여금 시방을 비추게 된 것 같다.

출신(出神)하는 과정의 그림(13)(p63) 몸통을 나간 것을 끈을 당겨서 몸통 안에 들어오게 하니. 몸통과 몸통으로 나간 것과 연결되어 있는 것이 몸통 밖으로 나갔던 것, 아래에 너저분하게 흩어져 있어서 몸통에 달라붙어 있는 끈 연결되는 것을 감아 보니 출신(出神)하는 과정의 그림(14)과 같이 연줄을 감는 것과 같이 아주 잘 감겼다.

몸통에서 몸통 안에 있는 것이 나갔을 때 몇 번 연줄 감듯 감아보았더니 잘 감기고, 감김에 따라 몸통을 나가 있던 것도 몸통 안으로 들어왔다. 몇 번 이것을 해 본 뒤에는 그냥 두고 있다.

어떤 관계로 인해서 인지는 모르겠지만 연결되어 있는 끈이 많이 길어진 것 같다. 처음에 비하면 훨씬 멀리 나가 있는 것 같다.

언젠가 모르지만 나가 있는 것을 본다고 보니 그 주변에 이것을 보호하려고 하는 신장이 동서남북 4분이 지키며 있는 것 같은 느낌이 들기도 했다.

출신(出神)하는 과정의 그림(15), 이것은 처음에 그러하지 않았나 싶다. 출신(出神)이 되고 신과 자등명이 합일되어 하나로 있을 때, 몸통을 본다고 보니 몸통은 마치 위에 신과 자등명이 합일로 있는 곳의 기운과 같이, 몸통이 그 기운 안에 출신(出神)하는 과정의 그림(15)과 같이 있는 듯싶었다. 지금 본다고 보면 더 넓지 아니한가 생각된다.

현재 의식으로 신과 자등명이 합일되어 하나로 있는 곳에 올라가 아래를 본다고 보면 56단계가 처음에는 그래도 보이는 듯했는데 어느 때부터는 까마득하게 멀리 보였다. 처음 이 그림을 그릴 때 사람을 그리고 56단계를 그리고, 몸통에서 연결되어 있는 끈을 그려 올라가면 종이를 벗어나 연결되어 있는 다른 종이 중간지점에서 그려진다. 그래서 다시 작게 아래로 그리고 56단계로 몸에 좀 더 근접시켜서 그렸더니 종이 위쪽에 신과 자등명이 합일되어 있는 것이 그려지고, 그것이 빛을 발하는 것이 그려졌다.

다시 살펴보았다. 임독맥처럼 순환하는 것과 몸통 안에 있는 것은 어떻게 있는지. 어제 이것을 살피면 그렸는데(임독맥 순환 그림) 오늘 본다고 보니. 몸통 안에 있는 것은 변함이 없는데 순환하는 것이 다른 듯하기도 하고, 같은 것 같으면서도 정수리를 통해 송과선 신경총으로 내려와 목젖 밑으로 내려왔는데, 목젖 밑에서 명치 밑으로 희미하게 흐르고, 굵직하게 마치 무엇이 강하게 서로 묶여 있는 듯 목젖 밑과 심장 신경총이 연결되어 있고, 심장 신경총에서 명치 밑과 강하고 굵직하게 연결되어 있는 것처럼 보인다. 여기에는 표시를 하지 않았지만 강하게 흐르고 약하게 전체적으로 흐르는 것은 아닌가 싶다.

몸통 안에서 몸통 안에 있는 것이 빠져나가서인지 허전했다. 어제까지만 해도 허전해서 자꾸 무엇인가 먹어야 했다. 먹지 않으면 배가 고픈 듯했다. 그리고 몸에 힘이 없었다. 몸통 안에 있던 것이 빠져나가면서 그 여진이 아닌가 싶어서 계속 몸을 추스른다고 몸을 추슬렀지만 잘 추슬러지지 않았다.

몸통 안에 있는 것 빠져나가서 그런지 계속해서 몸에 힘이 없고 피곤했다. 어떻게 하면 이 피로를 극복할까? 궁리를 했다. 몸이 피곤하니 좌선도 해 보았지만 조금의 효과는 있는 듯했지만, 완쾌되지 않고 지속적으로 힘이 없고 피로하고 자꾸만 몸이 늘어지는 느낌이 들었다.

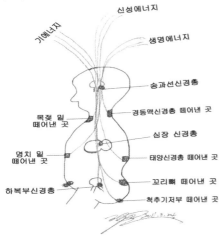

신성에너지
생명에너지
기에너지
송과선신경총
경동맥신경총 떼어낸 곳
목젖 밑 떼어낸 곳
심장 신경총
명치 밑 떼어낸 곳
태양신경총 떼어낸 곳
꼬리뼈 떼어낸 곳
하복부신경총
척추기저부 떼어낸 곳

필요한 것이 아닌가 싶어서 송과선

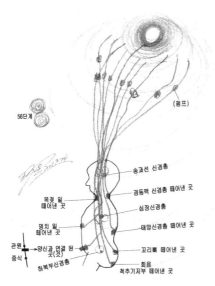

56단계
(펌프)
송과선 신경총
목젖 밑 떼어낸 곳
경동맥 신경총 떼어낸 곳
심장신경총
명치 밑 떼어낸 곳
태양신경총 떼어낸 곳
관원 중식
양신골 연결된 곳(젖)
꼬리뼈 떼어낸 곳
하복부신경총
회음
척추기저부 떼어낸 곳

그래서 어제 오후 퇴근길에는 어떻게 하면 될까? 생각하다가, 그래 몸통 안에서 몸통 안에 있는 것이 나갔다 하더라고, 육체에 있는 신경총은 육체에 그래도 있는 것 아닌가 싶은 생각이 들어서 처음에는 송과선 신경총에 신성에너지, 심장 신경총에 생명에너지, 하복부 신경총에 기(氣)에너지를 연결했다.

떼어낸 곳에도 각기 저마다 필요한 것이 아닌가 싶어서 송과선 신경총, 동경맥 신경총에 붙어 있는 것을 떼어낸 곳, 목젖 밑에 붙어 있는 것을 떼어낸 곳에 신성에너지를 연결해서 신성에너지가 충당되고 보충되도록 했고, 심장 신경총, 태양 신경총을 떼어낸 곳, 명치 밑 떼어낸 곳에 생명에너지를 연결했으며, 하복부 신경총, 꼬리뼈에서 떼어낸 곳, 척추기저부(회음)에서 떼어낸 곳에 기(氣)에너지를 연결하고 퇴근을 시작했다.

퇴근하면서 신성에너지, 생명에너지, 기에너지, 육체에 연결해 놓은 것을 바라보면서 이럴 것이 아니다 싶었다. 왜 저 아래 22, 23, 24,에서 가져오나, 더 높은 곳에 있으면서 신(神)이 있는 곳에서 가져다 육체에 연결하고 싶은 생각이 일어났다. 그래서 신성에너지, 생명에너지, 기에너지를 연결한 것을 모두 다 제거하고, 다시 신(神) 주변에 있는 것을 하나하나 연결하고, 연결하고 강하게 들어와 육체가 빨리 회복되도록 펌프까지 설치를 했다.

이것을 하나하나 설치를 할 때마다 설치하는 곳에서 자극이 일어나 몸에서 반응을 했다. 운전하며 퇴근하면서 이것을 다 몸통 곳곳에 설치하고 퇴근하고 아침에 일어났는데 몸은 많이 회복된 듯 싶다. 지금은 몸에 기운이 강하게 차 있는 느낌이다.

앞으로 더 많은 것들 지켜봐야 하겠지만 상단전에는 송과선 신경총, 중단전에는 심장 신경총, 하단전에 하복부 신경총에 기운을 넣어주어야 한다는 생각을 했다. 전에는 몰라서 그냥 뭉뚱그려 단전에 넣어주었는데, 이제는 전에 보다 더 확실하게 되지 않았나 싶은 생각이다. 2011. 3. 25 12:31

2011. 03. 26 출신(出神)한 것과 출신한 자등명과 육체가 하나 되게 하다.
2011. 03. 26 처음으로 다른 사람을 출신(出神)시켜 주다
2011. 03. 27. 06:22 **양신(養神) 출신(出神)한 것과 하나 되기**

양신(養神) 출신(出神)한 것과 하나 되기

처음부터 양신 출신한 것과 하나 되기 위해서 호흡을 한 것은 아니다. 호흡을 해야 할 것 같아서 호흡을 하다 보니 하나가 되었다. 육체는 많이 추슬러졌다. 그래도 자꾸만 좌선을 해야겠다는 생각이 일어나고 의식은 자꾸만 좌선으로 이끌고. 육체 또한 좌선을 요구하는 듯싶었다. 그래 좌선을 하면 육체가 편안하고 가볍다는 생각이 들었다. 좌선하고 앉아 있는데 불현듯. 양신(養神) 출신(出神)한 것이 있는 곳과 같은 기운이 육체도 함께 있어야 할 것만

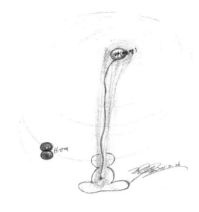

같았다. 그래서 자등명이란 빛덩어리를 보고 빛덩어리의 호흡을 한 것과 같이 양신(養神) 출신(出神)이 있는 곳을 의식하며 그곳의 기운과 하나 되기 위해서 호흡을 하였다.

좌선을 풀고 움직이면서도 양신(養神) 출신(出神)이 있는 곳을 의식하며 호흡을 하는데, 어느 순간 56단계가 마치 섬처럼 보이며 56단계가 저것은 섬이 아닌가 하는 생각이 일어나면서 마치 섬처럼 느껴졌다.

섬처럼 느껴진다는 것은 또 다른 섬이 있다는 말이 아닌가? 그러

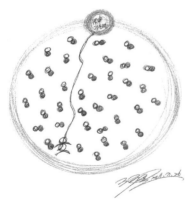

면서 섬을 찾아보았다. 몇 개의 섬이 있을까? 신(神)과 자등명(自燈明)이 하나로 되어 있는 양신(養神) 출신(出神)이 시방을 비추는 범위 안에 몇 개의 섬이 있을까? 많은 섬들이 있는 것처럼 느껴진다.

그러면서 양신(養神)출신(出神)이 있는 곳을 의식하며 호흡을 하였다. (위에 그림은 퇴근하고 집에 와서 그려본 것이다.) 호흡을 하면 할수록 양신(養神) 출신(出神)이 되어 신과 자등명이 하나가 된 것에 자꾸만 가까이다가는 듯 느껴지고, 가까이 있는 듯 느껴졌다. 그래서 몸통 안을 본다고 보면 연결되었던 끈이 자꾸만 몸통 안에 쌓여간다.

운전하며 퇴근하면서도 호흡을 계속하였다. 어느 순간 신과 자등명이 하나가 되어 있는 양신이 머리 위에 있는 듯 보였다. 그래서 이제는 머리 위에 있는 양신을 의식하며 호흡을 하였다. 그랬더니 몸통 안으로 쏙 들어왔다. 그리고 본다고 몸통 안으로 보면 몸통

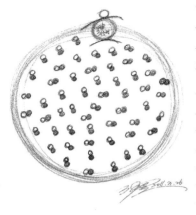

안에 신과 자등명이 하나가 되어 목 아래 어깨선으로 해서 아래쪽 신경총을 떼어내기 전에 있던 곳에 까지 자리하고 있는 것 같았다.

지금 본다고 보니 몸통 안에 신과 자등명이 하나로 몸통 안에 있다. 목 아래 어깨선 아래로 해서 다리 위쪽으로 해서 몸통 안에 있다. (위에 그림은 어제 저녁 퇴근해서 몸통과 하나가 되었을 때 섬들이 몇 개나 그 안에 있는지 그려본 것이다.)

그림을 그려볼 줄 아는 사람은 그림을 그려서 살펴볼 수 있을 것이다. 방법은 양신했을 때의 모습과 양신 후 호흡했을 때의 모습, 그리고 양신이 된 것과 하나 된 모습, 어떻게 그려야 하나 하는 사람은 우선 먼저 양신한 것을 그린다. 그런 다음 칠통이 어디 있나? 그러면 칠통을 그리면 된다. 그리는 것이 잘되지 않는 사람은 테스트해 보면 된다. 통이 말하는 것이 진실인지 거짓인지. 진실의 순도 몇%인지. 그리고 그림을 그려놓은 이것들은 맞는지 맞지 않는지? 맞는다면 정확도 몇인지? 테스트를 통하여 알아보면 될 것이다.

어제저녁 처음으로 양신이 있는 곳의 기운으로 상단전에 있는 송과선 신경총, 중단전에 있는 심장 신경총, 단전에 하복부 신경총을 연결해 주고, 그 외에 신경총을 연결하였다. 연결하면서 순환하지 않도록 매달려 있는 것은 떼어내며, 몸통에 달라붙어 있는 신경총에 연결하고 원만하게 순환하도록 하고 순환하는 것을 살펴보았다.

태양 신경총 – 동경맥 신경총 –정수리로 대뇌 신경총 – 송과선 신경총 – 목젖 밑 –심장 신경총 – 명치 밑 –하복부 신경총 – 척추 기저부(회음)– 꼬리뼈 – 태양 신경총 이렇게 강하게 순환을 한다. 그러면서 이것들 밖으로 즉 몸통 안으로 엷게 순환을 한다. 몸통 안 이것이 있는 것 자체 그대로 순환을 한다.

본인을 관찰하며 순환하는 것을 본 것과는 달랐다. 그러므로 "차크라, 상중하단전, 정기신 저마다의 위치"란 글에서 밝힌 것과는 조금 다르다. 아마도 수행이 된 상태와 수행이 되지 않은 상태에서 다른 것이 아닌가 하는 생각을 해 보았다.

어제 하루 종일 있었던 일을 아침에 일어나 썼다.

2011. 3. 27 06:22

2011. 03. 28. 09:33 일반인의 신경총을 살펴보니

일반인의 신경총을 살펴보니

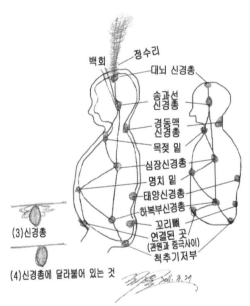

주변에 있는 일반인들의 차크라를 살펴보았다. 살펴보았다기보다는 열어주었다는 말이 더 맞는지도 모르겠다. 일반적으로는 백회도 열리지 않았지만 그래도 전에 백회를 열어주어서 그런지 백회는 열려 있었으나 정수리는 꽉 막혀 있었다.

그래서 정수리를 뚫어주려고 백회와 정수리를 보니 백회는 이곳의 기운이 안 팎으로 통하여 있는 것 같았고, 정수리는 이곳의 기운이 아니라 다른 곳의 기운을 뚫려 있어야 할 것 같은 생각이 들었다. 그래 위쪽으로부터 기운을 가져다가 정수리를 자극해 보니 너무 단단해서 뚫리지가 않았다. 그래서 드릴처럼 돌려서 정수리를 뚫고 정수리 아래쪽에 있는 대뇌신경총을 깨끗하게 했다.

그리고 들어가서 하나하나 살펴보았다. 송과선 신경총, 심장 신경총, 하복부 신경총, 척주기저부, 꼬리뼈, 태양 신경총, 동경맥 신경

- 93 -

총, 머리 안으로 빙 돌아 얼굴 안면으로 해서 목젖 밑으로 해서 가슴, 가슴으로 해서 명치 밑, 또는 목젖 밑에서 심장 신경총에서 명치 밑으로, 명치 밑에서 배꼽으로 해서 몸통 안에 있는 것과 연결되어 있는 곳, 아래로 해서 회음(척추 기저부)으로, 또는 명치 밑에서 하복부 신경총으로 해서 척추 기저부로 연결되어 있을 것을 살펴보았다.

저마다 동그랗게 검게 칠하여진 신경총은 송과선 신경총, 심장 신경총, 하복부 신경총을 흡수하여 전달하는 것 같았고, 그 외의 신경총들은 이들로부터 공급을 받는 듯싶었다. 공급받는 신경총들을 하나하나 살펴보니 어느 것은 열려 있었고, 어느 것은 꽃잎모양을 하고 있으면서 그 중앙에 그림(3)과 같이 있었으며, 어느 신경총은 뭉쳐져서 매달려 있는 것 같았다.

수행한 정도에 따라서 열림이 다르지 않은가 싶고, 또 어느 것이 발달되어 있느냐에 따라서 다르게 나타나는 것이 아닌가 싶다.

정수리로 그림(1)에서 몸통 안쪽에 서로 연결되어 있는 그림(2)을 몸통 안에서 뽑아낸다고 뽑아내니 모두 다 연결되어서 정수리로 나오는 것 같았다. 처음은 잘 나오더니 거의 다 나오려 하니 정수리에서 빠져나오지 못해서 애를 조금 먹었다.

그리고 다시 들어가 신경총들을 살펴보았다.

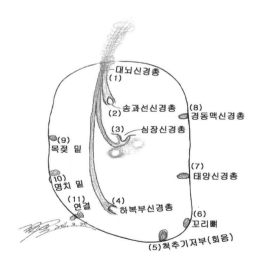

위쪽에서 기운으로 가지고 (1) 맨 먼저 정수리로 들어가 대뇌 신경총에 뚫도록 했고, 그 다음 (2)위에서 기운을 가지고 송과선 신경총에 가서 송과선 신경총을 덮어 싸 들어오는 모든 것들이 송과선 신경총을 통하여 온몸에 퍼지도록 했고, 그 다음 (3)위에서 기운을 가지고 심장 신경총을 덮어 쌌다. 그랬

더니 심장 신경총 안에 있던 업(식)덩어리가 마음부분으로 나오는 것 같았다. 그래서 자등명에 달라붙어 있는 업(식)이 정수리로 떨어져 나도록 했다. 그 다음 (4) 위로부터 기운을 가지고 들어가 하복부 신경총을 덮어 쌌다.

그리고 하복부 신경총으로 있는 통로를 따라 (5) 회음(척주 기저부)으로 가서 척추 기저부가 열려 있는지 어떤지 살펴보았다. 열려 있는 경우에는 손 델 필요가 없었고, 꽃모양이 있고 그 중앙에 몽우리 같은 것이 있는 경우, 처음에는 그 몽우리 정중앙에 에너지를 넣으며 열리도록 했고, 열린 경우에는 다음으로 넘어갔고, 에너지는 정중앙에 넣었는데 피우지 못하는 것은 매달려 있는 듯한 것을 자르고, (6) 꼬리뼈로 갔다, 꼬리뼈에 가서도 마찬가지로 열린 듯하면 그냥 지나쳤고, 꽃모양이 있고 중앙에 뭉쳐져 있는 것 같으면 앞 그림에서 (3)와 같을 때는 에너지를 몽우리에 주사를 넣듯 에너지를 주입하고, 그래도 이미 피어있는 것과 같이 피어나지 않을 때 자르고, 또는 앞 그림(4)과 같을 때 역시도 그 중앙에 주사로 에너지를 넣듯 넣어서 피어나면 그냥 지나쳤고, 그럼에도 피어나지 않고 있을 때는 자르고, (7) 태양 신경총으로 올라갔다. 태양신경총에서는 척추 기저부나 꼬리뼈에서처럼 그렇게 하고, (8) 경동맥 신경총으로 올라갔고, 경동맥 신경총에서 역시 그와 같이 하고서는 정수리로 올라가서는 다시 정수리 앞쪽으로 해서 머리 앞으로, 머리 앞에서 얼굴 – (9) 목젖 밑에 와서 역시 다른 신경총에서 했던 것과 같이하고, (10) 명치 밑에 와서도 역시 다른 신경총에서 했던 것과 같이하고, (11) 몸통 안에 있는 것과 몸통과 연결되어 있는 곳에 가서, 이곳은 무엇인지 모르지만 뭉쳐있는 것 같아서 제거하고 깨끗하게 해놓고는 척주 기저부가 갔다. 그리고 빠져나왔다. 2011. 3. 28 09:33

* 이번 4월 모임에서 참가하시는 분들에게 모든 것을 다 해드리기에는 시간이 많이 소요가 될 것 같아서 송과선 신경총, 심장 신경총, 하복부 신경총에는 연결해 줄 생각이다.

혼(魂)과 신(神)의 차이는
어떻게 다른지요?

혼(魂)이 머리 부분에 해당하고 또 신(神)도 머리 부분에 있는데, 이 둘 사이 어떤 관계 속에 있는가? 어찌 다른 것인가?

이미 영적구조에서 밝힌 것과 같이 혼(魂)은 머리 부분에 있으면서 가슴 부분에 있는 자등명을 에워싸고 있는 업(식)덩어리에서 업(식)을 영(靈)의 주체로 있는 영(靈)의 표면적으로 드러난 부분이고, 신(神)은 머리 부분에 있으면서 가슴 부분에 윤회의 주체로 있는 자등명을 에워싸고 있는 업(식)덩어리란 정(精)에서 자등명이란 빛 덩어리가 발하는 빛이 머리 부분에서 표면적으로 드러난 것을 신(神)이라 할 것이다.

그러므로 혼(魂)이라 하면 머리 부분에서 작용하고 있는 현재의식 현재의 생각들이 뒤섞여 한데 어우러져 있는 것을 혼이라 할 것이며, 신(神)이라 하면 머리 부분에서 현재의식 현재의 생각들이 뒤섞여 한데 어우러져 있는 혼 안에서 혼을 밝히는 것을 신(神)이라 할 것이다.

혼(魂)이라고 할 수 있는 현재의식 현재 생각들이 밝게 드러나고 또 사리 분별하는 것은 그 안에 신(神)이 있기 때문이다. 현재의식을 쉬고 현재의 생각들을 쉬었을 때 지혜가 나온다 하는데 이때의 지혜는 바로 이 신(神)이 밝게 드러남으로 해서 밝게 비추어 보고 드러냄을 두고 지혜라 하는 것이다.

혼(魂)은 업(識)이 있음으로 해서 업(識)으로 인하여 있는 것이며 신(神)은 자등명이란 빛이 있으므로 있는 것이다.

그러므로 자등명에 달라붙어 있는 업(식)을 다 놓은 사람에 있어서 머리 부분에서 작용하는 현재의식 현재의 생각들을 혼(魂)이라 해서는 맞지 않을 것이로되 무엇이라고 이름할 것이 달리 없으니 깨닫고 깨닫지 않고 일반적으로는 분별하여 알 수 없으니. 일반적인 경우와 같이 머리 부분에서 작용하는 것을 혼(魂)이라 이름하며, 반면 깨달은 사람이 업을 놓고 자등명만 있는 상태에서 현재 의식과 현재의 생각들을 쉬고 신(神)과 하나로 있을 때 이를 무엇이라 이름해야 맞는지는 모르겠다. 2011. 3. 28 11:25

2011. 03. 29. 17:31 양신(養神) 출신(出神)한 것으로 수행 경지의 단계 높이기

양신(養神) 출신(出神)한 것으로
수행 경지의 단계 높이기

어제는 비가 오락가락해서 주로 사무실에 있으면서 좌선을 하였다. 이미 출신(出神)한 신(神)과 자등명(自燈明)이 육체 밖에서 하나가 되었고, 신(神)과 자등명(自燈明)이 합일되어 있는 곳에 호흡을 통하여 육체를 합일되어 하였다. 그래서 수행되어 있는 상태의 경지에서 출신한 신(神)과 자등명(自燈明)이 합일 되어 있는 위의 경지까지 호흡 수련을 통하여 올라갔으니 올라간 만큼 수행 경지가 높아졌다.

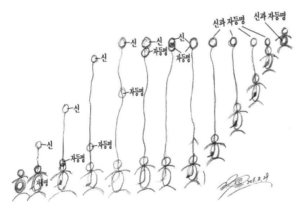

육체를 가지고 수행의 경지로 있는 곳에서 출신이 되어 신(神)이 육체를 나가고 이어서 자등명이 나가서 육체와 연결된 끈이 풀어질 수 있는 한 다 풀어지며 최대한으로 출신이 올라가 있었다. 출신한 육체에서 보면 육체를 빠져나간 출신한 신(神)이 있는 곳은 최고로 높이 올라갈 수 있는 최상의 단계이고

경지이리라.

그렇게 올라가 있는 출신의 신과 자등명이 하나로 합일되어 있는 곳에 이번에는 육체를 가지고 현재의식으로 올라가서 신(神) + 자등명(自燈明)+육체가 = 하나가 되었다. 신과 자등명이 내려온 것이 아니라 육체가 올라가서 하나가 되었으니 당연히 경지가 높아진 것이 아닌가. 올라갈 수 있는 한 최대한 올라간 것이 아닌가 하는 생각이 들었다.

그러면서 생각이 일어났다. 그렇다면 다시 출신하도록 해서 육체를 가지고 올라가면 또 경지가 놓아지는 것 아닌가 싶었다. 그래서 몸통에 있는 신과 자등명이 하나로 있는 것을 정수리로 빠져나가게 했다. (이때가 오후였는데 몇 시(時)인지는 기억에 없다.)

그랬더니 신(神)이 육체를 빠져 나간다. 자등명도 함께 나갈지 알았는데 자등명은 빠져나가지 않고 신(神)이 먼저 빠져나갔다. 이것까지는 좌선하면서 보았다. 좌선을 풀고 이것저것을 하고 퇴근을 했다.

운전하며 퇴근하는 길에 관찰해 보았다. 신(神)은 올라갈 수 있는 한 최대한으로 올라가 있는 것 같았고, 그 뒤를 자등명이 따라 올라가고 있는 것이 아닌가. 이것을 보았을 때 신호대기하며 시간을 보니 오후 7시 53분이었다. 거의 집에 도착할 무렵이었다. 빠져나가는 자등명을 의념하여 집에 들어갔다.

옷 갈아입고 씻고 살펴보니 최대한 올라간 출신(出神) 가까이 다가가 있었다. 이때 시간이 오후 8시 15분, 그리고 10분 있다가 보니 출신한 신과 자등명이 맞닿아 있었다. 그러면서 서로 합일되고 있었다. 신과 자등명이 위에서 하나로 합일된 시간이 오후 8시 55분이었다. 육체에서 신(神)과 자등명은 올라갈 수 있는 한 최대한 올라가 있게 했다.

본인이 볼 때 본인의 경지에서 출신(出神)한 신(神)과 자등명은 최상의 경지에 있는 것이다. 여기서 호흡을 하면서 최고 높은 경지에 있는 신과 자등명으로 가서 또다시 신과 자등명 육체가 하나가 되도록 한다면 지금의 경지에서 최상으로 올라갈 수 있는 한 높은 경지에 이르게 되는 것이 아닌가 싶었다.

출신을 시켜서 신과 자등명이 하나 되게 하고, 거기를 호흡을 통하여 올라가서 신＋자등명＋육체가 하나가 되게 한다면 이처럼 쉽게 수행의 경지를 높일 수 있을까 싶었다.

출신(出神)시키고 자등명을 나가게 하고 그래 하나 되게 하고, 호흡으로 육체가 올라가고 올라가서 신＋자등명＋육체가 하나 되고, 그런 다음 다시 출신(出神)시키고 자등명을 나가게 하고 그래 하나 되게 하고, 호흡으로 육체가 올라가고 올라가서 신＋자등명＋육체가 하나 되기를 반복한다. 반복하는 만큼 육체서 신(神)이 최대한 나갈 수 있는 높이만큼 성큼 성큼 수행의 경지가 높아지지 않겠는가 싶다. 이렇게 양신하여 출신한 수행자는 수행 경지의 단계를 높여보는 것이 매우 좋은 것 아닌가 싶다.

출신하고 자등명과 하나가 되고 하고 그런 다음 호흡을 통하여 육체가 올라가서 하나 되고, 그런 다음 다시 출신시키고 자등명을 올려 보내 하나가 되게 하고 그런 다음 호흡을 통하여 육체가 올라가서 하나가 된다면 이보다 더 수행의 경지를 높게 빨리 가도록 할 수는 없을 것 같았다. 그러다가 한편으로 생각이 일어났다. 신과 자등명이 올라가 있는 상태에서 호흡을 통하여 육체는 올라가고 육체가 올라간 만큼 신과 자등명이 올라가도록 연결된 끈을 감지 않고 풀어놓는다면 더 빠르지 않을까 하는 생각을 하며 몇 번 그렇게 시도해 보았다.

어디가 그 끝인지 모르겠다. 다만 끝까지 갈 수 있는 한 가보자는 생각이다. 이제는 본인의 경지를 달리 구별할 길은 없는 것 같고, 55단계로 되어 있는 것을 하나의 섬으로 생각하고 본인의 도량 안에 몇 개의 섬이 있느냐로 구별해야 할 것 같다.

출신을 하고 신과 자등명 하나 되고 호흡하여 육체가 하나가 되었을 때 섬은 여러 개 있었다. 지금은 그때보다 더 많다. 그 만큼 더 많은 섬을 품을 수 있는 도량을 갖게 된 것이 아닌가 싶고 그 만큼 더 높이 경지가 올라간 것이 아닌가 싶다.

테스트 할 줄 아는 분들은 본인이 도량 안에 몇 개의 섬이 있는지 섬의 개수를 살펴봄으로 본인의 경지를 가늠해 볼 수 있을 것이다. 이제 본인이 몇 개의 섬을 품고 도량이라고 하기도 그렇다. 그러니 궁금한 사람은 테스트를 통해서 알아보기 바란다.

본인이 수행자를 출신(出神)시키는 것은 어렵지 않게 해줄 수 있을 것 같은데, 깨달음을 증득하지 않은 수행자를 출신(出神)시켰을 때 출신한 것으로 본인처럼 수행의 경지를 높여 올 수 있을까? 그렇게 하면 깨달음을 증득할 수 있을까?

적어도 출신(出神)시켜 주었을 때 출신한 신(神)을 보고 또 자등명을 볼 수 있는 눈은 있어야 하는 것 아닌가?

그래야 호흡을 통하여 수행의 경지를 높여올 수 있는 것 아닌가?

깨달음 없이 수행의 경지를 깨달음 이상으로 높여 올 수 있을까?

볼 수 있는 눈도 없는데 출신을 시키면 더 어렵지는 않을까? 혹 잘못되는 것은 아닐까? 어떻게 해주어야 경지를 높이며 깨달음을 증득하며 어떻게 해야 깨달음을 증득하고 경지를 높이며 올 수 있을까? 영안을 열어 줘. 지속적으로 열어줌으로…. 어떻게 하는 것이 좋을까?

출신(出神)을 시키고 출신한 것만을 살펴볼 것이 아니라 출신한 것으로 통하여 수행의 경지를 높여가면 더 없이 빠르게 수행의 경지를 높일 수 있는 것 아닌가 싶다.

스스로 양신하고 출신한 수행자라면 그래서 출신한 것을 보고 자등명을 본다면 더 없이 빨리 수행의 경지를 일취월장 이루어갈 수 있는 것 아닌가 싶다. 2011. 3. 29 17:31

2011. 03. 29 56 단계가 처음으로 섬처럼 보임을 말하다

2011. 03. 29 머리 부분에 암기력, 무서움, 이해력, 추리력, 머리와 가슴에 이루어지는 깨달음, 자성경계 타파의 확철대오, 독한마음, 착한 마음, 성적정력…등등을 밝혀보다

2011. 03. 30 섬처럼 보이는 56 단계의 섬들이 250~300 개가량 있는 곳에 산이 하나 있는 것을 말하다 (이 산은 수미산이 아니라 말하며 수미산은 27 단계에 있고, 삼천대천세계라고 말한 세계도 27 단계 안에 있는 세계라 말하다)

2011. 04. 05 머리 부분에 있는 인당(印堂), 영안(靈眼), 심안(心眼), 혜안
　　　　(慧眼), 광안(光眼), 의식부분, 생각부분, 영적 형상(相)이 선명하고
　　　　뚜렷하게 볼 수 있도록 하는 곳 등의 위치를 밝히다

2011. 04. 06 12:22 머리 부분의 상단전을 소상히 밝히다.

머리의 상단전 부분을 소상히 밝히다

머리 부분에 있는 인당(印堂), 영안(靈眼), 심안(心眼), 혜안
(慧眼), 광안(光眼), 신(神), 의식부분, 생각부분, 영적 형상을
뚜렷하게 볼 수 있도록 하는 곳, 저마다의 위치

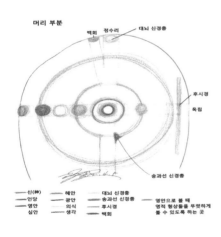

출신(出神)을 할 때 백회와 정수리의 위치가 서로 다르다고 밝혔었다. 백회와 정수리를 가만히 살펴보니 유체이탈은 백회로 하고, 출신은 정수리로 하는 것 같다. 백회는 위로 28단계까지 기운을 받을 수 있고 28단계 이상의 기운은 받아드릴 수 없는 것 아닌가 싶다. 반면 정수리는 위아래 끝 간 데 없이 모두 다 기운을 받아드릴 수 있는 것 아닌가 싶다.

흔히 상단전하면 인당(印堂)을 말하는데, 엄밀히 말해서 상단전은 인당(印堂), 영안(靈眼), 심안(心眼), 혜안(慧眼), 신(神)을 포함한 광안(光眼)을 모두 다 포함해서 상단전이라 한다.

그러므로 상단전하면 인당(印堂), 영안(靈眼), 심안(心眼), 혜안(慧眼), 신(神), 광안(光眼), 무엇을 말해도 상단전을 말하는 것이다.

이렇게 많은 말로 표현되고 있는 상단전이란 부분에서 인당(印堂),

영안(靈眼), 심안(心眼), 혜안(慧眼), 신(神), 광안(光眼)을 말하고 있는 저마다의 위치를 살펴보면 그림에서와 같이 들어가는 초입이 인당(印堂), 인당을 뚫고 들어가 생각이 작용하기 시작하는 부분에 영안(靈眼)에 있고, 영안(靈眼)을 뚫고 생각 깊은 곳에 들어가 있는 것에 심안(心眼)이 있으며, 심안을 뚫고 생각의 끝자락에서 의식이 되려고 하는 부분에 의식에 들어간 곳에 혜안(慧眼)이 있고, 의식 안에 있는 신(神)을 품고서 광안(光眼)이 있다. 그림에서 중앙의 신(神)을 포함하고 있는 검은색 원으로 그려진 것이 광안이다. 광안은 회색으로 그려야 하는데 흰색으로 그리면 알아볼 수가 없는 관계로 다른 색들과 구별해서 검은색을 선택해서 그렸다. 그 외에 인당(印堂), 영안(靈眼), 심안(心眼), 혜안(慧眼), 신(神), 저마다 각기 서로 다른 색은 위치한 곳에 색이 그러하기에 그러한 색에 가까운 색을 골라서 색칠했다.

그림에서 보는 것과 같이 인당(印堂), 영안(靈眼), 심안(心眼), 혜안(慧眼), 신(神), 광안(光眼)이 일직선상으로 있으며 광안만이 유독 크다. 인당에서부터 일직선상으로 광안을 그린 뒤쪽의 선까지가 상단전이라 보면 틀림이 없다.

영적 형상이 뚜렷이 보이도록 하는 곳의 위치는 의식과 생각이 교차하는 상단전 뒤쪽에 있고, 송과선 신경총은 의식과 생각이 교차하는 곳에 있되 의식이 신(神)에 달라붙으면서 가슴부분 즉 머리의 의식이 업이 되려고 가슴의 마음부분인 업(식)덩어리 앞으로 떨어지는 오른쪽에 있는 것 같다.

이런 것으로 볼 때 인당(印堂)이 열렸다 하여 상단전이 열린 것이기는 하되 영안(靈眼), 심안(心眼), 혜안(慧眼), 광안(光眼)이 열린 것은 아니며, 영안(靈眼)이 열려야 영안이 열렸다 할거며 또한 영안이 아닌 심안(心眼)이 열려야 심안이 열렸다 할이다. 혜안(慧眼)이 열리려면 혜안이 있는 곳이 열려야 혜안이 생겼다 할 것이다. 상단전이라고 하는 머리 부분에 있어서 상단전이라고 하는 인당에서부터 안으로 들어가며 점차적으로 열리는 것이 순서적이겠지만, 인당이 열리기 전에 생각이 굳지 못함으로 또는 허망한 생각에 빠지다가 영안이 열릴 수도 있고, 또 생각을 관하여 보면서 영안이 열리기 전에 심안(心眼)이 열릴 수 있다고 생각한다. 또한 영안이

나 심안이 열리지 않았다 하더라도 의식을 자꾸만 관하여 보거나 성찰보거나 비추어보면서 혜안(慧眼)이 열릴 수도 있는 것 아닌가 싶다. 충분이 순서적이 아니어도 개인 차이에 따라서 열리는 것이 다를 수 있다고 본다.

영안에 열렸음에도 영적 형상을 뚜렷이 보거나, 또는 보지 못할 수도 있다는 생각이다. 영안이 열리고 영적 형상들을 뚜렷이 볼 수 있는 곳이 열리지 않았다면 뚜렷이 보지 못할지라도 흐리게 또는 혜안이나 심안으로 통하여 볼 수도 있다.

본인의 경우 거의 다 흐리게 보이는 만큼 이 부분을 살펴보았는데, 여러 가지 것들로 싸여 있어서 제거한다고 제거해 보았는데, 제거가 되지 않고 자꾸만 달라붙어 있는 것이 그냥 이대로 보려고 하는 것이 아닌가 싶다.

상단전이라고 하는 각기 저마다의 이름들과 그 위치를 아는 만큼, 어떻게 하느냐에 따라 그 부분을 어떻게 할 수도 있는 것 아닌가 싶다. 할 수 있다고 다 해주는 것만이 능사가 아닌 것 같다.

출신을 시킬 수 있지 않을까 싶었는데, 출신을 본인이 시켜준 것은 아니었는데, 그냥 의식으로 정수리를 열어놓고, 송과선 신경총과 심장 신경총, 하복부 신경총 각기 저마다의 신경총에 열어주고 떼어냈었는데, 출신을 했다. 당사자는 모르고 본인이 보니 출신을 한 것이 아닌가. 대략 10일 정도 밖에 되지 않은 것 같은데, 당사자가 볼 수 없으니 조심스럽다는 생각이 들었다. 이런 것으로 볼 때 정수리를 열어주고 송과선 신경총, 심장 신경총, 하복부 신경총에 본인이 있는 곳의 기운들을 연결해 주어도 되는지 모르겠다는 생각이 든다. 별로 수행도 하지 않는 사람인데…. 자칫 큰일 나는 것은 아닌가. 조심스럽기까지 하다. 그냥 다 해 주면 좋겠지 생각했는데…. 어떻게 하는 것이 좋은지 아직은 잘 모르겠다.

2011. 04. 06 12: 22

2011. 04. 08 본인이 보고 있는 영적 세계의 우주
　　　우주에 56 단계란 섬이 무수히 많고, 250-300 개가 있는 섬 가운데마다 산이 하나씩 있는데, 그 하나의 산을 그림으로 좌우

앞뒤에서 보이는 것을 어떤 색으로도 그려 낼 수 없음에 연필로 그
려냈으며, 그 산들이 헤아릴 수없이 많음을 말하며, 많은 산들이
서로 연결되어 있는데 서로 연결된 선의 구조는 8 모양의 무한대의
표시구조로 되어 있음을 말하다

2011. 4. 11 18:54 이다(Ida)와 핑갈라(Pingala) 수슘나(Sushumna)를
밝혀보다

이다와 핑갈라, 수슘나에 대해서 밝혀보다

이다와 핑갈라는 호흡 속에 있고 기(氣) 흐름의 통로이고 **수슘나**
는 생식기에서 올라온 정(精)에 신성에너지의 흐름의 통로인 것이
아닌가 싶다.

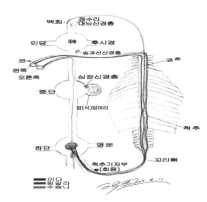

코로 들숨을 했을 때 들숨에 공
기는 허파에서 멈추지만, 호흡을
따라 들어간 기(氣)는 하단전으
로 내려가고 하단전에 내려간 기
(氣)에서 맑고 깨끗한 기(氣)는
단전에 쌓이고, 맑고 깨끗하지
않은 탁한 기(氣)의 일부는 하단
전에서 회음으로 회음에서 꼬리
뼈로 올라가고, 올라가서는 척추
를 타고 올라가는데...척추를 보
았을 때 중앙 양옆 이렇게 3개의 통로로 구분할 수 있는 이를 척
추 중앙과 척추 좌측과 척추 우측으로 나눌 수 있다.

코로 호흡할 때 몸 밖에 공기가 몸속으로 들어갈 때를 보면 오른
쪽콧구멍과 왼쪽콧구멍으로 호흡을 통하여 몸 밖에 공기가 몸 안
에 들어가게 된다. 이렇게 양코구멍으로 들어간 공기가 서로 섞이
는 것 같지만 섞이지 않고 오른쪽콧구멍으로 들어온 공기는 오른
쪽 폐에 들어가고, 왼쪽콧구멍으로 들어간 공기는 왼쪽 폐에 들어
가서 산소는 폐에 공급하고 이산화탄소를 다시 날숨을 통하여 몸
밖으로 배출한다. 이렇게 몸 밖에 공기가 콧구멍을 통하여 몸 안

으로 들어왔을 때 호흡에는 산소만 있는 것이 아니라 여러 가지들이 섞여 있고 그중에 기(氣)는 하단전에 이르게 된다.

오른쪽콧구멍을 들숨을 통하여 들어온 기(氣)가 하단전을 걸쳐 맑고 깨끗한 기는 하단전에 쌓이고 일부 맑고 깨끗하지 아니한 탁한 기의 일부는 걸러져서 밑으로 빠져서는 하단전에서 회음으로 통하는 통로를 따라 회음으로 흘러내려가게 되고, 회음으로 흘러내려간 탁한 기는 꼬리뼈로 올라가 척추 오른쪽을 타고 오르고 올라 경추를 지나 천추 안쪽에 이르러서 다시 오른쪽콧구멍으로 탁한 기가 나가게 된다.

이렇게 들숨을 통하여 오른쪽콧구멍으로 들어와 오른쪽콧구멍으로 나가는 통로를 핑갈라라고 부르는 것 같고, 왼쪽콧구멍을 들숨을 통하여 들어온 기(氣)가 하단전을 걸쳐 맑고 깨끗한 기(氣)는 하단전에 쌓이고 일부 맑고 깨끗하지 아니한 탁한 기(氣)의 일부는 걸러져서 밑으로 빠져서는 하단전에서 회음으로 통하는 통로를 따라 회음으로 흘러내려가게 되고, 회음으로 흘러내려간 탁한 기는 꼬리뼈로 올라가 척추 왼쪽을 타고 오르고 올라 경추를 지나 풍치 안쪽에 이르러서 다시 왼쪽콧구멍으로 탁한 기가 나가게 되는데, 이렇게 코를 통한 들숨에서 왼쪽콧구멍으로 들어와 왼쪽콧구멍으로 나가는 통로를 이다라고 부르는 것 아닌가 싶다. 이와 같이 핑갈라와 이다는 호흡을 통하여 들어온 기의 흐름의 통로가 아닌가 한다.

척추 중앙으로 흐르는 것도 있는데 이것을 수슘나라고 이름하는 것 같다. 수슘나의 통로를 보면 하단전에 생성된 정(精)이 생식기로 간 데 있어서 일부가 신성에너지로 바뀌어 하단전으로 다시 올라오면서 회음의 통로 나가서 척주기저부 뒤를 걸쳐 꼬리뼈 차크라 뒤에 이르고 꼬리뼈 차크라 뒤에서 태양 신경총 차크라 뒤를 타고 경동맥 신경총 뒤로 해서 머리 뒤쪽으로 해서 백회에 이르는 통로를 수슘나라고 하는 것 같다.

일부 사람들이 핑갈라와 이다가 교차하는 지점에 차크라가 있다고 하는데 본인이 볼 때는 전혀 관계없이 탁기가 빠져나가는 것 같고, 수슘나의 통로를 따라 신성에너지가 하단전에 상단전 백회까지 올라가는 것이 아닌가 싶고, 하단전에서 척추 중앙으로 올라가면서 척주기저부, 꼬리뼈 차크라, 태양 신경총, 경동맥 신경총의 뿌리 중앙으로 흘러 올라가면서 신경총에 신성에너지를 공급하는 것이 아닌가 싶다.

이것으로 보면 콧구멍이 괜히 두 개 있는 것이 아닌 것 같다. 흔히 연정화기라고 하는 할 때 등줄기를 타고 머리로 올라가는 통로를 수습나라고 이름하는 것이 아닌가 싶다. 2011. 4. 11 18:54

2011. 04. 12 99번째 모임에서 파미 조은순님을 출신시켜주고 다른 분들은 정수리를 열어 송과선신경총, 심장신경총, 하복부신경총을 위로부터 연결해 주다

2011. 04. 12 무수히 많은 산들이 서로 연결되어 있는 위로 구름 같은 것을 타고 있는 듯한 세계가 있음을 말하며 산들이 서로연결되어 있는 세계를 벗어나 있는 세계임을 말하다

2011. 4. 12. 17:03 무의식적 호흡과 의식적 호흡의 차이

무의식적 호흡과 의식적 호흡의 차이

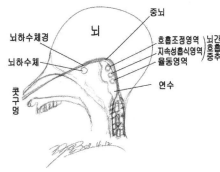

이다와 핑갈라 기의 통로가 기존 전해지는 것과 다르게 보이니 이를 어찌해야 하나 ...두개가 차크라에서 꼬이고 겹친다는데 본인이 볼 때는 전혀 그렇지 않으니. 기존 전해지는 것으로 보는 사람들은 본인 것이 이상하리라 생각한다. 본인도 같았으면 좋겠는데 똑같이 보이지 않는 것이 안타깝다. 차크라 있는 위치부터가 다르고 일직선상으로 있는 것이 아니다 보니 차크라라고 하는 기본에서부터 서로 다르다 보니. 이다와 핑갈라의 기의 통로도 다른 것이 아닌가 싶다.

아침에 일어나 코로 숨이 쉬어지는 것을 관찰해 보았다. 그랬더니

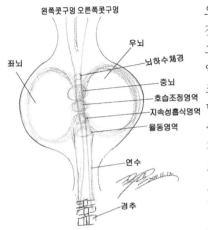

오른쪽 코로만 숨을 쉬고 있는 것이 아닌가. 그래 얼마나 동안 그러는지 시간을 체크해 보니 약 45분가량이 지난 뒤에 왼쪽 코로만 숨이 쉬어지는 것이 아닌가. 과학자들이 밝혀냈다는 이승준님의 말씀처럼 코가 이와 같이 호흡주기를 가지고 오른쪽 코와 왼쪽 코가 번갈아 가면서 호흡을 주기적으로 하는 것이었다. 그냥 호흡하는 것을 관찰해 보았을 때는 분명 두 콧구멍이 번갈아가면서 45분가량 한쪽으로 호흡을 한다. 그러나 의식하고 호흡을 한다고 생각하며 호흡을 하면 두 콧구멍으로 모두 다 호흡을 한다.

의식하고 호흡을 했을 때 두 콧구멍으로 다 호흡을 하되 두 콧구멍이 똑같이 호흡 양으로 볼 때 똑같은 것이 아니라 어느 한쪽이 더 많은 것 같다. 더 많은 쪽은 기존 호흡주기에 있는 콧구멍이 더 호흡의 양이 많은 것 아닌가 싶다.

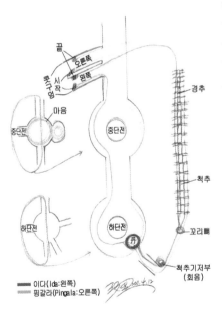

왼쪽콧구멍의 들숨을 따라 들어온 기(氣)는 이다라는 기의 통로를 따라 흘러 몸통으로 해서 그림(3)과 같이 흘러 단전으로 회음으로 꼬리뼈에 척추 왼쪽을 타고 그림(1)과 같이 연수로 해서 뇌간호흡중추를 지나 중뇌 뇌하수체경을 통하여 나가면서 그림(2)과 같이 왼쪽 뇌에 영향을 미치며 왼쪽

- 107 -

콧구멍 흘러 나가 날숨을 통하여 밖으로 나간다.

오른쪽콧구멍의 들숨을 통하여 들어온 기(氣)는 핑갈라라는 기의 통로를 따라 흘러 들어가 그림(3)과 같이 몸통에 들어와 중단전을 지나 단전에 이르고 단전에서 회음 꼬리뼈 척추 오른쪽을 타고 그림(1)과 같이 연수로 해서 뇌간호흡중추를 지나 중뇌 뇌하수체경을 통하여 나가면서 그림(2)과 같이 오른쪽 뇌에 영향을 미치며 오른쪽 콧구멍으로 흘러 나가 날숨을 통하여 밖으로 나간다.

이다(Ida)란 기(氣)의 통로와 핑갈라(Pingala)는 기(氣)의 통로가 다른 만큼 마음이 작용하는 마음작용을 일으키는 부분에 있어서의 중단전에서 흘러가는 경로에 따라서 이다와 핑갈라, 왼쪽콧구멍으로 호흡과 오른쪽콧구멍으로의 호흡이 마음작용에 있어서 서로 기의 통로가 다른 만큼 다르게 작용을 하고, 또한 척추를 양 왼쪽과 오른쪽으로 타고 오르는 만큼 왼쪽과 오른쪽이 서로 인체에서 반응하는 것이 각기 다른 만큼 다르게 작용하고, 또 머리 부분에 이르러 뇌에 영향을 주는 만큼 왼쪽 뇌에서 영향을 받고 작용하는 것과 오른쪽 뇌에서 영향을 받고 작용하는 것이 각기 서로 다르게 작용을 일으킬 것이다.

이렇게 서로 다르게 작용하는 이다(Ida)와 핑갈라(Pingala)의 기의 통로로 호흡을 통하여 기(氣)가 흘러감에 있어서 영향을 받게 되는 반응은 각기 서로 다른데, 이렇게 다른 반응의 기의 통로가 한쪽으로 45분가량으로 그런 뒤 다른 한쪽으로 45분가량 흐르고 또다시 다른 한쪽으로 45분가량 흐르는 것이 지속적으로 주기적으로 반복이 되니 45분가량은 왼쪽으로 들어온 날숨의 영향을 받아 신체 리듬에서 반응하고, 마음작용에서 반응을 하고, 하단전에 반응을 하고 척추에서 반응을 하고 뇌 부분에서 반응을 하고, 이렇게 반응했던 것이 45분가량 쉬고, 오른쪽으로 들어온 날숨의 영향을 받으며 오른쪽 호흡으로 인한 기의 흐름의 반응을 45분가량 받다가 또다시 그와 반대의 것을 반응을 받게 되니 우리 인체의 리듬은 호흡에 따라서 45분가량 간격으로 주기적으로 리듬을 갖게 된다. 호흡을 의식하지 않고 그냥 육체적 리듬에 따라 호흡을 할 경우 이와 같이 호흡에 따라 신체적 리듬, 심리적 리듬 정신적 리듬을 가지게 될 것이다.

반면에 의식이 깨어서 또는 의식적으로 호흡을 집중해서 호흡을 한다고 했을 때 어느 한쪽으로 45분가량 하고 또 다른 쪽으로 45분가량 호흡을 하는 것이 아니라 지속적으로 양쪽으로 호흡을 하는 만큼 의식적으로 깨어서 또는 의식적으로 호흡을 했을 때는 이다(Ida)란 기의 통로와 핑갈라(Pingala)라는 기의 통로가 쉬지 않고 계속해서 돌아가게 되니. 45분가량 쉬고 영향을 주고받는 것에 있어서 쉬지 않고 받게 되는 만큼 깨어서 의식적으로 호흡을 하는 것이 꼭 수행이 아니라 할지라도 호흡을 관하는 것만으로도 몸에 있어서 마음에 있어서 정신적인 부분에 있어서 더 많이 깨어나도록 하는가 하면 안정적이 되도록 하는 것임을 알아야 할 것이다. 물론 기존 호흡주기가 있어서 똑같이 호흡이 양이 같은 것은 아니지만 쉬지 않고 일정 한도로는 똑같게 호흡이 되는 만큼 똑같이 호흡이 되는 양만큼은 흔들림 없이 같을 것이되 차이가 있는 만큼은 리듬이 다르겠지만 리듬이 다른 것이 호흡을 하지 않을 때보다 할 때 별 차이가 없다는 것을 알아야 할 것이다.

호흡을 무의식적으로 하는 것과 의식적으로 하는 것과의 차이는 이다(Ida)와 핑갈라(Pingala)가 쉬면서 주기적으로 돌아가느냐 또는 끊임없이 일정하게 어느 정도는 돌아가느냐의 차이이며, 또한 신체적 심리적 정신 리듬을 주기로 갖느냐. 신체적 심리적 정신적 안정을 어느 정도 갖느냐의 차이이다. 무의식적으로 호흡을 할 경우 신체적 심리적 정신적 리듬이 주기를 가지만, 의식적으로 호흡을 하거나 호흡을 집중하거나 호흡을 관찰하는 경우에는 신체적 심리적 정신적 리듬을 갖되 많은 차이의 리듬을 갖기보다는 적은 리드의 차이를 갖고 어느 일정한 안정을 갖게 해주는 만큼, 호흡을 하는지 하지 않는지 무의식적으로 호흡을 하지 말고, 의식적으로 호흡을 하거나 호흡을 관하거나 호흡에 집중을 해야 할 것이다. 2011. 4. 12. 17:03

2011. 04. 13 구름 같은 것에 타고 있는 듯한 세계 위로 비행접시 모양 같은 세계가 있음을 말하다

2011. 4. 14 13:48 양신(養神)출신(出神)에 대해서 잘못 알려진 것을 바르게 드러내 밝히다.

양신(養神)출신(出神)에 대해서 잘못 알려진 것을 바르게 드러내 밝히다

양신(養神)한다는 말이 틀리고 양신한 신이 백회로 나간다는 말이 틀리고 양신하고 출신하면 득도한다는 말이 틀린 것이 아닌가 싶다. 출신(出神) 후 호흡으로 단계를 올라간다.

양신(養神, =陽神, =胞胎)출신(出神, =出胎)이란 도가(道家)에 있다. 그리고 이것을 통하여 득도(得道)하는 방법이 전해져 내려오고 있다는데 본인은 출신(出神)으로 득도할 수 없다고 생각한다. 도가에서는 출신으로 득도하는 방법을 어떤 방법으로 어떻게 하라고 설명하고 있는지 모르겠다.

어느 분이든 도가에서 출신으로 득도하는 방법을 전해 내려오는 것을 안다면 알려주기 바란다. 출신으로의 득도 방법을 소개해 주면 그것으로 득도할 수 있는지 확연히 밝혀보는 계기로 삼고 싶다. 그래서 그것으로 득도할 수 있다면 많은 분들을 출신시켜주어 확철대오의 깨달음을 증득하도록 해 주고 싶다. 그러니 방법을 아는 분을 알려주기 바란다.

도가에서는 출신으로 득도하는 방법이 있다는데 그 방법이 어떤 방법인지 모르겠다. 확철대오의 깨달음은 마음이라고 하는 것의 자성경계란 일원상이 깨져야 비로써 확철대오의 깨달음을 증득하는 만큼 출신한 것으로는 자성경계의 일원상을 깰 수 없는 생각을 가지고 있기 때문에 어떻게 하면 출신으로 득도할 수 있을까? 의문을 가지고 있지 않다. 그래서 출신으로 득도 방법을 찾아볼 생각조차도 하지 않고 있다.

도가에서 말하는 양신(養神, =陽神, =胞胎)출신(出神, =出胎), 양신(養神)은 자(字)의 그대로 생겨난 신(神)을 양육한다는 뜻이고 출신(出神)은 양육한 신을 밖으로 내보내는 것을 의미하며, 부부가 합궁을 하면 수태가 되듯이 정법으로 수행을 하면 단전(자궁)에서 음양의 기운이 합쳐져 신(神)을 임신하고, 신을 10개월 동안 뱃속에서 양육하여 백회를 통해서 밖으로 내보내는 것이 바로 득도(도통)하는 방법의 과정이라고 하는데 본인이 볼 때 전혀 틀린 말이 아닌가 싶다.

사람들 저마다 신(神)이 머리 부분에 있다. 머리 부분에 있는 신이 사람에 따라서 밝기가 다르고 탁함이 다르고 또 신을 에워싸고 있는 의식덩어리가 다르다. 그러나 분명한 것은 머리 부분에 신(神)이 있다. 그런데 도가에서는 단전(자궁)에서 음양의 기운이 합쳐져 신을 임신하고 신(神)을 양육한다는 뜻으로 양신(養神)을 쓴다. 그리고 단전(자궁) 임신한 신을 10개월 동안 뱃속에서 양육하여 백회를 통해서 밖으로 내보내는 것이 바로 득도(도통)하는 방법의 과정이라고 하는데, 자궁이란 단전은 단(丹)이 만들어지고 단전에 기(氣)가 쌓이면서 일부는 중단전에 생명에너지가 정(精)으로 올라가고, 그중 신성에너지는 상단전에 올라가 머리의 신(神)을 맑힌다.

머리 부분에 있는 신(神)은 백회로 들어온 기운으로 맑혀지는 것이 아니라 백회로 들어온 기운이 단전에 쌓이면서 쌓인 기(氣) 속에 있는 신성에너지가 중단전을 타고 상단전에 이르러 신(神)이 맑아지고, 또 단전에서 성적에너지 정(精)으로 내려간 것이 방사가 되지 않음으로 해서 있는 생명에너지와 신성에너지 중에 신성에너지가 수슘나의 통로를 따라 백회로 올라갔을 때 백회를 통하여 상단전으로 들어온 신성에너지에 의하여 신이 맑아진다.

이와 같이 신(神)은 단전에서 양육되는 것이 아니며 머리 부분에 이미 있는데, 현재의식으로 탁하디 탁하게 된 것을 밝고 맑게 해줄 뿐 신(神) 자체가 몸통 안에서 자라나지는 않는다. 이런 것으로부터 양신(養神)이란 말은 잘못된 말이 아닌가 싶다. 신(神)이 길러지는 것이 아니니 만큼 양신(養神)이란 말은 잘못된 표현이다. 양신(養神)이란 말을 다른 쪽으로 보고 말한다면 그렇게 볼 수도 있다. 그것은 몸 밖으로 출신(出神)한 신(神)이 커지는 것은 아니되 단계가 높아지는 만큼 높아지는 단계를 두고 신이 커간다는 표현으로 말한다면 이것은 옳다고 할 것이다. 그런데 일반적으로 쓰는 양신(養神)은 자궁이란 단전에서 신을 임신하고 10개월 동안 양육하고 나간다고 표현을 하니 이것은 잘못된 것이다.

그리고 10개월 동안 양육된 신이 백회로 나간다고 했는데 이 또한 잘못된 것이다. 본인이 볼 때 상단전에 있는 신(神)이 몸 밖으로 나오는 데에는 백회로 나오는 것이 아니라 정수리로 나온다. 백회와 정수리가 같은 것으로 아는데 분명히 백회와 정수리와는 다르다. 백회 바로 아래에는 대뇌 신경총이 없지만 정수리 바로 아래에는 대뇌 신경총이 있다.

백회는 몸통 안으로 몸 밖에 있는 기운을 가지고 들어와 단전에서 골고루 기에 섞여 있는 것에 따라 몸통 안에 있는 것(출신(出神)되는 것)에 기(氣) 속에 일부분이 들어가지만, 정수리로 들어온 것은 단전으로 가는 것이 아니라 들어오면서부터 몸통 안에 있는 출신(出神)되는 것에 직접적으로 영향을 준다. 이와 같이 백회로 출신(出神)한다고 전해지고 있으나 이것은 잘못된 것이고 정수리로 출신(出神)이 된다.

그뿐만이 아니다. 출신(出神)한다고 했을 때 단순히 신(神)만이 나오는 것이 아니라 몸통 안에 있는 것이 출신(出神)을 한다. 몸통 안에 있는 것은 사람들 저마다 다 있다. 이것이 정수리를 통하여 출신했을 때 먼저 신(神)이 나가고 그 다음에 가슴 부분에 있는 업(식)덩어리가 나가고 그 다음 몸통 안에 있는 것이 모두 다 나간다.

몸통 안에 있는 것이 몸통 밖으로 출신(出神)하는 것은 백회가 아닌 정수리가 열리고 열린 정수리로 송과선 신경총, 심장 신경총, 하복부 신경총에 위로부터 위에 기운과 같은 것이 들어가서 지속적으로 공급될 때 송과선 신경총으로 머리 부분이, 심장 신경총으로 업(식)덩어리가 마음부분으로 나오고, 하복부 신경총으로 척주 기저부의 신경총이 떨어지면서 몸통 안에 있는 것이 몸통과 연결되어 있는 몸통에 달라붙어 있도록 하고 있는 신경총의 뿌리가 제거되면서 자연스럽게 정수리로 빠져 올라온다.

수행 스스로 출신하기 위해서는 정수리가 열려야 하겠고 정수리가 열림으로 위에서부터 들어오면서 송과선 신경총, 심장 신경총, 하복부 신경총이 자극이 되면서 하복부 신경총을 통하여 몸통과 달라붙어 있는 신경총이 열리고, 열려서는 몸통과 붙어 있는 뿌리가 모두 다 제거가 되어야 정수리로 출신이 된다.

본인이 시술할 때는 정수리로 뚫고 송과선 신경총, 심장 신경총, 하복부 신경총에 위에 기운을 연결하고, 각 신경총를 열어주고 뿌리를 제거하면 자연스럽게 출신이 된다.

정수리로 신이 먼저 나가서는 먼저 올라가고 그 뒤를 따라 업(식)덩어리가 따라 올라가고, 그 뒤를 단전이 따라 올라간다. 올라가는 것을 보았을 때 단전이 올라가고 모두 다 몸통에서 빠져나가서는 어느 단계 이상 되는 순간 신(神)을 따라 올라가던 단전이 사라지고, 업(식)덩어리로 신(神)을 따라 올라가던 업(식)덩어리 역시도 어느 단계(11단계가 아닌가 싶다) 이상이 되면서 업이 떨어지며 자등명(自燈明)이 신(神)을 따라 올라가다가, 어느 단계(21단계가 아닌가 싶다) 이상이 되어서는 신(神)과 자등명(自燈明)이 하나가 된다. 이렇게 올라가는 경지의 단계를 신(神)을 키우는 양신(養神)이라고 한다면 옳지 않다. 업(식)덩어리가 신을 따라 올라가면 어느 단계(11단계) 이상 되면 업(식)이 자등명에서 떨어지는데 이때 업(식)은 가슴 부분에 흔히 마음이라고 하는 곳이란 곳으로 떨어지게 된다. 마음부분에 업이 떨어져 있되 업이 싸고 있던 자등명은 빠져나가 있는 상태가 된다.

신(神)이 몸통 밖으로 나가면서 최대한 신은 올라가고 신을 따라 올라가는 업(식)덩어리 역시도 올라갈 수 있는 한 최대한 올라가는데, 어느 단계(11단계) 이상은 업(식)을 가지고 올라갈 수 없으니 업(식)을 떨어내고 자등명만 올라가 신(神)과 하나가 된다. 신과 자등명이 하나가 되면 이제는 육체가 신과 자등명이 하나로 있는 데까지 올라가게 되고, 그런 다음 신과 자등명 몸통이 다시 하나가 되었을 때에 다시 신(神)을 출신(出神)시켜서 반복되게 수행하며 수행의 단계를 높여가게 된다.

어느 정도 되어서는 몸통과 출신(出神)한 것과 연결된 끈을 부러지지 않는 나무 같은 것에 몇 번 감아서 양어깨부분에 걸쳐놓아 몸통을 빠져나가지 못하게 해놓고, 들숨 때 신과 자등명이 하나된 것을 끌어당기며 몸통을 위로 올라가게 하며 연결되어 있는 끈을 몸통 속 양어깨부분에 걸쳐놓은 끈이 끌어당겨져 몸통 아래로 늘어지게 하고, 날숨을 하면서는 들숨 때 끌어당겨 몸통 속에 넣은 것을 풀리면서 신과 자등명이 하나된 것이 위 단계로 올라가도록 풀어준다. 이렇게 들숨과 날숨을 통하여 자기 자신의 수행 경지의 단계보다 대략 10단계 더 높이 올라가 있는 신과 자등명이 하나되어 있는 것을 끌어당기며 육체 수행의 단계를 높여 올라가고 날숨을 통하여 끈을 풀어주며 들숨으로 끌어당겨 올라선 단계만큼 위로 올라가게 끌어당긴 연결된 끈을 놓는다. 이와 같이 호흡으로 수행 경지의 단계를 마구마구 올라가게 한다. 2011. 4. 14 13:48

2011. 04. 14 17:56 심법(心法)호흡법

심법(心法)호흡법

무의식적 호흡과 의식적 호흡에서 밝힌 것과 같이 호흡을 의식하는 것과 의식하지 않는 것의 차이가 크다. 이와 마찬가지로 의식하며 호흡을 하되 어떤 생각과 어떤 의식에 어떤 마음으로 호흡을 하느냐 더욱 더 중요하다.

단순히 의식만 깨어서 코로 숨 쉬는 것을 의식하며 호흡을 관하는 것과 호흡을 하며 양 장심을 의식적으로 생각 의식하고 마음으로 장심 호흡하는 것을 바라보는 것과는 다르다. 코를 의식하며 호흡하는 것을 관하여 볼 때는 이다(Ida)와 핑갈라(Pingala)의 기(氣)의 통로로 기(氣)가 순환하지만, 장심을 생각 의식하며 마음으로 장심으로 호흡하는 것을 바라볼 때는 양 장심을 통하여 팔- 어깨 - 가슴- 단전으로 기가 들숨을 통하여 들어갔다가 날숨 때는 이 통로를 통하여 장심으로 나온다.

이와 같이 어떤 생각 어떤 의식 어떤 마음을 가지고 호흡하느냐에 따라서 심법으로 인한 호흡은 심법으로 인한 호흡을 따라 기의 통로 있는 경우 그 통로를 따라 호흡이 되고 호흡이 되면서 기가 호흡하는 곳을 따라 순환하게 된다. 본인은 이와 같이 이루어지는 호흡을 심법호흡법이라 이름 한다.

장심을 의식하며 마음먹고 장심으로 호흡하면 장심호흡이 되고, 용천을 의식하며 마음먹고 용천으로 호흡하면 용천호흡이 되며, 단전을 의식하며 단전으로 호흡하겠다고 마음먹고 단전으로 호흡하면 단전호흡, 석문으로 하면 석문호흡이 된다. 회음을 의식하며 회음으로 호흡하겠다고 마음먹고 회음으로 호흡하면 회음호흡, 이런 식으로 명문으로 하면 명문호흡, 백회로 하면 백회호흡, 정수리로 하면 정수리호흡, 인당으로 하면 인당호흡, 가슴으로 하면 가슴호흡, 마음으로 하면 마음호흡, 배꼽으로 하면 태식호흡이 된다. 호흡법만 다르지 방법은 마음에 있고 의식에 있고 생각에 있다 그래서 이를 심법이라 할 것이다. 육체를 통한 육체 안팎으로 이루어지는 호흡에 있어서는 이와 같은 심법호흡법이 있다.

육체와 육체 밖으로부터 호흡법으로는 우주와 하나가 된다는 생각을 하고 의식하고 그런 호흡을 하겠다고 마음을 먹고 호흡을 하는 우주호흡이 있고, 마음을 여닫이 문이라 생각 의식하고 마음먹고 마음을 열기 위해서 들숨 때 마음의 문을 열고 날숨 때 마음을 문을 닫는 것 역시도 심법으로 하는 호흡법이다. 이뿐인가. 나비기공 할 때 역시도 한 호흡에 들숨과 날숨 사이에서 이루어지는 만큼 이 또한 심법호흡법이고, 단전 부풀리기 및 중단전 부풀리기 상단전 부풀리기 온몸 부풀리기가 모두 다 심법으로 하는 호흡이니 모두 다 심법호흡법이다.

이와 같이 심법으로 호흡하는 것을 심법호흡법이라 이름한다. 지금까지 저마다 호흡법의 이름을 가지고 있었던 것들을 모두 지칭하며 심법호흡법이라 말하는 것은 여러분들이 심법호흡법이 이런 것이란 것을 알아서는 여러분 각자가 심법을 일으켜 일으킨 심법으로 호흡을 해서 더 많은 것을 이루어갈 수 있도록 하고자 함이다.

우주 삼라만상은 심법으로 이루어지지 않은 것이 없는 것과 같이 모든 수행에 있어서 심법호흡법으로 수행하지 못할 것이 없다는 것을 알려주기 위해서 심법호흡법이란 이름을 지어서 말하는 것이다.

위에서 각종 이름의 호흡을 말한 것과 같이 나무와 호흡하고 싶다면 호흡하고 싶은 나무와 호흡하면 된다. 그뿐만이 아니다. 호흡하면서 좋은 기만 몸에 축적하고 싶다면 호흡을 할 때 그렇게 생각 의식 마음먹고 그렇게 호흡하는 것이다.

기에너기 부족하면 기에너지 호흡을 하고, 생명에너지가 필요하면 생명에너지 호흡을 하며 신성에너지 호흡이 필요하면 신성에너지 호흡을 하는 것이다. 많은 기운을 받고 싶으면 많은 기운을 받는다 생각 의식 마음먹고 호흡을 한다. 어디에 있는 기운을 끌어오고 싶으면 그곳과 호흡을 한다. 들숨과 날숨을 통하여 그곳의 기운을 가져오고 그것으로 기운이 가도록 한다. 좋은 것 들어오고 나쁜 것 나가게 호흡하는 호흡, 어느 산에 좋은 기운 강한 기운으로의 호흡, 수행의 경지가 높은 어느 분이 계시는 곳과의 호흡, 이 뿐만이 아니다.

영계와 호흡, 천계와의 호흡, 신계와의 호흡, 광계와의 호흡, 빛덩어리와의 호흡, 순수 100% 기에너지와의 호흡, 순수 100% 생명에너지와의 호흡, 순수 100%의 신성에너지와의 호흡, 27단계, 56단계의 호흡, 그 이상 여러분이 알고 있는 그 어느 곳과도 기운받기 뿐만 아니라 호흡이 된다. 몰라서 못 할 뿐 알고 있으면 알고 있는 그곳을 통하여 호흡을 하면 그곳과 하나가 되어 호흡을 하게 된다. 비록 하나가 되지 못했다 할지라도 어느 순간 또는 그곳과 호흡을 하게 된다.

심법 아닌 것이 없다. 심법 아닌 것이 없는 곳에 심법을 일으켜 심법으로 호흡해 보라. 그러면 지금보다 훨씬 더 수행이 일취월장 이루어 갈 것이다. 자기 자신에게 현재 처해있는 상황의 상태에서 앞으로 나아갈 수 있는 방법을 알아서는 안 것을 생각 의식 마음먹고 그렇게 되도록 호흡을 해보라. 이와 같이 하는 호흡을 심법 호흡법이라 한다.

온몸으로 하고 싶으면 온몸으로 하고 피부로 하고 싶으면 피부로 하고 마음으로 하고 싶으면 마음으로 하고 가슴으로 하고 싶으면 가슴으로 하면 된다. 그뿐만이 아니라 어디든 하고 싶은 곳과 호흡을 하면 된다. 어떻게 생각하고 어떻게 의식하고 어떻게 마음먹고 호흡을 하느냐에 달려 있을 뿐이고 또 생각하고 의식하고 마음먹은 대로 호흡을 하느냐에 달려 있을 뿐이다.

본인이 출신을 하고 수행 단계가 가늠할 수 없을 정도로 올라가는 것은 생각하고 의식하고 마음먹고 심법으로 호흡을 하기 때문에 별도로 좌선하고 수행하지 않아도 일상적으로 이루어지는 호흡을 통하여 수행의 단계가 올라가면서 이루어지는 것이다.

여러분도 얼마든지 가능하다. 단지 생각하고 의식하고 마음먹고, 생각한 대로 의식한 대로 마음먹은 대로 호흡을 하는 것이 중요하다. 심법을 일으키고 일으킨 심법대로 호흡을 했을 때 일상적 호흡이 바로 심법호흡이 되어서 수행이 되는 것이다.

심법호흡법은 이미 여러분들은 본인을 통하여 어느 정도 가늠은 하리라 생각한다. 자등명이란 빛덩어리 호흡이 그러하고, 자등명하나되기 호흡이 그러하고, 출신한 것으로 수행 단계 올라가는 호흡이 그러하지 아니한가.

지금 그대는 무엇을 하고 싶은가? 하고 싶은 그것을 생각 의식 마음먹고 마음으로 하는 심법을 통하여 호흡으로 해보라. 전에는 확철대오가 무엇인지 몰랐다. 그러기에 확철대오라고만 했을 것이다. 그뿐인가. 깨달음이 무엇인지 모르니 "깨달음이 무엇인가?" 했고 "이것이 무엇인가?" 했을 것이다. 그리고 그것을 화두 삼아 수행정진했다. 이제 그렇게 하지 않아도 된다. 심법호흡법을 통하여 해도 되지 않는가 생각한다. 한번 해보라. 그대는 깨달음이 무엇인지 아는가? 확철대오가 무엇인지 아는가? 안다면 아는 그것을 심법을 일으켜서 심법으로 그것이 되도록 호흡을 해보라. 그래서 심법호흡을 통하여 자성경계를 깨고 확철대오 되도록 해 보라. 이는 무조건 위에 것으로 한다고 되는 것이 아니라 자기 자신 수행의 경지에 맞게 바로 앞에 것을 하면서 파헤칠 때는 파헤치고 하나 되고자 할 때는 심법호흡으로 걸음 한 걸음 다가오는 것이다.

지금 그대가 하고 싶은 것이 무엇인가? 하고자 하는 것을 심법으로 일으켜 호흡을 해보라. 그러면 이루어질 것이다. 심법으로 되지 않는 것이 있는가? 단 한 가지 단전에 기운이 충만해야 어느 것을 해도 상기나 흔들림이 없다는 것을 잊어서는 아니 될 것이니 이를 알아야 한다. 그런 만큼 축기되어 있는 만큼 축기된 상태에서 축기되어 있는 안에서 그 어떤 심법호흡법이든 가능하다. 자기 자신에게 맞게 하면 된다. 밝혀야 하는 것은 밝혀야하고 파헤쳐야하는 것은 파헤쳐야 하니 심법호흡으로는 되지 않으니 유효적절하게 심법호흡을 잘해서 수행이 일취월장 이루며 오기 바란다.

2011. 04. 14 17:56

2011. 04. 15 비행접시 모양 같은 세계 위로 의자에 앉아 아래를 굽어
　　　　살펴보는 세계가 있음을 말하다
2011. 04. 16 10:39 출신(出神)한 수행자의 수행 방법

출신(出神)한 수행자의 수행 방법

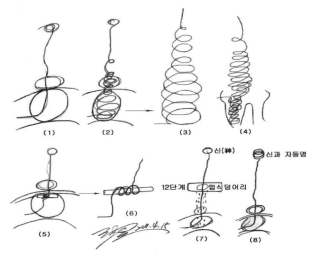

맨 처음을 출신(出神)을 하면 머리 부분에 있는 신(神)이 나가고 뒤따라 업(식)덩어리가 따라 나간다. 신(神)만 나가고 업(식)덩어리가 나가지 못하는 경우가 있다. 이 경우에 있어서 업이 너무 두꺼워서 나가지 못하는 경우가 있고, 기운이 없어서 나가지 못하는 경우가 있다. 이때는 기운을 축기한다거나 또는 업(식)덩어리가 밖으로 나올 수 있도록 할 수 있는 법력이 있는 분의 도움을 받아서 밖으로 나오도록 할 수도 있다.

이렇게 해서 신(神)이 나와서 어느 정도 올라가면 업(식)덩어리가 나오면서 신이 올라가는 곳을 신과 몸통과 연결된 끈을 따라 올라간다. 신과 자등명이 하나가 될 때까지 올라가는 것 같다.

신과 자등명이 하나가 되는 것을 보면 신이 나오고 이어 업(식)덩어리가 나오고, 신은 가벼워 쭉쭉 올라간다. 수행하는 수행자의 단계보다 약 10단계 위까지 올라가는 것이 아닌가 싶다. 신을 따라 올라가는 업(식)덩어리는 무거워서 잘 올라가지를 못한다. 그러다 보니 신은 수행자의 단계보다 10단계 정도 더 높이 올라가 있고, 뒤를 따라 올라가는 업(식)덩어리는 무겁게 올라가면서 업(식)덩어리를 가볍게 하기 위해서 업을 하나 둘…. 업(식)덩어리에서 떨어지면서 가벼워진 만큼씩 따라 올라가다가 그림(8)과 같이 12단계에 이르러서는 자등명에 붙어 있던 모든 업이 모두 다 떨어져 몸통 속으로 들어가 몸통 속 마음이란 부분에 모두 다 떨어지고, 업이 마음이란 부분에 다 떨어놓은 자등명은 신으로 올라가서 그림 (8)과 같이 신과 하나가 된다.

출신한 신과 자등명이 하나가 되었을 때부터 출신한 사람의 수행은 시작이라고 보면 되지 않을까 싶다. 물론 그전에 출신이 있어야 하고 출신 후 업(식)덩어리가 출신이 되어야 하고, 업(식)덩어리가 출신이 되어서 자등명에 달라붙어 있는 업이 모두 다 떨어질 때까지 아닌 12단계까지 올라가도록 해야 하고 그런 다음 신과 자등명이 하나가 되어야 한다.

이렇게 되기까지는 본인이 지금은 처음이라 살펴보며 위에 기운을 넣어주고 또 몸통 청소를 해주며 몸통이 가볍도록 해주며 신과 자등명이 하나가 되도록 했다. 그런 만큼 본인이 해 주지 않는 것을 전제로 한다면 위에 기운을 끌어다가 자기 자신의 몸통에 넣어서 자기 자신을 정화하며 업을 녹이고 또 기운을 강하게 해서 올라가는 것을 가볍게 해서 올라갈 수 있는 기운을 강하게 해서 올라가도록 해야 할 것이다.

출신한 신과 자등명은 하나가 되어 자기 자신의 단계보다 10단계 위에 있고, 자등명에 달라붙어 있던 업은 자기 자신 몸통 안 마음이란 곳에 있다. 어떻게 업을 떨어내며 가볍게 하겠는가?

그것은 자기 자신의 몸통을 몸통청소를 통하여 업을 밖으로 나가게 함으로 가볍게 할 수 있겠지만, 출신한 신과 자등명이 하나로 있는 것과 몸통이 연결되어 끈을 가지고 몸통청소를 하면 더 쉽게 할 수가 있다.

그림(1)과 같이 있는 연결 끈을 그림(2)과 같이 끈을 회오리 돌리듯 나사식으로 만들어 돌려서는 몸통을 청소하며 밖으로 빼내서 몸통을 가볍게 한다. 몸통만 하는 것이 아니라 그림(4)과 같이 다리도 한다. 한쪽하고 또 한쪽하고 그리고 몸통 한다. 그래서 몸통이 가벼워진 만큼 몸을 가지고 신과 자등명이 하나로 있는 곳으로 올라간다.

몸을 가볍게 해서 신과 자등명이 하나로 있는 단계에 올라가는 방법으로는 우선 먼저 되어야 할 것이 몸통이 가볍게 되어야 하는 만큼 업을 내려놓아야 하고 또 몸통을 청소해야 한다. 몸통에 떨어져 있는 업은 자등명에 달라붙어 있는 것과 비교할 수도 없이 먼지와 같다고 생각하면 된다. 다만 자기 자신이 내려놓지 못하고 또 몸통 안에서 밖으로 빼내지 못하니 몸통에 남아 자기 자신이 마음으로 끌어안고 있을 뿐이다. 그러니 몸통으로부터 업을 빼내며 몸을 가볍게 해서 지금의 단계에서 한 단계 한 단계 올라가며 신과 자등명이 하나로 있는 곳에 올라가면 된다.

신과 자등명이 하나로 있는 곳에 올라가는 방법으로는 몸을 가볍게 하는 방법과 또 기운을 강하게 해서 기운을 끈을 잡고 올라가는 방법이 있다. 기운으로 올라가는 데는 한도가 있고 또 몸을 가볍게 하는 것에도 한도가 있겠지만 두 가지가 앞서거나 뒤서거나 가볍게 또 기운을 강하게 해서 심법(心法)으로 줄을 끌어당기듯 끌어당겨야 한다.

신과 자등명은 마구 끝 간 데 없이 올라가려고 한다. 다만 업이 있어서 몸이 무거워서 올라가지 못할 뿐이니 연결 끈으로 몸통 청소를 하며 업을 내려놓고 또 몸을 가볍게 해서 올라가면 된다. 그렇게 올라가서 신과 자등명과 몸이 하나가 되면 이제 몸으로 최소 12단계 이상은 올라오게 된 것이니. 다시 신을 몸으로부터 출신시키고 그런 다음 자등명을 출신시켜서 신과 자등명이 또다시 하나가 되게 한다. 그런 다음 이제 몸통과 연결되어 있어서 가려고 해도 갈 수 없는 신과 자등명을 출신시켜 끝 간 데 없이 올라가도록 하고서 심법호흡법을 한다.

그림(6)과 같이 몸통 안에 어깨 쪽에 그림(7)과 같이 만들어 놓고 들숨 때 연결된 끈을 통해 연결된 끈을 들숨으로 끌어당기며 몸통을 위로 올라가게 하고 날숨 때에 날숨과 함께 당겨진 끈이 풀리며 신과 자등명이 올라가게 하면서 들숨과 날숨을 한다. 들숨과 날숨을 할 때는 육체가 있는 곳에 있는 기운으로 호흡하는 것이 아니라 신이 있는 곳에 기운으로 호흡을 해야 한다.

이것을 처음에는 의식적으로 했다가 익숙해지면 그때는 무의식 속에서도 호흡을 통하여 이것을 이루어지도록 심법 즉 마음으로 그리된다고 확신하며 자기 자신에게 의식하며 인식하게 한다. 이것이 심법호흡법이다.

지속적으로 이것만 하면 몸이 가벼워질 틈이 없으니 올라가는데 한계를 느낄 수 있는 만큼, 생각날 때마다 몸통 청소를 통하여 몸을 가볍게 해준다. 올라가는데 아무 무리 없이 쭉쭉 올라갈수록 있도록 하면 된다. 이때 몸통 청소는 그림(2), (3), (4) 방법으로 하면 된다.

업을 자꾸만 내려놓아야 하고 그래서 몸이 가벼워져야 하고 그리고 기운이 있어야 한다. 방법은 지금 설명한 대로 해가면 아주 쉽게 올라갈 수 있다.

자등명에 달라붙어 있는 업을 내려놓는 것보다 훨씬 쉬운 것 같은데, 깨닫지 못한 수행자에 있어서는 그것도 어려울지 모르겠다.

출신하여 이와 같이 단계를 올라가는 수행 방법은 알겠는데, 본인이 확철대오 후에 그것도 56단계에서 한 만큼, 업을 가지고 출신해서 업(식)덩어리가 나가고 업(식)덩어리가 12단계 이상은 업을 가지고 갈 수 없는 만큼 자등명에 달라붙어 있는 업을 모두 다 떨어내어 몸통 속에 넣고는 업이 모두 다 떨어진 후에 12단계 이상으로 올라가서 신과 만나서 하나가 된다.

출신해서 업이 몸통 속에 떨어져 있고 이것을 놓지 못하고 몸통 속에 가지고 있게 되면 육체를 버리고 죽어서는 자등명에 달라붙게 됨으로 해서 신과 자등명이 출신하여 올라간 곳은 그저 구경한 것에 지나지 않을 것인즉, 반드시 자등명에 달라붙어 있지 않고 몸통에 그냥 있을 때 내려놓으면 더 쉽지 않을까 하는 생각이다.

이것 외에 심법호흡법으로 흔히 가슴을 마음이라고 하는 부분에 있어서 이 마음이라고 하는 자성경계가 알 깨지듯 깨지면 확철대오하는 만큼 출신한 상태에서 출신한 위에 기운을 몸통 속 마음이라고 하는 그릇에 가득가득 담아서 마음이라고 하는 것이 터져서 안팎 없이 되도록 심법호흡을 하면 어떨까 하는 생각을 해 보았다. 이렇게 해서 확철대오하는 사람이 생기지 않는 한 이 방법은 생각이 그러할 뿐 확철대오할 수 있다고 확신할 수는 없을 것이다. 그러나 본인이 생각하건데 가능성은 충분하다고 생각한다.

들숨과 날숨으로 올라가고 또 마음을 부풀려서 마음이란 그릇이 터지도록 호흡하는 방법도 있을 것이다. 마음으로 들숨과 날숨을 할 때 신이 곳에 기운으로 호흡을 하며 날숨 때 끌어당기고 날숨 때 신과 자등명이 올라가도록 하고, 들숨 때 들어온 기운은 마음이란 자성경계가 확 터지도록 의념을 하면서 들숨과 날숨을 한다면 깨닫기 위한 수행도 되고 또 수행의 단계도 올라갈 수 있는 것이 아닌가 싶다. 무엇보다 행하는 사람에게 결과가 좋아야 할 것이다.

스스로 수행되어서 모든 차크라가 열리고 정수리가 열려서 출신이 되고 자등명이 나왔다면 지금 설명한 방법으로 수행하면 될 것이다. 그런데 누군가 출신을 시켜주어서 출신이 되었다고 했을 때 육체와 출신된 것과의 생명의 끈은 연결 줄이 생명의 끈이다.

육체와 출신한 것과 연결된 끈이 끊어지면 육체를 버리고 가야 한다. 즉 사람들이 흔히 말하는 죽음을 맞이하게 된다. 스스로 수행되어서 그러면 누가 뭐라고 할 사람이 없을 것이다. 배우자나 가족, 주변에 사람들이…. 그런데 누가 시켜주었는데 연결된 끈이 끊어져서 죽었다. 그렇게 되면 출신 시켜준 사람에게 모든 문제가 전가 되게 된다. 출신을 시켜준 것으로 부족해서 살인 누명까지 쓰게 된다. 그런 만큼 출신을 시켜주는 것에 있어서 목숨이 담보가 되는 만큼 조심스러운 부분이 있다.

사실 파미님 같은 경우를 보면 출신을 시켜주고 관찰하며 연결끈을 보았을 때 낡아 보였고 또 끈이 좀먹은 듯 무엇인지 모를 것들로 삭아 있는 듯했고, 무엇인지 모를 것들이 많이도 붙어 있었다. 출신을 시켜주고 관찰하는 과정에서 연결 끈으로 위에서 몸통 청소하는 방법을 말한 것과 같은 방법으로 몸통 청소 및 업을 허공으로 흩어지게 하고 보니 낡아 보였고 또 삭아 있는 듯한 연결 끈이 튼실하게 보이고 생기가 있어 보였다. 그래 생명을 관찰해 보니 늘어난 것이 아닌가 싶은데 모르겠다. 두고 볼 일이다.

나쁜 사람은 좋게 될 수도 있고 또 좋은 사람은 나쁘게 될 수도 있는 만큼, 생명이란 목숨이 관련되어 있는 만큼 목숨을 버릴 각오가 되어 있지 않다면 출신을 시켜주는 것은 조심스러운 면이 있다. 본인이 볼 때 희박하지만 당하는 사람은 100%일 수 있는 만큼 살인 누명을 얼마든지 쓸 수 있는 소지가 있다고 본다. 극히 희박하지만…….

그러나 수행에 있어서는 빠르지 않은가 싶다. 이보다 빠른 방법이 있을까 하는 생각이 들기도 한다. 물론 수행하는 사람에 따라 다르겠지만 본인이 출신으로 하여금 수행의 단계를 높여가는데 있어서 관찰해 보면 본인 스스로도 놀라서 입이 벌어져 다물어지지 않는다. 그 만큼 수행의 단계를 높여가는데 있어서는 이것보다 빠른 방법은 없을 것이라는 생각이다.

그래 본인의 생각은 이러하다. 처음에는 파미님이 원해서 해주었지만…. 지금 생각하면 어지간한 배포가 아니면 목숨이 달려있는 것을 쉽게 해달라고 하지 못했을 것 같다. 아니 목숨을 생각하지 않고 오직 수행하고 싶은 마음만 있어서 이것저것 생각하지 않고 수행하기 위해서 해달라고 했을 것이다. 그래 본인이 이것저것 다 모른 채 해준 것이고…. 지금 생각하면 해 줄 수 있는 것이라고 무조건 해줄 것은 아닌 것이 아닌가 싶다.

출신을 원하는 사람이 있다면 목숨을 담보로 하는 만큼, 목숨에 버금가는 비용도 있어야 하겠고, 그렇게 비용을 내면서도 해달라고 해도 또 각서도 받아야 하지 않는가 하는 생각이다. 죽어도 좋다는…. 그래야 배우자나 또 주변 사람으로부터 살인 누명은 벗을 수 있는 것 아닌가 싶다. 출신을 시켜주어도 어느 정도까지는 살펴봐 주어야 하는 만큼 이 부분에 있어서도 또한 그러한 것이 아닌가 싶다. 비용을 얼마라고 본인이 정하기는 그렇고 출신을 시켜달라고 하는 사람에 있어서 각서와 함께 목숨에 버릴 각오의 비용은 생각해야 하는 것 아닌가 싶다. 그러므로 출신해 주는데 비용의 산정은 본인에게 있는 것이 아니라 출신 시켜달라는 사람에게 자기 자신의 목숨과 수행이란 차원에서 산정해 보고 이야기하는 것이 옳다는 생각이다.

처음에는 목숨 때문에 망설였던 분들이 이제는 출신시켜 달라는 말을 하니 이런 점에 있어서 본인의 입장에서는 해주면 수행이 빠르기는 한 것 같은데…. 그 외에 위험 요소들을 그냥 간과할 수만은 없는 일이기에 출신하는 사람의 수행 방법을 말하면 이 부분도 이야기하는 것이다. 2011. 4. 16 10:39

*테스트 할 줄 아는 분들은 테스트해 보라. 과연 얼마의 비용으로 출신하는 것을 시술받아야 할까? 가장 적당한 비용은 얼마나 되는가?

2011. 04. 16 오후 3시 조금 넘어 자등명의 세계에 들어가고, 신(神)이 작아지더니 오후 7시경 신(神)이 사라져 오후 8시경 자등명의 세계에서 10개의 우주를 보다

2011. 04. 17 이를 어찌 이해할까 싶어서 밝혀야 하나 말아야 하나 망설이다 밝히다. 우주도 보이지 않는 자등명에 무한대가 있을 뿐이다

2011. 04. 18 11:07 "육체(肉體) 속 업(業)과 신(神)과 자등명(自燈明)과의 관계"란 글에서 신(神)과 자등명(自燈明)이 하나로 된 것을 **신자명(神自明)**이라 이름짓다

육체(肉體) 속 업(業)과
신(神)과 자등명(自燈明)과의 관계

━━ 육체
━━ 육체와 신자명(神自明)과 연결된 끈
━━ 신(神)
━━ 자등명

각기 저마다 본성이라고 하는 업(식) 덩어리 안에 있는 자등명(自燈明)은 회귀본능을 가지고 있고, 본성이란 자등명을 에워싸고 있는 업(業)은 본성으로 회귀하려고 하는 자등명과 신(神)을 끌어내려 지금 그대가 있는 곳에 머물러 있게 하고 있다.

이것을 증명이라도 해주듯 출신(出神)한 신(神)과 자등명은 육체와 연결되어 팽팽히 맞서 있다.

그림에서 보는 것과 같이 출신해서 신(神)이 나가고 업(식)덩어리가 나가서 업이 12단계를 올라서면서 다 떨어진 자등명이 신과 하나가 되면, 육체와 연결된 끈으로 가장 멀리 팽팽히 신과 자등명이 하나로 된 것과 떨어져 있는 것 같다.

그림에 보는 것과 같이 신과 자등명이 하나가 되기 전에는 신이 먼저 올라오고, 그 다음에 업(식)덩어리가 기운에 올라오다가 어느 순간부터 자등명에 달라붙어 있던 업이 떨어지면서 확철대오의 11단계를 넘어 12단계에 이르면 업은 모두 다 떨어져 몸통 속으로 들어가고 자등명만 홀로 올라가서 신과 하나가 된다. 이렇게

신과 자등명이 하나로 된 것을 이 시간 이후부터는 신(神)+자등명(自燈明)을 신자명(神自明)이라 이름하여 말하겠다.

육체와 신자명(神自明)은 그림과 같이 있다. 수행하여 수행의 경지가 4단계 있다면 신자명(神自明)은 14단계에 있을 것이고, 수행의 단계가 5단계면 신자명(神自明)은 15단계, 6단계면 16단계, 7단계면 17단계, 8단계면 18단계, 9단계면 18단계, 10단계면 20단계.....이와 같이 육체의 수행 경지의 단계와 신자명(神自明)은 10단계의 간격을 두고 올라간다. 업이 없고 수행 경지의 단계가 높으면 높은 만큼 신자명(神自明)도 올라간다.

깨달으면 업을 놓게 되어 수행의 단계가 10단계이고 확철대오하여 업을 놓으면 11단계이다. 이 상태에서 신자명(神自明)의 단계를 본다면 깨달아 10단계일 때 신자명(神自明)은 20단계, 확철대오해서 11단계일 때 신자명(神自明)은 21단계이다.

여러분들이 본인의 수행 경지의 단계를 지켜본 것과 같이 본인의 수행 경지가 56단계를 넘어서 출신을 했고, 출신을 하고 육체와 신자명(神自明)을 통한 호흡으로 단계를 가늠할 수 없게끔 올라와 신(神)이 사라지는 자등명에 이르렀고, 이제는 자등명만이 있는 곳에 있다.

사실 심법호흡법으로 육체의 들숨과 날숨을 통하여 신자명(神自明)을 당기고 놓고, 놓고 당기며 올라왔다. 이렇게 올라오면서 본인은 본인의 육체의 몸통 속이 탁해 보일 때 탁해 보이는 것들을 "출신한 수행자의 수행 방법"이란 글에서 몸통을 청소하는 방법을 설명한 것과 같은 방법으로 청소를 하면서 올라왔다. 이것으로 볼 때 꼭 업만이 무게를 갖게 하는 것만은 아닌 것 같다. 업 이외에 어떤 것 단계 단계마다 못 올라가게 하는 것이 있는 것이 사실이다. 그것이 무엇인지는 잘 모르겠으나 분명히 있는 것 또한 사실이다.

그러니 확철대오하고 56단계에 이른 본인도 수시로 몸통을 볼 때 탁하게 보이고 무엇인가 있는 것 같아서 하루에도 몇 번씩 몸통 청소를 했다. 지금 생각하면 몸통 청소하며 올라갔고 올라가서 탁하게 보이면 몸통 청소를 한 것 같다.

이와 같이 신자명(神自明)와 육체의 몸통 속에 있는 자기 자신이 나라고 하는 것들은 본성으로 회귀하려고 하는 신자명(神自明)을 끌어내리고 있는 것이다. 이러한 현상을 저울에 비유해서 생각해 보면 이해가 쉽지 않을까 싶다. 육체가 물건을 담는 그릇이어서 육체에 담겨 있는 것이 많으면 많을수록 신자명(神自明)은 밑으로 내려오고 담긴 것이 없으면 없는 만큼 신자명(神自明)은 위로 올라간다.

육체란 몸통이란 그릇에 업과 업이라고 하기 이전의 것들을 담아 놓은 것이 있으면 있는 만큼 신자명(神自明)은 올라가지 않으니 수행의 단계는 올라갈 수 없으며, 업을 내려놓은 만큼 올라갈 수 있으며 또한 업이라고 하기 이전의 것들을 내려놓으면 내려놓은 만큼 올라갈 수 있는 것이다.

본성으로 회귀하려고 하는 본능적인 자석과 같이 달라붙으려고 하는 신자명(神自明)을 나라고 인식하고 있는 육체란 몸통 안에 있는 것이 본성과 하나가 되려고 하는 신자명(神自明)을 끌어내리고 있고, 달라붙지 못하게 하고 있는 것이다. 그러니 만큼 그대가 수행하면서 자기 자신이 가지고 있는 것들을 버리면 버리는 만큼 나라고 하는 나, 내 것이라고 하는 것을 내려놓으면 내려놓는 만큼 수행 경지의 단계는 올라가는 것이다.

어떻게 해서 출신하여 신이 나가고 업(식)덩어리가 나가서 신과 자등명이 하나가 되어 신자명(神自明)이 되어 있다 하더라도 자기 자신의 몸통 안에 있는 업, 나라고 하는 것, 내 것이라고 하는 것, 이외의 것들을 내려놓지 않는 한, 신자명(神自明)은 위로 올라갈 수 없으며 위로 올라가지 않으면 본성으로 회귀할 수 없다.

본성이 마치 자석처럼 끌어당긴다 하여도 빅뱅으로 떨어져 나온 본성과 본성이 서로 달라붙으려 한다고 하여도 달라붙지 못하게 자꾸만 아래로 끌어당긴다면 빅뱅 이후의 자등명이란 본성을 가지고 있는 그대는 본성으로 회귀할 수 없을 것이다.

그대가 본성으로 회귀하고 싶다면 수행 경지의 단계를 놓고 싶다면 그대가 가지고 있는 것들을 버려라. 버리지 않는 한 그대는 그대로 있을 것이며 담으면 담는 만큼 더 밑으로 떨어질 것이고 버리면 버리는 만큼 올라가게 될 것이다.

자기 자신이 가지고 있는 것을 버리는 것이 수행이다. 행을 닦으며 습으로 업으로 가지고 있는 행함으로 걸리는 것을 제거해야지만 걸림으로부터 걸림이 없어질 것이며 없어지는 만큼 그대가 가지고 있는 것을 버리는 것이 될 것이다. 걸리는 것이 무엇이든 누구든 버려야 한다. 버리지 않고서는 결국, 올라설 수 없다.

자! 자등명이란 본성에서 보면 이렇다. 자등명이 있고 거기서 신이 생겨났고 신이 생겨난 자등명이 하나의 생명으로 시작된 것이 된다. 본인이 수행하여 올라온 것을 비추어 볼 때 그러하다. 자등명이란 본성으로 올라온 것을 보면 그렇다. 반대로 생각해 보자. 자등명에서 신이 사라졌으니 신은 자등명에서 생겨난 것이다, 신자명(神自明)이 자등명에 들어오기 전에 사항들은 본성이란 자등명이 빅뱅으로 떨어져 나와 있는 상태이고, 우주 위에 있을 때는 우주가 생기기 이전이고, 우주라는 곳에 올라오기 이전은 우주가 생겨난 이후이고, 56단계는 우주 내에서 지금 지구가 처한 상태가 생겨나기 이전이다. 56단계 이후는 윤회의 굴레에 떨어지기 이후이니 지금의 그대에서 위로 살펴보고 위에서 아래로 살펴보면 많은 부분 가늠이 가능하지 않을까 싶다.

단순히 윤회에서 벗어나는 것이 전부가 아니라 자등명이란 본성으로 회귀하는 것이 그 근본이 되어야 한다. 이런 점으로 볼 때는 자등명이란 본성으로 회귀하는데 있어서 확철대오는 시작에 지나지 않는다.

어찌 그렇게 말할 수 있는가 묻는다면 그것은 깨닫지 못하고 출신한 경우에서 보면 알 수 있지 않을까 싶다.

출신하여 신자명(神自明)은 올라갈 수 있는 한 최대한으로 올라가 있다. 그럼에도 육체란 몸통 속에 담고 있는 것을 버리지 못해 올라가지를 못한다. 신자명(神自明)은 자꾸만 회귀하려 하며 올라가려고 하는데 몸통에 담아 놓은 것을 버리지 못하니 올라가지 못하고 헤매는 것이다. 확철대오하여 깨달음을 증득한 경우 걸림이 없으니 버리며 마구 올라간다. 가늠이 되지 않을 정도로 쑥쑥 올라간다. 마치 엘리베이터를 타고 올라가는 것과 같이 올라간다. 반면에 깨닫지 못한 사람은 출신을 했다고 해도 잘 올라가지 못한다. 이는 버리지 못해서 올라가지 못하는 것이다.

출신한 사람이 수행의 수행 경지의 단계를 올라가는데 있어서 살펴보면 깨닫고 깨닫지 못하고의 문제가 아니라 습과 업, 자기 자신이 가지고 있는 것, 나라고 하는 것, 내 것이라고 하는 것을 얼만큼 버리고 없느냐의 문제이지 않은가 생각된다. 육체란 몸통이란 그릇 안에 담겨 있는 것을 버리느냐 버리지 못하느냐의 문제이지 깨닫고 깨닫지 못하고의 문제가 아니다.

이런 것으로 볼 때 깨닫고 깨닫지 못하고의 문제는 현재의식에서 아느냐 모르느냐의 문제이지 몸통이란 육체에 담겨 있는 무의식 잠재의식의 문제는 아닌 것이 아닌가 싶다. 육체란 몸통 안에 담겨있는 것을 버리고 단계가 올라간다면 현재 의식에서는 체득하거나 경험하거나 체험하지는 못할지라도 몸통 안에 담겨져 있는 것은 가벼워진 것이고 가벼워 진만큼 단계는 올라가 있는 것 아닌가 싶다. 현재의식에서 감지하지 못하고 알아차리지 못했다고 해서 육체란 몸통 안에 담겨진 것을 버리고 단계가 올라갔는데, 육체를 버리고 떠나갈 때 육체란 몸통 안에 담겨져 있는 것을 버려서 올라선 단계가 현재의식에서 알아차리지 못했다 하여 육체를 버리고 죽었을 때 버린 것을 다시 의식에서 끌어당길까 하는 생각이다.

이렇게 생각한다면 현재의식에서 깨달음 내지는 확철대오를 의식하지 못하고 알지 못할 뿐, 육체란 몸통 안에 담겨진 것을 버리고 단계가 올라서면 올라선 만큼 가게 되는 것이 아닌가 하는 생각을 해본다.   2011. 04. 18 11:07

2011. 4. 21 12:37 수행 경지의 단계가 올라가는 것에 대하여...

수행 경지의 단계가 올라가는 것에 대하여

저마다 각기 몸이란 육체는 3차원에 있고 지금 여기 현실세계에 있다. 그리고 육체란 몸을 해부해 보면 물질 외에 아무 것도 없다. 육체란 몸통 안에는 육안으로 볼 수 있는 오장육부가 있고 살과 뼈, 피...등등이 육안으로 볼 수 있는 것만이 보인다. 육안으로 볼 때는 육체란 몸은 그냥 몸이고 육체일 뿐 거기에는 아무 것도 없다.

그럼에도 수행하여 먼저 가신 분들은 저마다 말했다. 육체는 하나의 통(桶)과도 그 통(桶)은 옻으로 색칠해 놓은 것과 같아서 칠통(漆桶)이라고 말들을 했다. 그리고 육체란 칠통(漆桶)은 육안(肉眼)으로 볼 수가 없다고 말들을 했다.

육체를 육안으로 볼 때는 살과 뼈, 피, 오장육부가 있을 뿐, 아무리 해부하여 파헤쳐 봐도 더 이상 나오지 않는다.

업이란 것도 생각이니 의식이니 마음이니 기운이란 것을 눈(육안) 씻고 아무리 찾아도 찾아볼 수 없다. 저마다 각기 서로 다른 생각, 의식, 마음, 업, 기운, 자등명이 육체란 물질을 이루고 있는 것 이외에 아무것도 없는 것 같은데도 분명히 있다. 생각이 있고 의식이 있고 마음이 있고 기운이 있다. 물질이 아니 비물질이 물질이란 몸통 속에 있다.

육체란 몸통으로 보면 모두 다 똑같다.

살과 뼈, 피, 오장육부가 있다. 그러면서도 각기가 다르다.

제각기 다른 것은 육안으로 보이지 않는 비물질 생각 의식 마음 업 기운…. 이 다르기 때문이다.

육안으로 물질적인 부분을 보면 이와 같지만 비물질 부분을 보면 각기 다르다. 물질적인 것이 육체란 몸통을 가득 채우고 있는 것과 비물질적인 것도 육체란 몸통을 가득 채우고 있다. 다만 육안으로 볼 수 없을 뿐 있는 것만은 사실이다.

여러분들도 없다고 하지 못할 것이다. 이 글을 읽는 그대는 지금 생각하고 의식하고 또 마음이 있으니 말이다. 이것들이 있는지 아는데 볼 수가 없을 뿐 있다는 사실을 부정하지 않을 것이다.

이와 같이 각기 저마다의 몸통 속에는 비물질을 담고 있다. 다만 육체란 몸통이 옻으로 색칠해 놓은 것과 같이 한 치 앞도 바라보이지 않는 육체란 통을 가지고 있어서 육체란 칠통(漆桶) 안에 있는 것을 보지 못할 뿐 있는 것만은 사실이다.

아마 부정하는 사람 아무도 없을 것이다.

비록 육체는 지금 여기에 살고 있지만 생각이나 의식 마음은 다른 곳에서 있을 수 있다. 생각과 의식 마음이 다른 곳에 있다고 해서 육체가 다른 곳에 있는 것이 아니라 육체는 생각이나 의식 마음이 어떠하든 어디에 있든 상관없이 지금 여기에 있다. 육체를 여기에 두고 그대는 생각으로 달나라도 갈 수 있고 우주도 갈 수 있는 것과 같이 의식도 마음도 그러하다.

저마다 각기 나라고 하는 나는 육체를 나라고 하지만, 육체 안에 있는 비물질 생각이나 의식, 마음, 무의식, 잠재의식, 자기 자신 안에 있는 신(神), 업(식)덩어리, 업(식)덩어리 속에 있는 자등명, 그리고 몸통 속에서 이것들을 모두 다 품고 있는 나를 이루고 있는 기(氣)가 있다.

여러분들이 수행을 하여 수행 경지를 높여가는 것은 물질적 육체가 아니라 물질적 육체란 몸통 속에 있는 비물질적인 것들로 인하여 높아가는 것이다. 높아간다고 하되 그냥 높아지는 것이 아니라 칠통이란 몸통 속에 가득 차있는 비물질을 비워내면서 비워낸 만큼 육체란 몸통 안에 담겨진 것이 비워져 가벼워짐으로 해서 위로 올라가는 것을 두고 수행의 경지가 높아졌다. 수행 경지의 단계가 올라갔다 말하는 것이다.

단순히 비워내는 것만으로 어찌 올라가는가? 한다면 그것은 각기 저마다 본성이 있기 때문에 본성이 회귀하려고 하는 회귀본능을 가지고 있어서 비워내기만 하면 올라가고, 담아서 채우면 내려오는 것이다. 무엇을 비우느냐 묻는다면 생각과 의식 무의식 잠재의식이 행한 것을 마음이란 그릇에 담아 놓은 것들을 버리고 버려서 비우는 것이다. 담는다는 것은 생각하고 의식하고 인식하고 행위한 것, 마음먹은 것들을 자기 자신 안에 가지고 있는 것들 담는다고 표현할 것이다.

인간으로 태어나면서부터 전생에서 가져온 것과 살아오면서 행위한 모든 것들을 어느 것을 버리고 어느 것을 담으며 살아왔을 것이다. 사람들 저마다 태어나서 지금 현재까지 버리고 담고 그러면서 살아왔을 것이다.

어디다 담으며 버리고 살아왔는가?

그것은 흔히 마음이라고 하고 생각이라고 하고 의식 무의식 잠재의식이라고 하지만 더 엄밀히 생각해 본다면 지금 현재 나라고 하는 자기 자신이라고 하는 육체란 몸통 안에 담고 있는 것이다.

육체란 몸통 안에 담는다고 하지만 육체란 몸통에 무엇이 있기에 담는가?

담겨지는 그릇이 있기 때문에 담는 것이다. 이렇게 담겨지는 것(桶)을 본인은 자성경계란 일원상이라고 말했다. 나라고 하는 자성경계의 일원상이 있으므로 그 안에 담고 버리고 하는 것이다.

담으면 담은 만큼 몸통과 함께 있는 자성경계의 일원상이 아래쪽으로 내려가서 아래쪽 담겨진 것과 같은 곳과 어우러지게 되고, 버려서 비워지면 비워진 만큼 위로 올라가서 비워진 만큼 위쪽 비워진 상태와 맞는 곳에 이르게 된다. 이렇듯 위아래로 올라가거나 내려가는 것을 두고 수행이 되었느니 수행의 단계가 올라갔느니 단계가 떨어졌느니 말하는 것이다.

수행의 단계가 올라가거나 내려가거나 육체란 몸은 지금 여기를 떠나 있지 않되, 육체란 몸통 안에 있는 생각 의식 마음 인식하고 행동하고 실천하는 것은 다르다.

무엇에 따라 다른가?

그것은 바로 나라고 하는 자성경계의 일원상에 담겨진 것에 따라서 다르다. 이때 자성경계는 몸 안에서 몸으로 몸 밖에서...이루어진 것이고 또 여러 자성경계가 있지만, 이것들을 모두 다 하나로 보고 말하는 것이다.

현재 지금 여기에 육체란 몸통은 있지만, 몸통 안에 있는 것이 어떤 상태이냐에 따라서 영계, 천계, 신계, 광계.....플러스 단계가 다르고, 그런가 하면 아수라, 지옥, 지옥의 몇 단계... 등등 마이너스 단계가 다르다. 육체란 몸통은 여기 있는데 어떻게 영계, 천계...플러스단계, 아수라 지옥...마이너스 단계 어떻게 갔겠는가? 무엇이 갔는가? 이것 때문에 각기 저마다 서로 다르다. 육안으로 볼 때는 모두 다 같은 사람이다. 그러나 사람이라고 하는 육체란 몸통 안에 담겨진 것이 다름으로 형태의 형상은 비슷비슷하지만 다르다. 무엇으로 다른가?

생각, 의식, 마음 씀, 행위, 업, 업(식)덩어리가 다르다.

본인이 18단계 올라갔을 때, 육체란 몸통 안의 기운은 18단계의 기운과 연결이 되어 있어서 육체란 몸통을 보려고 한다면 18단계를 올라서야 몸통 속에 있는 것들을 볼 수 있는 것이 아닌가 싶다고 말한 것 같은데, 인간의 몸통 속에 기운은 본디 그 근본이 18단계에 있는 것이 아닌가 싶다.

지금 현재 자기 자신에게 있어서 육체란 몸통 안에 있는 것을 통하여 수행 정진하여 비우고 비우며 깨어나면서 수행 경지의 단계가 올라가는 것이되 육체는 여기에 있다. 그러나 육체 안에 있는 것은 버리고 비운 만큼 위로 올라가 수행 경지의 단계를 높인다. 비록 육체란 몸통은 여기 있을지라도 의식은 깨어서 깨운 만큼 비우며 위로 올라간다.

본인이 수행 정진하여 확철대오 깨달음을 증득하고 자꾸만 위단계로 올라가며 가는 길을 뚫고 올라가며 18단계니 19단계....28단계, 56단계, 거기에서 출신(出神)을 하고 신(神)이 나가고 자등명이 나가고, 신과 자등명이 하나 되고, 그런 다음 육체가 따라 올라가 신과 자등명, 육체가 하나가 되었다 했는데,....이때 물질적인 육체가 18단계, 19...56단계,....신과 자등명과 육체가 하나가 된 것이 아니라 육체란 몸통 안에 있는 것이 하나가 된 것을 육체가 하나가 된 것이라 말한 것이다.

확철대오하기 전까지는 자성경계의 일원상이라 할 것이지만, 자성경계의 일원상을 깨고 확철대오의 깨달음을 증득하고 안팎 없이 하나가 되었을 때는 기(氣)적으로 하나가 된 것이지만 일체로 하나가 된 것이 아니다. 마치 바다에 물방울이 떨어지면 바다와 물방울은 하나가 되었지만, 바다와 하나가 되기 이전에 물방울이 바다와 똑같이 섞이기 위해서는 떨어진 시발점으로 해서 점점 퍼져 나가서 바다 전체와 하나가 되었을 때 비로소 바다와 진정하게 하나가 되었다 할 것이다. 확철대오의 깨달음도 이와 같다고 생각하면 될 것이다.

이와 같이 육체란 몸통을 시발점으로 깨달아 안팎 없이 하나가 되었다 하더라도 이런 미세한 부분에 있어서는 하나가 되지 못하고 하나가 되어 가는 과정에 있는 것이다.

이런 과정에서 본인은 확철대오의 깨달음을 증득하고 10단계, 11단계...56단계 이렇게 올라왔다. 육체란 몸통이 올라온 것이 아니라 육체란 몸통 속에 있는 것이 올라온 것이다.

나라고 할 것이 없는 내가 올라온 것이다.

육안으로 보면 그냥 여러 사람하고 똑같다. 볼 눈이 없는 사람이 보면 어떻게 보면 부족해 보일지도 모르겠고, 또는 맹해 보일지도 모르겠지만 육체란 몸통 안에 있는 나라고 할 것이 없는 나는 단계를 지속적으로 올라왔다.

무엇으로 올라왔는가? 바로 육체란 몸통 안에 있는 것이 아래 단계에서 위로 올라갈 힘을 가지고 힘으로 위단계로 올라가고 위 단계에 올라가서는 위 단계와 같아지며 올라왔다. 아래 단계에서 위 단계로 올라오면서 본인은 비우며 왔다, 무엇을 비웠는가? 아래 단계에서 가지고 있던 것을 버리며 위 단계로 왔다.

비유하면 이렇다. 계단을 오르는데. 첫 번째 계단에서 발을 위로 옮겨야 위로 갈 수 있고, 두 번째 계단에 올라서서는 첫 번째 단계를 버려야 두 번째 계단에 있을 수 있고, 네 번째, 네 번째,...어느 계단이 되었던 머물러 있던 계단을 벗어나지 않고서는 올라설 수 없는 것과 같이 자기 자신이 수행 정진해서 비우면 올라오는 것 역시도 그러하다고 보면 될 것이다.

56단계까지 본인은 본인의 한 단계 한 단계 밟으며 올라왔다. 출신(出神)을 하기 전까지는 한 단계 한 단계 걸어서 올라왔다. 출신(出神)을 하고 신(神)과 자등명(自燈明)이 하나 되고, 육체가 하나 되었다고 했다. 이때 육체가 하나가 되었다는 것은 육체는 지금 이곳 삼차원의 세계에 있고 현실에 있다 하지만 육체 안에 있는 것, 56단계에 머물러 있으며 나라고 할 것이 없는 내가 신과 자등명과 하나가 된 것이다. 이렇게 육체 안에 있는 것이 신자명(神自明)과 하나가 된 것을 육체가 하나가 된 것이다 말한 것이다.

신자명과 육체가 하나가 된 후, 신과 자등명을 또다시 출신(出神)시켜서 신과 자등명이 하나가 되게 한 후, 호흡을 통하여 끌어당기며 놓고, 놓으며 끌어당기며 한 단계 한 단계 올라오기는 했지만 마치 엘리베이터를 타고 올라온 것과 같이 급속도로 올라와서 본인은 늘 의식이 깨어있을 때는 몸통을 청소해야만 했다. 말이 몸통 청소이지 단계가 올라옴으로 아래 단계에서 가지고 있는 것이 몸통이란 통에 남아 있으니 비우고 올라선 단계의 것과 같아지기 위해서 즉 올라온 단계와 같아지기 위해서는 아래 단계와 하나가 되었던 것을 버린 것이다. 지금에 생각하면 그렇다. 처음에는 '무엇이 이리 많지!' 자꾸만 몸통청소를 해야 했다.

확철대오해서 담고 있는 것이 없는데 자꾸만 몸통 청소를 해야 하니 대체 이것은 무엇이지? 56단계까지 올라온 본인에게 자꾸만 몸통 안에 생겨나는 이것은 무엇이지? 그러면서 몸통청소를 하면 올라왔다. 지금 생각하면 이렇다.

자등명이란 본성이 빅뱅으로 우주가 생겨나는데 일시에 생겨난 것이기는 하지만 대폭발하면서 점차적으로 퍼져나가게 되었고 퍼져나가서는 지금의 지구가 생겨나고, 생겨난 지구에 흔히 말하는 생명체가 생겨나게 되었을 것이다. 이렇게 생겨난 곳을 시작으로 올라가는 단계 단계가 지구란 생명체가 있는 곳으로 형성된 단계로부터 점점 퍼져나가며 우주가 형성되었던 과정의 역순으로 한 단계 한 단계가 있는 것이 아닌가 싶다. 그리고 지구에 생명체는 지구가 속해 있는 단계 56단계란 우주 안에서 일이고, 그 이외의 다른 행성들 역시도 그렇게 형성됨에 따라서 저마다 각기 56단계를 형성하고 있는 것이 아닌가 싶다.

이렇게 단계를 형성되었던 자등명의 폭발에서 현실 세계까지 빅뱅 후 자꾸만 폭발하며 커져 온 과정에서 지금 여기의 현실이 있기까지의 모든 것들은 마치 단계적으로 순차적으로 생겨나다 보니 지금 여기에서 올라가는 단계 역시도 순차적으로 올라가되 하나하나 올라와야 하는 것 같다. 이곳이 3단계, 지구가 속한 지구 내에서의 윤회의 틀이 있는 곳의 56단계, 그 이후의 단계, 단계...135단계가 아닌가 싶다. 계단으로 따진다면 135계단이 있고 그 안이 있는 것이 아닌가 싶다.

지금 여기서 본인의 육체란 몸통과 올라섰다는 곳을 보면 우주 밖 저 위의 자등명이란 곳으로부터 지금 여기의 육체와 연결되어 있다. 본인이 저 위의 자등명과 하나가 되어 있는데 본인이 여기에 있으니 서로 연결되어 있는 것이 당연한 것 아니겠는가.

지금은 본인이 육체를 가지고 있기에 저 위의 자등명과 지금 이곳과 하나로 연결되어 있어서 3단계에서 135단계가 전부 다 이어져 하나의 길이 나 있지만, 본인이 육체를 버리고 죽었을 때 지금과 같이 연결되어 있을지에 대해서는 모르겠다.

이와 같이 육체란 몸통과 수행 경지의 단계로 올라간 곳과는 비록 육체적으로 물질세계에 있다 하지라도 육체란 몸통 속에 있는 영(靈)이라 하는 것은 이미 수행 경지 단계에 있는 것이다.

지금 이곳과 우주 위의 자등명과 연결된 것을 본다고 보면서 주변을 보니 이곳의 56단계 외에 다른 여러 56단계에서도 이곳과 연결된 것과 같이 우주 위의 자등명과 연결되어 있는 것들이 여기저기 여러 개가 보인다. 2011. 4. 21 12:37

2011. 4. 21 14:04 출신시켜주고 관찰해 보니 문제점이 발생하다.

출신시켜주고 관찰해 보니
문제점이 발생하다

스스로 출신했을 때 어떻게 잘 가게 되는지는 모르겠으나 출신시켜주고 관찰해 보니 문제점이 발생했다.

지난달 산행 모임 전에 말씀드린 것과 같이 송과선 신경총, 심장 신경총, 하복부 신경총을 연결해 주고, 다음에 다른 차크라를 열어 준다고 했는데, 그렇게 해서 산행에 오시는 분들을 출신시켜주려고 했었는데, 출신 시켜드린 분으로부터 문제가 발생됨을 알아차리고 놀랐다.

가족 및 가까운 사람을 몇 명을 출신을 시켜주었다. 그리고 관찰하고 있었다. 그런데 며칠 전에 본다고 보는데, 육체와 신자명(神自明)과 연결된 끈이 몸통 안에서 말라가는 것이 보고 놀랐다. 육체를 버리고 죽는 것이 아닌가 싶어서…. 몸통 안에 연결되어 있는 것이 말라가는 것을 보고 서둘러 신자명있는 곳으로 가서 본인이 있는 곳의 기운을 연결해 주고 기운을 준다고 주었다. 그랬더니 말끔하게 살아난 듯 튼튼하고 성성하게 생명력이 강하게 보였다.

출신시켜준 사람이 손가락에 꼽을 수 있지만 늘 관할 수 없어서…. 가끔 생각이 미치면 살펴본다. 그런데 육체와 신자명이 연결된 끈이 바싹 말라 있는 것이 아닌가. 마치 햇볕에 노출된 탯줄이 말라서 배꼽에서 떨어지는 것과 같이 말라있는 것이 아닌가. 큰일이다 싶어서…서둘러 기운을 보냈지만, 조심스럽기 이를 데 없었다. 천만다행으로 보았으니 다시 살아났지 보지 못했으면 어찌 되었을까? 생각만 해도 어지럽다.

일단은 조치를 하고 본인이 있는 곳의 기운으로 연결은 해 놓았는데 더 두고 볼 일이다. 섣부르게 출신을 시켜주었다가 늘 관하여 보지도 못한다면 아마도 잘못될 수 있다는 생각이 머리를 스친다. 잘못된다는 것은 죽을 수 있다는 말이다. 여느 사람은 괜찮은데 한 사람만이 그랬다.

기운을 넣어주며 일어난 생각이 생명에너지의 고갈과 신자명이 올라가려고 하는 것과 마음이나 생각 의식으로는 올라가려고 하는데 몸통 안을 비우지 못함으로 자연스럽게 올라가지 못하게 되어서, 몸통 안에 있는 것의 무거움을 견디지 못하고 충분하게 생명에너지가 공급되지 못함으로 어깨에 걸려놓은 끈으로부터 말라비틀어지고 있었던 것 같다.

모임에 오시는 분들을 하나하나 차크라를 열어주려고 했었는데, 당분간 아니면 영원히 이것은 손을 데지 말아야 할 부분인지도 모르겠다. 계속해서 늘 본인이 살펴줄 수 없고, 또 살펴준다 해도 늘 본인 가까이에 있어야 하는 만큼, 자칫 족쇄가 될 수 있다는 생각에 확실한 해법을 찾기 전에는 출신시켜주는 것은 삼가야 할 것 같다.

출신이 되었다 해도 몸통 청소를 해주지 않거나 업(식)덩어리를 빼주지 않거나, 업(식)덩어리가 나왔을 때 업을 떨어지게 하지 않을 경우 다시 몸통 안으로 들어가는 것 같다. 그러니 단순히 차크라만이라도 열어주는 것이 좋은지 아니면 이도 하지 않는 것이 좋은지 아직은 잘 모르겠다.

본인이 늘 살피지 않아도 되고 또 스스로 잘 관리해 갈 수 있다면 본인은 출신시켜주는 것 어렵지 않게 시켜줄 것이다. 그런데 이런 위험이 도사리고 있는데…. 그리고 위험을 해소할 방법을 찾지 못한 상태에서 출신시켜주는 것은 당분간 접어야 할 것 같다.

지금 출신된 분들 살피기도 쉽지 않은 만큼 참으로 조심스럽다.
2011. 4. 21 14:04

*지금은 에너지 2~3번 받으면 출신이 되는 것 같고 또 이제는 내가 없어도 에너지 많이 받은 자녀들에게 에너지를 받아도 출신이 되고 또 산 65-1 영혼이 정화되는 곳에 있어도 출신이 되는 것 같으니 굳이 출신을 시키려고 할 필요가 있는가 싶다. (2024. 06. 22.)

2011. 04. 22 16:23 −27 단계에서 플러스 56 단계, 57 단계..... 135 단계, 136 단계가 있음을 말하다
2011. 04. 23 12:23 확철대오 깨달음의 증득은 본성의 자등명으로 회귀하기 위한 시작이며 첫걸음에 지나지 않는다고 말하다.
2011. 04. 23 17:08 출신 후 죽음
2011. 04. 24 자화상, 본성의 자등명 기운을 받도록 본성의 자등명을 그리다
2011. 04. 25 출신된 사람이 조심해야 할 것을 말하다
2011. 04. 30 09:43 수행 정진하여 올라선 경지의 단계와 출신하여 올라선 경지의 단계

2011. 05. 03 <기(氣) 회로도(回路圖) 도감> 출간

2001. 05. 07 14:46 천상의 부부와 윤회의 굴레로부터의 벗어남
2011. 05. 09 출신 시켜주다
2011. 05. 13 08:37 이래서 수행 경지 단계가 올라가지 못하는 것이다 (영적수행 경지의 단계를 높이려면 이와 같이 해야 한다.)
2011. 05. 14 10:29 인간의 탈 안에 있는 그대는 지금 어느 단계의 삶을 사는가?
2011. 05. 14 13:25 기(氣) 회로도(回路圖)란 무엇인가요?
2011. 05. 15 1 00번째 모임에 참석한 분들을 살펴보니 99번째 모임에 참석한 분들에게 심장신경총을 연결한 사람으로부터 심장신경총이 열림으로 업(식)덩어리가 마음부분으로 나와 있는 것을 보다
2011. 05. 19 10:55 출신(出神)되는 곳을 명신(命神)이라 명명하여 이름한다.
(백회(百會)와 정수리, 명신(命神:정수리)

출신(出神)되는 곳을
명신(命神)이라 명명하여 이름한다

백회(百會)와 정수리, 명신(命神:정수리)

백회(百會)는 많은 혈들이 모여서 있어서 백회라고 한다. 백회가 곧 정수리가 아니다. 그럼에도 많은 대부분의 사람들이 백회가 곧

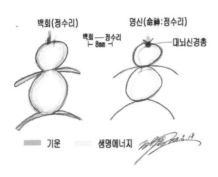

정수리라고 생각한다. 또 그렇게 알고 있다. 본인 역시도 출신(出神)이 되기 전까지는 백회가 정수리가 곧 백회인지 알았다가 출신을 할 때 백회와 정수리가 다르다는 것을 알았다.

백회와 정수리가 다르다는 것을 알고 다르다는 것을 말해주어도 믿지는 않는다. 그리고 백회 열림과 정수리 열림에 대하여 설명을 해주면 마치 백회 열림과 정수리 열림을 동일시하여 받아드리고 정수리 열림으로 인한 출신을 말하는데 백회 열림으로 인하여 들어오는 기운에 대하여 이야기를 하는 것으로 알거나 또는 그렇게 받아드리니 답답할 뿐이다.

백회는 여러 혈들이 모인 자리로 백회가 열리면 기운이 들어온다. 자기 자신 밖에 있는 몸 밖의 기운이 들어온다. 이렇게 들어오는 기운을 하늘 기운, 허공 기운이 들어온다. 정수리는 다르다고 생각한다. 정수리는 생명과 직결되어 있고 또 생명이라고 할 수 있는 신(神)이 출입하는 곳이기도 하다.

그래서 대뇌 신경총 위에 있는 곳을 본인이 볼 때 정수리가 맞지만, 백회와 정수리를 동일시하는 많은 분들이 백회 열림과 정수리 열림에 대하여 동일시하는 것을 달리하기 위해서, 육체 안의 생명(生命)과 신(神)과 관계된 곳이라 하여 명신(命神)이라 명명해 이름한다. 명신(命神)의 위치는 백회로부터 머리 뒤쪽으로 8mm에 위치해 있다.

이것으로 볼 때 백회라고 할 때 백회는 정수리 부분의 백회이거나 또는 정수리를 직접 시술할 수 없으니 정수리의 침자리가 백회가 아닌가 하는 생각이 드는데, 이쪽의 공부를 하지 않아서 맞는지는 확실히 모르겠다.

그러나 분명한 것은 백회와 정수리의 위치가 다르다. 백회가 앞쪽에 있다면 정수리는 뒤쪽에 있으며 백회와 정수리 사이는 약8mm 간격이 있는 것 아닌가 싶다.

백회와 정수리를 똑같이 보시는 분들을 위하여 대뇌 신경총이 있는 바로 머리 위쪽을 명신(命神)이라 이름한다. 백회란 정수리는 천지기운을 빨아 들어 육체란 전신으로 정기를 흘러 기혈을 순환시켜 주는 것이라면 명신(命神)은 생명과 직결된 천지 기운 속 생명에너지가 명신(命神:정수리)으로 들어가서 육체란 몸통 안에 있는 생명(生命)과 신(神)이 살아 있도록 육체 안의 생명과 신(神)을 순환시켜 주는 것이다.

육체를 위해서는 백회가 열려야 열린 백회를 통하여 자기 자신의 몸 밖의 천지 기운 즉 허공의 기운이 몸 안으로 들어와 몸이라고 하는 육체가 원만하게 기(氣) 순환되도록 하며 기가 몸통 안으로 들어와야 한다.

육체란 몸통 안에 있는 생명과 신(神)이란 육체 안에 있는 것을 위해서는 명신(命神:정수리)을 통하여 생명에너지가 들어와야 하되, 만약에 명신(命神:정수리)으로 생명에너지가 들어오지 못할 경우 천지기운이고 허공 기운이라고 하는 기(氣)가 육체란 몸통 속으로 들어와서는 단전에 기(氣)가 쌓이면서 기(氣) 속에 한데 어우러져 있는 기(氣)에너지, 생명에너지, 신성에너지가 각기 저마다 분리되어 떨어지면서 기에너지는 하단전에 쌓이고 생명에너지는 중단전에 쌓이고 그 중 신성에너지는 머리로 가서 머리의 신(神)을 밝힌다.

그림에서 보는 것과 같이 백회는 육체를 위한 기(氣)가 들어와서 온몸이라고 하는 육체와 육체 안에 있는 생명이라는 것에 영향을 주고 육체 속에 기가 원만하게 순환되도록 하며 육체 내의 기운을 강하게 하지만, 명신(命神:정수리)은 육체 안에 있는 것의 생명과 신(神)에만 영향을 주어서 육체 안에 생명을 강하게 한다.

육체 안 저마다 나라고 하는 생명은 육체를 가지고 살아서는 백회를 통하여 혼(魂)이라고 하는 현재의식이 나올 수 있을지언정 생명이라고 하는 영(靈)은 몸 밖으로 나오지 못하지만, 명신(命神:정수리)이 열림으로 인하여 육체 안에 있는 생명이라고 하는 영(靈)이 몸 밖으로 나올 수 있는데 이를 출신(出神)이라고 한다.

이와 같이 백회에서 혼이 나오니 혼이 육체 밖으로 나오는 것을 유체이탈이라 하고, 명신(命神:정수리)으로 신(神)이 나오는 것을 두고 출신(出神)이라 한다.

백회 아래쪽에는 대뇌 신경총이 없지만, 명신(命神:정수리) 밑에는 대뇌 신경총이 있다. 그러기 때문에 백회가 열릴 때는 마치 새가 주둥이로 쪼아대는 듯하며 마치 막힌 곳이 뚫리면 열리는 것과 같이 열리지만, 명신(命神:정수리)이 열릴 때는 뚫고 들어가면 대뇌 신경총이 있어서 명신(命神:정수리)을 뚫고 들어가서 대뇌 신경총이 열리도록 해야 한다. 그렇지 않고 단순히 명신(命神:정수리)을 뚫어서 생명에너지가 들어가면 대뇌 신경총이 뚫린 명신(命神:정수리)위로 올라와서는 활짝 피어나서는 자취의 흔적도 없이 사라진다. 대뇌 신경총이 사라진 위로 머리 부분의 신(神)이 몸 밖으로 나온다. 이것을 출신(出神)이라고 한다. 그러므로 출신은 백회에서 되는 것이 아니라 명신(命神:정수리)을 통하여 출신은 이루어진다.

사실 백회와 정수리가 구분되면 출신 되는 곳을 명신(命神:정수리)이라 명명해 이름할 필요가 없으나, 많은 대부분 사람들이 백회가 곧 정수리고 정수리가 곧 백회라 하여 출신되는 곳을 정수리라 말하니, 백회 열림으로 오해하는 사람들이 너무 많아서 출신을 말하는데도 마치 백회 열림의 현상을 말하는 것으로 오해들을 하고 제대로 알아듣지 못하는 것이 너무 안타까워 어떻게 하면 출신되는 곳을 제대로 알릴까 하는 고민 끝에 출신되는 정수리를 명신(命神:정수리)이라 명명하여 이름했다.

백회와 정수리, 명신(命神:정수리)이 확연히 정리가 될 때까지 출신되는 곳에 대하여 분명하게 또 출신에 대한 오해들이 생기지 않도록 하기 위해서 출신되는 곳을 명신(命神:정수리)새로이 이름지어 놓으니, 백화와 정수리가 확연히 구별될 때까지 출신 되는 곳을 명신(命神)이라 이름하라. 2011. 05. 19 10:55

2011. 05. 20 13:02 10 차크라의 이름과 체계류(體繫留)

10차크라를 말한 것에 1차크라 척추기저부를 회음부분에 있음에 **회음부 신경총**, 2차크라 꼬리뼈 부분을 **미려관(尾閭關) 신경총**, 5차크라 명치 밑을 **심와하(心窩下)신경총**, 7차크라 목젖 밑을 **경부하(頸部下) 신경총(神經叢)**, 육체 안에 있는 것과 육체와 신자명(神自明)과 연결 된 곳을 **체계류(體繫留)**라 명명해 이름지다

10차크라의 이름과 체계류(體繫留)

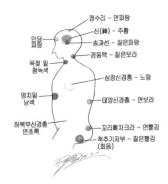

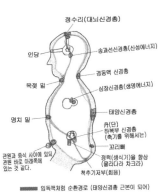

목젖 밑에 있는 신경총이라 하여 목, 목덜미의 경(頸)과 거느려 분류하고 있다는 부(部: 분류)와 그 아래쪽에 있다는 하(下)란 뜻으로 **경부하(頸部下:목 부분 아래 즉 목젖 아래) 신경총(神經叢)**이라 이름하고, **명치 밑에 있는 신경총은 명치가 가슴뼈 아래 한가운데의 오목하게 들어간 곳이니 심(心 : 마음 가슴 심장)와(窩 : 굴, 우묵한 곳) 아래(下)란 뜻으로 심와하(心窩下:명치 밑) 신경총, 꼬리뼈에 있는 신경총 미려관(尾閭關) 신경총**이라 이름하고, 육체와 육체 안에 있는 것(편의상 幽靈이라고 지칭

함)과 연결되어 밧줄, 끈 내지는 생명줄(끈)이 생식기 바로 위쪽에 있는 그곳을, 육체 안의 유령(幽靈)이 일정한 곳을 벗어나지 못하도록 밧줄 같은 것으로 붙잡아 매어 놓으므로 머물러 있는 것과 같고, 또 신자명(神自明)이 일정한 범위를 벗어나지 못하도록 육체에 묶어서 연결하고 있는 만큼 이곳의 이름을 체(體:신체)가 계(繫: 매달다) 류(留머무르다)하게 한다는 뜻을 담아 **체계류(體繫留)**라 명명해 이름한다. 그러므로 **체계류(體繫留)**란 육체 안에 있는 신자명덩어리가 출신되더라고 육체와의 인연이 다할 때까지 육체를 버리고 떠나지 못하게 하는 연결 끈을 묶어 동여맨 것이라 하겠다.

그리고 척추기저부란 말은 척추 아래 부분이란 말이 되니 척주 기저부라고 하면 꼬리뼈를 말하는 것과 같으니. 꼬리뼈에 있는 것을 미려관 신경총이라 했으니. 척추 기저부로 회음부분을 말할 것이 아니라 회음 부분에 뿌리를 내리고 여타 다른 신경총과 같이 있으니. 회음부 신경총이라 해야 덜 어긋나는 것 같아서 척추 기저부를 회음 부분에 신경총을 말하는 것 대신에 회음 부분에 있으니 이를 이름하여 **회음부 신경총**이라 한다.

10개의 차크라(신경총)는

1차크라 **회음부** 신경총

2차크라 **미려관(尾閭關)** 신경총

3차크라 하복부 신경총

4차크라 태양 신경총

5차크라 **심와하(心窩下)** 신경총

6차크라 심장 신경총

7차크라 경부하(頸部下) 신경총(神經叢)

8차크라 경동맥 신경총

9차크라 송과선 신경총

10차크라 대뇌 신경총 이라 이름하고

육체 안에 있는 것과 육체와 신자명(神自明)과 연결된 곳을 **체계류 (體繫留)**라 이름한다.   2011. 05. 20 13:02

2011. 5. 31 18:46 저마다의 육체 속에는 영체, 영혼, 신자명덩어리, 본성 의 자등명이 있음을 밝히고 출신하여 본성의 빛 자등명으로 올라오는 것에 대하여 밝히다

저마다의 육체 속에는 영체, 영혼, 신자명덩어리, 본성의 자등명이 있다

여느 때 같으면 본인의 몸을 관찰하며 글을 썼을 텐데 그렇지 못하다보니 다른 사람들을 보게 되었다. 걸으면서 다른 사람을 보면 머리 부분과 가슴부분이 검게 동그라미를 그리고 있고 몸통 안은 무엇인지 모르지만 3겹으로 보였다. 3겹으로 보이는 저것은 무엇일까? 생각해 보았다.

머리 부분의 신(神)에 많은 의식들이 붙어 있어서 검게 보인 것으로 보면 아마도 머리가 복잡한 분이 아닌가 싶다. 대부분의 사람들이 그렇게 보였다. 가슴부분이 검게 덩어리처럼 보이는 것, 역시도 가슴도 답답하고 또 스트레스로 마음도 복잡한 것은 아니었나 생각이 되면서 업이 무겁다는 생각을 한 것 같다. 본다고 보면 대부분의 사람들이 이와 같다.

몸통 안에 3겹은 육체가 있고 그 안에 영체가 있고 그 안에 영혼이 있고 그 안에 신자명 덩어리를 쌓고 있는 것이 있고 신자명이 있는 것 같다. 신자명 덩어리를 에워싸고 있는 것은 신자명덩어리로 보아도 무방하지 않나 생각한다.

하단전에 기운이 있으면 기운이 보였을 텐데, 단전은 그냥 민민하게 보였다. 사람에 따라 조금의 차이는 있으리라 생각하지만, 대체

적으로 육체를 필요로 하는 기운은 단전에 있어도, 단전의 기운으로 영체가 크게 또는 영혼이 맑고 깨끗하게. 또는 신자명 덩어리가 맑고 깨끗하게 하단전을 통하여 각기 저마다 축적이 되겠지만, 수행을 하지 않는 일반인들의 경우에서 보면 그냥 육체에 얽매여 있거나 좀 더 깨어난 사람이라고 해 봐야 영혼이 아닐까 싶다.

영체에 대해서는 일찍이 산행에서 여러 차례에 걸쳐 이야기했기 때문에 산행에 오신 분들은 알지 않을까 싶지만, 그래도 몇 마디 적는다면 영체는 영혼의 몸으로 육체 안에 있을 수도 있고 또는 육체 밖에까지 있을 수도 있다. 영혼은 육체 안에 있어서 한정적이지만 영체는 가지고 있는 기운이 얼마나 크냐. 또는 많으냐에 따라 영체는 크거나 또는 작다고 하겠다. 그래서 영체는 육체 안에 영혼을 가지고 있으면서도 기운 적으로 육체 밖으로까지 뻗어나와 있는 경우들이 많다. 흔히 수행한다고 하는 사람들이 축기를 많이 한 경우 대부분들이 그렇다.

육체 안의 영체는 그러하되 영체 안에 영혼은 육체의 형태 형상과 똑같아서 육체의 모습대로 그 안에 영혼이 들어가 있다. 이런 관계로 영혼은 현재 자기 자신의 모습과 똑같다고 생각하면 된다. 육체와의 인연이 다하고 육체를 벗고 영혼의 세계에 가서나 또는 교육을 받아서 모습을 바꿀 수 있을 때까지는 그 모습 그대로라고 생각하면 된다.

조각난 본성의 자등명이란 빛에 들어가기 전까지는 몸통 청소는 영혼이란 부분에 있어서 몸통 안에 갖고 있는 것에 대하여 몸통 청소를 했고, 자등명 빛덩어리에 들어가면서부터는 몸통 청소가 순수 기에너지, 순수 생명에너지, 순수 신성에너지로 각기 저마다 맞게 몸통 청소를 했으며 출신하고부터는 신자명덩어리를 에워싸고 있는 부분을 청소한다.

육체라고 하는 부분에 있어서는 백회로 기운이 들어와 영체와 영혼까지 맑고 깨끗하게 기운을 충족시키며 성장시켜가지만, 영혼 안에 있는 신자명덩어리는 백회로 어떻게 하지 못하고 명신(明神: 정수리)로 들어오는 순수 기에너지, 순수 생명에너지, 순수 신성에너지로 신자명덩어리를 에워싸고 있는 것들에게 영향을 미친다.

영향을 미친다고 했으나 육체와 신자명덩어리와 신경총이란 뿌리로 서로 얽혀 달라붙어 있는 각각의 신경총에게 에너지가 전달되는 것을 말한다.

육체와 신자명 덩어리와 서로 달라붙어 있는 것이 신경총이라고 했으나 사실 신자명덩어리는 영혼과 서로 얽혀 영혼에 달라붙어 뿌리를 내리고 있는 것이고, 영혼과 육체는 호흡으로 서로 연결되어 하나가 되어 있다.

이러하기 때문에 백회로는 육체와 영혼에 있어서 기운을 축기하거나 또는 기운에 섞여 있는 순수 기에너지, 순수 생명에너지, 순수 신성에너지를 단전에서 저마다 보내면서 자등명에 달라붙어 있는 업(식)을 느슨하게 하거나 또는 떨어지게 하거나 녹아내리게 하면서 업(식)덩어리 안에 있는 자등명과 소통을 하고, 머리 부분에 신(神) 역시 기운 속에 속한 신성에너지가 전달되면서 소통이 된다. 이러한 관계로 백회로 들어온 기운은 영적인 부분을 충족시켜주고, 영혼이라고 하는 영혼 안에 있는 신자명덩어리에는 단전에 모인 축기된 기운에 들어있는 아주 작은 양이 전달되어 유지되게 할 뿐, 전적으로 신자명덩어리를 어떻게 하지는 못한다. 이러하기에 백회로 축기하면서 신자명덩어리를 어떻게 할 수가 없으니 신경총에 충분하게 공급이 되지 않는 관계로 출신이 되지 않는 것이다. 출신이 되기 위해서 아니 신자명덩어리에 에너지를 충분하게 공급하기 위해서는 명신(明神:정수리)이 뚫리면서 대뇌신경총이 열리고 대뇌신경총이 열린 곳으로 신자명덩어리에 맞는 본성의 에너지가 들어가며 송과선신경총에 전달됨으로 해서 송과선신경총에 쏟아지는 본성의 에너지가 신자명덩어리에 영혼과 연결되도록 하고 있는 신경총의 뿌리에 전달되어 신경총이 열리고 그러면서 뿌리가 사라지게 되고, 심장신경총에 본성의 생명에너지가 공급되면서 업(식)덩어리를 마음 밖으로 나오지 못하게 하고 있는 것이 열리도록 해서 업(식)덩어리가 마음이라고 하는 마음 밖으로 나오게 된다.

이렇게 되었을 때 모든 신경총이 다 열리고 영혼과 얽혀있던 뿌리가 제거되면서부터 명신(정수리)으로 머리 부분의 신이 먼저 나오고 그런 다음 업식덩어리가 나오고 뒤따라 기운이 나오지만, 기운은 나오자마자 사라지고, 업식덩어리는 올라가다가 11단계를 지나 12단계에 올라섬으로 모든 업을 다 떨어내고 자등명 홀로 올라가며 신과 하나가 된다.

육체는 임독맥 및 기경팔맥이 돌며 인체의 기회로도를 그리고, 영혼은 이다, 핑갈라. 및 슈슘나들이 돌며 (더 많은 이름들을 몰라서 이 정도로) 영체의 기회로도를 그리고, 신자명 덩어리 안으로 송과선 신경총, 심장신경총, 하복부신경총과 같은 것이 있고, 신자명덩어리 밖으로 회음부 신경총, 미려관 신경총, 태양 신경총, 경독맥 신경총, 대뇌신경총, 경부하 신경총, 심와하 신경총, 체계류를 통하여 임독맥처럼 육체가 순환하는 것과 같이 신자명덩어리 밖으로 신경총으로 연결하며 순환한다.

이 신자명덩어리 안에는 본성의 자등명이 있고 본성의 자등명 에너지가 있다. 그러므로 신자명은 본성의 자등명으로 회귀하려고 하고 있다. 이러한 관계로 살아 있는 모든 것들 속에는 신자명덩어리가 있어서 회귀본능을 가지고 있다. 다만 업이 무거워 업에 따라 몸을 받을 뿐이다.

믿을지 모르겠지만 육체 안에 영체(靈體)있고 영체 안에 신자명덩어리가 있고 신자명 덩어리 안에 본성의 자등명이 있고 신(神)이 있다. 신자명 덩어리에서 출신되어 신자명이 본성의 자등명에 이르면 신(神)은 사라지고 본성의 자등명만이 있게 된다. 무시이래 본성의 자등명에서 보면 신(神)도 본성의 속성이다.

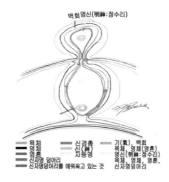

(글을 쓰다 보니 (2)그림을 다 설명해 놓았네요.) 위 글을 읽으며 아래 그림은 살펴보면 이해가 좀 더 쉽지 않을까 싶다.

(1)그림은 흑백으로 보이는 것이라면 (2)그림은 칼라로 육체, 영체, 영혼, 신자명덩어리를 그려놓은 것이고. (3)그림은 육체 그리고, 그 안에 영체 그리고, 그 안에 영혼 그리고, 그 안에 신자명덩어리 그리고, 그 안에 신과 자등명 그리고, 신자명 그리고, 본성의 자등명을 그린 것이다.

이 모든 것들을 조합하면 현재의 그대다. 그대라고 하는 육체가

있고 그 안에 영체가 있고 그 안에 영혼이 있고 영혼 안에 신자
명덩어리 있고 신자명덩어리 안에 신과 본성의 자등명이 있다.

그러므로 맨 처음 본성의 자등명이 있고 그 다음에 신(神)이 생겨
났으며 그 다음에 자등명과 신이 하나로 하나의 영혼이 되고 하나
의 영혼은 하나의 영체를 가지게 되었으며 하나의 영체는 하나의
몸, 육체를 가지고 있는
것이다.

본인이 이렇게 글을 쓰
는 것은 이글을 이해하
라고 글을 쓰는 것이
아니라 먼저 본성의 자
등명에 회귀한 사람으
로 길을 안내해 주기
위해서 글을 쓰는 것이

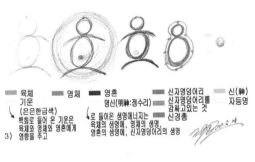

다. 믿고 믿지 않고는 읽는 분에 달린 것이지만. 본인이 직접 출신
을 통하여 올라간 만큼 그리고 또 살펴본 바가 그러하니 믿어서
손해 볼 일은 없을 것이다.

이러한 사실을 저마다의 수행자들은 알고 본성의 자등명에 하나
둘....지속적으로 올라왔으면 좋겠다. 올라가면서 보면 지구가 속한
우주가 아닌 다른 행성이 속한 우주에서는 이미 본성의 자등명과 연
결되어 이루 헤아릴 수 없이 많은 신자명들이 본성의 자등명으로 향
하고 있었다. 지구가 속한 우주에서는 본인이 유일하게 본성의 자등
명에 이르러 지구라는 행성과 본성의 자등명과 연결되어 있다.

깨닫는 것도 중요하고 확철대오하는 것도 중요하다. 그래야 11.
12단계다. 어느 새 13. 14. .....20. 21....27..28(56단계)에 이르고
57. 58....99. 100....135. 136단계에 이를 것인가? 본인 생각으로
는 출신 아니고서는 인간의 수명을 가지고 수행해서 135, 136단
계의 본성의 자등명에 이른다는 것이 상상조차 할 수 없는 일이
아닌가 싶다.

이런 점에서 확철대오의 깨달음에 대하여 밝혀 놓은 것과 같이 출
신에 대해서도 명확하고도 확연하게 밝혀 놓아야 하겠고, 또 출신
된 사람들이 본성의 자등명으로 올라오는 길에 있어서의 어려운

점 및 위험한 것들도 밝혀 놓아야 하지 않는가 생각한다.

본성의 자등명

56단계

(4)

지구가 속한 우주에서는 본인이 56단계에서 출신을 하고 수행 정진 본성의 자등명에 첫 발을 내디뎠다. 출신에 대해서 제대로 알지도 못한 상태에서 가족을 출신시키고, 그 외 다른 분도 출신을 시켰다. 본인이 본성의 자등명에 이르렀음으로 해서 지구가 속한 우주에도 본성의 자등명에 이르는 길이 열렸다. 여타 다른 행성이 속한 우주는 이미 길이 나 있고 많은 신자명들이 본성의 자등명을 향하여 올라오고 있다.

그와 같이 여러 우주 중에 지구가 있는 이곳에서도 많은 신자명들이 본성의 자등명을 향하여 올라왔으면 좋겠다. 본인이 육체를 가지고 있을 때뿐만이 아니라 본인이 육체와의 인연을 다하고 나서도 끊임없이 지구가 속한 우주에서 신자명들이 본성의 자등명으로 올라오고 올라왔으면 싶다.

그림에서와 같이 지구가 속한 56단계에서 하나 둘...신자명들이 본성의 자등명으로 회귀를 바란다. 이 길을 위하여 본인은 과연 무엇을 해야 하고 또 죽기 전에 무엇을 해야 할지 한편으로 고민이 되기도 한다. 그렇다고 무조건 다 출신시켜 줄 수 없는 일이고, 출신되도록 하는 만트라를 녹음할까 하다가도 멋도 모르고 만트라 듣다가 출신하면 어떻게 하나? 여러 문제점들이 많으니. 지금은 어떻게 하는 것이 좋은지 잘 모르겠다.

지금은 시험 중이다. 이제 본인이 올라갔고, 또 출신 시켜준 사람의 신자명이 올라오고 있다. 시험이 완전히 끝나야 어떤 결과물이 나올 텐데, 56단계를 벗어나는 데까지 위험 요소도 있고, 56단계를 벗어나 신자명이 시드는 경우도 있다. 누군가 살펴 봐주지 않으면 안 되는 상황이다. 그런 관계로 더 많은 연구와 관찰이 필요한 부분이다.

지구가 속한 우주에서의 56단계에서는 (4)그림과 같이 올라가지만 조금만 올라가면 다른 행성이 속한 우주의 56단계에서 저마다 신

자명들이 본성의 자등명으로 올라오고 있다. 무수히 많은 신자명

들이.... 지구가 속한 우주에서도 본인이 이미 길을 내놓은 만큼 앞으로 더욱 더 많은 신자명들이 본성의 자등명으로 회귀할 수 있도록 해야 할 텐데, 어떻게 하는 것이 좋은지를 모르겠다.

어느 분의 경우 출신시켜드려 더 높은 단계로 오도록 하고자 하며 우주에게 정보를 물으면 "출신을 시키지 마라"고 한다. 몇 번이나 해 보았지만 출신시키면 안 된다고 하니 그 이유가 무엇인지 모르겠다. 이러한 이유들도 알아야 원인이나 이유를 제거하도록 해서 출신을 시켜서 본인이 살아 있는 동안이라도 더 많은 신자명들이 본성의 자등명으로 회귀해야 할 텐데...길이 막혀 있다. 그렇다고 잘못되게 할 수도 없는 노릇이고...한편으로 생각하면 막막하다.

손을 대지 않아도 의식만으로 출신을 시킬 수도 있는데, 의념 함으로 해서, 본인은 할 수 있는데 준비들이 되어 있지 않으니 이것을 어떻게 해야 할까? 본인이 가르쳐서 될 일인가? 아니면 당사자들이 가져야 할 그릇 내지는 마음 내지는 행위에 있는 것인가?

이런 부분에 있어서 고민되는 부분이기도 하다.

본인은 지구가 속한 우주가 영적으로 깨어나 여타 다른 행성이 속한 우주와 같이 영적으로 모두 다 깨어났으면 좋겠고, 많은 지구의 신자명들이 본성의 자등명을 향하여 올라왔으면 좋겠다.

이제부터 시작이다. 아니 이미 시작되었다. 본인이 ...어떻게 많은 신자명들이 본성의 자등명으로 회귀하도록 할 것인가? 고민이다.
2011. 5. 31 18:46

2011. 06. 01 04:41 여기에 깨달음 있다.

2011. 06.01. 15:37 빛알갱이들의 존재?

2011. 06. 02. 12:33 자등명이 커진다?

깨달음 수행과 출신 수행은 한자리에서 이뤄질 수도 있지 않을까요?

깨달음의 수행과 출신수행에 대해서 알기 위해서는 하나하나를 확연히 알아야 할 것입니다.

깨달음의 수행은 어떤 수행입니까? 깨달음의 수행을 알기 위해서는 깨달음이 무엇인지 알아야 할 것입니다. 그래야 깨닫기 위해서 수행하는 것에 대해서 알 수 있지 않겠습니까?

깨달음을 증득하기 위해서 수행한다고 많은 수행자들이 수행하면서도 정작 깨달음의 수행을 하는 것이 아니라 헛짓거리들을 하고 있지요? 수행하면서 어찌 깨달음의 수행을 한다고 수행하면서 헛짓거리의 수행을 하고 있겠는지요? 그것은 깨달음이 무엇인지를 모르고 그냥 수행하면 된다고 생각하기 때문이고, 또 누구 하나 제대로 깨달음에 대하여 길을 바르게 안내해 준 사람이 없기 때문이고, 또 수행하기 전에 어떤 것이 깨달음이고 어떻게 해야 깨닫게 되는지에 대하여 알지도 못한 채, 생활이, 현실이, 육체가, 정신이, 마음이...고통스럽고 괴롭다 보니 걸림과 장애의 고통과 괴로움으로부터 벗어나기 위해서 수행 아닌 수행을 시작하다 보니 깨달음에 대해서 알아볼 사이도 없이 자연스럽게 접하여 수행하다 보니 모르는 것이 당연한 것이 아닌가 합니다.

그렇게 수행을 시작했기에 그런 것들을 해결해 줄 것만 같은 곳이나 사람을 찾아서 수행을 시작하다보니 깨달음과는 거리가 있는 것들을 하게 되고, 그것이 마치 깨달음으로 향한 수행으로 착각을 하게 되지요. 이런 경우 이런 사람들에게 깨달음에 대하여 자세하게 잘 알려주어도 이미 어느 정도 세뇌가 되어서는 자신들이 하고 있는 것이 더 옳다고 생각하고 수행 아닌 수행들을 하니 안타깝지만 어쩔 수 없는 일이지요.

깨달음의 정의를 어디에 두고 말하느냐 또는 추구하며 구하고자

수행하느냐의 문제라 하겠습니다. 무엇이 깨달음입니까? 조그마한 자각(自覺)도 깨달음입니다. 그렇다 보니 조그마한 자각을 하고서는 깨달았다고 하는 사람들 넘쳐나지요. 또는 깨달음이 무엇인지 모르다보니 어느 정도 조금 큰 자각을 하고서는 작은 자각이 아니라 큰 자각이다 보니 깨달았다고 하는 분들도 있고요.

무엇이 깨달음입니까? 이것부터 정의가 바로 서야 할 것입니다. 그리고 깨달음의 자각은 어디서 합니까?

누누이 말씀드린 것과 같이 확철대오의 깨달음은 나라고 하는 자성경계란 알이 깨지는 것을 확철대오의 깨달음이라 했습니다. 나라고 하는 자성경계란 알이 깨졌을 때 안팎 없이 하나가 된다고 했습니다. 이것이 확철대오의 깨달음이라고 했습니다. 깨달았을 때 어디서 인식하고 압니까? 무의식도 아니고 잠재의식도 아닙니다. 현재의식에서 깨달음을 증득한 것을 의식하고 인식하고 아는 것입니다. 현재의식에서 확철대오의 깨달음을 증득한 것을 안다고 해서 무의식 잠재의식의 업이 아는 것이 아니라 업이 있고 없고, 떠나 있게 되고, 업은 나라고 하는 자성경계란 알 속에 갇혀 있다가 허공에 흩어져 있을 뿐입니다. 업을 다한 것이 아니라 업이 있고 없고 떠나 있게 되고 업은 그저 흩어져 있을 뿐이어서 집착하면 또다시 달라붙습니다.

깨달음의 수행은 이러한데, 출신(出神)은 어떠합니까?

명신(明神:정수리)이 뚫리고, 육체에 뿌리 내리고 붙어 있던 경동맥 신경총이 떨어지고, 육체에 뿌리 내리고 붙어 있던 태양신경총이 떨어지고, 육체에 뿌리내리고 붙어 있던 미려관신경총이 떨어지고, 육체에 뿌리내리고 붙어 있던 회음부신경총이 떨어지고, 육체에 뿌리내리고 붙어 있던 경부하신경총이 떨어지고, 육체에 뿌리내리고 붙어 있던 심와하신경총이 떨어지고, 대뇌신경총이 명신(정수리)으로 나가면서 열릴 때 대뇌신경총이 열리는 곳으로 머리 부분에 있던 신(神)이 나가고 뒤 이어 업(식)덩어리가 나가고, 그 다음에 단전에 기운이 나가는데 이때 체계류에 육체와 신자명덩어리가 연결되어 끼워져 있는 것이 빠지고 빠지면서 체계류에 묶여있던 생명줄이 풀리면서 신자명덩어리가 명신(정수리)으로 나갑니다. 이것이 출신(出神)입니다.

스스로 출신을 하기 위해서는 출신수행이 되어야 하겠지요? 출신이 위와 같이 이루어지는데 위와 같이 출신이 되기 위해서는 어떤 수행이 필요하겠는지요? 신경총이 열려서 육체와 연결된 신경총의 뿌리가 없어지도록 하는 것이며 신경총의 뿌리들이 제거되도록 신경총이 열려야 하며 또한 명신(정수리)이 열려야 하겠으며 또한 체계류를 볼 수 있는 눈이 있어야 체계류를 떼어내고 출신이 되도록 하겠지요.

신자명덩어리체가 뿌리를 내리고 붙어 있는 것이니 뿌리가 붙어 있는 것을 떼어지도록 하기 위해서는 그만한 에너지가 필요하겠지요. 본인이 생각하건데 본인은 몰랐어도 수행하며 자연스럽게 열린 것이 아닌가 합니다. 이렇게 볼 때 깨달음의 수행과 본성으로의 자등명 수행이 자연스럽게 신경총이 열리도록 하는 수행이 아닌가 합니다. 그런 만큼 스스로 출신하기 위해서는 우선 깨달음을 증득해야 할 것이며 그런 다음 자등명이 되기 위한 수행을 해야 한다고 생각합니다. 본인의 수행 연보를 보면 알 수 있듯이 그렇게 수행하다가 어느 날 본인도 모르게 운전 중에 출신한 것이 아니겠는지요?

깨달음의 수행이 아닌 단순히 출신하기 위한 수행이라면 이미 사람으로 태어났으면 출신할 수 있는 조건을 다 갖추었고 출신되었을 때의 문제점만을 가지고 있다고 하겠지요. 그런 만큼 출신 후의 문제점이 아무 문제가 없다면 출신하기 위해서 신자명덩어리체와 육체와 붙어 있도록 하는 신경총을 떼어내고 명신(정수리)으로 신(神)을 잡아 올리면 나온다고 하겠지요, 의식적으로… 신이 올라왔는데 업(식)덩어리가 무거워 올라오지 못하면 이 역시도 명신(정수리)으로 빼내면 되고, 그런 연후 체계류를 떼어내서 생명줄이 풀리도록 하면 된다고 하겠습니다.

스스로 출신한 사람이 볼 때 출신은 간단하다고 하겠습니다. 깨달음을 증득한 사람이 깨달음은 마치 손바닥을 뒤집거나 얼굴 만지는 것보다 쉽다고 하는 것과 같이 쉽게 출신을 말할 것입니다. 그러기에 본인이 출신하고 얼마 되지 않아서 출신의 문제점에 대해서 모를 때, 가족 내자 아이들 모두 다 출신을 시켰답니다. 이때 기운나누기를 한 것도 아니고 그냥 옆에서 의념하며 의념으로 몸

속에 들어가서 출신을 시켰답니다.

손을 데고 출신 시킨 사람은 파미님 외에 다른 분들은 손을 데지 않고 모두 다 출신시켰습니다. 이와 같이 수행을 전혀 하지 않은 사람도 출신이 되는 만큼 출신의 방법만 알면 그리고 출신시킬 수 있는 에너지만 있으면 출신을 얼마든지 시킬 수 있고 또 출신될 수 있다는 것입니다. 문제는 출신 후가 문제겠지요.

그런 만큼 출신 수행이란 것이 따로 있는 것이 아니라 육체와 신자명덩어리체와 붙어 있는 신경총과 체계류 그리고 명신(정수리)을 뚫을 수 있는 충분한 에너지와 의식과 의념의 힘이 있으면 가능한 것이 아닌가 합니다.

이렇게 볼 때 깨달음의 수행과 출신의 수행은 다르면서도 같고 같으면서도 다르다 하겠지요. 깨달음의 수행은 자기 자신이라고 하는 알을 깨는 것이라면 출신의 수행은 나라고 하는 것을 몸통 안에서 빠져나오도록 하는 것이라 하겠지요. 스스로 자기 자신이 출신하기 위해서는 깨달음 뒤 또는 깨닫기 전에 출신될 수 있도록 신경총 및 체계류 그리고 명신(정수리)이 열리면 출신된다고 하겠습니다.

출신되었을 때 보는 눈이 있어서 직접 자기 자신이 본다면 그러한지를 알겠지만 모른다면 이 또한 큰 문제가 아닌가 합니다. 그리고 출신되었다 하여 깨달았을 때의 변화되는 현재의식이 변화되는 것이 아니고 또한 현재의식이 인식하는 것이 아니라는 사실입니다.

깨달음은 현재의식이 그러한지를 알고 확연한데, 출신했을 경우에는 전혀 현재의식이 모른다는 것, 그리고 출신하여 신자명이 깨달음 이상의 단계에 갔다 하지라도 전혀 현재의식은 모르고 현재의식은 자기 자신이 인식하고 있는 것만을 안다는 것이 다르답니다.

현실 속에서는 이러합니다. 다만 죽어서 가게 되는 것에 대해서는 죽어보지 않아서 모르겠지만 여러 정황으로 볼 때 신자명이 올라선 단계까지 가게 되는 것 아닌가 하는 생각을 해 볼 뿐입니다.

출신하는데 여러 조건들이 필요했다면 아마도 본인의 내자나 아이들, 군대가 있는 아이까지 출신시켰을까 하는 것입니다. 이것으로 볼 때 사람으로 태어난 이상 출신할 수 있는 조건은 이미 다 갖추었데, 우주가 출신을 승낙하거나 또는 하지 않거나 문제가 아닌가 합니다. 그것은 출신 되었을 때 출신된 사람이 어떻게 하느냐에, 또는 어떻게 될 것인가? 하는 문제가 아닌가 합니다.

아직 이것까지는 잘 모르겠습니다. 왜 출신되면 아니 되는지 그러나 분명한 것은 출신되면 어떤 문제가 크게 생길 것 같으니 출신이 되지 않는 것이라는 생각입니다. 출신될 만하고 출신 받을 만하다면 출신이 되겠지요, 그것이 자신의 의지이든 의지가 아니든 그러나 출신되어서 잘못될 거라면 출신되어서 어떤 문제가 크게될 것 같으면 이는 출신되는 사람뿐만이 아니라 주변 즉 우주에 있어서 좋은 결과를 가져다주지 않기 때문에 출신이 되지 않는 것 아니한 것이 아닌가 하는 생각도 가져봅니다. 2011. 06. 04 09:41

2011. 06. 04 18:13 인연있는 영가분들을 본성의 자등명으로 회귀하도록 하다
2011. 06. 08 05:40 어찌 허공이 될고? 부처가 될고?|
2011. 06. 12 101 번째 모임에 첫 모임 장소에서 본성의 자등명을 끌어다가 모임에 오신 모든 분들의 하단전에 꽂아놓았다. 그리고 출신시켜 놓은 사람들도 역시 본성의 자등명을 끌어다가 하단전에 꽂아놓았다.
2011. 06. 14 07:13 나를 벗기고 버리는 것이 수행이다.
2011. 06. 14 본성의 빛 자등명에도 여러 단계가 있음을 밝히다
2011. 06. 14 13:12 135 단계 힘과 기운이 차오며 원상태로 활기 충만해 오는데…. 저기는 또 어디인가?
2011. 06. 18 출신(出神)시킨 사람의 신자명(神自明)이 처음으로 본성의 빛 자등명에 올라오다
2011. 06. 22 07:21 질문 속에서 해답을 얻어내라.
2011. 06. 23 07:46 수행을 일취월장 이루고 싶다면 인연을 저버리지 마라.
2011. 06. 25 06:58 이와 같이 하니 더 빠르네
2011. 06. 25 08:28 본성의 빛 자등명에 이르고자 하는 수행자에게
2011. 06. 25. 11:18 출신(出神)시켜주기

본성의 빛 자등명에 이르고자 하는 수행자를 위하여 글을 쓰고, 출신(出神)하는 방법과 출신시켜주는 방법에 대하여 말하다

출신(出神)시켜주기

우선 먼저 다른 사람을 출신(出神)시켜주기 위해서는 볼 수 있는 눈을 가져야 한다. 어떤 것을 볼 수 있는 눈인가 하면 그것은 명신(明神:정수리)을 보고 그 곳을 뚫어줄 수 있는 눈과 힘이 있어야 한다. 꼭 손을 데지 않아도 의식이나 마음으로 명신(明神:정수리)을 보고 뚫어줄 수 있어야 출신을 시켜줄 수 있다. 백회를 많은 사람들이 정수리라고 하는데 백회와는 다르다. 백회는 정수리보다 앞에 있고 정수리는 백회보다 뒤에 있다. 정수리라고 하니 백회로 받아들이는 사람들이 너무 많아서 부득이 명신(明神:정수리)이라 했지만, 엄밀히 말하면 정수리를 말하는 것이다.

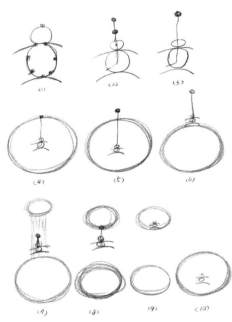

백회와 정수리가 다른데 백회와 정수리가 같다고 생각하거나 말하거나 알고 있는 사람들을 위하여 구분해 알려주기 위해서 명신(明神)이라고 한 것뿐이다.

명신(明神:정수리)을 뚫는 것은 백회와 같지만, 백회를 뚫는 것은 영혼의 문을 뚫는 것이라면 명신(明神:정수리)을 뚫는 것은 출신(出神)을 하게 하기 위해서 뚫어주는 것이다.

명신(明神:정수리)을 보는 눈을 가지고 명신(明神:정수리)을 뚫어줄 수 있는 힘이 있는 사람은 이제 몸통에 신자명(神自明)덩어리체(體)와 영혼과 육체를 연결하고 있는 신경총을 볼 수 있고 떼어낼 수 있는 눈과 힘을 가지고 있어야 한다. 신자명덩어리체 안에 있는 송과선 신경총, 심장 신경총, 하복부 신경총은 출신과 아무 상관이 없다., 송과선 신경총, 심장 신경총, 하복부 신경총은 영혼과 신자명덩어리체를 연결하고 있는 대뇌 신경총, 경동맥 신경총, 태양 신경총, 미려관 신경총, 회음부 신경총, 경부하 신경총, 심와하 신경총이 각성되어 열리도록 하는 역할을 한다, 그러므로 출신시키는 데는 대뇌 신경총, 경동맥 신경총, 태양 신경총, 미려관 신경총, 회음부 신경총, 경부하 신경총, 심와하 신경총을 각성시켜서 익어져 영체와 육체와 붙어 있는 뿌리가 떨어지도록 하면 된다.

그러므로 육체 안에서 출신이 되게 하기 위해서는 육체와 영혼과 신자명덩어리체가 뿌리내리고 서로 붙어 있도록 하고 있는 대뇌 신경총, 경동맥 신경총, 태양 신경총, 미려관 신경총, 회음부 신경총, 경부하 신경총, 심와하 신경총을 볼 수 있고 이것을 영혼과 육체와 함께 뿌리내리고 붙어 있는 것을 떼어낼 수 있는 눈과 힘을 가지고 있으면 대뇌 신경총부터 하나하나 경동맥 신경총, 태양 신경총, 미려관 신경총, 회음부 신경총, 경부하 신경총, 심와하 신경총을 영혼과 육체로부터 떼어내고 그런 다음 단전 아래쪽에 있는 체계류를 떼어내고 명신(정수리)으로 신자명덩어리체를 잡아 올리면 된다.

그러면 대뇌신경총이 올라오고 이어서 머리 부분에 있는 신(神)이 올라오고 뒤이어 업(식)덩어리가 올라오고 단전에 기운이 올라온다. 이렇게 올라오는 것을 보고 업(식)덩어리에 에너지를 보내서 업식이 떨어지고 자등명이 신(神)으로 올라가도록 해야 한다.

이렇게 해줌으로써 출신(出身)이 되는 것이다. 인간은 수행을 하던 하지 않던 이미 머리 부분으로 신(神)이 올라와 있다. 이것으로 볼 때 인간으로 태어난 이상 양신(養神)은 되어 있는 것은 아닌가 싶다. 이렇게 출신시키기까지 말하는 것을 볼 수 있는 눈과 힘, 심법을 활용할 수 있는 힘이 있어야 한다. 그림(1),(2),(3)에 해당한다. 가까이 있어서 손을 데던 멀리 있어서 손을 데지 않던 위와 같은 것을 행할 수 있어야 하며, 또한 수행이 되었던 되지 않았던 출신 되면서 빠져나오는 신(神), 정(精), 기(氣)가 모두 다 빠져나오고도 육체와 빠져나온 것과 달라붙어 있는 경우들이 많이 있는데, 이때 이러한 것을 보고 육체와 붙어 있는 것을 깔끔하게 떼어낼 수 있어야 한다.

모르는 사람은 떨어져서는 전혀 할 수 없으며 옆에 가까이 있어야 손을 데든 데지 않든 할 수 있으며, 잘 아는 사람은 가까이 있던 멀리 떨어져 있던 얼마든지 보면서 출신을 시킬 수 있다.

육체에서 출신이 되어 신(神)과 자등명이 하나가 되면 그때부터 육체를 가지고 육체 안의 신자명덩어리체가 올라오게 되는데 이때 잘못하면 육체와 신자명과 연결된 생명줄이 잘못될 수 있음이 많은 만큼 잘못되지 않도록 이것들을 볼 수 있는 눈과 잘못되지 않도록 해줄 수 있는 힘이 있어야 한다.

출신된 상태에서 신(神)이 올라갈 수 있는 데까지 올라가고 뒤이어 업(식)덩어리가 올라가는 과정에서 11단계에서 업(식)이 모두 다 떨어지고 자등명만이 신(神)이 있는 곳까지 올라가서 신과 자등명이 하나 되었을 때 이를 살펴보면 육체의 신자명덩어리체와 신자명과는 10단계의 차이가 있는 것 같다.

이와 같이 출신이 된 상태에서 육체 안의 신자명덩어리체가 경지의 단계를 한 계단씩 오르면 신자명도 이에 따라 한 단계씩 올라간다. 육체의 신자명덩어리체가 18단계가 되면 신자명은 56단계에 들어있게 되는데, 이때 신자명이 56단계에서 57단계로 올라오는 길을 바르게 올라오지 않으면 56단계 안에서 어느 쪽으로든 신자명이 뻗어 나가서 잘못될 수 있는 만큼 여느 때 보다 더 신경을 써서 56단계를 뚫고 57단계 58단계로 나오도록 신자명을 이끌어야 한다. 그러므로 육체의 신자명덩어리체가 17. 18. 19. 20단계가 되면 잘못되지 않도록 늘 살피며 바르게 올라오도록 해야 한다. 그런 만큼 멀리 떨어져 있어도 이러한 것들을 살펴볼 수 있는 눈과 바르게 오도록 길을 이끌 수 있는 힘이 있어야 한다. (이러한 관계로 잘 아는 사람이 아니면 해주지 않는 것이 좋다. 멀리 떨어져 있어도 언제든지 보려고 하면 볼 수 있고 관하여 살펴보려고 하면 살펴볼 수 있는 사람이어야 한다.) 조금 늦는다 싶으면 56단계를 벗어나지 못하고 56단계 안에서 돌아가는 만큼 잘못되어 57단계로 오르지 못하고 56단계 안을 돌아도 이를 보고 57단계를 올리려면 체계류를 보고 생명줄을 감아서 육체의 신자명덩어리체와 신자명과 10단계의 차이를 두고 올라오는 생명줄을 감아서 1. 2단계 신자명을 낮추어서 56단계에서 57단계로 바르게 올라오도록 해줘야 한다. 그런 만큼 이것들을 살펴볼 수 있는 눈과 또 바르게 이끌어 낼 수 있는 힘이 있어야 한다. 그림(4), (5)에 해당된다.

이렇게 해서 육체의 신자명덩어리체가 56단계를 벗어나 57단계에 이르게 되면 본성의 빛 자등명으로 곧바로 올라오도록 길을 내주어야 하고, 또한 본성의 자등명으로 올라오는데 에너지가 부족하지 않도록 꾸준하게 에너지가 공급되도록 해야 한다. 이때 에너지는 본성의 자등명을 끌어다가 에너지를 공급해야 하는 만큼 본성의 빛 자등명에 이르러 있어야 하며, 또한 본성의 빛 자등명을 마음대로 끌어다가 쓰고 활용할 수 있는 눈과 힘이 있어야 한다.

지구가 속한 우주란 56단계 안을 벗어나 본성의 자등명으로 올라오는데 있어서도 단계 단계마다 다른 곳으로 빠질 수 있는 만큼 다른 곳으로 빠지는지도 살펴서 본성의 자등명으로 곧바로 올라오도록 해야 한다. 그림(6), (7)에 해당한다.

가끔 보면 올라오다가 신자명이 시들거나 또는 생명줄이 시들을 수도 있는 만큼 출신시켜준 만큼 이것도 살펴서 신자명이 시들거나 생명줄이 시들어서 잘못되지 않게 하는 것도 중요하다. 그뿐만이 아니라 하루속히 올라오도록 출신시킨 사람에게 본성의 자등명을 끌어다주는가 하면 출신된 사람과 인연과 영가들이 출신된 사람과 더불어함께 올라오도록 본성의 자등명에서 출신된 사람 사이에 모든 경지의 단계의 문을 다 열어놓아 주어야 하며 또한 빨리 인연된 이들이 올라와서 출신된 사람이 빨리 올라오도록 해줘야 한다. 그러면서도 바르게 곧바로 올라오는지도 살펴야 한다. 중간에 다른 곳으로 가지 않도록 해야 하기 때문이다.

그러다가 125단계쯤 올라오면 이제는 본성의 자등명을 보고 신자명이 본성의 자등명과 하나가 되는 것을 보고 본성의 자등명에 육체의 신자명덩어리체가 곧바로 올라오는지 살펴주어야 한다. 그림(8)과 (9)에 해당한다.

육체의 신자명덩어리체가 빨리 본성의 자등명으로 올라오게 하는 방법으로는 출신시켜준 사람에게 임독맥, 양 장심, 양 용천을 본성의 자등명과 연결하여 본성의 자등명과 하나가 되어 순환하도록 하고 본성의 자등명에서 출신사람에게 피라미드를 만들어서 피라미드 안에 들어있는 모든 인연된 사람들도 더불어 함께 올라오도록 해놓으면 아주 빨리 올라오는 것 같다. 이 모든 것들은 심법과 의념으로 전지전능한 자등명 마하자등명으로 행하는 것이다.

육체의 신자명덩어리체가 본성의 자등명에 올라섰는가 보고 본성의 자등명에 올라와 본성의 자등명과 하나가 되어서 본성의 자등명으로써 행을 하도록 해야 하며, 또한 육체란 신자명덩어리체가 본성의 자등명으로 있도록 해야 한다. 이 모든 것들을 보고 살피는 힘이 있어야 다른 사람을 출신시켜줄 수 있다. 그렇지 않고서 어느 하나라도 부족한 상태에서 다른 사람을 출신시켰을 경우 잘못될 수 있는 경우들이 너무 많은 만큼 출신을 시켜서는 아니 된다.

단순히 출신시켜 줄 수 있다고 함부로 출신시켜서는 아니 된다. 이런 것을 모두 다 갖추었을 때 다른 사람을 출신시켜서 한 사람이라도 더 본성의 자등명에 이르도록 해야 한다. 한 사람을 출신시켜서 살필 때마다 거기에 소모되는 에너지의 힘은 많이 들어가게 되는 만큼 한 번에 여러 사람을 출신시켜서 자기 자신도 감당하지 못해서는 아니 되는 만큼 한 사람씩 출신을 시키며 출신시켜주는 자기 자신에게 부족한 것을 채워가며 해야 한다.

본인이 보건대 한 사람을 출신시킬 때마다 본성의 자등명에 이르러 140단계에 있는 본인도 힘이 부족하여 몸을 가누기 쉽지 않을 정도다. 그만큼 많은 힘이 든다. 한 사람을 출신시키고 힘이 완전히 보충되었을 때 다른 사람을 출신시킬지언정 많은 사람을 한 번에 출신시키지 마라. 이것은 출신시켜준 사람도 자칫 잘못해서 죽이는 경우가 될 뿐만이 아니라 자기 자신도 죽이는 결과가 되는 만큼, 한 사람씩 출신시키며 에너지를 소비하고 소비한 만큼 다시 보충하여 강하게 해서 강해진 만큼 또 출신시키고, 또 그렇게 해야 한다.

이 모든 것을 볼 수 있는 눈과 힘이 있어야 한다는 것을 잊어서는 아니 될 것이다. 그러나 능력이 되고 힘이 된다면 출신을 시켜서 지구가 속한 우주에서 본성의 자등명에 이르는 사람이나 영가가 많도록 자꾸만 본성의 자등명으로 이끌어야 한다.

이미 모든 눈이 갖춰져 있고 힘이 있는 사람이 있어 이런 사람을 출신시킨다면 더 많은 사람이 혜택을 받을 것이지만, 이런 눈과 이런 힘을 갖춘 사람은 자기 나름대로 대단하다고 설치며 있을 것인즉, 이것도 인연이 되지 않고서는 어려운 일이 아닌가 싶다.

본인이 볼 때 단순히 영안이 열린 것만으로 볼 수 없는 것 같다. 그래도 본다고 생각했던 분을 출신시켜놓고 보니 알아서 곧바로 바르게 가지 못하고 무명을 헤매는 것과 같으니 출신시킬 때의 보는 눈과 힘, 또 출신시켜놓고 보는 눈과 힘, 본성의 자등명에 이르렀을 때 보는 눈과 힘이 모두 다 보는 눈과 힘은 같되 꼭 그렇지만은 아닌 것 같으니. 어느 세월에 이 모두를 갖춘 이가 나타나 출신을 시켜주고 다른 사람을 또 출신시켜주도록 할 수 있을까?

이 맥이 끊어지지 않고 이어지기 위해서 필요한 것인데...이제 시작단계이니 더 많은 세월을 두고 살펴볼 일이 아닌가 싶다. 그때 이런 글을 쓰지 못하지 않을까 싶어서 기록으로 적어본다.

출신하고 본성의 자등명에 이르기까지 약 100일, 본성의 자등명을 연결해 주고 피라미드를 설치해 줌으로써 더 빠른 것도 같은데... 본성의 자등명에 이르러서 어떤 행들을 하며 또 얼마의 수행을 하여 어떤 변화들이 생기는지 더 많이 살펴볼 일이다.

2011. 06. 25. 11:18

2011. 06. 25 출신(出神)시킨 사람이 처음으로 본성의 빛 자등명에 올라오다
2011. 06. 27 07:22 출신(出神)하기

본성의 자등명으로 출신시켜준 사람에게 인체 기회로도를 본성의 자등명과 연결해 놓고 본성의 빛 자등명으로 피라미드를 만들어 주다.

출신(出神)하기

출신을 하려면 일단은 명신(정수리)을 알아야 하겠고, 각 신경총의 위치를 정확하게 알아야 한다. 그리고 자기 자신을 명확하게 볼 수 있어야 하겠으며 또한 본성의 자등명을 믿고 의지할 수 있어야 하겠다.

출신을 하였다 해도 전지전능자등명 마하자등명인 본성의 자등명을 알지 못하거나 믿지 아니하고서는 출신이 되어봐야 죽을 뿐이니, 전지전능자등명 마하자등명인 본성의 자등명을 알아야 하고 또한 이것이 본성으로 회귀하여야 할 곳인지를 확연히 알아야 한다.

본성을 허공이나 공의 성품이나 단순히 성품으로 알고서 출신해서는 얼마 되지 않아서 죽을 수밖에 없다. 이와 같이 알아서는 지구가 속한 우주의 56단계를 벗어날 수 없으며 56단계는 출신하여 바르게 수행 정진하는 사람에 있어서는 얼마지 않아 도달할 수 있는데, 56단계에 도달해서는 어디로 갈 줄을 모르니 그 자리에서 빙빙 돌다가 생명줄이 시들거나 신자명이 56단계를 벗어나지 못하고 56단계 안에서 여러 단계를 휘젓고 다니는 만큼 죽음이 눈앞이다.

이러하기 때문에 적어도 출신하려고 하는 사람은 전지전능자등명 마하자등명이 본성인지 알아야 하고 본성의 자등명 전지전능자등명 마하자등명에 의지하여 올라와야 한다. 그렇지 않고서는 에너지가 고갈되어 죽는다는 것을 잊어서는 아니 된다.

명신(정수리)을 의념하고 심법으로 명신(정수리)을 뚫는다. 그런 다음 의념으로 머릿속 뒤쪽으로 쭉 내려가서 경독맥 신경총을 떼어내고 태양 신경총을 떼어내고 미려관 신경총을 떼어내고 회음부 신경총을 떼어내고, 밑으로 해서 체계류가 있는 곳까지 쭉 훑으며 떼어내며 온다. 그런 다음 머리 앞쪽으로 쭉 훑으며 내려와서는 경부하 신경총을 떼어내고 심와하 신경총을 떼어내고 그런 다음 체계류가 있는 곳까지 쭉 훑고 내려온다. 그런 다음 연결되어 있는 체계류를 떼어낸다.

이렇게 하면 출신이 되게 되는데 그럼에도 출신이 되지 않는 경우가 있는데. 이때는 업장이 그만큼 무거워서 육체 안에서 빠져나오지 못하는 것이니만큼 명신(정수리)을 통하여 의념과 심법으로 육체 안 신자명덩어리체에 있는 것을 손으로 잡아 빼내야 한다. 손으로 잡아 빼내는데도 잘 빠져나오지 않을 경우 신자명덩어리체 아래쪽 회음부 쪽으로 가서 밑에서 위로 밀어올리고 위에서는 명신(정수리)으로 잡아 빼내야 한다.

신(神)이 나오게 하고 그 다음 업(식)덩어리가 나오게 하고 그런 다음 기운덩어리도 나오도록 해야 한다. 그런 다음 육체의 신자명덩어리체에서 빼낸 것이 육체와 달라붙어 있는지 살펴서 육체와 붙어 있지 않고 오롯이 빠져 나와 있도록 해야 한다. 그런 다음 업(식)덩어리를 관하여 살펴서 자등명에 달라붙어 있는 업(식)을 떼어내야 한다.

그러고 나서 이제는 육체 안의 신자명덩어리체를 비워내야 한다. 육체의 신자명덩어리체를 비워내는 과정에서 혹여 잘못하면 육체의 신자명덩어리체에서 신자명이 빠져나온 만큼 비워져 있는 관계로 육체와 영혼 사이에 틈이 생기게 되는데, 이 생긴 틈으로 중음신이 육체를 뚫고 얼마든지 들어올 수 있는 만큼 이 부분을 쉬이 넘겨서는 아니 되는 만큼, 출신되어 육체의 신자명덩어리체 안을 비우면서 때때로 육체 안의 영혼이 자리하던 곳에 자리할 수 있는 영가나 또는 영가들이 이것저것 영적인 것들을 갖다 놓을 수 있는 만큼 이것들을 제거해야 한다.

이렇듯 관하고 살피며 비우고 올라오는 과정에서 신자명이 출신된 만큼 신자명에 해당하는 에너지를 공급받아야 하는 만큼 전지전능자등명 마하자등명인 본성의 자등명을 의념하지 아니하면 아니 된다. 필히 전지전능자등명 마하자등명인 본성의 자등명을 의념하며 의지하며 그것의 에너지를 받으며 올라와야 한다는 것 잊어서는 아니 된다.

출신해서 육체의 신자명덩어리체를 잘 비워내고 또 영가들을 잘 천도하며 전지전능자등명 마하자등명인 본성의 자등명을 믿고 의념하며 의지하여 온다면 특별한 경우는 생기지 않겠지만 그렇지 않을 경우 잘못될 수 있는 경우들이 너무 많으니 이 부분 조심해야 한다.

스스로 출신하기 위해서는 자기 자신을 제대로 바르게 봐야 한다는 것을 잊어서는 아니 된다. 행하는 모든 것들을 보고 살필 수 있어야 한다는 것 또한 잊어서는 아니 된다.

본인은 확철대오하고 법념처에 머물지 않고 대광념처가 있다고 생각하고 대광념처를 말하며 대광념처로 수행 정진해 왔으며 전지전능자등명 마하자등명이란 진언을 만들어 본성의 빛 자등명에 이르려고 수행 정진해 오면서 끝인가 하면 끝이 아니어서 여러 번에 걸쳐 끝을 이야기하면서 본성의 빛 자등명에 올라왔다. 지금도 그 끝을 모르고 본인은 수행을 하고 있다. 적어도 여러 수행자들은 본인이 만들어 놓은 길을 믿고 걸어오면 지금 현재 본인이 이른 곳까지는 올 수 있지 않겠는가?

처음 길을 내기가 어려워서 그렇지 길을 내놓고 이와 같이 오면 된다고 할 때 그대로만 행하며 오면 거의 모든 수행자들이 올 수 있는 것 아니겠는가? 다만 처음 있는 일이어서 믿고 믿지 않는 어리석음 때문에 헤맬 뿐 믿고 의지하여 온다면 누구나 올 수 있게 되는 것 아닌가 싶다.

본성이 전지전능한 자등명으로 가늠할 수 없을 정도로 크고 크다는 것을 알고, 전지전능자등명 마하자등명에 의지하여 오면 된다. 깨달음을 증득하는데 반야바라밀다를 의지하면 되는 것과 같이 본성의 자등명에 이르고자 한다면 전지전능자등명 마하자등명에 의지하여 오면 된다. 2011. 06. 27 07:22

2011. 06. 29 08:03 일반인들의 자등명을 그려보고 수행의 단계에 맞는
        자등명을 그려보았다.
2011. 07. 01 출신(出神)시킨 또 한명이 본성의 빛 자등명에 올라오다
2011. 07. 02 07:21 플러스 단계로 올라오며 자등명이 커지는 것과 같이
        마이너스 단계로 떨어질수록 마찬가지로 자등명이 커진다고 말하다
2011. 07. 06 15:05 본성의 빛 자등명이 얼마만큼 전지전능한 자등명이고
        얼마만큼 큰 자등명인지에 대하여 말하다.
2011. 07. 07 출신(出神)시킨 사람이 본성의 빛 자등명에 올라오다
2011. 07. 08 18:10 육체의 병(病), 걸림과 장애(障碍)에 대하여
2011. 07. 10 102 번째 모임에 참석하신 분들께 본성의 빛 자등명으로 명
        신(정수리)로 해서 회음으로 뚫어주고 본성의 빛 자등명을 꼭지
        점으로 해서 피라미드를 만들어 주고, 본성의 빛 자등명과 인체
        기회로도가 돌아가도록 해주다
2011. 07. 15 12:02 잠재의식 무의식의 체험을 현재의식으로 깨어나게
        하기 위해서는
2011. 07. 22 12:07 가장 빨리 깨어나고 가장 빨리 자각하기 위해서는
        이와 같이 해야 한다.
2011. 07. 23 05:52 몰라서 실수했던 것에 대하여 새롭게 알게 된 진실

본성의 빛 자등명으로 피라미드를 설치해 준 사람과 본성의 빛 자등명에 이른 사람이 수행하는 방법에 대하여 말하다.

2011. 07. 23. 07:28 전지전능자등명 마하자등명을 믿고 의지하며 수행 정진하라.

2011. 07. 24 현재의식, 잠재의식, 무의식의 단계가 각기 서로 다름을 밝히다

2011. 07. 26. 08:58 본성의 빛 자등명이 육체의 몸 안으로 들어오다.

2011. 07. 27 10:37 49 재와 천도재에 대하여 소상히 밝히다

2011. 07. 28 09:46 몸통 속으로 들어온 본성의 빛 자등명을 현재의식화하다

2011. 07. 29 07:56 매일하는 체조와 좌선이지만 오늘은 조금 색달랐다.

2011. 07. 30 17:27 150 단계에서 폭포처럼 본성의 빛 자등명이 몸통으로 쏟아진다.

2011. 07. 30 17:02 본인은 천도할 때 음식물을 전혀 차려놓지 않고 천도합니다

2011. 08. 02 자화상

2011. 08. 03 09:41 그대가 무명의 어둠을 뚫으며 걸어갈 길은 어떤 길인지요?

2011. 08. 03 12:45 본인에게 공부하시는 분들에게 당부합니다.

2011. 08. 04 09:51 기회로도 도감을 나름대로 열심히 보아오신 분들을 위하여

2011. 08. 06 16:47 수행 경지의 단계가 높아갈 때, 출신했을 때 또는 출신해서 본성의 자등명에 이르렀을 때

2011. 08. 06 이런 경우 중음신을 천도하고 기운을 제거하고 녹여야 한다.

2011. 08. 06 빙의, 귀신들림, 몸통 속에 영가가 들어와 있는 경우

2011. 08. 08 18:49 신병(神病 :무병(巫病)이라고 내림굿 받는 많은 사람들이 신병이라고 하기보다는 몸통 속에 영적 존재들을 많이 가지고 있다.

2011. 08. 11 11:32 무의식의 단계에 대하여 밝히다.

2011. 08. 13 15:59 본성의 빛 자등명으로 지구와 56 단계에 피라밋을 설치하다.

2011. 08. 15 15:37 자등명의 밝기를 더하여 간다는 것과 자등명을 넓혀간다는 뜻의 의미는

2011. 08. 15 21:30 전지전능자등명 마하자등명과 전지전능마하자등명의 차이

2011. 08. 15 22:09 현재의식도 본인으로 하여금 변화가 일어남을 살펴 알게 되다.

2011. 8. 17 ~2011. 8 18 그림, 자등명마하(自燈明摩訶) 마하자등명(摩訶自燈明) 마하자등명(摩訶自燈明)아(我) 아(我)자등명마하(自燈明摩訶)을 그리다

2011. 08. 18 07:12 본성의 빛 자등명(自燈明) 있는 그대로 받기

자등명마하(自燈明摩訶) 마하자등명(摩訶自燈明) 마하자등명(摩訶自燈明)아(我) 아(我)자등명마하(自燈明摩訶)

2011. 08. 19 08:45 본성의 빛 자등명이 인체 정(精), 기(氣), 신(神)
　　　　　저마다 작용하는 것 같다.
2011. 8. 21 08:26 그대는 왜 태어났고 무엇을 위해 살아가는지요?
2011. 08. 21 본성의 빛 자등명 진언(眞言)

하단전 아래 정(精), 생식기에 본성의 빛 자등명이 쌓이도록 하는 진언

전지전능(全知全能)극(極)자등명(自燈明)　전지전능(全知全能)마하극(摩訶極)자등명(自燈明)　전지전능(全知全能)극(極)마하자등명(摩訶自燈明)　전지전능(全知全能)마하극(摩訶極)마하자등명(摩訶自燈明)

하단전에 본성의 빛 자등명이 쌓이도록 하는 진언

전지전능(全知全能)초(初)자등명(自燈明)　　전지전능(全知全能)대초(大初)자등명(自燈明)　전지전능(全知全能)극초(極初)자등명(自燈明)　전지전능(全知全能)마하극(摩訶極)초(初)자등명(自燈明)　/
전지전능(全知全能)초(初)마하자등명(摩訶自燈明)　전지전능(全知全能)대초(大初)마하자등명(摩訶自燈明)　전지전능(全知全能)극초(極初)마하자등명(摩訶自燈明)　전지전능(全知全能)마하극(摩訶極)초(初)마하자등명(摩訶自燈明)　/
전지전능(全知全能)자등명　초(初)마하자등명(摩訶自燈明)　전지전능(全知全能)자등명　대초(大初)마하자등명(摩訶自燈明)　전지전능(全知全能)자등명　극초(極初)마하자등명(摩訶自燈明)　전지전능(全知全能)자등명　마하극(摩訶極)초(初)마하자등명(摩訶自燈明)

중단전 가슴부분의 정(精)에 자등명이 커지도록 하는 진언

전지전능(全知全能)초초(初超)자등명(自燈明) 전지전능(全知全能)대초초(大初超)자등명(自燈明) 전지전능(全知全能)극초초(極初超)자등명(自燈明) 전지전능(全知全能)마하극(摩訶極)초초(初超)자등명(自燈明) /

전지전능(全知全能)초초(初超)마하자등명(摩訶自燈明) 전지전능(全知全能)대초초(大初超)마하자등명(摩訶自燈明) 전지전능(全知全能)극초초(極初超)마하자등명(摩訶自燈明) 전지전능(全知全能)마하극(摩訶極)초초(初超)마하자등명(摩訶自燈明) /

전지전능(全知全能)자등명초초(初超)마하자등명(摩訶自燈明) 전지전능(全知全能)자등명대초초(大初超)마하자등명(摩訶自燈明) 전지전능(全知全能)자등명 극초초(極初超)마하자등명(摩訶自燈明) 전지전능(全知全能)자등명 마하극(摩訶極)초초(初超)마하자등명(摩訶自燈明) /

머리 부분의 현재의식을 높이도록 하는 진언

전지전능(全知全能)초초초(初超超)자등명(自燈明) 전지전능(全知全能)대초초초(大初超超)자등명(自燈明) 전지전능(全知全能)극초초초(極初超超)자등명(自燈明) 전지전능(全知全能)마하극(摩訶極)초초초(初超超)자등명(自燈明) /

전지전능(全知全能)초초초(初超超)마하자등명(摩訶自燈明) 전지전능(全知全能)대초초초(大初超超)마하자등명(摩訶自燈明) 전지전능(全知全能)극초초초(極初超超)마하자등명(摩訶自燈明) 전지전능(全知全能)마하극(摩訶極)초초초(初超超)마하자등명(摩訶自燈明) /

전지전능(全知全能)자등명초초초(初超超)마하자등명(摩訶自燈明) 전지전능(全知全能)자등명대초초초(大初超超)마하자등명(摩訶自燈明) 전지전능(全知全能)자등명극초초초(極初超超)마하자등명(摩訶自燈明) 전지전능(全知全能)자등명   마하극(摩訶極)초초초(初超超)마하자등명(摩訶自燈明) /

본성의 빛 자등명(自燈明) 있는 그대로 받기 진언

자등명마하(自燈明摩訶) 마하자등명(摩訶自燈明) 마하자등명(摩訶自燈明)아(我) 아(我)자등명마하(自燈明摩訶) (자등명은 가늠할 수 없이 크고, 가늠할 수 없이 크고 큰 자등명, 마하자등명이 나이고 내가 마하자등명이다.)/

전지전능자등명(全知全能自燈明) 마하자등명(摩訶自燈明) (전지전능한 자등명은 가늠할 수 없이 크고 큰 자등명이다.) /

전지전능자등명(全知全能自燈明)   전지전능(全知全能)극(極)자등명(自燈明) 전지전능(全知全能)마하극(摩訶極)자등명(自燈明) /

전지전능(全知全能)초(初)자등명(自燈明)   지전능(全知全能)대초(大初)자등명(自燈明)   전지전능(全知全能)극초(極初)자등명(自燈明)   전지전능(全知全能)마하극(摩訶極)초(初)자등명(自燈明) /

전지전능(全知全能)초초(初超)자등명(自燈明)   전지전능(全知全能)대초초(大初超)자등명(自燈明)   전지전능(全知全能)극초초(極初超)자등명(自燈明)   전지전능(全知全能)마하극(摩訶極)초초(初超)자등명(自燈明)   /

전지전능(全知全能)초초초(初超超)자등명(自燈明)   전지전능(全知全能)대초초초(大初超超)자등명(自燈明)   전지전능(全知全能)극초초초(極初超超)자등명(自燈明)   전지전능(全知全能)마하극(摩訶極)초초초(初超超)자등명(自燈明) /

전지전능마하자등명(全知全能摩訶自燈明)　전지전능(全知全能)극(極)마
하자등명(摩訶自燈明)　/

전지전능(全知全能)마하극(摩訶極)마하자등명(摩訶自燈明)　/

전지전능(全知全能)초(初)마하자등명(摩訶自燈明)　전지전능(全知全能)
대초(大初)마하자등명(摩訶自燈明)　전지전능(全知全能)극초(極初)마하
자등명(摩訶自燈明)　전지전능(全知全能)마하극(摩訶極)초(初)마하자등
명(摩訶自燈明)　/

전지전능(全知全能)초초(初超)마하자등명(摩訶自燈明)　전지전능(全知
全能)대초초(大初超)마하자등명(摩訶自燈明)　전지전능(全知全能)극초
초(極初超)마하자등명(摩訶自燈明)　전지전능(全知全能)마하극(摩訶極)
초초(初超)마하자등명(摩訶自燈明)　/

전지전능(全知全能)초초초(初超超)마하자등명(摩訶自燈明)　전지전능
(全知全能)대초초초(大初超超)마하자등명(摩訶自燈明)　전지전능(全知全
能)극초초초(極初超超)마하자등명(摩訶自燈明)　전지전능(全知全能)마
하극(摩訶極)초초초(初超超)마하자등명(摩訶自燈明)　/

전지전능(全知全能)자등명마하자등명(全知全能摩訶自燈明)　전지전능
(全知全能)자등명극(極)마하자등명(摩訶自燈明)　전지전능(全知全能)자
등명마하극(摩訶極)마하자등명(摩訶自燈明)　/

전지전능(全知全能)자등명초(初)마하자등명(摩訶自燈明)　전지전능(全
知全能)자등명대초(大初)마하자등명(摩訶自燈明)　전지전능(全知全能)
자등명극초(極初)마하자등명(摩訶自燈明)　전지전능(全知全能)자등명
마하극(摩訶極)초(初)마하자등명(摩訶自燈明)　/

전지전능(全知全能)자등명초초(初超)마하자등명(摩訶自燈明)　전지전
능(全知全能)자등명대초초(大初超)마하자등명(摩訶自燈明)　전지전능
(全知全能)자등명극초초(極初超)마하자등명(摩訶自燈明)　전지전능(全
知全能)자등명마하극(摩訶極)초초(初超)마하자등명(摩訶自燈明)　/

전지전능(全知全能)자등명초초초(初超超)마하자등명(摩訶自燈明) 전지전능(全知全能)자등명 대초초초(大初超超)마하자등명(摩訶自燈明) 전지전능(全知全能)자등명극초초초(極初超超)마하자등명(摩訶自燈明) 전지전능(全知全能)자등명마하극(摩訶極)초초초(初超超)마하자등명(摩訶自燈明) /

본성의 빛 자등명 진언(眞言)

자등명마하(自燈明摩訶) 마하자등명(摩訶自燈明) 마하자등명(摩訶自燈明)아(我) 아(我)자등명마하(自燈明摩訶) (자등명은 가늠할 수 없이 크고, 가늠할 수 없이 크고 큰 자등명, 마하자등명이 나이고 내가 마하자등명이다.) 전지전능자등명(全知全能自燈明) 마하자등명(摩訶自燈明) (전지전능한 자등명은 가늠할 수 없이 크고 큰 자등명이다.) /

전지전능자등명(全知全能自燈明) 전지전능(全知全能)초(初)자등명(自燈明) 전지전능(全知全能)초초(初超)자등명(自燈明) 전지전능(全知全能)초초초(初超超)자등명(摩訶自燈明) /

전지전능(全知全能)대초(大初)자등명(自燈明) 전지전능(全知全能)대초초(大初超)자등명(自燈明) 전지전능(全知全能)대초초초(大初超超)자등명(自燈明) /

전지전능(全知全能)극(極)자등명(自燈明) 전지전능(全知全能)극초(極初)자등명(自燈明) 전지전능(全知全能)극초초(極初超)자등명(自燈明) 전지전능(全知全能)극초초초(極初超超)자등명(自燈明) /

전지전능(全知全能)마하극(摩訶極)자등명(自燈明) 전지전능(全知全能)마하극(摩訶極)초(初)자등명(自燈明) 전지전능(全知全能)마하극(摩訶極)초초(初超)자등명(自燈明) 전지전능(全知全能)마하극(摩訶極)초초초(初超超)자등명(自燈明) /

전지전능(全知全能)마하자등명(摩訶自燈明) 전지전능(全知全能)초(初)
마하자등명(摩訶自燈明) 전지전능(全知全能)초초(初超)마하자등명(摩
訶自燈明) 전지전능(全知全能)초초초(初超超)마하자등명(摩訶自燈明)

전지전능(全知全能)대초(大初)마하자등명(摩訶自燈明) 전지전능(全知
全能)대초초(大初超)마하자등명(摩訶自燈明) 전지전능(全知全能)대초
초초(大初超超)마하자등명(摩訶自燈明) /

전지전능(全知全能)극(極)마하자등명(自燈明) 전지전능(全知全能)극초
(極初)마하자등명(摩訶自燈明) 전지전능(全知全能)극초초(極初超)마하
자등명(摩訶自燈明) 전지전능(全知全能)극초초초(極初超超)마하자등명
(摩訶自燈明) /

전지전능(全知全能)마하극(摩訶極)마하자등명(摩訶自燈明) 전지전능
(全知全能)마하극(摩訶極)초(初)마하자등명(摩訶自燈明) 전지전능(全知
全能)마하극(摩訶極)초초(初超)마하자등명(摩訶自燈明) 전지전능(全知
全能)마하극(摩訶極)초초초(初超超)마하자등명(摩訶自燈明) /

전지전능(全知全能)자등명마하자등명(全知全能摩訶自燈明) 전지전능
(全知全能)자등명극(極)마하자등명(摩訶自燈明) 전지전능(全知全能)자
등명마하극(摩訶極)마하자등명(摩訶自燈明) /
전지전능(全知全能)자등명초(初)마하자등명(摩訶自燈明) 전지전능
(全知全能)자등명대초(大初)마하자등명(摩訶自燈明) 전지전능(全知
全能)자등명극초(極初)마하자등명(摩訶自燈明) /

전지전능(全知全能)자등명 마하극(摩訶極)초(初)마하자등명(摩訶自燈
明) /

전지전능(全知全能)자등명초초(初超)마하자등명(摩訶自燈明) 전지전
능(全知全能)자등명대초초(大初超)마하자등명(摩訶自燈明) 전지전능
(全知全能)자등명극초초(極初超)마하자등명(摩訶自燈明) 전지전능(全
知全能)자등명마하극(摩訶極)초초(初超)마하자등명(摩訶自燈明) /

전지전능(全知全能)자등명초초초(初超超)마하자등명(摩訶自燈明) 전지전능(全知全能)자등명 대초초초(大初超超)마하자등명(摩訶自燈明) 전지전능(全知全能)자등명극초초초(極初超超)마하자등명(摩訶自燈明) 전지전능(全知全能)자등명마하극(摩訶極)초초초(初超超)마하자등명(摩訶自燈明) /

2011. 08. 22 15:28 여기는 또 어디인가?
2011. 08. 23 08:56 자등명 진언을 염하다가 자등명보다 더 넓어진 자등명에 대하여....
2011. 08. 24 08:41 000 자등명
2011. 08. 27 07:27 가식(假植)의 탈을 벗어라. 가식적이어서는 수행할 수 없다.
2011. 08. 27 09:34 가식(假植)은 공부의 소통을 방해하는 요소다.
2011. 08. 27 13:59 백두(白頭)의 빛 자등명
2011. 08. 28 본성의 빛 자등명, 백두의 빛 자등명, 00 의 빛 자등명을 해부해 보다
2011. 08. 28 08:39 원왕(圓王)의 빛 자등명
2011. 08. 29 09:35 금은 보화가 쏟아진다.
2011. 08. 29 본성의 빛, 백두의 빛, 원왕의 빛, 활망의 빛, 몽완의 빛, ... 자등명 있는 그대로 받기
2011. 08. 29 11:49 원왕(圓王)의 빛 자등명을 마구 퍼주고 활망(活網)의 빛 에너지를 받다.
2011. 08. 30 16:17 활망(活網)의 빛 자등명 활망(活網)의 빛 자등명의 진언을 찾다
2011. 08. 30 16:32 몽완(夢完)의 빛 자등명 몽완(夢完)의 빛 자등명 진언을 찾다
2011. 08. 31 18:36 현재의식을 높이는 진언을 찾다

그래서 본성의 빛 자등명과 백두자등명을 합하여 현재의식을 높이는 진언을 만들어 보았다.

본성의 빛 자등명 진언을 만들면서 머리 부분의 현재의식을 높이도록 하는 진언을 만든 후에 백두(白頭)자등명을 올라오면 백두자등명이 현재의식을 강하게 작용한다는 생각이 일어나서 백두자등명을 빠져나온 이후부터 어떻게 하면 빠르고 더 쉽게 현재의식을 높이는 진언을 만들까? 본성의 빛 자등명에서는 마지막부분에서

이루어지지만 백두의 자등명에서는 전체적으로 작용하는 만큼 본성의 빛 자등명보다 백두자등명에서의 작용이 더 강하지 않을까? 그런 생각에 어떻게 하면 현재의식을 높이는 최상의 최적의 진언을 만들까? 고민했었다. 그래서 본성의 빛 자등명과 백두자등명을 합하여 현재의식을 높이는 진언을 만들어 보았다.

현재의식 높이는 진언

전지전능(全知全能) 본성(本性) 초초초(初超超)마하자등명(摩訶自燈明) 전지전능(全知全能)대 초초초(大初超超)마하자등명(摩訶自燈明) 전지전능(全知全能)극초초초(極初超超)마하자등명(摩訶自燈明) 전지전능(全知全能)마하극(摩訶極)초초초(初超超)마하자등명(摩訶自燈明) 전지전능백두(白頭)자등명 마하자등명 전지전능백두(白頭)자등명 백두(白頭)마하자등명 전지전능백두(白頭)자등명 마하자등명 백두(白頭)마하자등명

지금으로써는 이것이 현재의식을 높이는 최상 최고의 진언이 아닌가 싶다. 2011. 08. 31 18:36

2011. 08. 31 그 위 회육각의 빛 자등명에서...3 원 8 각의 빛 자등명까지
2011. 08. 31 회육각의 빛 자등명에서...3 원 8 각의 빛 자등명까지 있는 그대로 100% 에너지 받기
2011. 09. 02 07:02 악업(惡業)과 악연(惡緣)녹이기를 시도해 보다
2011. 09. 02 삼원팔각원의 빛 자등명에서~~~~ 원미완점의 빛 자등명까지
2011. 09. 02 삼원팔각원의 빛 자등명에서~~~~ 원미완점의 빛 자등명까지 있는 그대로 100% 에너지 받기
2011. 09. 02 08:14 악연(惡緣)을 녹여서 흩어지게 하는 자등명이 무엇인지 찾고 찾아보니 46 번째 원원점(圓圓点)의 빛 자등명이 아닌가 싶고, 악업(惡業)을 녹여서 흩어지게 하는 자등명이 무엇인지 찾아보니 47 번째 원점(圓点)의 빛 자등명으로 찾아졌다.

이와 같이 해서 1. 본성의 빛 자등명, 2 백두(白頭)의 빛 자등명,~~54 원완(圓完)의 빛 자등명을 색깔로 그려가면서 밝혀 올라왔다.
55 번째 자등명부터는 색깔로는 그릴 수가 없는 단계인 것 같다.
([깨닫고 싶으냐 그러면 읽어라] 책에 "초창기 뚫고 해부하며 올라온 자등명 세계들"이라고 하며 1~55 번째 색깔로 그려가면서 밝혀 드러낸 자등명들을 책 188 쪽~200 쪽에 상재되어 있다.)

2011. 09. 04 원무한대 1 의 빛 자등명에서서부터~~~원완의 빛 자등명까지 해부
2011. 09. 06 10:33 우리들 저마다 빛의 존재자로 빛이 빛 속에 들 때

우리들 저마다 빛의 존재자로 빛이 빛 속에 들 때

본인은 일찌기 "우리들 모두는 빛의 존재자다. 자등명(自燈明)이란"(2009. 05 01 13:31)이란 글에서 우리들 모두는 저마다 자등명이란 빛의 존재자라고 말을 했었다.
자등명이란 빛의 존재자로 살면서도 업에 가려서 자등명이란 빛의 존재자인지를 모르고 살다가 확철대오하고 업을 다 놓고 업이 있는 곳이 맑고 깨끗해지면서 자등명이란 빛이 드러나야 지만이 빛의 존재자라는 사실을 알게 된다. 즉 확철대오의 깨달음을 증득하고 업을 내려놓음으로 공의 성품이 드러나고 드러난 공의 성품이 맑고 깨끗해져서 자등명이란 빛이 모습을 드러내는 14 단계는 되어야 자등명이란 빛의 존재자라는 사실을 알게 된다. 그 전에는 알 수가 없다. 설령 확철대오의 깨달음을 증득하고 11 단계에 이르고 12, 13 단계에 이르러도 자등명이란 빛이 자기 자신인지를 모르고 오직 공의 성품이 자기 자신의 본성인지 알게 된다. 확철대오의 깨달음을 증득하고 공의 성품이 본성인지 알면서도 지속적으로 수행 정진하여 14 단계에 이르러야 자성경계를 깨고 업이 놓아짐으로 인하여 업이 뭉쳐져 있음으로 혼탁했던 공의 성품이 맑고 깨끗하게 그래서 선명하게 주변이 드러남으로 해서 비로소 빛이 드러나게 되고 드러난 빛이 스스로 등불과 같이 밝게 빛난다는 사실을 알게 되고, 그런 다음 그 빛(자등명)이 자기 자신인지 알게 되고, 그런 다음에야 물질의 본성은 공의 성품이고 생명을 가

지고 있는 생명의 본성은 공의 성품이 아니라 자등명이란 빛이 본성이라는 사실을 알게 된다.

자등명이란 빛이 본성인지 알고 자등명이란 빛의 본성에 이르려고 수행 정진을 하다 보면 14단계에서 15, 16단계에 이르게 되면 빛의 세계인 광계를 만나게 되고, 그럼에도 수행 정진하다 보면 빛의 세계를 지나 더 밝고 환한 세계…. 그러다가 21단계에 올라서면서 빛덩어리를 만나게 된다.

빛덩어리를 만나 그 안을 뚫고 올라서면 21, 22, 23, 24, 중심핵으로 25, 26, 27단계를 뚫고 빛덩어리를 빠져나오면서 28단계에 이르게 된다. 여기까지는 일반적인 수행을 하면서 다른 사람에게 베풀면서 올라오게 된다. 28단계에서 살펴보면 위로 플러스 27단계가 있고 아래로 마이너스 지옥의 27단계가 있으며 그 중간에 0단계란 아수라가 있어서 총합계 56개로 플러스 28단계는 총합이 56단계의 위치라는 사실을 알게 됨으로 해서 28단계를 56단계라는 사실을 알게 된다.

56단계에서 출신(出神)해서 머리의 신(神)이 나가고 뒤따라 가슴 부분에 있던 자등명이란 빛이 나가고 뒤따라 단전에 기가 따라 나가면서 나감과 함께 기는 허공과 하나가 되어 흩어지고, 자등명은 위로 올라가 신(神)과 만남으로 신자명이 되어서 육체에 생명줄이 연결되어 육체 안에 신자명덩어리체를 끌고서 올라간다. 본성의 빛 자등명을 만날 때까지 올라간다. 한 단계 한 단계 밟으며 올라간다. 135단계가 되어서 본성의 빛과 만나게 되고, 135단계에서 본성의 빛 자등명에 들어가게 되고, 본성의 빛 자등명 135단계에서 140단계까지 올라가다가 중심핵을 뚫고 141단계에서부터 150단계 본성의 빛 자등명을 뚫고 나올 때까지 단계가 있다. 150단계를 넘어서야 비로소 본성의 빛 자등명을 빠져나오게 된다.

아래로 내려가서 다시 자기 자신의 빛(자등명)을 키워서 더 넓어진 자등명이란 빛으로 더 높은 단계에 올라서게 되고 더 높은 단계에 올라옴으로 해서 밝고 환한 빛을 만나게 되고 빛을 만나 백두(白頭)의 빛 자등명에 이르게 되고 백두의 빛 자등명에 이르러 또다시 한 단계 한 단계 밝아 올라와야 한다.

백두의 빛 자등명을 뚫고 올라와서는 원왕(圓王)의 빛 자등명을 뚫고 올라와야 한다. 본성의 빛 자등명이 여러 단계가 있었던 것과 같이 백두의 빛 자등명에도 여러 단계가 있어서 백두의 빛 자등명 내부에 있는 여러 단계를 걸쳐 올라와서 백두의 빛 자등명을 벗어나 원완의 빛 자등명을 만나게 되고 원왕의 빛 자등명을 만나서는 원왕의 빛 자등명에 들어가야 하고 들어가서는 원완의 빛 자등명 내부에 있는 단계를 한 단계 한 단계 밟아서 올라가서 원왕의 빛 자등명을 뚫고 올라와야 한다.

원왕의 빛 자등명을 뚫고 올라와서는 활망(活網)의 빛 자등명을 만나야 하고 활망의 빛 자등명을 만나서는 내부로 들어가서 한 단계 한 단계 밝아 뚫으며 올라와야 한다. 활망의 빛을 다 뚫고 올라올 때까지 뚫고 또 뚫어야 한다. 마치 인트라망과 같이 단계가 있는 단계를 뚫고 올라와야 한다. 그렇게 올라와서는 몽완(夢完)의 빛 자등명 내부에 들어가서 한 단계 한 단계 밟으며 뚫고 올라와야 한다.

1. 본성의 빛 자등명 → 2, 백두(白頭)의 빛 자등명 → 3, 원왕(圓王)의 빛 자등명 → 4, 활망(活網)의 빛 자등명 → 5, 몽완(夢完)의 빛 자등명 → 6, 회 6 각(回六覺)의 빛 자등명 → 7, 회 8 각(回八覺)의 빛 자등명 → 8, 연 8 각(蓮八覺)의 빛 자등명 → 9, 염 8 각원(炎八覺圓)의 빛 자등명 → 10, 원 8 각원(圓八覺圓)의 빛 자등명 → 11, 만 8 각원(滿八覺圓)의 빛 → 12, 완각원(完覺圓)의 빛 자등명 → 13, 완원(完圓)의 빛 자등명 → 14, 2 원 8 각(二圓八覺)의 빛 자등명 → 15, 2 원 8 각원(二圓八覺圓)의 빛 자등명 → 16, 3 원 8 각(三圓八覺)의 빛 자등명 → 17, 3 원 8 각원(三圓八覺圓)의 빛 자등명 → 18, 4 원 8 각(四圓八覺)의 빛 자등명 → 19, 4 월 8 각원(四圓八覺圓)의 빛 자등명 → 20, 5 원 8 각(五圓八覺)의 빛 자등명 → 21, 5 원 8 각원(五圓八覺圓)의 빛 자등명 → 22, 6 원 8 각(六圓八覺)의 빛 자등명 → 23, 6 원 8 각원(六圓八覺圓)의 빛 자등

명 → 24, 7 원 8 각(七圓八覺)의 빛 자등명 → 25, 7 원 8 각원(七圓八覺圓)의 빛 자등명 → 26, 8 원 8 각(八圓八覺)의 빛 자등명 → 27, 8 원 8 각원(八圓八覺圓)의 빛 자등명 → 28, 9 원 8 각(九圓八覺)의 빛 자등명 → 29, 9 원 8 각원(九圓八覺圓)의 빛 자등명 → 30, 원해영절(圓奚盈切)의 빛 자등명 → 31, 원해영절원(圓奚盈切圓)의 빛 자등명 → 32, 원미 5 선(圓迷 5 鐥)의 빛 자등명 → 33, 원미 5 점(圓迷五点)의 빛 자등명, → 34, 원미완점(圓迷完点)의 빛 자등명 → 35, 원무한대 1(圓무한대 一)의 빛 자등명 → 36, 원무한대 2(圓무한대二)의 빛 자등명 → 37, 원무한대 3(圓무한대三)의 빛 자등명 → 38, 원무한대 4(圓무한대四)의 빛 자등명 → 39, 원무한대 5(圓무한대五)의 빛 자등명, → 40, 원무한대 6(圓무한대六)의 빛 자등명 → 41, 원무한대 7(圓무한대七)의 빛 자등명 → 42, 원무한 8(圓무한대八)의 빛 자등명, → 43, 원무한대 9(圓무한대九)의 빛 자등명 → 44, 원무한대완(圓무한대完)의 빛 자등명 → 45, 원달팽이점(圓달팽이点)의 빛 자등명 → 46, 원원점(圓圓点)의 빛 자등명 → 47, 원점(圓点)의 빛 자등명 → 48, 점(点)의 빛 자등명 → 49, 그로우점(grow 点)의 빛 자등명 → 50, 점원(点圓)의 빛 자등명 → 51, 점그로우원(点 grow 圓)의 빛 자등명 → 52, 점빅원(点 big 圓)의 빛 자등명 → 53, 원(圓)의 빛 자등명 → 54, 원완(圓完)의 빛 자등명 ....([깨닫고 싶으냐 그러면 읽어라] 책에 "초창기 뚫고 해부하며 올라온 자등명 세계들"이라고 하며 1~55 번째 색깔로 그려가면서 밝혀 드러낸 자등명들을 책 188 쪽~200 쪽에 상재되어 있다.)

이 많은 빛의 자등명을 내부에 들어가서 뚫고 나와서는 또 다른 빛의 자등명을 뚫고 올라와야 한다. 그 끝이 어딘지 모르겠지만 그렇게 올라오고 올라가야 한다.

본인이 저마다의 빛 자등명의 내부를 그려 드러낸 것 역시 저마다의 자등명 내부를 알아야 내부에 있는 단계들마다 밟고 뚫고 올라갈 수 있고 또 따라오는 사람 역시도 따라 올라오도록 그려놓은 것이다.

확철대오 깨달음을 증득하고 자기 자신이 스스로 등불과 같이 빛으로 시방을 비춘다는 것을 안 사실로부터 빛덩어리에 이르고 이르러서는 본성의 빛 자등명에 이르고 뚫고 올라서게 되는 빛이 빛속에 살면서 빛이 빛을 뚫고 더 놓은 단계, 더 높은 자등명이란 빛의 궁극의 자리에 도달하려고 하는 빛의 존재자들이다.

밝힌 것과 같이 우리들 모두는 빛의 존재자들로 빛의 궁극의 자리에 도달하려고 하는 회귀본능을 가지고 빛이 빛 속에 들면서 밟고 올라오게 되는 또 밟고 올라가게 되는 빛이 빛 속에 있는 빛의 존재자들이다.

자기 자신의 내부 안에서 생명이라고 하는 자기 자신의 근본 성품이 빛이라는 것을 확연히 알기 전까지는 업에 가려 업에 살고 업을 놓아서는 공의 성품에 살고 안개 같은 공의 성품을 걷어내고서 비로서 만나게 되는 빛의 존재, 그 빛의 존재가 바로 우리들 저마다의 나이다. 몰라서 그렇지 우리들 모두는 빛의 존재자로 빛이 빛 속에서 살아가게 되는 것이다.

영적으로 의식적으로 깨이지 못해서 빛덩어리 아래서 플러스27 마이너스 27 그 중간 아수라를 포함해서 56단계 안에서 사니까 빛의 존재자인지 자기 자신이 빛인지를 모르고 살고 있을 뿐 우리들 모두 다 저마다는 빛의 존재자이다.

영적으로 의식적으로 빛의 존재자라는 사실을 앎으로 해서부터는 그 아래 단계에 있는 아수라나 지옥이란 없다. 오직 빛의 존재자로 빛이 빛 속에 있게 되는 현실만이 있게 되어 지옥이랄 것도 천당이란 극락, 영계 빛 천계, 신계도 없다, 그저 빛의 존재자로 빛이 빛 속에 있을 뿐이다.

빛이 빛 속에 있으면서 어찌 지옥을 말하고 아수라를 말하며 영계 천계 신계를 말하리오. 빛이 빛 속에 드는 빛덩어리에서부터 본성의 빛 그 위에 수없이 많은 빛의 자등명들을 뚫고 올라서야 한다.

빛덩어리까지는 몰라도 본성의 빛 자등명에 이르기 위해서는 출신(出神)이 근본 바탕이 된다. 출신을 하지 않으면 올라올 수 없다.

자기 자신이 빛의 존재자인지 알기 위해서는 확철대오의 깨달음을 증득하고 수행 정진하며 공의 성품을 맑고 깨끗하게 해야 자기 자신 안에서 빛을 보게 되고 빛을 보아야 자기 자신이 빛의 존재자라는 사실을 알게 된다. 빛의 존재자라는 사실을 확인해야 빛의 본성에 이르려고 하게 되고 그래야 빛덩어리에 이르게 되고 빛덩어리에 이르러 빛덩어리를 뚫어야 빛덩어리를 뚫고 빠져나오게 되고 56단계에 이르게 된다. 56단계에 이르러 출신(出神)을 해야 본성의 빛 자등명에 이르게 되고 본성의 빛 자등명을 뚫고 나와야 그 다음 자등명 백두의 빛 자등명에 이르게 된다. 백두의 빛 자등명을 뚫고 올라서야 그 다음 빛의 자등명에 올라서게 된다.

이와 같이 올라서지 않고서는 올라선 위치에서 아래를 볼 뿐 위는 보지 못하게 된다. 위를 보지 못하는 이들을 위하여 본인이 하나 하나 밝혀 놓았으니 전체적으로 살펴보라.

확철대오해서 빛을 만나기 어렵고 빛이란 자등명을 만나서 빛덩어리에 이르기 어렵고 빛덩어리에 이르러 본성의 빛 자등명에 이르기 어렵고 본성의 빛 자등명에 이르러 백두의 빛 자등명에 이르기 어렵고 어렵다. 어느 하나 쉬운 것이 없다.

그러나 본성의 빛 자등명에 이르고 백두의 빛 자등명에 이르게 되면 자등명이란 빛의 세계로 빛이 빛 속에서 오가게 되는 상황이 되는 만큼 위에 자등명의 내부 단계를 알고 의식하고 인식하고 마음먹고 행하며 빠져나오기 쉽게 올라오게 된다. 본성의 빛 자등명에 이르는 것과는 다르기 쉽게 올라오게 된다. 알면 아는 것을 통하여 법성력으로 올라오게 된다. 그 아래로 갈수록 올라오기가 어려운 것 같다.
수많은 빛의 자등명이 있는 가운데 나라고 하는 빛이 수많은 자등명이란 빛 속에 있게 되는 현상의 우주에서 지구에 속해 있는 우리들은 수많은 빛의 자등명 맨 아래 그것도 빛덩어리 아래에서 허우적거리고 있는 것이다.

빛덩어리를 벗어나 본성의 빛 자등명에 이르고 수많은 빛의 자등명으로 너 나 없이 올라서기 전까지는 수많은 빛의 자등명에서보면 얼마나 미개하게 무명에 가린 인간들인가? 그러한 인간들 틈에서 허우적거리고, 또 수행한다는 많은 사람들 확철대오도 못 한 사람들이 저마다 헛소리들을 하는 것을 들으면 이 얼마나 어리석은 짓들인가?

광계에 있다 해도 신계에 있다 해도 천계에 있다 해도 영계에 있다 해도…. 중음신...인간 얼마나 미개하고 무명에 가려있는 존재자들인가? 빛의 존재자이면서도 빛의 존재자인지도 모르고 업으로 업에 가려서 습과 업으로 살아가면서 너 나 없이 잘났다고 우후죽순처럼 뽐내는 일들을 생각하면 수많은 빛의 자등명 속에서 그 자등명 안에 있는 수많은 단계들에서 보면 고작 마이너스 27 단계를 벗어나 플러스 단계의 인간으로 있거나 또는 18 단계나 20 단계, 또는 56 단계라는 단계가 얼마나 우스운 일인가?

우리들 저마다 빛의 존재자로 빛이 빛에 있지도 못하고 무명 속에서 빛인지도 모르고 56 단계도 아니고 3 단계에서 깨어나고자 해야 8~9 단계, 깨달아야 10 단계 확철대오해야 11 단계 성인이라고 하는 사람들 영적으로 엄청나다는 사람들 20 단계를 벗어나 있는, 이 드문 현실에서 상상도 할 수 없는 54 개의 저마다 빛의 세계를 말하고 그 너머까지를 이야기하고 있는, 그러면서 우리들 모두 다 저마다 빛의 존재자라고 말하며 빛의 존재자로 살라고 말하면 지나침이 있는가? 어느 때 모두 다 깨어나 있을 때 모두 다 빛의 존재자로 있을 때 이 엄청난 이야기는 현실이 될 것이다.

어느 때인가 현실이 될 상상할 수도 없는 빛이 빛 속에 있게 되는 빛의 존재자들이여 그대는 그대가 알든 모르든 이미 본인으로 하여금 그대는 이러한 사실을 접하게 된 것이고 그대가 빛의 존재자로 빛 속에 들 때 이와 같은 사실을 알게 될 것이다.

2011. 09. 06 10:33

2011. 09. 07 05:29 130 번째 자등명
2011. 09. 07 07:43 130 번째 자등명을 明璨放光陽(명찬방광양)이라 이름 짓다.
2011. 09. 07 07:15 악업(惡業)과 악연(惡緣)을 녹이는 진언을 찾다

악업(惡業)과 악연(惡緣)을 녹이는 진언

악업과 악연을 녹이는 것을 시도해 보고 나서부터 어떻게 진언을
만들면 진언을 외우면서 악업과 악연을 녹여서 흩어지게 할 수 없
을까? 생각하고 생각했었다. 그렇게 며칠 악업과 악연을 녹이는
진언 만드는 일에도 힘이 기울였었다. 그리고 오늘 이렇게 그 진
언을 만들어 내놓게 되었다.

어떤 대상을 악업과 악연을 녹여서 흩어지게 한다고 생각하고 전
지전능한 원원점(圓圓点)의 빛 자등명 에너지를 갔다 쏟아부으면
마치 어떤 괴물이 보이는가 하면 악업이 퇴적되어 쌓여 있는 듯
보인다. 그럴 때 전지전능한 원점(圓点)의 빛 자등명 에너지를 갔
다 쏟아부으면 괴물이 사라지고 그런 다음 악업이 퇴적층처럼 단
단하게 쌓여 있는 것이 보인다. 이때 다시 전지전능한 점(点)의
빛 자등명 에너지를 쏟아부으면 마치 단단하게 쌓여 있던 악업이
먼지처럼 한 점이 되어 들고 일어나면서 허공을 사라진다. 이렇게
사라지고 난 대상에게 전지전능한 그로우(grow 点)의 빛 자등명
에너지를 쏟아붓는다. (그로우(grow 点)의 빛 자등명에너지를 쏟아
붓는 것은 그로우(grow 点)의 자등명이 점이 점점 커져간다는 것
에 착안하여 쏟아 붓게 된 것이다.) 그러면 맑고 깨끗하게 보인다.
간혹 단단하게 달라붙어 있는 퇴적층처럼 쌓여 있는 경우들도 많
은데 이런 경우 몇 번이고 이와 같은 방법으로 악업과 악연을 녹
여서 흩어지게 했다.

본인이 이와 같이 시술한 것을 근본으로 생각해 보고 진언을 지어
보았다.

전지전능원원점(圓圓点)자등명 원원점(圓圓点)자등명 / 전지전능원점(圓点)자등명 마하자등명 원점(圓点)마하자등명 /전지전능점(点)자등명 마하자등명 점(点)마하자등명 / 전지전능그로우점(grow 点)자등명 마하자등명 전지전능그로우점(grow 点)자등명 /

반복해서 하면 되지 않을까 싶다.

시술 대상자들이 하는 것을 보고 그것을 관찰해 봐야 할 일이지만 어느 정도 녹여지지 않을까 하는 생각을 해본다. 진언을 외울 때 중요한 것은 지칭하는 이름의 자등명을 생각하거나 의식하거나 의념하며 그 에너지가 자기 자신에게 쏟아진다고 생각하며 해야 효과가 크리라 생각한다.

많은 사람들이 이 진언을 외우고 염송함으로 해서 악업과 악연이 녹아서 흩어졌으면 좋겠다. 그래서 악업과 악연을 끊고 선업과 선연을 맺고 행하며 모든 면에서 좋아졌으면 좋겠다.
2011. 09. 07 07:15

* 테스트 할 줄 아는 분들은 이 진언을 외우거나 염송하며 악업과 악연이 끊어지거나 사라져 흩어지게 되는지 테스트 해보라. 몇 퍼센트의 신빙성이 있는가?
있다면 과연 이 진언을 외우거나 염송하며 악업과 악연이 사라져 흩어진다면 어느 정도까지 사라져 흩어지기도 해보라.

2011. 09. 08 07:48 140번째 명찬항상양(明璨恒祥陽) 자등명 법(성)력(法(性)力)을 높이는 진언을 찾다
2011. 09. 09 14:41 130, 160, 190, 230, 280, 340, 410, 500, 620, 750 번째 자등명 이름들...

130번째 명찬방광양(明璨放光陽) 자등명(일반자등명의 12개 크기) → 140번째 명찬항상양(明璨恒祥陽) 자등명 (일반자등명의 12개 크기) 두 개의 자등명으로 법성력을 높이는 진언을 만들고, → 160번째 자등명을 올라오고 다시 → 190번째 자등명을 올라오고 → 230번째 자등명을 뚫고 → 280번째 → 340번째 → 410번째 → 500번째 → 620번째 뚫고 올라와서는 붙어 있는 것 같아

서 130 번째 자등명에서부터 620 번째까지 몇 번이고 아래서부터
다시 흡하며 → 750 번째 자등명을 빠져나왔다. 그러고 나서 860
번째 자등명으로 들어가려고 애쓰기 시작했다.
뚫고 올라와
9월 8일 아래와 같이 이름지었고

160 번째, 명찬회광양(明璨廻光陽) 자등명 (일반 자등명의 13 배 크기)
190 번째, 명회약향(明廻弱香) 자등명 13(일반 자등명의 크기에 비례한 크기)
230 번째, 명회속원양(明廻束圓陽) 자등명 16
280 번째, 청연화(淸燃和) 자등명 20

9월 9일 아래와 같이 이름지었다.
340 번째, 모팽향양(母澎香陽) 자등명 23
410 번째, 앙잠항(仰暫恒) 자등명 44
500 번째, 모청모확(母淸母擴) 자등명 90
620 번째, 사팽하(司澎昰) 자등명 140
750 번째, 사범초암(司凡初唵) 자등명 1000
860 번째, 0000 자등명 1500
980 번째, 0000 자등명 3500

자등명의 이름을 지어놓고 보니
이름 지어놓은 자등명 본인 품 안에 들어와 있는 듯 눈 아래 놓인다.

2011. 09. 10 11:59 860, 980, 1120, 1230, 1350, 1470 번째 자등명 이름
과 진언

오늘 아래와 같이 저마다의 자등명의 이름을 지었다. 이름을 지을 때 이
번에는 각 자등명을 의식 의념하고 '너에게 꼭 맞고 알맞은 이름을 선택
하거나 네가 불리어지고 싶은 이름을 선택하여 이름을 짓도록 하게 하
라.' 이렇게 저마다의 자등명에게 이야기를 하며 정수리를 통해 손끝으로
사전에서 찾아내도록 해서 이름을 지었다.

860 번째, 사양해마(司陽亥摩) 자등명 1500(일반 자등명의 크기에 비례한 크기)
980 번째, 앙묘혜(仰妙慧) 자등명 3500

1120 번째, 해잠하주(瀅暫昆湊) 자등명 4200
1230 번째, 당양원(當陽沅) 자등명 4800
1350 번째, 청마원화(淸摩圓和) 자등명 5600
1470 번째, 앙양화(仰陽和) 자등명 6400

860 번째의 사양해마(司陽亥摩)자등명에 뚫고 올라올 때는 들숨 때 흡(吸)을 통하여 사양해마 자등명 내부에 탁하게 보이는 것들을 품고 빛의 범위를 넓혀가며 뚫고 올라왔고, 960 번째 앙묘혜(仰妙慧) 자등명에 닿아서는 그저 어마어마하게 크다는 생각을 하고 달라붙어서 뚫기 시작해서 내부로 들어가서는 탁하게 보이는 것을 다 흡을 통하여 품으며 탁하게 보이는 모든 것들을 다 흡해서 앙묘혜자등명 내부가 맑고 깨끗하고 환하게 하면서 뚫고 올라왔다.

980 번째 앙묘혜 자등명을 뚫고 올라와 1120 번째 해잠하주(瀅暫昆湊) 자등명에 닿으니 크다는 생각이 들었다. 어차피 뚫고 들어갔다가 나와야 한다는 생각에 일단 붙어서 뚫고 들어갔는데, 흡으로 빨아들이며 뚫고 나가려고 했는데, 흡하며 뚫고 나가려고 했는데 좀처럼 나아가지지 않았다. 그래서 '어떻게 해야 할까? 어떻게 하지?' 하다가 들숨에 흡을 하고 날숨에 내뿜으면 넓히는 것을 하였다. 그랬더니 뚫리는 것이 아닌가. 그래서 흡을 하며 빨아드리고 내뿜으며 넓히는데…. 흡할 때는 빨려 들어오는 별 이상이 없는데 날숨 때 내뿜으며 넓히려고 하다 보니 날숨 이후 정수로부터 강하게 들어오고 그러면서 주변이 더 넓어지는 것 같았다. 그러다 보니 들숨의 흡에서는 흡이 되는데 날숨을 하며 넓히는 것은 아무래도 날숨에 넓힌다 생각하니 정수리로 들어와 넓히는 관계로 들숨과 날숨이 원활하지 않아 호흡을 번갈아 하게 되었다. 들숨 때는 지속적으로 흡을 하고 날숨 때는 한 번 넓히면 한 번은 그냥 날숨을 하게 되었다. 그렇게 해서 1120 번째 해잠하주(瀅暫昆湊) 자등명을 뚫고 올아왔다.
그리고 1230 번째 당양원(當陽沅) 자등명으로 갔다. 가서 뚫으니 마구 쏟아진다. 물이 흐르듯 흘러들어온다. 이때가 이제 저녁 7 시가 가까워진 퇴근하기 바로 전이다. 퇴근을 하면 1230 번째 자등명을 의식하거나 바라보기만 하면 냇물이 흐르듯 흘러들어왔다.

'이렇게 흘러들어오는 것을 계속 받아야 하나? 아니면 물을 거슬러 오르는 물고기처럼 거슬러 올라가야 하나?' 그러다가 생각에 닿는 사람들에게 이 자등명을 연결해 주고 이 자등명으로부터 물과 같은 것이 흘러 들어가도록 했다. 여러 명을 퇴근하는 길에 했는데…. 이것이 흘러 들어가니 여러 가지 것들이 보이고 영적 장애물인지 아니면 다른 어떤 것인지가 몸통 안에서 보이거나 막혀 있는 것 같아서 제거해주며 이 자등명에서 흘러 들어가는 것이 원만하게 흘러 들어가고 또 흘러 들어가서 인체 기회로도처럼 돌아가도록 돌려주었다. 10 여명 이상을 해주었다.

어제 자등명 이름을 짓지는 않았지만 980 번째까지 했다가 퇴근 전에 1230 번째 자등명, 1350 번째 자등명을 찾아보았었다. 1230 번째 자등명으로부터 냇물이 흘러 들어오듯 흘러들어와서 흘러 들어오는 것을 관찰해 보기로 했었다. '이 자등명 무슨 역할을 하는 것일까?' '이 자등명을 뚫고 올라가기 전에 지구에 더 많이 흘러오도록 하자.' 생각하고 의식하거나 의념하며 많이 흘러 들어오도록 했다. 흘러 들어와 본인의 몸을 통하여 흘러나가도록 했다. 그리고 여러 사람들을 연결해주었다.

아침에 '이것에 무엇이 있을까? 흘러내리는 물 같은 이것은 사람들에게 어떤 영향을 줄까? 진언을 만들어 놓아서 이름을 부르며 찾았을 때 이 자등명의 에너지가 흘러 들어가는데 무엇에 도움이 될까?' 찾아내고 싶었다. 출근할 때만 해도 그랬다. 이 글을 쓰면서 생각하니 그렇다. 이 자등명의 에너지가 어떤 영향을 주는지 밝혀야 진언을 만들텐데…

출근해서 이름을 짓기 시작하면서 이러한 사실을 까맣게 잊고 이름 짓는 일에 몰두했다. 이름을 짓고 그 다음 자등명을 찾아보니 1470 번째 자등명이었다. 그래서 그 이름까지 짓고 생각이 일어났다. 지금 나열한 자등명들이 무엇인지 모르게 이상하다는 생각이 들었다. 그래서 살펴보았다. 살펴보니 자등명 하나하나는 그다음, 그다음, 그위에 자등명들인데 순서적으로 보면 상당한 차이가 있어야 하는데 차이가 없다. 차이가 있는 대신에 이름한 자등명들 주위에 일반적인 크기의 자등명들이 흩어져 있는 것 같이 보였다. 이런 것으로 볼 때 전체적인 자등명으로 볼 때는 순번이 그럴지 몰라도 우리들이 올라와야 할 자등명 순서는 다르다는 생각이 들었다. 지구의 색으로 표현할 수 있는 자등명 54 개의 자등명 지구의 색으로 표현할 수 없는 색으로 55-129 번째까지 보이지 않는 색으로 그려지되 원에서 작게 그러다 점으로 점에서 다시 크게 그러다가 어느 정도의 크기가 되어서는 하나하나 순서적으로 있다가 130 번째부터 확 달라진 모습이다. 이렇게 달라진 130 번째 자등명을 1 번으로 했을 때 지금 나열한 자등명은 1, 2, 3,....의 순서로 정해져야 하는 것 아닌가 하는 생각을 하였다. 그만큼 처음은 간격이 있는데 점차적으로 간격이 없이 붙어 있는 느낌이었다. 올라올수록 본인의 자등명이 커져서 그렇게 생각이 든 것인지 모르겠지만 그런 생각이 들었다.

130 번째 1, 명찬방광양(明璨放光陽) 자등명 12
140 번째 2, 명찬항상양(明璨恒祥陽) 자등명 12
160 번째 3, 명찬회광양(明璨廻光陽) 자등명 13
190 번째 4, 명회약향(明廻弱香) 자등명 13
230 번째 5, 명회속원양(明廻束圓陽) 자등명 16
280 번째 6, 청연화(淸燃和) 자등명 20
340 번째 7, 모팽향양(母澎香陽) 자등명 23
410 번째 8, 앙잠항(仰暫恒) 자등명 44
500 번째 9, 모청모확(母淸母擴) 자등명 90
620 번째 10, 사팽호(司澎昮) 자등명 140
750 번째 11, 사범초암(司凡初唵) 자등명 1000
860 번째 12, 사양해마(司陽亥摩)자등명 1500
980 번째 13, 앙묘혜(仰妙慧) 자등명 3500
1120 번째 14, 해잠하주(瀣暫昮湊) 자등명 4200
1230 번째 15, 당양원(當陽沅) 자등명 4800
1350 번째 16, 청마원화(淸摩圓和) 자등명 5600
1470 번째 17, 앙양화(仰陽和) 자등명 6400

130 번째부터 달라진 자등명을 위와 같이 밝혀 이름을 지었다. 1470 번째 앙양화 자등명을 뚫고 올라올 때는 생각과 의식 마음으로 키우고 그냥 뚫고 품으며 올라왔다. 그리고 그 다음 자등명을 살펴보니 특별하지 않다. 그냥 크게 있을 뿐이었다. 그 위도 그 위도...어느 정도 지나고 나니 커다란 자등명이 나오는데 무한대 하나만이 강하게 내부에 있고 더 위로 올라갈수록 자등명 안에 무한대는 점점 작아지며 점으로 되었다가 사라지고 커다란 자등명만이 있는 듯싶다.

어느 순간에 또 밝혀야 할 자등명이 보일지 지금으로는 이쯤에서 밝히는 것을 잠시 멈춰야 할 것 같다.

지나고 나면 모두 다 잊거나 또는 왜곡이 더 많이 되지 않을까 싶어서 그때그때 있는 그대로 적는다고 바쁘게 밝히고 수행 정진하며 밝힌 것뿐만 아니라 이름 짓는 것 역시도 바쁘게 지으며 올라왔다. 숨 가쁘게 올라온 며칠이 아니었나 싶다.

어디에 어떻게 좋은 것인지 모르지만 1230 번째 당양원(當陽沅) 자등명을 의식 의념하면 물과 같이 흘러들어오는 것이 있는데 이 진언을 하면 흘러들어오지 않을까 하는 생각을 하며 일단은 무슨 진언이라고 이름을 짓지 못했지만 진언을 만들어 보았다.

이 진언을 외우거나 암송할 때는 머리 위쪽 저 멀리 손이 닿지 않는 곳에 있는 당양원(當陽沅) 자등명을 생각하고 의식 의념하며 진언을 외우거나 암송하면 된다.

전지전능당양원(當陽沅)자등명   마하자등명   전지전능당양원자등명 당양원마하자등명 전지전능당양원자등명 마하자등명 당양원마하자등명 전지전능당양원자등명(이 진언을 염송하면 우리들 몸을 이루고 있는 존재 존재자들을 이롭게 한다고 한다.)

진언을 외우거나 암송하며 어디가 좋은지? 어떤 영향을 주는지? 밝혀 알아진 분은 댓글로 남겨주시면 참조해 관하여 살펴보고 진언의 이름을 짓도록 하겠으니. 흔적 남겨주시면 감사하겠습니다.

2011. 09. 17 09:22 알지조(斡枳照) 자등명과 삼타염요(參打焰了) 자등명 그리고 진언

1470번째에서 위로 40번째 자등명, 알지조(斡枳照) 자등명
斡(알)姓(성). 枳(지)땅이름 照(조) 햇빛 姓(성)

1470번째에서 위로 41번째 자등명, 삼타염요(參打焰了) 자등명
參참여하다 打 어떤 동작을 함을 뜻하는 접두어 焰불이 붙기 시작하는 모양 타오
르다 了깨닫다.
어떤 진언인지 이름짓지 않은 당양원 자등명이 좋지 않은 것을 좋
게 하기 위해서 나쁜 것이 빠져나가도록 하는 생명에너지의 진언
이라면 이것은 하나의 자등명이 아닌 두 개의 자등명의 에너지를
받음으로해서 완성되어지는 생명에너지가 아닌가 싶다. 그래서 두
개의 자등명을 하나로 묶어서 진언을 만들었다. 이것도 분명 생명
에너지임에는 틀림없는 것 같다. 아마도 당양원은 나쁜 것을 빼내
고 좋게 하는 생명에너지라면 이것은 소생, 창조의 생명에너지가
아닌가 싶은데 아직은 단언하기에는 이르다.
여러분들께서 직접 알지조 자등명, 삼타염요 자등명을 생각하며
진언하면서 몸에서 반응하는 것을 댓글로 남겨주면 어떤 진언인지
확연할 수 있겠지만 아직은 그런 것이 아닌가 하는 생각뿐이다.

전지전능 알지조(斡枳照)자등명 마하자등명 / 전지전능 알지조자등
명 알지조마하자등명 / 전지전능 알지조자등명 마하자등명 알지조
마하자등명 / 전지전능 알지조자등명 / 전지전능 삼타염요(參打焰
了)자등명 마하자등명 / 전지전능 삼타염요자등명 삼타염요자등명
/ 전지전능 삼타염요자등명 마하자등명 삼타염요자등명 / 전지전
능 삼타염요자등명 /

아니고 테스트할 줄 아는 분은 테스트해보는 것도 나쁜 지 않을
것 같다. 생명에너지는 분명한데 어디에 좋은 것인지. 어떤 역할을
하는지 관찰해 보며 테스트해 보는 것도 좋으리라 생각한다.
2011. 09. 17 09:22

* 소생, 창조의 생명에너지로 자궁이 냉하신 분들이 하면 자궁이 따뜻해지
도록 하는 알지조(斡枳照) 자등명과 삼타염요(參打焰了) 자등명인 듯싶다.

재절주완(才節宙完) 자등명과
신용오출(信龍悟出) 자등명, 그 진언

1470 번째 자등명 위로 44 번째 자등명은 부활 되살아나도록 하는 생명에너지를 가진 자등명이 아닌가 싶고, 아래 43 번째 자등명과는 다른 내부 구조를 가지고 있는 듯싶다. 43 번째는 무한대가 세로로 세워져 있다면 이 자등명부터는 가로로 누워져 있기도 한 것이 다른 것 같다.

'무엇이라고 이름 지어야 이름을 듣고 네가 가지고 있는 생명에너지를 부르거나 염송하는 사람에게 너의 에너지를 보내줄 것인지? 네 이름을 본인의 손을 빌려서 찾아내라.' 그런 다음 한글을 찾고 한글에서 자등명이 가지고 있는 뜻과 의미와 맞게 한문을 찾은 것이다.

재절주완(才節宙完) 자등명
才 근본 節 사물의 한 단락 宙 하늘 完 일을 완결짓다.

45 번째 자등명도 되살아나도록 하는 생명에너지를 가진 자등명이 아닌가 싶다. 이름을 찾으면서 이 글을 쓰고 있는데 이름을 찾고 이글을 쓰는 사이 막 졸립다. 졸리운 상태에서 이름을 찾는다. '누군가 네 에너지가 필요해서 너를 찾으면 너의 이름을 부를 때 너의 이름을 부르는 것만으로도 부르거나 암송 내지는 염송하는 사람에게 너의 생명에너지를 마구 줄 수 있는 이름을 본인의 손을 빌려 지어보라. 손을 빌려 단어 하나하나를 찾아보자.' 그러면서 한자 한자 찾아내어 지은 이름이다.

신용오출(信龍悟出) 자등명
信 분명히 하다 龍 임금, 재왕을 비유, 悟 진리를 체득하다 出 내다
그리고 두 자등명을 합하여 진언을 만들었다. 하나의 자등명으로 진
언할 것이 아닌 것 같아서 두 개의 자등명을 합하여 지은 것이다.

전지전능재절주완(才節宙完) 자등명 마하자등명 / 전지전능재절주
완 자등명 재절주완마하자등명 / 전지전능재절주완 자등명 마하자
등명 재절주완마하자등명 / 전지전재절주완자등명 / 전지전능신용
오출(信龍悟出) 자등명 마하자등명 / 전지전능신용오출 자등명 신
용오출마하자등명 / 전지전능신용오출 자등명 마하자등명 신용오
출마하자등명 / 전지전능신용오출 자등명

이 진언이 생명에너지임에는 분명한 것 같은데 어느 것에 필요로
하는 생명에너지이고 부활 되살아나도록 하는 생명에너지 같은데
무엇을 되살아나도록 하는지 살펴보고 관찰해 댓글을 달아 주시면
어떤 진언이라고 이름 짓는데 도움이 많이 될 것 같다.
2011. 09. 17 13:19

이 진언을 이틀 정도 해보니 재절주완은 양 어깨와 목, 신용오출은 양 손
에 영향을 주는 것 같네요.

2011. 09. 21 0. 빛덩어리 1. 본성의 빛 자등명에서 66번째 양거생(陽去
生)자등명에 이르기까지 밝힌 자등명의 이름들을 말하다
2011. 09. 22 말 그대로 모든 자등명은 전지전능한 자등명인 것 같다고
밝히다
2011. 09. 25 1470번째 위로 66번째 양거생(陽去生)자등명 이후, 67
속저영화에서부터 122 이사완호창상에 이르기까지 본인이
올라간 곳까지 이름을 짓다
2011. 09. 26 자등명으로 업을 녹여줌으로 출신(出神)이 필요 없는 것
을 알게 되다.
2011. 09. 29 자등명 세계의 무한대를 흡하다
2011. 09. 30 무한대 위의 원형 자등명 세계를 흡하다
2011. 10. 04 무한대 내에 있는 174개의 자등명 이름을 다 짓다
2011. 10. 05 원형자등명 위의 오뚝이 자등명 세계, 아메바같은 자등명
세계를 흡하다

2011. 10. 14 140단계가 자등명 세계의 맨 아래 끝이라 말하다
2011. 10. 11~14 촉수같은 자등명 세계와 그 위에 원형 자등명 세계를 흡하다
2011. 10. 18 무한대 위에 동그란 원형의 자등명 주변에 174개 중 58개 자등명 이름들 짓다
2011. 10. 19 무한대 위에 원형자등명 174개 중 17개의 이름을 짓다
2011. 10. 20 원형자등명 주변에 있는 174개 중 63개의 이름을 짓다
2011. 10. 14~20 촉수 위 원 다음 파도치는 듯한 자등명의 세계 흡하다
2011. 10. 21 오뚝이 같은 자등명 51개의 이름을 짓다
2011. 10. 22 아메바 같은 자등명 40개의 이름을 짓다
2011. 10. 23 촉수가 3개인 듯한 자등명 48개의 이름을 짓다
2011. 10. 24 촉수가 4개인 듯한 자등명 642개의 이름을 짓다
2011. 10. 20~24 파도치는 듯한 원 위쪽의 원형이 분리되는 자등명의 세계를 흡하다
2011. 10. 25 촉수가 5개인 듯한 자등명 43개의 이름을 짓다
2011. 10. 26 상단전에 영안이 3개 있음을 알다
2011. 10. 26 촉수6개인 듯한 자등명 35개 중 뒤에 29개를 시작으로 해서 촉수 7개인 듯한 자등명 41개 중 앞에 19개를 포함해서 48개의 이름을 짓다
2011. 10. 27 머리 부분의 신(神)이 폭발하고 팽창하다
2011. 10. 27 촉수 7개인 듯한 41개 중 뒤에 21개를 시작으로 해서 촉수가 9개인 듯한 자등명 41개 중에 앞에 10개를 포함해서 77개의 이름을 짓다
2011. 10. 24~27 이슬방울처럼 매달린 자등명 위의 자등명 세계와 그 위 자등명 세계를 흡하다
2011. 10. 28 촉수가 9개인 듯한 자등명 41개 중에 뒤에 31개를 시작으로 해서 촉수 11개 자등명 42개 중 앞에 20개를 포함해서 90개의 이름을 짓다
2011. 10. 29 촉수1개인 듯한 자등명 42개 중에 뒤에 22개를 시작으로 해서 이슬방울 12. 11의 자등명을 포함해서 95개의 이름을 짓다
2011. 10. 30 촉수인 듯한 위에 원형 자등명 20개를 포함해서 파도3치는 듯한 자등명 26개 중 앞에 6개를 포함해서 77개의 이름을 짓다
2011. 10. 31 파도3치는 듯한 자등명 26개 중 뒤에 20개를 시작으로 해서 파도6치는 듯한 자등명 29개 중 앞에 3개를 포함해서 74개의 이름을 짓다
2011. 11. 01 파도6치는 듯한 자등명 26개의 이름을 짓다
2011. 11. 02 파도7치는 듯한 자등명 27개를 시작으로 해서 8번치는

듯한 자등명 28개를 포함 55개의 이름을 짓다

2011. 11. 03 파도치는 듯한 자등명 29개를 시작으로 해서 이슬방울 9
개 붙어있는 듯한 자등명 16개의 이름을 포함해서 163개
의 이름을 짓다

2011. 11. 04 이슬방울 8개가 붙어 있는 듯한 자등명 16개를 시작으
로 해서 이술방울 4개가 붙어 있는 듯한 자등명 16개의
이름을 포함해서 80개의 이름을 짓다

2011. 11. 05 이슬방울 3개가 붙어 있는 듯한 자등명 16개를 시작으
로 해서 자등명에 9개가 붙어 있는 듯한 자등명 9개의
이름을 포함해서 110개의 이름을 짓다

2011. 11. 07 자등명에 8개가 거쳐 있는 듯한 자등명 14개를 시작으
로 해서 자등명 6개가 거쳐 있는 듯한 자등명 17개의
이름을 포함해서 48개의 이름을 짓다

2011. 11. 08 상단전 3개를 확연히 밝혀 드러내다

2011. 11. 08 자등명에 5개가 걸쳐 있는 듯한 자등명 15개의 이름을
짓다

2011. 10. 27~11. 8 자등명 안에서 합해지는 자등명 세계 그 위의 자등명 세
계를 흡하다

2011. 11. 09 우주 허공에 거대한 법당을 짓다

2011. 11. 09 자등명에 4개가 걸쳐있는 듯한 자등명 15개를 시작으로
해서 자등명 1개가 걸쳐있는 듯한 자등명 16개 중에 앞
에 7개를 포함 52개의 이름을 짓다

2011. 11. 10 자등명 1개가 걸쳐 있는 듯한 자등명 16개 중에 뒤에 9
개를 시작으로 해서 자등명 안에 11개가 있는 듯한 자등
명 11개의 이름을 포함해서 45개의 이름을 짓다

2011. 11. 11 자등명 안에 10개가 있는 듯한 자등명 10개의 이름을
시작으로 해서 자등명 안에 있는 듯한 위에 원형 자등명
10개의 이름을 포함해서 111개의 이름을 짓다

2011. 11. 08~11 불꽃같은 자등명 위 무한대 자등명 그 위 무수한 무한대
자등을 흡하다

2011. 11. 12 원형 자등명이 줄줄이 있는 듯한 첫 번째 8개의 자등명
을 시작으로 해서 불꽃 1개가 일어난 듯한 자등명 10개
를 포함해서 106개의 이름을 짓다

2011. 11. 13 등 뒤에도 보이지 않는 문이 있음을 알다

2011. 11. 15 등 뒤에 있는 문을 확연히 밝히다

2011. 11. 15 불꽃 2개가 일어난 듯한 자등명 10개를 시작으로 해서 불꽃 8
개가 일어난 듯한 자등명 9개를 포함해서 64개의 이름을 짓다

2011. 11. 11~15	무수한 무한대 자등명 그 위의 자등명 그 위의 자등명 세계를 흡하다
2011. 11. 16	불꽃 9개가 일어난 듯한 자등명 9개를 시작으로 해서 불꽃이 일어나는 듯한 자등명 위에 원형자등명 10개 중에 앞에 5개를 포함해서 41개의 이름을 짓다
2011. 11. 18	어느 자등명에서 날개가 생기고 사라지는가? 그 이유나 원인을 밝히다
2011. 11. 18	불꽃이 일어나는 듯한 자등명 위에 원형자등명 10개 중에 뒤에 5개 이름을 시작해서 무한대6가 있는 듯한 자등명 8개의 이름을 포함해서 53개의 자등명 이름을 짓다
2011. 11. 15~18	그 위 자등명 세계...그 위 자등명 세계를 흡하다
2011. 11. 19	등 뒤에 문의 생김새와 뒤쪽 몸통의 공간의 의미에 대하여 말하다
2011. 11. 19	무한대7가 있는 듯한 자등명 8개를 시작으로 해서 무수히 많은 무한대 위의 원형 자등명 6개의 이름을 포함해서 152개의 자등명 이름을 짓다
2011. 11. 21	위로 하나씩 가까이 있는 듯한 1번째 자등명 6개의 이름을 시작으로 해서 연결되어 있는 듯한 1번째 자등명 5개 중에 앞에 3개를 포함해서 74개의 이름을 짓다
2011. 11. 19~21	2개가 하나씩 줄어가는 자등명 세계...그 위 자등명 세계를 흡하다
2011. 11. 22	연결되어 있는 듯한 1번째 자등명 5개 중에 뒤에 2개를 시작으로 해서 위로 줄줄이 붙어 있는 듯한 6번째 자등명 4개의 이름에 이르기까지 86개의 이름을 짓다
2011. 11. 22	견성하도록 하는 진언을 찾아 짓다
2011. 11. 22	확철대오하도록 하는 진언을 찾다.
2011. 11. 23	줄줄이 붙어있는 듯한 7번째 자등명 5개를 시작으로 갈라지는 틈이 가로7 세로 7듯한 4개의 자등명을 포함해서 107개의 자등명 이름을 짓다
2011. 11. 21~23	12직선이 있는 듯한 자등명 위의 삼각형이 있는 듯한 자등명 세계를 흡하다
2011. 11. 24	갈라지는 틈이 가로6 세로6개인 듯한 자등명에서부터 갈라지는 틈이 12개에 6개인 자등명의 세계에 4개의 자등명을 포함 57개의 자등명 이름을 짓다
2011. 11. 24	자기 자신을 잘 다루도록 하는 진언을 찾다
2011. 11. 25	갈라지는 틈이 12개에 5개인 듯한 자등명에서부터 삼각

형이 10개인 듯한 자등명 4개를 포함해서 65개의 자등명 이름을 짓다

2011. 11. 23~25 삼각형 위에 사각형, 육각형, 팔각형이 있는 자등명 세계를 흡하다

2011. 11. 25 타심통이 열리도록 하는 진언을 찾고, 마음의 부자가 되도록 하는 진언을 찾다

2011. 11. 26 삼각형이 11개가 있는 자등명에서부터 육각형이 7개 있는 듯한 자등명까지 92개의 자등명 이름을 짓다

2011. 11. 26 마음먹은 대로 원만하게 성취 이루어지도록 하는 진언을 찾고, 병에 걸렸을 때 병을 호전되게 하는 진언을 찾고, 공을 체득하도록 하는 진언을 찾고, 정신이 맑고 깨끗하게 깨어있도록 하는 진언을 찾고, 마인드 컨트롤이 잘 되도록 하는 진언을 찾다.

2011. 11. 27 육각형이 8개 있는 듯한 자등명에서부터 8각형 위에 원형 자등명 4개를 포함해서 44개의 자등명 이름을 짓다

2011. 11. 28 필요한 자등명을 넣음으로 변화하는 것에 대하여 드러내다

2011. 11. 28 업의 뿌리가 영적구조물로 있음에 대하여 밝혀 드러내다

2011. 11. 28 무한대 자등명 내에 여러 자등명 세계에 여러 채의 법당을 짓다

2011. 11. 28 가로 세로 3개가 있는 듯한 자등명 4개가 있는 세계에서부터 3개로 분리된 4개의 자등명이 있는 세계까지 48개의 이름을 짓다.

2011. 11. 29 신이 분리되어 폭발하는 자등명 세계 위에 자등명 세계를 흡하다

2011. 11. 29 2개로 분리된 자등명 4개가 있는 세계에서 신이 분리되기 이전에 자등명 2개가 있는 세계의 이름을 포함해 32개의 이름을 짓다

2011. 11. 25~29 팔각형 위의 자등명 세계를 흡하다

2011. 11. 30 그 위 2개의 자등명이 있게 14개의 세계와 하나씩 있는 자등명의 세계 27개를 포함 31개의 이름을 짓다

2011. 11. 30 근본(根本)자등명에 올라오다

2011. 11. 30 근본자등명 이름을 마지막으로 지으면서 3646개의 자등명을 이름을 다 짓다.

2011. 12. 02 근본자등명에 올라오기까지의 자등명 세계를 올라온 것에 대하여 밝히다

2011. 12. 03 물질의 본성품에서부터 근본자등명까지의 본래 진면목을 말하다

2011. 12. 06	근본자등명에 올라와서 처음 시술한 것에 대한 몸통 뒤쪽 문과, 정기신, 업장을 녹이는 자등명 처음 사용의 결과에 대하여 살펴보고 말하다
2011. 12. 06	상념체는 그대로 현실이 되는 것에 대하여 말하다
2011. 12. 06	업장을 녹이는 자등명 처음 사용하여 자등명을 끌어다 넣어주면 자연스럽게 출신하지 않았음에도 출신해서 올라오는 140단계까지 올라와서 140단계에 있는 영혼을 밖으로 꺼내어 150단계 올려놓고 본성의 빛 자등명 위, 자등명 세계에 처음으로 올려놓았다
2011. 12. 07	사람 사이 소통과 불통의 원리에 대하여 말하다
2011. 12. 09	근본자등명에서 정기신(精氣神)을 살펴 밝히다
2011. 12. 09	근본자등명에서 최초 떨어져 나가는 자등명을 살펴 밝히다
2011. 12. 22	업이 영적구조물과 먼지 티끌로 쌓여있음을 밝히고 업을 녹임에 자등명의 단계에 따라 각기 저마다 업이 다르게 녹는 것에 대해서 말하다
2011. 12. 28	기운덩어리 안에 중음신을 들어가게 해놓고 천도했다고 하는 경우에 대하여 말하다
2012. 01. 04	중맥에 대하여 말하고, 생식(성)기에 보이지 않는 호흡문이 있음을 밝혀 말하다.
2012. 01. 06	태식호흡을 처음 해보며 영안으로 본 것을 말하다
2012. 01. 14	어떤 현상이 나타난 것에 대한 원인을 그림을 그려 찾아내기 시작하다
2012. 01. 16	현재의식을 높이는 곳을 찾아내다
2012. 01. 20	현재의식을 자등명 의식으로 높이는 진언, 각각의 자등명 작용, 삼매에 들도록 하는 자등명,화두타파 자등명의 자극점을 찾아내다
2012. 01. 20	화두를 빨리 타파되도록 하는 진언과 화두타파 작용하는 자등명과 자등명이 자극하는 자극점을 찾다.
2012. 01. 26	머리가 비상하게 돌아가고 기억력이 좋고 지혜가 탁월하도록 하는 진언, 머리가 좋아져서 명석해지고 기억력이 좋아지도록 하는 진언, 이해력 암기력이 획기적으로 좋아지도록 하는 자등명 진언과 자등명이 작용하는 자등명과 자등명이 자극하는 자극점을 찾다.
2012. 01. 26	확철대오 깨달음의 자등명 진언과 자등명이 작용하는 자등명과 자등명이 자극하는 자극점을 찾다.
2012. 01. 26	확철대오 깨달음의 자등명 진언과 자등명이 작용하는 자등명과 자등명이 자극하는 자극점을 찾다.
2012. 01. 26	생식기에 작용하는 진언과 생식기에 관련해 작용하는 자

	등명과 자등명이 자극하는 자극점을 찾다.
2012. 02. 07	근본자등명 중앙에 들어가다
2012. 02. 08	용, 이무기, 뱀들이 승천하여 천도되어 갈 수 있는 도량을 만들다.
2012. 02. 08	**<나의 참 자아는 빛 자등명이다> 출간**
2012. 02. 09	현재의식을 깨달음의 의식으로 깨어나도록 하는 자등명 자극점을 찾아내다
2012. 02. 13	확철대오의 자등명 자극점을 터치하고 보니 상단전과 태양혈에 코르크마개가 막고 있는 것처럼 보였다고 말하다
2012. 02. 16	나쁜 마음을 버리고 좋은 마음을 갖도록 하는 자등명, 육체가 질병에 걸려 심할 때 좋아지게 하는 자등명 진언, 마음의 병을 치료하는 자등명,
	성기(자궁)를 청결 원만하게 젊게 하는 자등명,
	일하는데 힘이 부족할 때 부족한 힘을 보충해 주는 자등명,
	우울증을 앓는 사람이 행복해지도록 하는 자등명,
	나쁘거나 악하거나 잘못된 마음을 빨리 뉘우치고 올바른 마음을 갖도록 하는 자등명,
	눈매를 부드럽게 하는 자등명과 자등명,
	난자와 정자를 건강하고 건실하게 하는 자등명과 자등명,
	성기가 건강 튼튼해지도록 하는 자등명,
	세상을 편안하게 다스리며 살아가도록 하는 자등명,
	신장이 좋아지도록 하는 자등명,
	골반이 안 좋은 사람의 골반을 좋게 하는 자등명,
	방광과 요도가 안 좋은 사람의 방광과 요도를 좋게 하는 자등명,
	코의 후각이 안 좋은 사람의 후각의 코를 좋게 하는 자등명,
	혀에서 작용하는 자등명과 자등명이 자극하는 자극점을 찾다.
2012. 02. 17	폐가 좋지 않은 사람의 폐를 건강하게 하는 자등명, 심장이 좋지 않은 사람의 심장을 건강 좋게 하는 자등명과 자등명이 자극하는 자극점을 찾다.
2012. 02. 18	중단전 가슴부분에서 작용하는 자등명, 하단전에서 작용하는 자등명, 목구멍에서 위 입구에서 작용하는 자등명과

	자등명이 자극하는 자극점을 찾다.
2012. 02. 20	간이 좋지 않은 사람의 간을 좋게 건강하게 하는 자등명, 귀가 좋지 않은 사람의 귀를 좋게 잘 들리게 하는 자등명, 팔꿈치 관절에서 작용하는 자등명, 무릎 관절에서 작용하는 자등명과 자등명이 자극하는 자극점을 찾다.
2012. 02. 21	발목관절에서 작용하는 자등명, 손목관절에서 작용하는 자등명과 자등명이 자극하는 자극점을 찾다.
2012. 02. 22	어깨 관절에서 작용하는 자등명, 골반 다리 관절에서 작용하는 자등명과 자등명이 자극하는 자극점을 찾다.
2012. 02. 22	바다 생물의 영적 존재들을 위하여 도량을 만들다
2012. 02. 23	공룡의 영적존재들을 위하여 도량을 만들다.
2012. 02. 23	무릎 인대에서 작용하는 자등명과 자등명, 발목 인대에서 작용하는 자등명과 자등명이 자극하는 자극점을 찾다.
2012. 02. 24	손목 인대, 어깨 인대, 후시경에서 인당으로 평행일직선상, 엽식덩어리 입구에서부터 중단전 가슴 앞으로 평행일직선상, 명문 안에서부터 하단전 앞으로 평행일직선상, 항문에서 직장 안, 직장 밖, S자 결장 안, S자 결장 밖, 하행결장 아래에서 위까지 안, 하행결장 밖, 하행 횡행결장에서 상행 횡행결장 안, 상행결장 위에서 아래까지 안, 상행결장 밖에서 작용하는 자등명과 자등명이 자극하는 자극점을 찾다.
2012. 02. 25	명신(정수리)에서 생식기 아래에 이르기까지 일직선상의 자등명을 밝히며 매듭져 있는 것을 푸는 시술을 처음으로 해보다
2012. 02. 25	위와 소장, 십이지장, 위에서 소장 밖, 비장, 췌장, 대장에서 소장 왼쪽 위 밖에서 작용하는 자등명과 자등명이 자극하는 자극점을 찾다.
2012. 02. 28	걷기 명상법에 대해서 말하다
2012. 03. 01	확철대오 깨달음의 자등명들의 자극점 자극에 대해서 말하다
2012. 03. 01	심법으로 수행처 도량 만들어 놓고 수행하는 것에 대해서 말하다
2012. 03. 02	대장이 시작되는 오른쪽 소장에서 위 밖 오른 입구까지, 담낭, 쓸개, 갑상선, 편도선에서 작용하는 자등명과 자등명이 자극하는 자극점을 찾다.
2012. 03. 03	코, 눈에서 작용하는 자등명과 자등명이 자극하는 자극점을 찾다.

2012. 03. 04	이마에서 명신(정수리) 입구까지, 상단전 주변에서 작용하는 자등명과 자등명이 자극하는 자극점을 찾다.
2012. 03. 06	중단전 주변과 상단전과 연결되는 통로, 하단전 주변과 생식기 빛 회음 통로 밖에서 작용하는 자등명과 자등명이 자극하는 자극점을 찾다.
2012. 03. 07	팔꿈치 인대, 하단전에서 생식기 아래, 무한대 위 동그란 원형 자등명에서 상, 중, 하단전에서 작용하는 자등명과 자등명이 자극하는 자극점을 찾다.
2012. 03. 09	천도(遷度)와 수행과 건강 관계에 대하여 말하다
2012. 03. 13	중단전 앞 마음 부분, 하단전 앞, 상단전 앞, 중단전 뒤쪽 업식덩어리가 있는 앞, 하단전 뒤 명문이 시작되기 전, 상단전 뒤쪽 후시경 앞, 오른쪽 왼쪽 용천 아래, 오른쪽 왼쪽 노궁(장심)에서 작용하는 자등명과 자등명이 자극하는 자극점을 찾다.
2012. 03. 15	보이지 않는 새로운 천돌(天突) 호흡문을 찾아내다
2012. 03. 15	항문 아래, 회음 아래, 성기 아래, 명문 밖, 입 밖, 귀 밖, 태양혈 밖에서 작용하는 자등명과 자등명이 자극하는 자극점을 찾다.
2012. 03. 15	황금덩어리를 품고 있는 것을 처음 보다
2012. 03. 16	직계 조상님들의 태아령을 천도하기 시작하고 7대까지 천도해야 한다는 사실 알다
2012. 03. 16	코 앞, 천돌 앞, 왼쪽 오른쪽 눈 앞, 중단전 가슴 앞, 하단전 앞, 상단전 앞, 명신(정수리) 위에서 작용하는 자등명과 자등명이 자극하는 자극점을 찾다.
2012. 03. 17	오뚝이 같은 자등명에서 상, 중, 하단전, 왼쪽 오른쪽 손목 위, 왼쪽 오른쪽 발목 위, 왼쪽 오른쪽 팔꿈치, 왼쪽 오른쪽 어깨 위에서 작용하는 자등명과 자등명이 자극하는 자극점을 찾다
2012. 03. 18	태아령(수자령, 낙태영가, 낙태한 아이의 영혼, 유산한 태아)의 비애(悲哀)에 대하여 밝히다
2012. 03. 21	아메바 같은 자등명에서 상 중 하단전, 왼쪽 오른쪽 갈비뼈, 척추 뒤쪽, 안면두개골에서 작용하는 자등명과 자등명이 자극하는 자극점을 찾다.
2012. 03. 22	촉수가 3개인 듯한 자등명에서 상 중 하단전에서 작용하는 자등명과 자등명이 자극하는 자극점을 찾다.
2012. 03. 23	왼쪽과 오른쪽의 진리적 순서에 대하여 밝히다
2012. 03. 23	왼쪽 오른쪽 팔꿈치 뼈, 왼쪽 오른쪽 발목뼈에서 작용하

	는 자등명과 자등명이 자극하는 자극점을 찾다
2012. 03. 24	촉수가 4개인 듯한 자등명에서 상 중 하단전, 왼쪽 오른쪽 손허리뼈, 왼쪽 발꿈치와 발목뼈에서 작용하는 자등명과 자등명이 자극하는 자극점을 찾다.
2012. 03. 26	왼쪽 오른쪽 발허리뼈, 왼쪽 오른쪽 어깨뼈, 촉수가 5개인 듯한 자등명에서 상 중 하단전, 왼쪽 오른쪽 골반뼈, 뇌두개골뼈에서 작용하는 자등명과 자등명이 자극하는 자극점을 찾다
2012. 04. 02	근본자등명 중심에 들어간 이후 수행에 대하여 밝히다
2012. 04. 02	왼쪽 오른쪽 발가락뼈, 왼쪽 오른쪽 손가락뼈, 촉수가 6개인 듯한 자등명에서 상 중 하단전, 좌측 우측 폐에서 작용하는 자등명과 자등명이 자극하는 자극점을 찾다
2012. 04. 03	천돌(天突)호흡문(하위호흡법과 상위호흡법)에 대하여 말하다

* 본성의 자등명에서 근본자등명 사이의 자등명으로 찾아 지은 진언 중에 수 십 여개의 진언에 날짜를 쓰지 않아서 연보에 넣지 못하다,

2012. 04. 04	몸통을 통한 천도에 대하여 말하다
2012. 04. 04	소문난 부자들에게 다이아몬드 큰 것들이 몇 개씩 있다는 것을 처음 밝혀보았다.
2012. 04. 05	기운덩어리 보고 기운덩어리를 녹인 단계에 대하여 말하다 (2009년 5월 1일 기운덩어리를 처음보고 2009년 5월 10일 처음 기운덩어리를 잘라보고, 2009년 12월에는 기운덩어리를 제거, 2010년 11월 14일 처음으로 24단계에서 신성에너지를 끌어다가 기운덩어리를 녹이기 시작하다.)
2012. 04. 05	시술과 천도하는 것에 대하여 말하다. (출신하고 본성의 빛 자등명에 올라온 2011. 07. 08일 이후, 2011. 07. 10일부터는 본성의 빛 자등명으로 시술을 했으며, 2011. 10. 10일 처음으로 부족한 것을 채우도록 자등명을 시술자에게 넣어주었다. 처음에는 80개 100개... 2011. 11. 14일부터는 500개 이상씩 자등명이 들어가서 필요한 것 일정한 개수만 넣어주었다. 2011. 11. 28 사람에게 필요한 자등명을 위에서부터 자등명을 끌어다가 넣는다 생각하고 넣다주고 나서 시술하기 시작 했다. 2011. 11. 30 근본자등명에 올라오고 나서 업의 뿌리 끝까지 다 보기

시작했다. 2011. 12, 6 업장을 녹이는 자등명 처음 사용
하여 자등명을 끌어다 넣어주면 자연스럽게 출신하지 않
았음에도   출신해서 올라오는   140단계까지 올라와서
140단계에 있는 영혼을 밖으로 꺼내어 150단계 올려놓
고 본성의 빛 자등명 위, 자등명 세계에 처음으로 올려놓
았다)

2012. 04. 05 처음으로 산에 매장되어 있는 금과 다이아몬드를 흡(吸)
하여 가져오는 방법을 터득하고, 심법으로 매장되어 있는
황금과 다이아몬드 흡(吸)하여 가져와 있는 황금과 다
이아몬드를 주변 사람 몇몇에게 나누어 주기 시작하다.

2012. 04. 05 아이를 2007년 6월 중순쯤 처음 점지해보았고, 이번에
점지하면서 자등명 세계의 영혼을 점지하려 했으나 점지
하지 못하고 56단계 안에서 점지되는 사실을 알고는 56
단계 안은 윤회의 수레바퀴라는 것과 자등명 세계와는
다르다는 사실을 분명하게 알다

2012. 04, 06 재물은 가지고 태어나는 것 다이아몬드, 황금덩어리, 백
금덩어리, 돈다발에 대하여 말하고, 어떤 공덕과 복덕을
짓느냐에 따라서 달라지는 사실에 대하여 말하다

2012. 04. 09 신자명덩어리(체)가 빠져나간 육체의 영체 속 자등명 세
계의 기운이 들어가면서 형성되는 덩어리라는 사실을 밝
히고 이를 자등명체라고 이름짓다.

2012. 04. 11 백회, 명신(明神:정수리)와 영체(靈體), 신자명체(神自明
體), 자등명체(自燈明體)의 관계에 대하여 밝히다

2012. 04. 11 백회, 명신(明神:정수리)와 영체(靈體), 신자명체(神自明
體), 자등명체(自燈明體)의 관계에 대하여 밝히다

2012. 04. 11 명신(정수리)으로 자등명 세계의 기운을 몸통으로 들어
가게 하여 자등명체를 키우고 영체를 백회로 빠지도록
처음으로 하다

2012. 04. 13 쿤다리니가 무엇인가에 대하여 말하다
2012. 04. 23 영적 장애와 빙의에 대하여 말하다
2012. 04. 27 천돌(天突)호흡의 경로를 밝히다
2012. 05. 02 육체 속 영체(靈體)와 영적물, 그리고 자등명체(自燈明
體)에 대해서 밝히다

2012. 05. 02 육체 속 업이란 영적구조물과 영적물을 제거하며 비우고
매듭을 푸는 것에 대해 말하다

2012. 05. 09 모임에 참석했던 분들을 본다고 보면 본인의 몸 속에서
저마다 각기 서로 다른 위치에서 보임을 말하다

2012. 05. 20   처음에는 시술하는 상대방이 분명 있고 내가 있는데, 시술을 하면서 보면 어느 순간부터 상대방은 본인에게 와서 본인의 몸과 하나가 되어 시술이 본인의 몸 안에서 몸의 몸을 통하여 행해지고 있다고 말하다

2012. 05. 22   본 사람, 아는 사람을 의식하고 인식하면 인식한 사람이 본인의 몸 안에 들어와 있고, 본인의 몸에서 의식하고 인식한 사람을 보면 본인의 몸은 의식하고 인식한 사람의 몸이 되어 있음을 말하다.

2012. 05. 29   지옥 중생을 건져 천도하면서 처음으로 지옥세계의 영적 구조물을 끌어올리다

2012. 05. 30   영가의 영향을 받는 경우들에 대하여 말하며 이생과 전생 두 생의 인연있는 영가들 중에 지옥중생의 인연의 끝에 대하여 말하다

2012. 06. 02   시술자와 한몸 되어 영적구조물과 영적존재들을 56단계 안에서 본성의 빛 자등명 중심에서 150단계 밖으로 빼내게 되는 것에 대하여 말하다

2012. 06. 02   지옥 영가와 지옥세계 구조물에 대하여 말하다

2012. 06. 05   56단계에서 본성의 빛 자등명 밖으로, 본성의 빛 자등명 밖에서부터 ~ 3원 8각원의 빛 자등명 밖으로 영적구조물을 끌어올려 제거하는 것에 대하여 말하다.

2012. 06. 05   단전에서 단전을 중심으로 자등명들이 배치되어 움직이는 것이 보이는 것에 대하여 말하다

2012. 06. 10   본성의 빛 자등명 밖 150단계에서 손을 140단계로 넣고 56단계로 손을 내려 영가분들을 천도하고 몸통 안에 영적 구조물도 본성의 빛 자등명 밖으로 끌어내서 150단계 밖으로 끄집어낸 것에 대하여 말하다

2012. 06. 11   수많은 손이 생겨나고 수많은 눈이 생겨남에 대하여 말하다

2012. 06. 16   자등명을 쏴주면 출신하여 올라오는 곳을 지나 본성의 빛 자등명에 올라와 본성의 빛 자등명 중심 140단계에 이르러 있음을 말하고 본성의 빛 자등명 중심140단계에 가만히 있으면 손으로 꺼내서 본성의 빛 자등명 위에 올려주는 것에 대하여 말하다.

2012. 06. 16   근본자등명이 본성의 빛 자등명을 시작으로 발목 무릎 허리(골반) 가슴 천돌 신 명신(정수리)에서 보이며 움직이는 것 같다고 말하다.

2012. 06. 18   본성의 빛 자등명에서부터 근본자등명에 이르기까지 인

체 내에 모두 다 들어가 있음을 말하다.

2012. 06. 22	자등명세계가 육체 안에서 수축하는 것을 말하다,
2012. 06. 25	56단계 내 −27단계의 지옥세계 아래 더 깊은 지옥세계가 있음을 말하고 근본자등명을 빠져나와 더 큰 자등명군으로 가고 있음을 말하며 처음으로 자등명군(自燈明群)을 말하다.
2012. 06. 27	본성의 빛 자등명에서 근본자등명까지를 바라보다가 이 자등명군을 등지고 더 큰 자등명군으로 와서 더 큰 근본자등명을 어떻게 뚫고 들어올지 살펴보다.
2012. 06. 29	더 큰 자등명군(2번째 자등명군)에 들어오다.
2012. 06. 30	더 큰 자등명군에서 호흡하다.
2012. 07. 01	큰 자등명군을 근본자등명군이라 이름하여 지칭하다.
2012. 07. 02	첫번째 00근본자등명, 2번째 0000근본자등명, 3번째 0000근본자등명, 4번째 000근본자등명을 뚫고, 또 다른 2−1첫번째 000근본자등명, 2−2번째 000근본자등명, 2−3번째 000근본자등명 2−4번째, 3−1번째, 3−2번째, 3−3번째, 3−4번째,....근본자등명군(2번째 자등명군)을 빠져나오다.
2012. 07. 03	근본자등명군 입구에서 출구까지 밝혀 드러내다.
2012. 07. 03	지옥세계 밑에서부터 56단계, 56단계에서 자등명군 자등명 하나하나 근본자등명군 입구에서 출구까지 지옥세계의 구조물이 끌어내어지는 것으로 지옥이 줄어드는 것 같다고 말하며 근본자등명군 출구가 마치 항문 같다고 말하다.
2012. 07. 05	현재의식이 숫자를 넘어 원으로 드러나기도 하고, 높게는 플러스 무한대에서 낮게는 마이너스 무한대까지 나옴을 말하다.
2012. 07. 05	근본자등명군 위에 또 다른 자등명군을 2개(3번째, 4번째 자등명군)나 빠져나오며 밝혀 드러내 그리다.
2012. 07. 06	또 다시 하나의 자등명군(5번째 자등명군)을 빠져나오며 그림을 그려 드러내고, 근본자등명군을 빠져나올 때 항문 같은 모양의 3개의 자등명군을 빠져나오면서 또 다시 항문 같음을 밝히며 드러내 그리다.
2012. 07. 10	의식 변화의 원리와 깨어남의 원리, 자각의 원리에 대하여 말하다
2012. 07. 16	9번째, 10, 11, 12, 13번째 자등명군을 빠져나오다. 두 번째 자등명군을 2012년 6월 29일 들어가기 시작해서 하나하나 드러내 밝히며 7월 3일에 빠져나왔고, 두 번째

자등명군을 빠져나와서는 어디로 가야하나? 고민하다가 3번째 자등명군에 들어가서는 7월 5일에 빠져나왔으며, 3번째를 빠져나와 4번째, 5번째 13번째 자등명군을 7월 16일 빠져나왔고, 4-13번째 자등명군은 빠져나온 날을 기록하지 않아서 하나하나 빠져나온 날은 모르겠고, 9번째에서 13번째 자등명군을 그려놓은 곳에 7월 16일을 써 놓은 것을 참조하여 16일 빠져나온 것으로 이야기하다

2012. 07. 18 생겨났던 수많은 손과 눈이 사라졌음을 말하며 필요에 의하여 수많은 손과 눈이 생겨나고 수행의 경지가 더 높아짐에 사라지는 것임을 말하다.

2012. 07. 18 14번째 자등명군 항문 같은 곳으로 빠져나오며 밝혀 드러내 그리다.

2012. 07. 19 15번째 자등명군 항문 같은 곳으로 빠져나오며 밝혀 드러내 그리다.

2012. 07. 20 16번째 자등명군 항문 같은 곳으로 빠져나오며 밝혀 드러내 그리다.

2012. 07. 21 17번째 자등명군 항문 같은 곳으로 빠져나오며 밝혀 드러내 그리다.

2012. 07. 23 수행 단계의 의식을 구분하여 말하다

2012. 07. 23 18번째 자등명군 항문 같은 곳으로 빠져나오며 밝혀 드러내 그리다.

2012. 07. 24 현재의식과 무의식 그리고 수행과의 관계를 1과 2로 나누어 말하다.

2012. 07. 24 19번째, 20번째 자등명군 항문 같은 곳으로 빠져나오며 밝혀 드러내 그리다.

2012. 07. 25 21번째 자등명군 항문 같은 곳으로 빠져나오며 밝혀 드러내 그리다.

2012. 07. 26 현재의식 잠재의식 무의식의 형성 과정에 대하여 말하다.

2012. 07. 26 22번째 자등명군 항문 같은 곳으로 빠져나오며 밝혀 드러내 그리다.

2012. 07. 27 23번째 자등명군 항문 같은 곳으로 빠져나오며 밝혀 드러내 그리다.

2012. 07. 30 현재의식과 잠재의식 무의식으로 인한 윤회의 원리에 대하여 밝히다.

2012. 07. 30 24번째, 25번째 자등명군 항문 같은 곳으로 빠져나오며 밝혀 드러내 그리다.

2012. 07. 31 26번째 자등명군 항문 같은 곳으로 빠져나오며 밝혀 드러내 그리다.

2012. 08. 01 27번째 자등명군 항문 같은 곳으로 빠져나오며 밝혀 드러내 그리다.

2012. 08. 02 28번째 자등명군 항문 같은 곳으로 빠져나오며 밝혀 드러내 그리다.

2012. 08. 03 29번째 자등명군 항문 같은 곳으로 빠져나오며 밝혀 드러내 그리다.

2012. 08. 04 30번째, 31번째 자등명군 항문 같은 곳으로 빠져나오며 밝혀 드러내 그리다.

2012. 08. 05 32번째, 33, 34, 35, 36번째 자등명군 항문 같은 곳으로 빠져나오며 밝혀 드러내 그리다.

2012. 08. 06 37번째, 38, 39, 40번째 자등명군 항문 같은 곳으로 빠져나오며 밝혀 드러내 그리다.

2012. 08. 07 41번째, 42, 43, 44, 45번째 자등명군 항문 같은 곳으로 빠져나오며 밝혀 드러내 그리다.

2012. 08. 08 46번째 자등명군 항문 같은 곳으로 빠져나오며 밝혀 드러내 그리다.

2012. 08. 11 46개의 자등명군을 빠져나와 또 다른 세계를 만나다.

2012. 08. 12 또 다른 자등명에 들어가서 원을 만나다

2012. 08. 13 또 다시 만나게 된 첫 번째는 원 안에 6각형이 연달아 4번 이어져 있으니 원6각4 자등명군,

두 번째는 원 안에 8각형이 연달아 12번 이어져 있으니 원8각12 자등명군,

세 번째는 원 안에 톱니바퀴 같은 것이 있고 5각형이 5번 이어져 있으니 원톱5각5 자등명군,

네 번째는 원 안에 미로같은 것이 10개 이어져 있으니 원미10 자등명군을 빠져나오다.

2012. 08. 14 빠져나온 4개의 자등명군을 밝혀 드러내 그리고, 새로운 (두 번째) 자등명군단 5-8번째 자등명군까지 밝혀 드러내다.

2012. 08. 15 두 번째 자등명군단 9-33번째 자등명군까지 밝혀 드러내다.

2012. 08. 16 34-50번째 자등명군을 빠져나오며 두 번째 자등명군단을 빠져나오다

2012. 08. 17 세 번째 자등명군단 9번째 자등명군까지 밝혀 드러내 그리다.

2012. 08. 18 세 번째 자등명군단 10-20번째 자등명군까지 밝혀 드러내 그리다.

2012. 08. 19 세 번째 자등명 군단 21-37번째 자등명군까지 밝혀 드

러내 그리며 세 번째 자등명군단을 빠져나오다.

2012. 08. 20 "네 번째 자등명군단을 향하여 흡(吸)호흡을 하면서.."란 글을 통하여 처음으로 자등명군들이 모여 있는 것을 군들이 모여 있으니 군단(群團)이란 이름을 붙여서 자등명군단을 말하다.

2012. 08. 21 네 번째 자등명군단에 밤에 들어가다.

2012. 08. 22 네 번째 자등명군단 1번째-20번째 자등명군을 밝혀 드러내 그리다.

2012. 08. 23 네 번째 자등명군단 21- 31번째 자등명군을 밝혀 드러내 그리며 네 번째 자등명군단을 빠져나오다.

2012. 08. 24 다섯 번째 자등명군단에 들어가 14번째 자등명군까지 밝혀 드러내 그리다.

2012. 08. 25 다섯 번째 자등명군단 15-24번째 자등명군까지 밝혀 드러내 그리다.

2012. 08. 26 시술하는 과정에서 필요에 의하여 3단계에서 56단계, 본성의 빛 자등명, 무한대.... 근본자등명...기억되는 자등명군까지... 그리고 1번째 자등명군단 2번째 3번째 4번째 5번째.... 15번째, 16번째....20번째 ...21번째 자등명군단 그렇게,.....60번째... 70번째,.... 80번째, ... 90번째....100번째 자등명군단을 뚫고 올라오다.

2012. 08. 27 5번째 자등명 군단 25-32번째 자등명군까지 밝혀 드러내 그리다.

2012. 08. 27 여섯 번째 자등명군단 1-11번째 자등명군까지 밝혀 드러내 그리다.

2012. 08. 28 100번째 자등명군단 위에 자등명을 전지전능영혼시초자등명이라 이름하고 이 자등명과 연결하여 100%다 받을 수 있도록 진언을 만들다.

2012. 08. 28 여섯 번째 자등명군단 12-35번째 자등명군까지 밝혀 드러내 그리다.

2012. 08. 28 일곱 번째 자등명군단 1-3번째 자등명군까지 밝혀 드러내 그리다.

2012. 08. 29 전지전능영혼시초(靈魂始初)자등명 위의 자등명 이름을 전지전능 초웅학영묘추(初雄學靈妙推) 자등명이란 이름짓고 이 자등명과 연결되도록 하는 진언을 만들다.

2012. 08. 29 일곱 번째 자등명군단 4-31번째 자등명군까지 밝혀 드러내 그리다.

2012. 08. 30 전지전능 초웅학영묘추(初雄學靈妙推) 자등명 그 위의

자등명 이름을 전지전능 초태조시영등(初太祖始靈燈) 태초(太初)자등명이란 이름짓고 이 자등명과 연결되도록 하는 진언을 만들다.

2012. 08. 30 전지전능 초태조시영등(初太祖始靈燈) 태초(太初)자등명 위에 자등명 이름을 시근(始根) 전지전능절대자라 이름짓고 이 절대자와 연결되도록 하는 진언을 만들다.

2012. 08. 30 시근(始根) 전지전능절대자 그 위에 절대자 이름을 초태조 절대자에서 최고 절대자라고 이름짓고 이 절대자와 연결되도록 하는 진언을 만들다.

2012. 08. 31 하나의 최고 절대자 둘의 최고 절대자를 명명하고 100개의 자등명군단 위 7개의 자등명을 빠져나와 그 위 부모격이고 조상격인 6개의 이름을 짓고 절대자 자등명으로 올라오다.

2012. 09. 02 1~ 100번째 자등명군단의 배열도와 그 위 7개의 자등명과 그 위 6개의 절대자 자등명의 위치의 배열(배치)도를 밝혀 드러내 그리다.

2012. 09. 02 100개의 자등명군단과 그 위 7개와 그 위 6개를 한 덩어리로 하고 있는 것을 빠져 나와, 또 다른 첫 번째 12개의 절대자 자등명이 있는 첫 번째 절대자자등명군, 그 위 22개의 절대자자등명이 있는 두 번째 절대자 자등명군, 30개의 절대자자등명이 있는 세 번째, 4번째 40개의 절대자등명, 6번째 60개의 절대자자등명군, 7번째, 8번째, 9번째 절대자자등명군을 밝혀 드러내 그리다.

2012. 09. 04 절대자자등명 1군단 10-21번째 절대자자등명군을 밝혀 드러내 그리고 절대자 자등명 2군단 1번째 절대자 자등명군을 밝혀 드러내 그리다.

2012. 09. 05 절대자자등명 2군단 1-5번째 절대자자등명군을 밝혀 드러내 그리다.

2012. 09. 06 절대자자등명 2군단 6-9번째 절대자자등명군을 밝혀 드러내 그리다.

2012. 09. 07 100개의 자등명군단을 한 덩어리로 한 이름을 자등명(自燈明) 초대(初代)근본혜(根本惠) 군단(群團)이라 이름짓고 이 한 덩어리와 연결되도록 하는 진언을 만들다.

2012. 09. 07 절대자자등명 2군단 10-16번째 절대자자등명군을 밝혀 드러내 그리다.

2012. 09. 07 100개의 자등명군단과 그 위 7개 그 위에 6개를 한 덩어리로 한 이름을 자등명(自燈明) 초대(初代) 근본혜(根本

惠) 군단(群團) 현보(現寶)라 이름짓고 이 한 덩어리와 연결되도록 하는 진언을 만들다.

2012. 09. 08   절대자자등명 2번째 군단 17번째 절대자자등명군을 밝혀 드러내 그리고 1-17번째 절대자자등명군의 배열(배치) 도 밝혀 드러내 그리다.

2012. 09. 09   절대자자등명 3군단 1-3번째 절대자자등명군을 밝혀 드러내 그리다

2012. 09. 10   절대자자등명 3군단 4-15번째 절대자자등명군을 밝혀 드러내 그리고 절대자자등명 3군단 1-15절대자자등명군 배열(배치)도를 밝혀 드러내 그리다. 절대자 4군단 1번째 절대자자등명군을 밝혀 드러내 그리다.

2012. 09. 11   절대자자등명 4군단 2-3번째 절대자자등명군을 밝혀 드러내 그리다

2012. 09. 11   확철대오의 깨달음은 끝이 아니라 새로운 시작이라고 말하다

2012. 09. 11   100개의 절대자자등명군단의 배열(배치)도를 밝혀 드러내 그리고 그 위에6개 있는 것을 밝혀 드러내 그리다.

2012. 09. 11   100개의 절대자자등명군단의 이름, 즉 한 덩어리로 한 이름을 태초(太初)자등명(自燈明) 기사예(騎士禮) 절대자 견태초(見太初)자등명군단이라 이름 짓고, 한 덩어리의 100개의 절대자자등명군단과 연결하고 에너지 기운을 받도록 하는 진언을 만들다.

2012. 09. 12   100개의 절대자자등명군단 위에 있는 6개의 이름의 짓고, 100개의 절대자자등명군단과 그 위에 6개의 절대자자등명을 한 덩어리로 보았을 때 이름을 절대자자등명군단 최고자등명근본이라 짓고 이 진언을 만들다.

2012. 09. 12   절대자자등명 4군단 4-9번째 절대자자등명군을 밝혀 드러내 그리다

2012. 09. 12   절대자 최고자등명 1군단 1-2번째 절대자 최고자등명군을 밝혀 드러내 그리다.

2012. 09. 13   본인은 수행 정진하여 올라온 절대자자등명을 밝혀 드러 냈을 뿐 전지전능한 자등명도 절대자자등명도 절대자최고 자등명도 아니라고 말하다.

2012. 09. 13   절대자자등명 4군단 1-9절대자자등명군 배열(배치)도를 밝혀 드러내 그리다.

2012. 09. 13   절대자 최고자등명 1군단 3번째 절대자 최고자등명군을 밝혀 드러내 그리다.

2012. 09. 13	절대자자등명군단이 사랑한다며 10군단까지 밝혀 드러내 그려달라는 듯 자발공이 일어나며 글로 말하다.
2012. 09. 14	절대자 최고자등명 1군단 4-6번째 절대자 최고자등명군 을 밝혀 드러내 그리다.
2012. 09. 15	절대자자등명 5군단 1-6번째 절대자자등명군을 밝혀 드 러내 그리고, 절대자자등명 5군단 1-6절대자자등명군 배 열(배치)도를 밝혀 드러내 그리다.
2012. 09. 15	절대자 최고자등명 1군단 7-10번째 절대자 최고자등명 군을 밝혀 드러내 그리고, 절대자 최고자등명군 1군단 10개의 절대자 최고자등명군 배열(배치)도를 밝혀 드러 내 그리다.
2012. 09. 16	100개의 절대자 최고자등명군단 배열(배치)도를 밝혀 드 러내 그리고, 100개의 절대자최고자등명군단 위의 6개 최고자등명을 밝혀 드러내 그리다
2012. 09. 16	절대자자등명 6군단 1-2번째 절대자자등명군을 밝혀 드 러내 그리다.
2012. 09. 17	100개의 절대자 최고자등명군단을 한 덩어리로 한 이름 을 시태조최초(始太祖最初) 시현대근본(始現代根本) 절 대자최고자등명 군단이라 짓고, 시태조최초 시현대근본 절대자최고자등명 군단 위에 6개 이름, 1번째 최초절대자 최고자등명, 2번째 태초(太初)절대자태초자등명, 3번째 시태조(始太祖)절대자태초자등명, 4번째 태조절대자태초 자등명 최초시근본(最初始根本), 5번째 태조(太祖) 자등 명 태초(太初)절대자, 6번째 최초태초근본 시근본(始根 本)절대자 이름을 짓다.
2012. 09. 17	100개의 절대자최고자등명군단과 그 위에 6개의 절대자 최고자등명을 한 덩어리로 보았을 때 이 덩어리의 이름 최초시근본(最初始根本) 태초(太初)절대자 근본(根本)현 보(現寶)라고 짓고 이것의 진언을 짓다.
2012. 09. 18	절대자자등명 6군단 3-6번째 절대자자등명군을 밝혀 드 러내 그리다.
2012. 09. 19	절대자자등명 6군단 7-10번째 절대자자등명군을 밝혀 드러내 그리고, 절대자자등명 군단 10개의 절대자자등명 군 배열(배치)도를 밝혀 드러내 그리다.
2012. 09. 19	절대자자등명 7군단 1-7번째 절대자자등명군을 밝혀 드 러내 그리고, 절대자자등명 7군단 7개의 절대자자등명군

배열(배치)도를 밝혀 드러내 그리다.

2012. 09. 20　뗏목을 버리듯 부처도 버려야 한다고 말하다

2012. 09. 20　태초절대자자등명 1군단 1-4번째 태초절대자자등명군을 밝혀 드러내 그리다.

2012. 09. 21　태초절대자자등명 1군단 5-9번째 태초절대자자등명군을 밝혀 드러내 그리고, 태초절대자자등명 1군단 9개의 태초절대자자등명군 배열(배치)도를 밝혀 드러내 그리다.

2012. 09. 22　절대자자등명 8군단 1-5번째 절대자자등명군을 밝혀 드러내 그리고, 절대자자등명 8군단 5개의 절대자자등명군 배열(배치)도를 밝혀 드러내 그리다.

2012. 09. 22　절대자자등명 9군단 1번째 절대자자등명군을 밝혀 드러내 그리다.

2012. 09. 24　절대자자등명 9군단 2-5번째 절대자자등명군을 밝혀 드러내 그리고, 절대자자등명 9군단 5개의 절대자자등명군 배열(배치)도를 밝혀 드러내 그리다.

2012. 09. 25　절대자자등명 10군단 1번째 절대자자등명군을 밝혀 드러내 그리다.

2012. 09. 26　절대자자등명 10군단 2-3번째 절대자자등명군을 밝혀 드러내 그리고, 절대자자등명 10군단 3개의 절대자자등명군 배열(배치)도를 밝혀 드러내 그리다.

2012. 09. 27　절대자자등명 11군단 1번째 절대자자등명군을 밝혀 드러내 그리다.

2012. 09. 28　절대자자등명 11군단 2번째 절대자자등명군을 밝혀 드러내 그리고, 절대자자등명 11군단 2개의 절대자자등명군 배열(배치)도를 밝혀 드러내 그리다.

2012. 09. 29　100개의 태초절대자자등명 군단의 배열(배치)도를 그리고 100개의 태초절대자자등명군단과 그 위 6개를 포함한 배열(배치)도를 그리다.

2012. 09. 29　100개의 태초절대자자등명 군단을 한 덩어리로 한 이름을 현시혜자(現始慧自) 태초절대자 군단 태자모(太子母)라 짓고, 100개의 태초절대자자등명 군단 위에 6개의 이름을 1번째 초태조(超太祖) 절대자, 2번째 초월태조(超越太祖) 절대자, 3번째 초태조 시현시모(始現始母) 절대자, 4번째 시현시모 근본현대(根本現代) 절대자, 5번째 시조(始祖)초월 절대자 자등명, 6번째 근초시(近初始) 초절대자 자등명이라 지었다. 그리고 태초절대자자등명 100개의 군단과 6개를 한 덩어리로 한 이름을 현시혜자(現始

慧自) 태초절대자 태자모(太子母) 현보로 지었으며 100
개의 태초절대자자등명 군단과 6개를 한 덩어리를 있는
그대로 100% 받을 수 있는 진언을 짓다.

2012. 09. 29 절대자최고자등명 2군단 1-4번째 절대자최고자등명군을
밝혀 드러내 그리다.

2012. 10. 02 100개의 초절대자자등명군단의 배열(배치)도를 그리고,
100개의 초절대자자등명군단과 그 위에 6개를 포함한 배
열(배치)도를 그리다.

2012. 10. 02 100개의 초절대자자등명 군단 밖, 초절대자자등명군단
그 위 6개 자등명이 시작되는 1번째 사이에 있는 아메바
같기도 하고 오뚝이 같기도 한 것을 최근영미현(最近靈美
現)이라 이름 짓고 이것들이 뭉쳐 있는 덩어리를 현시태
이(現示太爾)라 이름짓다.

2012. 10. 03 100개의 초절대자자등명군단을 절대자 초탈(超脫)자등명
군단(群團)이라 이름짓고, 100개의 초절대자등명군단과
그 위에 6개를 포함한 한 덩어리의 이름을 초(超)절대자
시대태시현시(始代太始現示)라 지었으며, 100개의 초절
대자자등명군단과 그 위에 6개를 한 덩어리를 있는 그대
로 100% 받을 수 있는 진언을 지었다.

2012. 10. 03 초절대자자등명1군단 1번째 초절대자자등명군을 밝혀 드
러내 그리다.

2012. 10. 03 처음으로 자연스럽게 1번째 손가락과 2번째 손가락이 맞
닿는 수인(手印)이 행해졌다.

2012. 10. 04 본인이 만든 진언을 염하거나 암송하는 것에 대하여 말하다.

2012. 10. 05 초탈절대자자등명 1군단 1번째 초탈절대자자등명군을 밝
혀 드러내 그리다.

2012. 10. 06 자등명세계로 올라오는 수행법을 말하다.

2012. 10. 06 100개의 초탈절대자자등명군단의 배열(배치)도를 그리
고, 100개의 초탈절대자자등명군단과 그 위에 6개를 포
함한 배열(배치)도를 그리다.

2012. 10. 06 100개의 초탈절대자자등명군단을 한 덩어리로 한 이름을
초탈(超脫)절대자 현대시태초(現代始太初)라 짓고, 100
개의 초탈절대자자등명군단과 그 위에 6개를 한 덩어리
로 한 이름을 현대시태초(現代始太初) 현현시태초(顯現
始太初) 현대태초(現代太初) 현(現)절대자시초(始初)라
짓고, 있는 그대로 100% 연결되고 100% 받을 수 있는
진언을 만들다. 그리고 100개의 초탈절대자자등명군단과

그 위에 6개의 이름을 짓다.

2012. 10. 08　100개의 초태마하절대자 자등명군단의 배열(배치)도를 그리고, 100개의 초태마하절대자 자등명군단과 그 위에 6개를 포함한 배열(배치)도를 그리고, 100개의 초태마하절대자 자등명군단을 한 덩어리로 한 이름을 현태초시(現太初示) 초태마하(超太摩訶)절대자 근본(根本)현보(現寶)라 짓고, 100개의 초태마하절대자 자등명군단과 그 위에 6개를 한 덩어리로 한 이름을 근현대초시(近現代初示) 초태마하(超太摩訶)절대자 현대현초보시(近現代現初寶示)라 이름 짓고, 100개의 초태마하절대자 자등명군단과 그 위에 6개를 한 덩어리로 한 진언을 만들다. 그리고 100개의 초태마하(超太摩訶)절대자 자등명군단 위에 6개 자등명의 이름을 짓다.

2012. 10. 08　100개의 시태마하절대자 자등명군단의 배열(배치)도를 그리고, 100개의 시태마하절대자 자등명군단과 그 위에 6개를 포함한 배열(배치)도를 그리고, 100개의 시태마하(示太摩訶)절대자 자등명군단을 한 덩어리로 한 이름을 최현태자(最現太自) 자보태초시(自寶太超示) 근본절대자 현시태마하(現示太摩訶) 최현시(最現示)라 짓고, 100개의 시태마하절대자 자등명군단과 그 위에 6개를 한 덩어리로 한 이름을 최극최마하(最極最摩訶) 자보태초시(自寶太超示) 근본절대자 현시태마하(現示太摩訶)라 짓다.

2012. 10. 09　1번째와 2번째 손가락 오링하고 오링한 왼손과 오른손을 연결하고 3, 4, 5번째 손가락을 붙인 왼손바닥 위에 오른쪽 3,4,5번째 손가락 붙인 것을 올려놓은 수인을 내놓고, 1번째와 2번째 손가락 오링하고 오링한 왼손과 오른손을 연결하고 왼손 오른손 3, 4, 5번째 손가락 끝 지문을 붙인 수인을 하고 천궁 앞부분에 놓되 반개한 눈이 3번째 손가락이 맞닿아 있는 끝부분을 보면서 명상하니 수행이 저절로 이루어짐을 말한다. 위 수인을 통하여 수인을 함과 함께 수행이 저절로 이루어짐을 처음으로 경험하고 체험하다.

2012. 10. 09　100개의 시태마하절대자 자등명군단과 그 위에 6개를 한 덩어리로 한 진언을 만들고 시태마하(示太摩訶) 절대자 위에 6개 자등명의 이름은 짓다.

2012. 10. 09　100개의 극현마하(極懸摩訶)절대자 자등명군단의 배열

(배치)도를 그리고, 100개의 극현마하절대자 자등명군단
과 그 위에 7개를 포함한 배열(배치)도를 그리고, 100개
의 극현마하절대자 자등명군단을 한 덩어리로 한 이름을
극현마하(極懸摩訶)절대자 근현자보시(近現自寶始) 근현
마하보(近現摩訶寶) 근현태(近懸太)라 짓고, 100개의 극
현마하절대자 자등명군단과 그 위에 7개를 한 덩어리로
한 이름을 극현초보시(極懸超寶始) 근현마하보(近現摩訶
寶) 극현마하절대자 극근현태(極近現太) 근본태현(根本
太現)라 짓고, 100개의 극현마하절대자 자등명군단과 그
위에 7개를 한 덩어리로 한 진언을 만들고, 극현마하절대
자 자등명 위에 7개 자등명 이름을 짓다.

2012. 10. 09 100개의 마하극마하(摩訶極摩訶)절대자 자등명군단의 배
열(배치)도를 그리고, 100개의 마하극마하절대자 자등명
군단과 그 위에 10개를 포함한 배열(배치)도를 그리고,
100개의 마하극마하절대자 자등명군단을 한 덩어리로 한
이름을 극현태자(極顯太自) 마하시초(摩訶始超) 마하극
마하(摩訶極摩訶)절대자라 짓고, 100개의 마하극마하절
대자 자등명군단과 그 위에 10개의 자등명을 한 덩어리
로 한 이름을 극태자마하(極太自摩訶) 극현태자(極顯太
自) 마하극마하(摩訶極摩訶)절대자 현태시근본현(顯太始
根本現) 시현태자(始懸太自) 극마하(極摩訶)라 짓고,
100개의 마하극마하절대자 자등명군단과 그 위에 10개의
자등명을 한 덩어리로 한 진언을 만든다.

2012. 10. 10 100개의 마하극마하절대자 자등명군단 위에 10개의 자등
명 이름을 짓다.

2012. 10. 10 100개의 근현최마하극마하(近現最摩訶極摩訶)절대자 자
등명군단의 배열(배치)도를 그리고, 100개의 근현최마하
극절대자 자등명군단과 그 위에 10개를 포함한 배열(배
치)도를 그리고, 100개의 근현최마하극마하절대자 자등
명군단을 한 덩어리로 한 이름을 극현태자혜태자(極懸太
自惠太子)   근현최마하극마하(近現最摩訶極摩訶)절대자
대태자시마하(代太自始摩訶)   근본현초시(根本懸超始)라
짓고, 100개의 근현최마하극마하(近現最摩訶極摩訶)절대
자 자등명군단과 그 위에 10개를 한 덩어리로 한 이름을
극극태자현초대(極極太子懸超代)   현극태시대(懸極太始

- 211 -

代) 대태자시마하(大太子始摩訶) 근본현초시(根本懸超始)라 짓고, 100개의 근현최마하극마하절대자 자등명군단과 그 위에 10개를 한 덩어리로 한 진언을 만들고 그 위에 10개의 자등명 이름을 짓다.

2012. 10. 10   100개의 마하극현태(摩訶極懸太) 자등명군단의 배열(배치)도를 그리고, 100개의 마하극현태 자등명군단과 그 위에 10개를 포함한 배열(배치)도를 밝혀 드러내 그리다

2012. 10. 10   100개의 극현시현마하극(極現示懸摩訶極) 자등명군단의 배열(배치)도를 그리고, 100개의 극현시현마하극 자등명군단과 그 위에 10개를 포함한 배열(배치)도를 밝혀 드러내 그리다.

그 위 이름 짓지 않은 100개의 □□□□□ 자등명군단의 배열(배치)도를 그리고 100개의 □□□□□ 자등명군단과 그 위에 10개를 포함한 배열(배치)도를 밝혀 드러내 그리다.

그 위에 이름 짓지 않은 100개의 □□□□□□□□□ 자등명군단의 배열(배치)도를 그리고 100개의 □□□□ □□□□□□ 자등명군단과 그 위에 10개를 포함한 배열(배치)도를 밝혀 드러내 그리다.

그 위에 이름 짓지 않은 100개의 □□□□□□□□□□ □□ 자등명군단의 배열(배치)도를 그리고 100개의 □□ □□□□□□□□ 자등명군단과 그 위에 10개를 포함한 배열(배치)도를 밝혀 드러내 그리다.

그 위에 이름 짓지 않은 100개의 □□□□□□□□□ 자등명군단의 배열(배치)도를 그리고 100개의 □□□□ □□□□□□ 자등명군단과 그 위에 10개를 포함한 배열(배치)도를 밝혀 드러내 그리다.

그 위 이름 짓지 않은 100개의 □□□□□□□□□ □□□□ 자등명군단의 배열(배치)도를 그리고 100개의 □□□□□□□□□□□□□ 자등명군단과 그 위에 10개를 포함한 배열(배치)도를 밝혀 드러내 그리다.

그 위 이름 짓지 않은 100개의 □□□□□□□□□ 자등명군단의 배열(배치)도를 그리고 100개의 □□□□□ □□□□□ 자등명군단과 그 위에 10개를 포함한 배열(배치)도를 밝혀 드러내 그리다.

그 위 이름 짓지 않은 100개의 □□□□□□□□□

□□□□ 자등명군단의 배열(배치)도를 그리고 100개의 □□□□□□□□□□□□□□□ 자등명군단과 그 위에 5개를 포함한 배열(배치)도를 밝혀 드러내 그리다.

그 위 이름 짓지 않은 100개의 □□□□□ 자등명군단의 배열(배치)도를 그리고 100개의 □□□□□ 자등명군단과 그 위에 5개를 포함한 배열(배치)도를 밝혀 드러내 그리다.

그 위 이름 짓지 않은 46개의 □□□□□□□□□ 자등명군단의 배열(배치)도를 그리고 46개의 □□□□□□ □□□□ 자등명군단과 위에 5개를 포함한 배열(배치)도를 밝혀 드러내 그리다.

그 위 이름 짓지 않은 24개의 □□□□□자등명군단의 배열(배치)도를 그리고 100개의 □□□□□ 자등명군단과 그 위에 4개를 포함한 배열(배치)도를 밝혀 드러내 그리다.

그 위 이름 짓지 않은 25개의 □□□□□□□□□ 자등명군단의 배열(배치)도를 그리고 25개의 □□□□□□ □□□□ 자등명군단과 그 위에 4개를 포함한 배열(배치)도를 밝혀 드러내 그리다.

그 위 이름 짓지 않은 15개의 □□□□ 자등명군단의 배열(배치)도를 그리고 15개의 □□□□ 자등명군단과 그 위에 4개를 포함한 배열(배치)도를 밝혀 드러내 그리다.

그 위 이름 짓지 않은 15개의 □□□□□□□ 자등명군단의 배열(배치)도를 그리고 15개의 □□□□□□□ 자등명군단과 그 위에 개를 포함한 배열(배치)도를 밝혀 드러내 그리다.

그 위 이름 짓지 않은 10개의 □□□□□□□□□□□ □□□ 자등명군단의 배열(배치)도를 그리고 15개의 □ □□□□□□□□□□□□□ 자등명군단과 그 위에 2개를 포함한 배열(배치)도를 밝혀 드러내 그리다.

그 위 이름 짓지 않은 5개의 □□□□□□□□□ 자등명군단의 배열(배치)도를 밝혀 드러내 그리다.

그 위 이름 짓지 않은 4개의 □□□□□□□□□□자등명군단의 배열(배치)도를 밝혀 드러내 그리다.

2012. 10. 10 그 위 하나만 있는 자등명의 이름을 시현극예시현자자근본(示懸極豫始懸自子根本) 자등명이라 이름 짓다.

2012. 10. 11 100개의 마하극현태 자등명군단을 한 덩어리로 한 이름을 극누근현태시(極漏近現太示) 근자현보(近子懸寶) 마

- 213 -

하극현태(摩訶極懸太)라 짓고, 100개의 마하극현태 자등명군단과 그 위에 10개를 한 덩어리로 한 이름을 시보극마하(示寶極摩訶) 마하극극현초태(摩訶極極現超太) 초시보(超示寶) 마하극현태(摩訶極懸太)라 짓고, 100개의 마하극현태(摩訶極懸太) 자등명군단과 그 위에 10개를 한 덩어리로 한 진언을 만들고, 마하극현태 자등명군단 그 위에 10개의 자등명 이름을 짓다.

2012. 10. 11 또 다른 세계로 들어가다.

2012. 10. 11 지옥에서부터 근본자등명, 그리고 모든 절대자자등명군단과 맨 위 하나를 전체의 하나를 한 덩어리로 있는 이름을 근현대극현초미(近現代極顯超未) 자미대극보시현(自未代極寶示懸) 태극시현초보미(太極示懸超寶未) 태현초시(太現招始)라 지었다. 이 전체를 한 덩어리한 세계를 태극(太極) 자등명 세계(世界)라 이름 짓다.

2012. 10. 11 태극자등명 세계를 빠져 나와 또 다른 세계를 빠져나오다. 또 다른 세계의 이름을 태극마하(太極摩訶) 세계라 이름 짓다.

2012. 10. 12 태극 세계를 한 덩어리로 한 세계를 첫 번째 하나로 해서 둘 셋 넷....줄줄이 20개가 있는데 그 20개 중에 1번째 태극자등명 세계, 2번째 태극마하 세계의 이름을 빼고 18개의 이름을 짓다.

2012. 10. 12 위 20개 전체가 한 덩어리의 하나로 시작하는 더 큰 세계 1번째에 20개, 2번째에 30개, 3번째 50개, 4번째에 100개, 5번째에 80개, 6번째에 50개, 7번째에 20개, 8번째에 15개, 9번째에 10개, 10번째에 8개가 있는 것을 밝혀 드러내 그리고 더 큰 세계 10개 각기 저마다의 이름을 짓다. 그리고 1-10번째까지를 전부 다 포함해서 한 덩어리로 한 이름을 비비비초현(非非非超現) 비시비비시현(非始非示顯) 비시비시현(非始非示懸) 비비시비비시현(非非始非示懸)라 짓다.

2012. 10. 13 위 10개를 한 덩어리의 하나로 시작하는 더 큰 세계를 첫 번째로 시작해서 1번째에 10개, 2번째에 100개, 3번째에 90개, 4번째에 70개, 5번째에 60개, 6번째에 50개, 7번째에 30개, 8번째에 9번째에, 10개, 10번째에 5개가 있는 더 큰 세계 10개를 밝혀 드러내 그리다. 위 더 큰 세계 10개가 한 덩어리가 첫 번째로 시작되어 2번째에

20개, 3번째에 50개, 4번째에 100개, 5번째에 100개, 6번째에 90개가 있는 더 큰 세계를 밝혀 드러내 그리다.

위 더 큰 세계 6개가 한 덩어리로 첫 번째로 시작되어 2번째에 8개, 3번째에 8개, 4번째 에 10개가 있는 더 큰 세계를 밝혀 드러내 그리다.

위 더 큰 세계 4개가 한 덩어리로 첫 번째로 시작되어 2번째에 5개를 포함하고 있는 더 큰 세계를 밝혀 드러내 그리다.

위 2개를 한 덩어리로 하나의 세계를 빠져 나와 멀리 또 다른 세계가 보임을 말하다. 10월 15일 2개가 덩어리 한 세계를 비시근(非始近)세계라 이름 짓다. 또 다른 세계가 줄줄이 ∧ 모양으로 올라가는 쪽으로 10개 내려오는 쪽으로 10개 이와 같이 20개가 있는 세계를 밝혀 드러내 그리고, 10월 15일 이 세계를 한 덩어리로 한 이름을 근비비시(近非非示)세계라 이름 짓다. ∧모양으로 20개가 있는 근비비시세계를 첫 번째로 해서 2번째에 50개, 3번째에 60개, 4번째에 30개, 5번째에 10개가 있는 세계를 저마다 각기 배열(배치)도를 밝혀 드러내 그리고, 10. 15일 1, 2, 3, 4, 5번째가 ─자 있는 전체를 하나의 한 덩어리 한 이름 근비시현(近非示現)세계라 이름 짓다.

위 줄줄이 다섯 개가 있는 근비시현 세계를 첫 번째에 5개, 2번째에 5개, 3번째에 4개, 4번째에 4개, 5번째에 5개가 있는 세계 저마다 각기 배열(배치)도를 밝혀 드러내 그리고, 1, 2, 3, 4, 5번째가 ⌐자로 있는 전체를 하나의 한 덩어리로 한 이름을 근시현(近始現) 세계라 이름 짓다.

⌐자로 있는 5개가 있는 근시현(近始現) 세계를 한 덩어리로 첫 번째, 2번째, 3번째가 삼각형 비슷하게 있는 세계 저마다 각기 배열(배치)도를 밝혀 드러내 그리고 10월 15일 1, 2, 3번째 전체를 하나의 한 덩어리로 한 이름을 근현(近懸) 세계라 이름 짓다.

위 3개가 한 덩어리로 있는 근현세계를 첫 번째 그 아래로 2번째가 있는 세계 저마다 각기 배열(배치)도를 밝혀 드러내 그리고, 10. 15일 1, 2번째 전체를 하나의 한 덩어리로 한 이름을 비근현초(非近懸超)세계라 이름 짓다.

위 2개가 하나로 있는 비근현초세계를 하나로 있는 세계 저마다 각기 배열(배치)도를 밝혀 드러내 그리고, 이 하나의 세계의 이름을 극근현(極近懸)이라 이름 짓다.

위 2개가 한 덩어리로 있는 극근현 세계와 같은 세계가 10개가 이어져 있는 세계 배열(배치)도를 밝혀 드러내 그리고, 10개가 이어져 있는 세계 전체를 하나의 한 덩어리로 한 이름 시비현(示非懸)이라 이름 짓다.

위 10개가 한 덩어리로 있는 시비현 세계와 같은 세계 9개가 이어져 있는 세계 배열(배치)도를 밝혀 드러내 그리고, 9개가 이어져 있는 세계 전체를 하나의 한 덩어리로 한 이름을 시태시극현(示太示極懸)이라 이름 짓다.

위 9개가 한 덩어리로 있는 시태시극현 세계와 같은 세계가 8개 이어져 있는 세계 배열(배치)도를 밝혀 드러내 그리고, 8개가 이어져 있는 세계 전체를 하나의 한 덩어리로 한 이름을 시현태비현(示懸太非懸)이라 이름 짓다.

위 8개가 한 덩어리로 있는 시현태비현 세계와 같은 세계가 8개 있는 세계 배열(배치)도를 밝혀 드러내 그리고, 8개가 이어져 있는 세계 전체를 하나의 한 덩어리로 한 이름을 시극비시현(示極非示懸)이라 이름 짓다.

위 8개가 한 덩어리로 있는 시극비시현 세계가 7개 있는 세계 배열(배치)도를 밝혀 드러내 그리고, 7개가 이어져 있는 세계 전체를 하나의 한 덩어리로 한 이름을 시근비비현(示近非非懸)이라 이름 짓다.

위 7개가 한 덩어리로 있는 시근비비현 세계가 6개 있는 세계 배열(배치)도를 밝혀 드러내 그리고, 6개가 이어져 있는 세계 전체를 하나의 한 덩어리로 한 이름을 비태초비시(非太超非示)라 이름 짓다.

위 6개가 한 덩어리로 있는 비태초비시 세계가 5개 있는 세계 배열(배치)도를 밝혀 드러내 그리고, 5개가 이어져 있는 세계 전체를 하나의 한 덩어리로 한 이름을 근비극시(近非極示)라 이름 짓다.

그 위 5개가 한 덩어리로 있는 근비극시 세계가 4개 있는 세계 배열(배치)도를 밝혀 드러내 그리고, 4개가 이어져 있는 세계 전체를 하나의 한 덩어리로 한 이름을 근비시시(近非示是)라 이름 짓다.

위 4개가 한 덩어리로 있는 근비시시 세계가 3개 있는 세계 배열(배치)도를 밝혀 드러내 그리고, 3개가 이어져 있는 세계 전체를 하나의 한 덩어리로 한 이름을 극현시비(極懸是非)라 이름 짓다.

위 3개가 한 덩어리로 있는 극현시비 세계가 2개 있는 세계 배열(배치)도를 밝혀 드러내 그리고, 2개가 이어져 있는 세계 전체를 하나의 한 덩어리로 한 이름을 비시극시(非示極是)라 이름 짓다.

위 2개가 한 덩어리로 있는 비시극시 세계가 하나로 있는 것을 밝혀 드러내 그리고 이 하나의 이름 비근태시현(非近太是現)이라 이름 짓다.

2012. 10. 15 비근태시현을 첫 번째 하나를 시작으로 해서 2, 3,...10개씩 310개가 있는 배열(배치)도 밝혀 드러내 그리고,

이 한 덩어리로 한 이름을 현시시(懸示是)라 이름 짓고, 현시시를 첫 번째로 시작해서 2. 3. 4.... 10개씩 170개가 있는 배열(배치)도를 밝혀 드러내 그리고, 이 한 덩어리로 한 이름 시비시초현(示非始超懸)라 이름 짓고, 시비시초현을 첫 번째로 시작해서 2, 3, 4, 5개씩 25개가 있는 배열(배치)도를 밝혀 드러내 그리고, 이 한 덩어리로 한 이름 시비초현(示非超懸)라 이름 짓고, 시비초현을 첫 번째로 시작해서 2, 3, 4,... 10개씩 150개가 있는 배열(배치)도를 밝혀 드러내 그리고, 이 한 덩어리로 한 이름 비시현초(秘示懸超)라 이름 짓고, 비시현초를 첫 번째로 시작해서 2, 3, 4,... 10개씩 120개가 있는 배열(배치)도를 밝혀 드러내 그리고, 이 한 덩어리로 한 이름 비마하초현(秘摩訶超懸)라 이름 짓고 비마하초현을 첫 번째로 시작해서 2, 3, 4,... 20개씩 240개가 있는 배열(배치)도를 밝혀 드러내 그리고,

이 한 덩어리로 한 이름 비시태현(秘示太懸)라 이름 짓고 비시태현을 첫 번째로 시작해서 2, 3, 4,.... 10개씩 140개가 있는 배열(배치)도를 밝혀 드러내 그리고, 이 한 덩어리로 한 이름 비시자극태(秘示自極太)라 이름 짓고, 비

시자극태를 첫 번째로 시작해서 2, 3, 4,....20개씩 280개가 있는 배열(배치)도를 밝혀 드러내 그리고,

이 한 덩어리로 한 이름 비시극현시(秘示極懸始)라 이름 짓고, 비시극현시를 첫 번째로 시작해서 2, 3, 4, ...20개씩 180개가 있는 배열(배치)도를 밝혀 드러내 그리고,

이 한 덩어리로 한 이름 비시현비시태현(秘示懸非始太懸)라 이름 짓고, 시현비시태현을 첫 번째로 시작해서 좌측에서 우측으로 줄줄이 2, 3, 4,... 100개가 있는 배열(배치)도를 밝혀 드러내 그리고,

이 한 덩어리로 한 이름 비극비시현태(秘極非示懸太)라 이름 짓고, 비극비시현태를 첫 번째로 시작해서 우측에서 좌측으로 줄줄이 2, 3, 4,.... 100개가 있는 배열(배치)도를 밝혀 드러내 그리고,

이 한 덩어리로 한 이름 비시비극태(秘示秘極太)라 이름 짓고, 비시비극태를 첫 번째로 시작해서 2, 3, 4,...하나의 군 배열(배치)도를 밝혀 드러내 그리고, 극현태시마(極懸太示摩) 1시초시현군(始超始顯群)라 이름 짓다

2012. 10. 16 극현태시마 시초시현 1군(群)을 빠져 나와 2번째 군 배열(배치)도를 밝혀 드러내 그리고, 극현태시마(極懸太示摩) 시초시현 2군(始超始顯群)라 이름 짓고 극현태시마 시초시현 2군(群)을 빠져 나와 3번째 군 배열(배치)도를 밝혀 드러내 그리고, 극현태시마(極懸太示摩) 시초시현 3군(始超始顯群)라 이름 짓고 극현태시마 시초시현 3군(始超始顯群)을 빠져나와 군단 배열(배치)도를 밝혀 드러내 그리고, 극비시극시비현(極非示極示秘懸) 비극현비군단(非極顯非群團)라 이름 짓다.

2012. 10. 18 극비시극시비현 비극현비군단을 빠져나와 군단 배열(배치)도를 밝혀 드러내 그리고, 비근비시현(秘近非示懸) 비비현군단(非非懸群團)라 이름 짓고 100개의 군단 배열(배치)도를 밝혀 드러내 그리고 이 100개의 군단의 이름을 비극비비현(非極秘非懸) 비시한군단(非示限群團)이라 이름 짓고, 이것을 한 덩어리로 한 이름을 시근비시근현(是近秘是近懸)라 이름 짓고, 100개의 군단 위 3개가 둘러싸고 있는 배열(배치)도를 밝혀 드러내 그리고 100개의 군단과 3개를 포함한 한 덩어리로 한

이름을 조근시근현(祖近示近懸)이라 이름 짓다

2012. 10. 20　100개의 군단 배열(배치)도를 밝혀 드러내 그리고, 이 100개의 군단의 이름을 비근비비한(秘近非秘限) 비시한 군단(非示限群團)이라 이름 짓고, 이것을 한 덩어리로 한 이름을 초시태근한(超示太近限)라 이름 짓고, 100개의 군단 위 3개가 둘러싸고 있는 배열(배치)도를 밝혀 드러 내 그리고 100개의 군단과 3개가 둘러 싸고 있는 배열 (배치)도를 한 덩어리로 한 이름을 근태근초근한(近太近 超近限)이라 이름 짓고 100개의 군단 배열(배치)도를 밝 혀 드러내 그리고, 100개의 군단의 이름을 비비한(秘非 限) 비시한군단(非示限群團)이라 이름 짓고, 이것을 한 덩어리로 한 이름을 비근비근한(秘近非近限)이라 짓고, 100개의 군단 위 3개가 둘러싸고 있는 배열(배치)도를 밝혀 드러내 그리고 100개의 군단과 3개가 둘러싸고 있 는 것을 포함해서 한 덩어리로 한 이름을 초현시근한(初 現是近限)이라 이름 짓고 100개의 군단 배열(배치)도를 밝혀 드러내 그리고, 100개의 군단의 이름을 비근한(秘 近限) 비근한군단(非近限群團)이라 이름 짓고, 이것을 한 덩어리로 한 이름을 비비근비근한(秘非限秘近限)이라 짓 고, 100개의 군단 위 3개가 둘러싸고 있는 배열(배치)도 를 밝혀 드러내 그리고 100개의 군단과 3개가 둘러싸고 있는 것을 포함해서 한 덩어리로 한 이름을 비비한근한 (秘非限近限)이라 이름 짓다

2012. 10. 21　현태영(現太靈) 수인(1), 태영태초(太靈太初) 수인(2), 근태시태영(近太始太靈) 수인(3), 근태초영혼(近太初靈 魂) 수인(4), 태태초영혼(太太初靈魂) 수인(5), 태미태초 영혼(太彌太初靈魂) 수인(6)을 내놓다

2012. 10. 21　100개의 군단 배열(배치)도를 밝혀 드러내 그리고, 100 개의 군단의 이름을 시근한(示近限) 비한군단(非限　群 團)이라 이름 짓고, 이것을 한 덩어리로 한 이름을 비근 근비시한(非近近秘示限)이라 짓고, 100개의 군단　위 3 개가 둘러싸고 있는 배열(배치)도를 밝혀 드러내 그리고 100개의 군단과 3개가 둘러싸고 있는 것을 한　덩어리로 한 이름을 한근한비한(限近限秘限)이라 이름 짓고 100개 의 군단 배열(배치)도를 밝혀 드러내 그리고, 100개의

군단의 이름을 비근비시한(秘近非示限) 비시행군단(非示行群團)이라 짓고, 이것을 한 덩어리로 한 이름 비근비근한(秘近非近限)이라 이름 짓고, 100개의 군단 위 3개가 둘러싸고 있는 배열(배치)도를 밝혀 드러내 그리고 100개의 군단과 3개가 둘러싸고 있는 것을 한 덩어리로 한 이름을 행시비한(行示秘限)이라 이름 짓고 100개의 군단 배열(배치)도를 밝혀 드러내 그리고, 100개의 군단의 이름을 근시근행(近是近行) 비행군단(飛行群團)이라 짓고, 이것을 한 덩어리로 한 이름을 비비시근비행(秘秘是近飛行)이라 이름 짓고, 100개의 군단 위 3개가 둘러싸고 있는 배열(배치)도를 밝혀 드러내 그리고 100개의 군단과 3개가 둘러싸고 있는 것을 포함해서 한 덩어리로 한 이름 근비근시태근행(近秘近是太近行)이라 이름 짓고 100개의 군단 배열(배치)도를 밝혀 드러내 그리고, 100개의 군단의 이름을 초근시초근행(超近始初近行) 시초비행군(始初飛行群團)이라 이름 짓고, 이것을 한 덩어리로 한 이름을 초근비근초시행(超近秘近超是行)이라 이름 짓고, 100개의 군단 위 3개가 둘러싸고 있는 배열(배치)도를 밝혀 드러내 그리고 100개의 군단과 3개가 둘러 싸고 있는 것을 포함해서 한 덩어리로 한 이름을 근시비근초근행(近是秘近初近行)이라 이름 짓고 100개의 군단 배열(배치)도를 밝혀 드러내 그리고, 100개의 군단의 이름을 초근태시행(超近太是行) 지초비행군(卟超飛行群團)이라 이름 짓고, 이것을 한 덩어리로 한 이름을 시태근비근행(是太近秘近行)이라 이름 짓고, 100개의 군단 위 3개가 둘러싸고 있는 배열(배치)도를 밝혀 드러내 그리고 100개의 군단과 3개가 둘러싸고 있는 것을 포함해서 한 덩어리로 한 이름을 행근초비시(行近超秘是)라 이름 짓고 100개의 군단 배열(배치)도를 밝혀 드러내 그리고, 100개의 군단의 이름을 시초비초행(始初秘初行) 비초비행군(秘超飛行群)이라 짓고, 이것을 한 덩어리로 한 이름을 태비초비시(太飛初秘是)라 짓고, 100개의 군단 위 3개가 둘러싸고 있는 배열(배치)도를 밝혀 드러내 그리고 100개의 군단과 3개가 둘러싸고 있는 것을 포함해서 한 덩어리로 한 이름 태비시태시비행(太飛是太示飛行)이라 짓고 100개의 군단 배열(배치)도를 밝혀 드러내 그리고, 100개의 군단의 이름을 태극시비행(太極是飛行) 태비행군(太飛行群)이라 이름 짓고, 이것을 한 덩어리로 한 이름을 행근비태비행(行近非太飛行)이라 이름 짓고, 100개의 군단 위 3개가 둘러싸고 있는 배열(배치)도를 밝혀 드러내 그리고 100개의 군단과 3개가 둘러싸고 있는 것을 포함해서 한 덩어리로 한 이름을 근태초비초시행(近太初非超是行)이라 짓고 100개의 군단 배열(배치)도를 밝혀 드러내 그리고, 100개의 군단의 이름을 시태시행(是太示行) 비행태형군(飛行太形群)이라 이름 짓고, 이것을 한 덩어리로 한 이름을 비근비태비시행(秘近非太秘是行)이라 이름 짓고, 100개의 군단 위 3개가 둘러싸고 있는 배열(배치)도를 밝혀 드러내 그리고 100개의 군단과 두 개가 둘러싸고 있는 것을 포함해서 한 덩어리로의 이름을 시비태태비시형(是秘太太非示形)이라 짓고 100개의 군단 배열(배치)도를 밝혀 드러내 그리고, 100개의 군단의 이름을 비형비시형(非形秘始形) 형비형군단((形秘形群團)이라 이름 짓고, 이것을 한 덩어리로 한 이름을 태시비비태형(太始秘秘太形)이라 이름 짓고, 100개의 군단 위 3개가 둘러싸고 있는 배열(배치)도를 밝혀 드러내 그리고 100개의 군단과 하나가 둘러싸고 있는 것을 포함해서 한 덩어리의 이름을 태태시비비태형(太太是秘非太形)이라 이름 짓고 100개의 군단이 우측에서 좌측으로 100개의 군단이 있는 배열(배치)도를 밝혀 드러내 그리고, 100개의 군단의 이름을 비비조비자(秘非組非自) 시초비자군단(始初秘自群團)이라 이름 짓고, 이것을 한 덩어리로 한 이름 비시혜조초자(秘始慧組超自)라 짓고 비비조비자 시초비자군단을 빠져 나와 하나의 군을 밝혀 드러내 그리고, 비시최태초극혜(秘示最太超極慧) -비태시혜군(秘太始慧群)이라 이름 짓다.

2012. 10. 22 비시최태초극혜 -비태시혜 1군을 빠져나와 군단을 밝혀 드러내 그리고, 비태시혜군단을 빠져나와 하나의 군을 밝혀 드러내 그리고 태근시근혜군(太近是近慧群)이라 이름 짓고 빠져나와 100개의 태근시근혜군단 배열(배치)도를 밝혀 드러내 그리고, 100개의 태근시근혜 군단을 한

- 221 -

덩어리로 한 이름 비형근시근혜(秘形近 示近慧)라 이름 짓고, 100개의 군단 위 1개가 둘러싸고 있는 배열(배치)도를 밝혀 드러내 그리고 100개의 군단과 하나가 둘러싸고 있는 것을 포함한 것을 한 덩어리로 한 이름을 태비근태시비화(太秘近太示非化)라 이름 짓고 100개의 군단 배열(배치)도를 밝혀 드러내 그리고, 100개의 군단의 이름을 비근비근화(秘近非近化) 군단이라 이름 짓고, 이것을 한 덩어리로 한 이름을 극태비시근화(極太秘示近化) 세계라 이름 짓고, 100개의 군단 위 1개가 둘러싸고 있는 배열(배치)도를 밝혀 드러내 그리고 100개의 군단과 하나가 둘러싸고 있는 것을 포함한 것을 한 덩어리로 한 이름을 근태혜태근태화(近太慧太近太化)라 이름 짓고 100개의 군단 배열(배치)도를 밝혀 드러내 그리고, 100개의 군단의 이름을 태근시태극(太近示太極) 군단이라 이름 짓고, 이것을 한 덩어리로 한 이름 비시극시화근(非示極是化近) 세계라 이름 짓고, 100개의 군단 위 1개가 둘러싸고 있는 배열(배치)도를 밝혀 드러내 그리고 100개의 군단과 하나가 둘러싸고 있는 것을 포함한 것을 한 덩어리로 한 이름을 시초극태시비극(始初極太示秘極)이라 이름 짓고 100개의 군단 배열(배치)도를 밝혀 드러내 그리고, 100개의 군단의 이름을 극시초근시극(極示超近是極) 군단이라 이름 짓고, 이것을 한 덩어리로 한 이름을 혜근태초비시시극(慧近太初秘示是極) 세계라 이름 짓고, 100개의 군단 위 1개가 둘러싸고 있는 배열(배치)도를 밝혀 드러내 그리고 100개의 군단과 하나가 둘러싸고 있는 것을 포함한 것을 한 덩어리로 한 이름 비극시극초시극회(非極示極初是極熙)이라 이름 짓고 100개의 군단 배열(배치)도를 밝혀 드러내 그리고, 100개의 군단의 이름을 태초극시극회(太初極是極熙) 군단이란 이름 짓고, 이것을 한 덩어리로 한 이름을 극태극시시초극시회(極太極示是超極是熙) 세계라 이름 짓고, 100개의 군단 위 1개가 둘러싸고 있는 배열(배치)도를 밝혀 드러내 그리고 100개의 군단과 하나가 둘러싸고 있는 것을 포함한 것을 한 덩어리로 한 이름 극화극태초극태극회(極化極太初極太極熙)라 이름 짓고 100개의 군단 배열(배치)도를 밝혀 드러내 그리고, 100개의 군단의 이름을 초극초시초극하(超極超是超極河) 군단이라 이름 짓고, 이것을 한 덩어리로 한 이름 근태극근태시초극극하(近太極近太是超極極河) 세계라 이름 짓고, 100개의 군단 위 1개가 둘러싸고 있는 배열(배치)도를 밝혀 드러내 그리고 100개의 군단과 하나가 둘러싸고 있는 것을 포함한 것을 한 덩어리로 한 이름 태초태극극시초극시극하(太初太極極始初極是極河) 라 이름 짓고 100개의 군단이 우측에서 좌측으로 100개의 군단이 있는 배열(배치)도를 밝혀 드러내 그리고, 100개의 군단의 이름 극근혜현태시초근극하(極近慧懸太是超近極河) 군단이라 이름 짓고, 이것을 한 덩어리로 한 이름 현근비극태시 비태극행태시극(現近秘極太是秘太極行太是極) 세계라 이름 짓다.

2012. 10. 23 그리고 10. 24일 이름 짓다

100개의 군단 배열(배치)도를 밝혀 드러내 그리고, 100개의 군단의 이름을 비시근태극하(秘是近太極河) 군단이라 이름 짓고, 이것을 한 덩어리로 한 이름을 비극혜극비시태극하하(秘極慧極秘是太極河河) 세계라 이름 짓고, 100개의 군단 위 1개가 둘러싸고 있는 배열(배치)도를 밝혀 드러내 그리고 100개의 군단과 하나가 둘러싸고 있는 것을 포함한 것을 한 덩어리로 한 이름 극혜태초극태시비시하(極慧太初極太始秘示河)라 이름 짓고 100개의 군단 배열(배치)도를 밝혀 드러내 그리고, 100개의 군단의 이름을 시한시혜태초시후(示限是慧太初始後) 군단이라 이름 짓고, 이것을 한 덩어리로 한 이름을 극혜한근태극초극시후(極慧限近太極超極是後) 세계라 이름 짓고, 100개의 군단 위 1개가 둘러싸고 있는 배열(배치)도를 밝혀 드러내 그리고 100개의 군단과 하나가 둘러싸고 있는 것을 포함한 것을 한 덩어리로 한 이름을 하근하태극태극초시비태후(河近河太極太極超是秘太後)라 이름 짓고 100개의 군단 배열(배치)도를 밝혀 드러내 그리고, 100개의 군단의 이름을 비시극태초극태시후(秘是極太初極太是後) 군단이라 이름 짓고, 이것을 한 덩어리로 한 이름을 비극극태비극초태극극초극(秘極極太秘極超太極極超極)이라 짓고, 100개의 군단 위 1개가 둘러싸고 있는 배열(배치)도를 밝혀 드러내 그리고 100개의 군단과 하

나가 둘러싸고 있는 것을 포함한 것을 한 덩어리로 한 이름을   비극초극태비비후극시초극(秘極超極太秘飛後極是超極)이라 짓고 100개의 군단 배열(배치)도를 밝혀 드러내 그리고, 100개의 군단의 이름을 비비근태극후초시태극(秘飛近太極後超是太極) 군단이라 이름 짓고, 이것을 한 덩어리로 한 이름을 시하극혜극후시태초극휘(始河極慧極後示太初極輝)라 이름 짓고, 100개의 군단 위 1개가 둘러싸고 있는 배열(배치)도를 밝혀 드러내 그리고 100개의 군단과 하나가 둘러싸고 있는 것을 포함한 것을 한 덩어리로 한 이름 태극태근태근태시초극시태휘(太極太近太近太始超極是太輝)라 이름 짓고 100개의 군단 배열(배치)도를 밝혀 드러내 그리고, 100개의 군단의 이름을 태근후극화극태초시휘(太近後極化極太初是輝) 군단이라 이름 짓고, 이것을 한 덩어리로 한 이름을 혜근비시화극태근후극태휘(慧近秘始化極太近後極太輝)라 이름 짓고, 100개의 군단 위 1개가 둘러싸고 있는 배열(배치)도를 밝혀 드러내 그리고 100개의 군단과 하나가 둘러싸고 있는 것을 포함한 것을 한 덩어리로 한 이름을 극행극하극혜극화극후비휘시초휘(極行極河極慧極化極後秘輝始初輝)라 이름 짓고 100개의 군단 배열(배치)도를 밝혀 드러내 그리고, 100개의 군단의 이름을 비시혜시화시후시휘극시휴(秘是慧是化是後是輝極是烋)   군단이라 이름 짓고, 이것을 한 덩어리로 한 이름을 극후비극태극태극근자극시휴(極後秘極太極太極近自極是烋)라 이름 짓고, 100개의 군단 위 1개가 둘러싸고 있는 배열(배치)도를 밝혀 드러내 100개의 군단과 하나가 둘러싸고 있는 것을 포함한 것을 한 덩어리로 한 이름을 극화극후극휘극휴극태초시태극홀(極化極後極輝極烋極太初始太極惚)이라 이름 짓고 100개의 군단 배열(배치)도를 밝혀 드러내 그리고, 100개의 군단의 이름을 근태극시근근태초근홀(近太極始近近太初近惚) 군단이라 이름 짓고, 이것을 한 덩어리로 한 이름을 비극화극후극휘극근시휴극근시홀(秘極化極後極輝極近是烋極近視惚)이라 이름 짓고, 100개의 군단 위 1개가 둘러싸고 있는 배열(배치)도를 밝혀 드러내 그리고 100개의 군단과 하나가 둘러싸고 있는 것을 포함한 것을 한 덩어리로 한 이름을   태시근휘근휴근태시태극홀(太始近輝近烋近太示

- 224 -

太極惚)이라 이름 짓고 100개의 군단 배열(배치)도를 밝혀 드러내 그리고, 100개의 군단의 이름을 극행극화극후극휘극근홀극한(極行極化極後極輝極近惚極汗) 군단이라 이름 짓고, 이것을 한 덩어리로 한 이름을 극화극행극태극초극휴극태초시한(極化極行極太極初極烋極太初視汗)이라 이름 짓고, 100개의 군단 위 1개가 둘러싸고 있는 배열(배치)도를 밝혀 드러내 그리고 100개의 군단과 하나가 둘러싸고 있는 것을 포함한 것을 한 덩어리로 한 이름을 비홀근혜시화극후극태극초근휴극한(秘惚近慧視化極後極太極初近烋近汗)이라 이름 짓고 100개의 군단 배열(배치)도를 밝혀 드러내 그리고, 100개의 군단의 이름을 태극하극혜근휴극헐(太極河極慧近烋極歇) 군단이라 이름 짓고, 이것을 한 덩어리로 한 이름 극태초휘극시휴극후근휴근항(極太初輝極視烋極後近烋近恒)이라 이름 짓고, 위의 세계서부터는 둘러싸고 있는 것이 없다고 하다. 100개의 군단 배열(배치)도를 밝혀 드러내 그리고, 100개의 군단의 이름을 극휘 극휴 극하 극후 근태초극(極輝極烋極河極後近太超極) 군단이라 이름 짓고, 이것을 한 덩어리로 한 이름을 근휘 근휴 근항 극후 극화 근태초시향(近輝近烋近恒極後極化近太初尸香)이라 이름 짓고 100개의 군단 배열(배치)도를 밝혀 드러내 그리고, 100개의 군단의 이름을 태비 극태극 극태시 극태극 태극태초향(太飛極太極極太尸極太極太極太超香) 군단이라 이름 짓고, 이것을 한 덩어리로 한 이름을 근태시시화 극시휘 극시휴 근극시태초호(近太尸視化極視輝極示烋近極尸太超浩)라 이름 짓고 100개의 군단 배열(배치)도를 밝혀 드러내 그리고, 100개의 군단의 이름을 태시항 극화 시후 시휘 시휴 근태초호(太視恒極化尸後尸輝尸烋近太超浩) 군단이라 이름 짓고, 이것을 한 덩어리로 한 이름을 극시형 극시후 극시휘 극시휴 시초호 태극시태초효(極尸形極尸後極尸輝極尸烋尸超浩太極尸太超曉)라 이름 짓고 100개의 군단 배열(배치)도를 밝혀 드러내 그리고, 100개의 군단의 이름을 근시휘 근시향 근시호 근시태초시효(近尸輝近尸香近尸浩近視太超尸曉) 군단이라 이름 짓고, 이것을 한 덩어리로 한 이름 태비 극시행 극시효 극시휘 극시휴 극시태초시훈(太飛極尸行極尸曉極尸輝極尸烋極視太超尸暈)이라 이름 짓고

100개의 군단 배열(배치)도를 밝혀 드러내 그리고, 100개의 군단의 이름을 비극 근시행 근시휴 근휘 극태시초흡(飛極近尸行近尸烋近輝極太尸超吸) 군단이라 이름 짓고, 이것을 한 덩어리로 한 이름 비 근시하 근시휘 근시휴 근시항 극시흡(飛近尸河近尸輝近尸烋近尸恒極尸吸)이라 이름 짓고 100개의 군단 배열(배치)도를 밝혀 드러내 그리고, 100개의 군단의 이름을 시행 시항 근시하 시희(尸行尸恒近尸河尸爔)군단이라 이름 짓고 이것을 한 덩어리로 한 이름 비 태극 시행 근휘 극태초흡 근태초시희(飛太極尸行近輝極太超吸近太超尸爔)라 이름 짓고 100개의 군단 배열(배치)도를 밝혀 드러내 그리고, 100개의 군단의 이름을 근시휘 극시희 근시극혁(近尸輝極尸爔近尸極爀) 군단이라 이름 짓고, 이것을 한 덩어리로 한 이름 근시휘 근흡 극시희 근시혁 극태(近尸輝近吸極尸爔近尸爀極太)라 이름 짓고 100개의 군단 배열(배치)도를 밝혀 드러내 그리고, 100개의 군단의 이름을 극시휘 태시희 근시혁(極尸輝太尸爔近尸爀) 군단이라 이름 짓고 이것을 한 덩어리로 한 이름 비시효 비시휘 비시후 비시휴 극흡 비시하 태극(秘尸曉 秘尸輝秘尸後秘尸烋極吸秘尸河太極)이라 이름 짓고 100개의 군단 배열(배치)도를 밝혀 드러내 그리고, 100개의 군단의 이름을 비시휴시효시휘시흡시하근시초흥(飛尸烋 尸曉尸輝尸吸尸河近尸超興) 군단이라 이름 짓고, 이것을 한 덩어리로 한 이름 태시 극시효 극시흡 극시휴 극시휘 근하 근태초흥(太始極尸曉極尸吸極尸烋極尸輝近河近太超興)이라 이름 짓다. 너무 빨리 올라오는 바람에 5번째까지는 이름을 짓고 6번째부터는 이름을 짓지 않고 6. 7. 8 9. 10번째를 밝혀 드러내 그리다. 그 위 100개의 군단 배열(배치)도를 10개 밝혀 드러내 그리다.

2012. 10. 24 처음으로 영적구조물을 100개의 자등명군단 밖으로 빼내다

2012. 10. 24 그 위 100개의 군단 배열(배치)도를 6개 밝혀 드러내 그리다. 그 위 100개의 군단 배열(배치)도를 14개 밝혀 드러내 그리다.

2012. 10. 25 위 100개의 군단 배열(배치)도를 9개 밝혀 드러내 그리다. 그 위 100개의 군단 배열(배치)도를 3개 밝혀 드러내 그리다. 그 위 100개의 군단 배열(배치)도를 17개를

밝혀 드러내 그리다. 그 위 1505개가 줄줄이 위로 있는 자등명을 밝혀 드러내 그리다.(이곳을 통과하지 못하고서는 위로 더 이상 올라올 수 없음을 말하다) 그 위로 하나의 군을 밝혀 드러내 그리다.

2012. 10. 25 태시미태초영혼휘태(太始彌 太初 靈魂 輝太) 수인(手印7)을 내놓다.

2012. 10. 26 그 위 300개의 군단 배열(배치)도를 20개 밝혀 드러내 그리고 100군단 1개를 밝혀 드러내 그리다. 그 위 그 위 300개의 군단 배열(배치)도를 17개 밝혀 드러내 그리고 100군단 1개를 밝혀 드러내 그리다. 그 위 그 위 400개의 군단 배열(배치)도를 13개 밝혀 드러내 그리고 100군단 1개를 밝혀 드러내 그리다. 그 위 그 위 500개의 군단 배열(배치)도를 4개 밝혀 드러내 그리고 100군단 1개를 밝혀 드러내 그리다.

2012. 10. 27 자등명으로 올라오는 길 올라가는 길에 대하여 말하다
그 위 그 위 600개의 군단 배열(배치)도를 36개 밝혀 드러내 그리고 100군단 1개를 밝혀 드러내 그리다. 그 위 그 위 700개의 군단 배열(배치)도를 13개 밝혀 드러내 그리고 100군단 1개를 밝혀 드러내 그리다.
그 위 그 위 800개의 군단 배열(배치)도를 19개 밝혀 드러내 그리고 100군단 1개를 밝혀 드러내 그리다.
그 위 그 위 900개의 군단 배열(배치)도를 10개 밝혀 드러내 그리고 100군단 1개를 밝혀 드러내 그리다.
그 위 그 위 1.000개의 군단 배열(배치)도를 12개 밝혀 드러내 그리고 100군단 1개를 밝혀 드러내 그리다.
그 위 그 위 1.100개의 군단 배열(배치)도를 18개 밝혀 드러내 그리고 100군단 1개를 밝혀 드러내 그리다.

2012. 10. 27 근본태초근태미영혼휘(根本太初 近太彌 靈魂輝)수인(8:오른손 1, 2로 오링했을 때) 극시초근본태초시태근태미영혼휘(極始初 根本太初 始太近太彌 靈魂輝) 수인(8 : 왼손 1, 2로 오링했을 때)을 내놓다.

2012. 10. 28 그 위 그 위 1200개의 군단 배열(배치)도를 15개 밝혀 드러내 그리고 100군단 1개를 밝혀 드러내 그리다.
그 위 그 위 1300개의 군단 배열(배치)도를 32개 밝혀 드러내 그리고 100군단 1개를 밝혀 드러내 그리다.
그 위 그 위 1500개의 군단 배열(배치)도를 9개 밝혀 드

러내 그리고 100군단 1개를 밝혀 드러내 그리다.

2012. 10. 29 그 위 그 위 1600개의 군단 배열(배치)도를 34개 밝혀
드러내 그리고 200군단 1개를 밝혀 드러내 그리다.
　　　　　 그 위 그 위 1700개의 군단 배열(배치)도를 10개 밝혀
드러내 그리고 200군단 1개를 밝혀 드러내 그리다.
　　　　　 그 위 그 위 1900개의 군단 배열(배치)도를 28개 밝혀
드러내 그리고 200군단 1개를 밝혀 드러내 그리다.
　　　　　 그 위 그 위 2100개의 군단 배열(배치)도를 18개 밝혀
드러내 그리고 200군단 1개를 밝혀 드러내 그리다.

2012. 10. 30 그 위 1900개의 군단 배열(배치)도를 35개 밝혀 드러내
그리고 100군단 1개를 밝혀 드러내 그리고 그 위 1200
개의 군단 배열(배치)도를 28개 밝혀 드러내 그리고 100
군단 1개를 밝혀 드러내 그리고 궁극(窮極) 근본시초극
(根本始超極)을 빠져나와 궁극 근본시초극 위 아래를 밝혀
드러내 그리고 그 위의 세계로 들어서다

2012. 10. 31 태영혼태초시초영혼태(太靈魂　太初　始初靈魂　太) 수인
(手印:9)을 내놓다 그 위 1100개의 군단 배열(배치)도를
32개 밝혀 드러내 그리고 100군단 1개를 밝혀 드러내 그
리고 그 위 1000개의 군단 배열(배치)도를 35개 밝혀 드
러내 그리고 100군단 1개를 밝혀 드러내 그리고 그 위
120개의 군단 배열(배치)도를 11개 밝혀 드러내 그리고
100군단 1개를 밝혀 드러내 그리고
　　　　　 100개가 7개, 70개, 50개, 20개, 10개, 8개, 8개, 8개, 5
개 끝 궁극(窮極) 근본시초극(根本始超極) 그 위로 5개,
50개, 1군, 2군 3군, 4군, 5군 배열(배치)도를 밝혀 드러
내 그리고 궁극 군을 포함한 1번째 100군단과, 2번째
100군단 위 1개가 둘러싸고 있는 배열(배치)도를 밝혀
드러내 그리고 3번째 100군단 위 3개가 둘러싸고 있는
배열(배치)도를 밝혀 드러내 그리고 4번째 100군단 위 5
개가 둘러싸고 있는 배열(배치)도를 밝혀 드러내 그리고
5번째 100군단 위 6개가 둘러싸고 있는 배열(배치)도를
밝혀 드러내 그리고 6번째 100군단 위 7개가 둘러싸고
있는 배열(배치)도를 밝혀 드러내 그리고

2012. 11. 01 극태미시시태태태태초근태영혼(極太彌　始始太太太太太
初 近太靈魂) 수인 (手印:10)을 내놓고 수인을 찾고 하게

된 동기에 대하여 말하다. 7번째 ~21번째 100군단 위 7개가 둘러싸고 있는 배열(배치)도를 밝혀 드러내 그리고 22~23번째 100군단 위 6개가 둘러싸고 있는 배열(배치)도를 밝혀 드러내 그리고 24~25번째 100군단 위 7개가 둘러싸고 있는 배열(배치)도를 밝혀 드러내 그리고 26번째 100군단 위 6개가 둘러싸고 있는 배열(배치)도를 밝혀 드러내 그리고 27번째 100군단 위 7개가 둘러싸고 있는 배열(배치)도를 밝혀 드러내 그리고 28번째 100군단 위 6개가 둘러싸고 있는 배열(배치)도를 밝혀 드러내 그리고 29~30번째 100군단 위 5개가 둘러싸고 있는 배열(배치)도를 밝혀 드러내 그리고 31번째 100군단 위 5개가 둘러싸고 있는 배열(배치)도를 밝혀 드러내 그리고 32번째 100군단 위 4개가 둘러싸고 있는 배열(배치)도를 밝혀 드러내 그리고 33번째 100군단 위 2개가 둘러싸고 있는 배열(배치)도를 밝혀 드러내 그리고 34~36번째 100군단 위 1개가 둘러싸고 있는 배열(배치)도를 밝혀 드러내 그리고 37번째 둘러싸고 있는 자등명이 없는 100군단 1개를 밝혀 드러내 그리다

2012. 11. 02 궁극 위 기본궁극의 세계 37개를 1번째로 해서 궁극 위, 2번째로 100개의 군단 30개를 밝혀 드러내 그리고 이 세계를 태초극지(太超極地) 세계라 이름 짓고 궁극 위, 3번째로 100개의 군단 31개를 밝혀 드러내 그리고 이 세계를 시초혜극(尸超慧極) 세계라 이름 짓고 궁극 위, 4번째로 100개의 군단 22개를 밝혀 드러내 그리고 이 세계를 태극시혜(太極尸慧) 세계라 이름 짓다

2012. 11. 03 궁극 위, 5번째로 120개의 군단 33개를 밝혀 드러내 그리고, 33개가 있는 이 세계를 근태초시근(近太超尸近) 세계라 이름 짓고 궁극 위, 6번째로 190개의 군단 33개를 밝혀 드러내 그리고, 33개가 있는 이 세계를 시태시근(尸太尸根) 세계라 이름 짓고 궁극 위, 7번째로 340개의 군단 38개를 밝혀 드러내 그리고, 38개가 있는 이 세계를 극근태시근(極根太尸根) 세계라 이름 짓고 궁극 위, 8번째로 440개의 군단 40개를 밝혀 드러내 그리고 40개가 있는 이 세계를 시극태극태근태극(尸極太極太根太極) 세계라 이름 짓다

2012. 11. 05	궁극 위, 9번째로 540군단 40개를 밝혀 드러내 그리고, 40개가 있는 이 세계를 시근시극(尸根尸極) 세계라 이름 짓다 궁극 위, 10번째로 880군단 20개를 밝혀 드러내 그리고, 20개가 있는 이 세계를 혜극극태시(慧極極太尸) 세계라 이름 짓다. 910군단 올라가기 전에 파충류 및 동물의 형상들이 많이 움직이는 곳을 뚫고 올라와야 올라올 수 있다고 말하다. 궁극 위, 11번째로 910군단 39개를 밝혀 드러내 그리고, 39개가 있는 이 세계를 태한근시태극화(太限根尸太極化) 세계라 이름 짓고 궁극 위, 12번째로 860군단 15개를 밝혀 드러내 그리고, 15개가 있는 이 세계를 근휴비극시항(根休秘極尸恒) 세계라 이름 짓고 궁극 위, 13번째로 520군단 26개를 밝혀 드러내 그리고, 26개가 있는 이 세계를 하극시혜(河極尸慧) 세계라 이름 짓고 궁극 위, 14번째로 520군단 13개를 밝혀 드러내 그리고, 13개가 있는 이 세계를 휘비극화극시후(輝秘極化極尸後) 세계라 이름 짓고 궁극 위, 15번째로 450군단 28개를 밝혀 드러내 그리고, 28개가 있는 이 세계를 극극비극시훈(極極秘極尸訓) 세계라 이름 짓고 궁극 위, 16번째로 400군단 22개를 밝혀 드러내 그리고, 22개가 있는 이 세계를 비비극시효(秘秘極尸曉) 세계라 이름 짓고 궁극 위, 17번째로 380군단 22개를 밝혀 드러내 그리고, 22개가 있는 이 세계를 비극비시흡(秘極秘尸吸) 세계라 이름 짓다
2012. 11. 06	예전에 만들어놓은 도량에 올라온 세계를 밝혀 드러낸 그림들을 비치하다
2012. 11. 06	궁극 위, 18번째로 280군단 27개를 밝혀 드러내 그리고, 27개가 있는 이 세계를 극시하비극(極尸河秘極) 세계라 이름 짓다
2012. 11. 07	200군단 올라가기 전에 액체덩어리가 가로 막고 있어서 이것을 뚫거나 흡해야 올라올 수 있다고 말하다
2012. 11. 07	궁극 위, 19번째로 200군단 25개를 밝혀 드러내 그리고, 25개가 있는 이 세계를 비극흡근회(秘極吸根爔) 세계라 이름 짓고 궁극 위, 20번째로 180군단 26개를 밝혀 드러내 그리고, 26개가 있는 이 세계를 근회근시극(根爔根尸極) 세계라 이름 짓다.
2012. 11. 07	궁극 위, 21번째로 150군단 16개를 밝혀 드러내 그리고,

21개가 있는 이 세계를 근비근극(根秘根極) 세계라 이름 짓고 궁극 위, 22번째로 140군단 20개를 밝혀 드러내 그리고, 20개가 있는 이 세계를 비근근비극(秘根根秘極) 세계라 이름 짓고 궁극 위, 23번째로 130군단 38개를 밝혀 드러내 그리고, 38개가 있는 이 세계를 근근비근(根根秘根) 세계라 이름 짓고 궁극 위, 24번째로 120군단 17개를 밝혀 드러내 그리고, 17개가 있는 이 세계를 비비극근비(秘秘極根秘) 세계라 이름 짓다. 그리고 이 위부터는 하나의 덩어리 같은 곳으로 들어오면서 만나게 된다고 말하며 겉으로부터 말하다.

2012. 11. 07 들어가면서 첫 번째 110군단 19개를 밝혀 드러내 그리고, 19개가 있는 그곳은 빛덩어리 에너지로 있다고 말하며 이 세계를 근극극비비극(根極極秘秘極) 세계라 이름 짓고, 들어가면서 2 번째, 100군단 20개를 밝혀 드러내 그리고, 20개가 있는 그곳은 기운 에너지로 있다고 말하며 이 세계를 비근비극비비극(秘根秘極秘秘極) 세계라 이름 짓고, 들어가면서 3 번째, 90군단 19개를 밝혀 드러내 그리고, 19개가 있는 그곳은 생명 에너지로 있다고 말하며 이 세계를 극근비근(極根秘根) 세계라 이름 짓고, 들어가면서 4번째 90군단 13개를 밝혀 드러내 그리고, 13개가 있는 그곳은 신성에너지로 있다고 말하며 이 세계를 근비극비태극(根秘極秘太極) 세계라 이름 짓고, 들어가면서 5번째 중심핵으로 보이는데 90군단 2개를 밝혀 드러내 그리고, 2개가 있는 이 세계를 비근태극(秘根太極) 세계라 이름 짓고, 이와 같이 해서 핵을 빠져나와야 그 위의 세계를 올라올 수 있다고 말하다.

2012. 11. 07 핵을 빠져나와야 올라오면 100개씩 있는 뭉쳐져 있는 것이 10개, 90개씩 뭉쳐져 있는 것이 5개, 80개씩 2개, 70개씩 2개, 60개가 1개, 50개가 1개, 40, 30, 20개가 각각 1개, 10개씩 있는 것이 4개, 8개가 1개가 있다고 밝혀 드러내 그리고, 이것을 통 털어 하나로 보았을 때 하나의 이름을 근태비근(根太秘根) 세계라 밝혀 드러내 그려 이름 짓고, 그 위로 5개, 그 위로 5개, 그 위로 3개를 통 털어 근태근(根太根) 세계라 이름 짓고, 궁극에서부터

근태근 세계의 맨 위에 한 개만 있는 것을 근비(根祕)라 하고 이것의 이름은 비시태극비(祕尸太極祕)라 이름 짓다. 즉 궁극(窮極)의 맨 위에 하나를 근비(根祕) 이것의 이름을 비시태극비(祕尸太極祕)라고 밝혀 드러내 그리고 말하다.

근비(根祕) 비시태극비(祕尸太極祕) 그 위로 또 다른 세계, 첫 번째 비근비태시(祕根祕太尸), 두 번째 태근시태(太根尸太), 세 번째 비극태비극(祕極太祕極), 네 번째 비근태시근(祕根太尸根), 다섯 번째 근태비극(根太祕極)라 밝혀 드러내 그리고 이름 짓고 근비(根祕) 비시태극비(祕尸太極祕) 아래를 극비근시근(極祕根尸根) 세계라고 이름 지어 말하고 이 위의 세계는 태극태비근(太極太祕根) 세계라 밝혀 드러내 그리고 이름 지어 말하고, 궁극(窮極)의 맨 위에 하나를 근비(根祕) 비시태극비(祕尸太極祕) 그 위에 5개, 10개, 100개, 100개를 전체를 하나로 보았을 때 이 세계를 시비근근(尸祕根根) 세계라 밝혀 드러내 그리고 이름 지어 말하고, 근비를 빠져나올 때는 6시 방향에서 10시 반 방향으로 빠져나와야 한다고 말하다. 궁극(窮極)에서부터 근비(根祕) 비시태극비(祕尸太極祕)까지 한 눈에 볼 수 있도록 밝혀 드러내 그림으로 대충 그리다.

2012. 11. 08

2012. 11. 09 극근혼시태(極近魂始太) 수인, 극태초근혼(極太初近魂) 수인(手印), 초근극근(初近極根) 수인(머리 아플 때), 극태초신혼(極太初神魂) 수인을 해보고 내놓다

2012. 11. 09 근비 위, 100군단 19개를 밝혀 드러내 그리고, 19개가 있는 이 세계를 태근비근극(太根祕根極) 세계라 이름 짓고 근비 위, 100군단 20개를 밝혀 드러내 그리고, 20개가 있는 이 세계를 비극시근(祕極蒔根) 세계라 이름 짓고 근비 위, 200군단 22개를 밝혀 드러내 그리고, 22개가 있는 이 세계를 근비근시(根祕根蒔) 세계라 이름 짓고 근비 위, 450군단 28개를 밝혀 드러내 그리고, 28개가 있는 이 세계를 시근비(蒔根祕) 세계라 이름 짓고 근비 위, 550군단 35개를 밝혀 드러내 그리고, 35개가 있는 이 세계를 비시극(祕蒔極) 세계라 이름 짓고 근비 위, 600군

단 64개를 밝혀 드러내 그리고, 64개가 있는 이 세계를 미근비시(彌根秘蓍) 세계라 이름 짓고 고체에 가까운 액체가 검고 탁하게 가로 막고 있는 것을 뚫고 올라와야 한다고 말하다. 근비 위, 650군단 117개를 밝혀 드러내 그리고, 19개가 있는 이 세계를 미시태시(彌蒔太蒔) 세계라 이름 짓다

2012. 11. 10   허리태(跆) 수인(手印:허리 강화), 조자궁태(跆) 수인(手印): 정력 자궁), 행휴근태(行休根跆) 수인(手印:다리 땡김), 골반태 수인(手印:골반), 무릎태 수인(手印: 무릎)을 내놓다.

2012. 11. 10   근비 위, 450군단 28개를 밝혀 드러내 그리고, 28개가 있는 이 세계를 시근비(蒔根秘) 세계라 이름 짓고 근비 위, 550군단 35개를 밝혀 드러내 그리고, 35개가 있는 이 세계를 비시극(秘蒔極) 세계라 이름 짓고 근비 위, 600군단 64개를 밝혀 드러내 그리고, 64개가 있는 이 세계를 미근비시(彌根秘蓍) 세계라 이름 짓고

2012. 11. 11   근비 위, 650군단 1~59개를 밝혀 드러내 그리다

2012. 11. 12   근비 위, 650군단 60~117개를 밝혀 드러내 그리고 117개가 있는 이 세계를 미시태시(彌蒔太蒔) 세계라 이름 짓다.

2012. 11. 12   영적 존재들을 위하여 만들어 놓은 목욕탕과 도량에 자등명 세계로 올라오는 길을 밝혀 드러낸 그림을 그린 것을 비치해 놓았더니 8각형이 겹쳐있고 위로 줄줄이 탑처럼 높이 쌓여 가고 있다고 말하다

2012. 11. 13   영혼태초태(靈魂太初太) 수인(手印), 조근태초영혼(祖近太初靈魂) 수인(手印), 영혼휘태초조태초영혼(靈魂輝太初祖太初靈魂) 수인(手印), 영혼휘시초조태초영혼(靈魂輝始初 祖太初靈魂) 수인(手印), 영혼휘휴태시초조시초영혼(靈魂輝 休 太始初 祖始初靈魂) 수인(手印) 근비 위, 1000군단 52개를 밝혀 드러내 그리고 52개가 있는 이 세계를 근미비극(根彌秘極) 세계라 이름 짓다.

2012. 11. 14   근비 위, 1300군단 42개를 밝혀 드러내 그리고 52개가 있는 이 세계를 태비근미근(太秘根彌根) 세계라 이름 짓다.

2012. 11. 15   근비 위, 1400군단 45개를 밝혀 드러내 그리고 52개가 있는 이 세계를 태초비미근(太初秘彌根) 세계라 이름 짓다.

2012. 11. 16 태극태영혼(太極 太靈魂) 수인(手印), 휘태영혼(輝太靈魂) 수인(手印) 극극태영혼(極極太靈魂) 수인(手印), 근비 위, 2400군단 38개를 밝혀 드러내 그리고 52개가 있는 이 세계를 태비근시극(太秘根始極)한 태비태근(太秘太根) 세계라 이름 짓다.

2012. 11. 16 왜 살아야 하는가에 대해서 말하다

2012. 11. 17 왜 잘 살아야 하는가에 대해서 말하다 근비 위, 12번째 1800군단 1~32개를 밝혀 드러내 그리다

2012. 11. 18 근비 위, 12번째 33~73개를 밝혀 드러내 그리고 52개가 있는 이 세계를 태시시태근극(太時始跆根極) 세계라 이름 짓다

2012. 11. 19 근비 위, 13번째 1300군단 54개를 밝혀 드러내 그리고 52개가 있는 이 세계를 시비근자(是秘根子) 세계라 이름 짓다

2012. 11. 20 근비 위, 14번째 1100군단 53개를 밝혀 드러내 그리고 52개가 있는 이 세계를 시태자근(是太子根) 세계라 이름 짓다.

2012. 11. 21 근비 위, 15번째 900군단 1~114개를 밝혀 드러내 그리다

2012. 11. 22 근비 위, 15번째 900군단 115~168개를 밝혀 드러내 그리다

2012. 11. 23 근비 위, 15번째 900군단 169~229개를 밝혀 드러내 그리다

2012. 11. 24 근비 위, 15번째 900군단 230~308개를 밝혀 드러내 그리고 휘태초영혼(輝太初靈魂) 수인(手印)을 내놓다

2012. 11. 25 근비 위, 15번째 900군단 309~352개를 밝혀 드러내 그리고, 352개가 있는 이 세계를 근태비근(根太秘根) 세계라 이름 짓다.

2012. 11. 26 근비 위, 16번째 850군단 1~73개를 밝혀 그러내 그리다

2012. 11. 27 영혼화태초(靈魂化太初) 수인(手印)을 내놓고 근비 위, 16번째 850군단 74~170개를 밝혀 드러내 그리다

2012. 11. 28 태초휘휘휘휘휘영혼(太初輝輝輝輝輝靈魂) 수인(手印)을 내놓다 근비 위, 16번째 850군단 171~241개를 밝혀 드러내 그리다

2012. 11. 29 근비 위, 16번째 850군단 242~345개를 밝혀 드러내 그리다

2012. 11. 29 날짐승, 곤충, 들짐승, 가축, 미세물들이 천도되어 가도록

	목욕탕을 만들다
2012. 11. 30	성공하는 삶과 실패하는 삶에 대해서 말하다.
2012. 11. 30	근비 위, 16번째 850군단 346~365개를 밝혀 그러내 그리고, 365개가 있는 이 세계를 자극시근극(自極尸根極) 세계라 이름 짓고 근비 위, 17번째 (100군단이 8개가 하나로 있는) 800군단 1~14개를 밝혀 드러내 그리다
2012. 12. 01	천도를 의뢰하고 천도를 하는 것에 대하여 말하며 천도는 영가를 맡아 책임지는 것이고 천도한 영가는 새로운 몸 받을 때까지 천도한 사람을 따라다닌다고 말하다
2012. 12. 03	근비 위, 17번째 (100군단이 8개가 하나로 있는) 800군단 15~248개를 밝혀 드러내 그리고, 248개가 있는 이 세계를 시근미태시근(尸根彌太是根) 세계라 이름 짓고 근비 위, 18번째 (100군단이 6개가 하나로 있는) 600군단 151개를 밝혀 드러내 그리고 151개가 있는 이 세계를 태앙극시(太仰極時) 세계라 이름 짓고 근비 위, 19번째 (100군단이 5개가 하나로 있는) 500군단 101개를 밝혀 드러내 그리고 101개가 있는 이 세계를 근비무근(根秘無根) 세계라 이름 짓고 근비 위, 20번째 (100군단이 4개 50개 군단이 하나로 있는) 450군단 99개를 밝혀 드러내 그리고 99개가 있는 이 세계를 태근시태비(太根時太秘) 세계라 이름 짓고 근비 위, 21번째 (100군단이 4개가 하나로 있는) 400군단 66개를 밝혀 드러내 그리고 66개가 있는 이 세계를 시조시근(始祖時根) 세계라 이름 짓고 근비 위, 22번째 (100군단이 3개 50군단이 2개가 하나로 있는) 400군단 61개를 밝혀 드러내 그리고 61개가 있는 이 세계를 근시극비근(根始極秘根) 세계라 이름 짓다
2012. 12. 03	배에 가스가 차고 속이 더부룩할 때 수인(手印), 소화불량. 소화가 잘 되지 않을 때 수인(手印)을 내놓다
2012. 12. 03	근비 위, 23번째 (100군단이 2개 50군단이 2개가 하나로 있는) 300군단 65개를 밝혀 드러내 그리고, 65개가 있는 이 세계를 태시궁정극(太始窮頂極) 세계라 이름 짓고, 근비 위, 24번째 (50군단이 4개가 하나로 있는) 200군단 66개를 밝혀 드러내 그리고 66개가 있는 이 세계를 시극정극비(始極頂極飛) 세계라 이름 짓고 근비 위, 25번째 (100군단 한 개와 50개 군단 하나가 하나로 있는) 150군단 47개를 밝혀 드러내 그리고 47개가 있는 이 세

계를 태시정극(太示頂極) 세계라 이름 짓다 25단계에서 26번째로 올라오는데 걸림과 장애가 가로 막고 있다고 말하다 근비 위, 26번째 150군단(50군단이 3개가 하나로 있는) 34개를 밝혀 드러내 그리고 34개가 있는 이 세계를 시태영근(尸太靈根) 세계라 이름 짓고 근비 위, 27번째 150군단(100군단 하나 50군단 하나가 하나로 있는) 25개를 밝혀 드러내 그리고 25개가 있는 이 세계를 태비근시근(太秘根始根) 세계라 이름 짓고 근비 위, 28번째 100군단(50군단 두 개가 하나로 있는) 29개를 밝혀 드러내 그리고 29개가 있는 이 세계를 근조극시근(根祖極始根) 세계라 이름 짓고 28번째에서 29번째로 올라오는데 고체 같이 조금 딱딱하게 걸림과 장애가 가로 막고 있다고 말하다.

2012. 12. 03　근비 위, 29번째 80군단(50군단 하나 30군단 하나가 하나로 있는)이 33개를 밝혀 드러내 그리고 33개가 있는 이 세계를 근시극시(根尸極時) 세계라 이름 짓고, 근비 위, 30번째 100군단(98군단과 하나군단과 하나군단이 하나로 있는) 38개를 밝혀 드러내 그리고 38개가 있는 이 세계를 지시근시(止時根時) 세계라 이름 짓고, 근비 위, 31번째 100군단(99군단과 하나의 군단이 하나로 있는) 38개를 밝혀 드러내 그리고 38개가 있는 이 세계를 비영극시(秘靈極始) 세계라 이름 짓고, 근비 위, 32번째 100군단(99군단과 하나의 군단이 하나로 있는) 42개를 밝혀 드러내 그리고 42개가 있는 이 세계를 비근극시(秘根極時) 세계라 이름 짓고, 근비 위, 33번째 100군단이 9개를 밝혀 드러내 그리고 있는 이 세계를 조시극비(祖時極秘) 세계라 이름 짓고, 근비 위, 34번째 10개가 7개 그 위로 5개가 6개가 있음을 밝혀 드러내 그리고 있는 이 세계를 미조근시(彌祖根時) 세계라 이름 짓고, 근비(根秘) 맨 위에 하나를 밝혀 드러내고 밝혀 드러낸 맨 위 하나를 근미시(根彌時)라 짓고, 이것의 이름을 영시근시조(靈始根始祖)라 이름 짓고, 그 위 첫 번째를 영시근조(靈始根祖), 두 번째를 미극비조(彌極秘祖), 세 번째를 근시조(根始祖), 네 번째를 태근미조 (太根彌祖), 다섯 번째를 극미조(極尾祖)라 짓고, 근미시 아래를 태극태비근(太極太秘

根) 세계라고 하고 근미시 위의 세계를 미시근영시조(彌始根靈始祖) 세계라 이름하고, 근미시(根彌時) 영시근시조(靈始根始祖) 그 위로 5개, 30개, 50개, 100개, 200개가 있는 세계를 근미시조(根尾始祖) 세계라 이름 짓다.

2012. 12. 04 위를 튼튼하게 하는 수인(手印), 간경화 수인(手印)을 내놓고, 수인(手印)의 원리에 대하여 말하다

2012. 12. 04 근미시(根彌時) 위, 첫 번째 200군단 36개를 밝혀 드러내 그리고 36개가 있는 이 세계를 시태근조(始太根祖) 세계라 이름 짓고 근미시 위, 두 번째 300(100군단이 3개가 하나로 된)군단 70개를 밝혀 드러내 그리고 70개가 있는 이 세계를 시극시조(時極時祖) 세계라 이름 짓고 근미시 위, 세 번째 600(100군단 6개가 하나로 된)군단 34개를 밝혀 드러내 그리고 34개가 있는 이 세계를 시태극조(始太極祖) 세계라 이름 짓고 근미시 위, 네 번째 800군단(200군단 1개와 100군단 6개가 하나로 된) 55개를 밝혀 드러내 그리고 55개가 있는 이 세계 를 조시초(祖始初) 세계라 이름 짓고 근미시 위, 다섯 번째 900군단(300군단 1개와 100군단 6개가 하나로 된) 120개를 밝혀 드러내 그리고 120개가 있는 이 세계를 조극시태(祖極始太) 세계라 이름 짓다.

2012. 12. 05 지방간 복막염 수인(手印), 지방간이 많은 경우 수인(手印) 심장이 약한 경우 튼튼하게 수인(手印)을 내놓고, 근미시 위, 6번째 1100군단(300군단 1개와 100군단 8개가 하나로 된) 132개를 밝혀 드러내 그리고 132개가 있는 이 세계를 극조시극(極祖始極) 세계라 이름 짓다.

2012. 12. 06 수인(手印)을 찾고 만드는 것에 대하여 말하다.

2012. 12. 06 트름하면 신물이 올라오는 경우 수인(手印), 무릎 아픈 경우 수인(手印), 심전도가 좋지 않은 경우 수인(手印), 주부습진 수인(手印)을 내놓고, 근미시 위, 7번째 1200군단(200군단 1개와 100군단 10개가 하나로 된) 271개를 밝혀 드러내 그리고 271개가 있는 이 세계를 태성근태조극(太聖根太祖極) 세계라 이름 짓다.

2012. 12. 07 배에 지방을 태우는 수인(手印), 담당이 안 좋거나 담석이 있는 경우 수인(手印), 비염이 있는 경우 수인(手印)을 내놓다

2012. 12. 07 근미시 위, 8번째 1600군단(200군단 5개 100군단 6개가

하나로 된) 42개를 밝혀 드러내 그리고 42개가 있는 이 세계를 태시조극(太始祖極) 세계라 이름 짓다.

2012. 12. 07 근미시 위, 9번째 2600군단(200군단 13개가 하나로 된) 61개를 밝혀 드러내 그리고 61개가 있는 이 세계를 극조시태(極祖始太) 세계라 이름 짓다.

2012. 12. 07 근미시 위, 10번째 1700군단(300군단이 1개 100군단이 14개가 하나로 된) 117개를 밝혀 드러내 그리고 117개가 있는 이 세계를 극태시극태(極太始極太) 세계라 이름 짓다.

2012. 12. 08 근미시 위, 11번째 2300군단(300군단 1개와 200군단 10개가 하나로 된) 190개를 밝혀 드러내 그리고 190개가 있는 이 세계를 근시조시극(根始祖始極) 세계라 이름 짓다.

2012. 12. 08 목에 가래가 많이 있는 경우 수인(手印), 일할 때 도량치고 할 수 있는 수인 태화태화태화태영혼태초(太化太化太化太靈魂 太初)수인(手印), 뱃살을 빼는데 도움이 되는 시태초혼영(始太初 魂靈)수인(手印)을 내놓다.

2012. 12. 09 임신에 도움이 되는 초잉태(初孕胎) 수인(手印), 훌륭한 아이를 갖도록 하는데 도움이 되는 혜태잉태(慧太孕胎) 수인(手印), 영적으로 뛰어난 아이를 갖도록 하는데 도움이 되는 영혼태화태초영혼잉태(靈魂太化 太初靈魂 孕胎) 수인(手印)을 내놓다

2012. 12. 09 수인(手印)의 효과가 가장 잘 받고 큰 사람에 대하여 말하다

2012. 12. 09 근미시 위, 12번째 1800군단(300군단 3개와 100군단 9개가 하나로 된) 138개를 밝혀 드러내 그리고 138개가 있는 이 세계를 시시근시(始尸根時) 세계라 이름 짓다.

2012. 12. 09 근미시 위, 13번째 1200군단(100군단 12개가 하나로 된) 83개를 밝혀 드러내 그리고 83개가 있는 세계를 시근태조(始根太祖) 세계라 이름 짓다.

2012. 12. 09 근미시 위, 14번째 1200군단(100군단 9개와 50군단이 6개가 하나로 된) 49개를 밝혀 드러내 그리고 49개가 있는 이 세계를 근태조(根太祖) 세계라 이름 짓다

2012. 12. 09 근미시 위, 15번째 1100군단(100군단 11개가 하나로 된) 67개를 밝혀 드러내 그리고 67개가 있는 이 세계를 근미조(根彌祖) 세계라 이름 짓다

2012. 12. 10 근미시 위, 16번째 1300군단(100군단 13개가 하나로

된) 63개를 밝혀 드러내 그리고 63개가 있는 이 세계를
비자근시조근미(飛子根始祖根彌) 세계라 이름 짓다.

2012. 12. 10 근미시 위, 17번째 1100군단(100군단 11개가 하나로
된) 45개를 밝혀 드러내 그리고 45개가 있는 이 세계를
극태조근시(極太祖根時) 세계라 이름 짓다.

2012. 12. 10 미시 위, 18번째 1000군단(100군단 10개가 하나로 된)
64개를 밝혀 드러내 그리고 64개가 있는 이 세계를 조태
시근미(祖太始根彌) 세계라 이름 짓다

2012. 12. 10 혜태자궁함(慧太子宮 含: 자궁이 안 좋아 몸이 차가운 사
람에게 도움이 되는 수인) 수인(手印)을 내놓다

2012. 12. 10 근태냉태온(추위를 많이 타거나 몸이 차갑거나 한 사람이
몸에게 몸이 따뜻해지도록 하는데 도움이 되는) 수인(手
印)을 내놓다

2012. 12. 10 빛의 세계를 어떻게 밝히고 자등명길 어떻게 밝혀 드러내
고 있는가에 대하여 말하다

2012. 12. 11 추울 때 추위를 안 타도록 하는데 도움이 되는 수인, 감
기 걸렸을 때 하면 도움이 되는 수인, 태영혼태초시초태
영혼(太靈魂太初 始初太靈魂) 수인(手印) 양쪽 다했을
경우, 화태초영혼(化太初 靈魂) 수인 왼손이든 오른손이
든 한쪽만 했을 경우, 태화화화화화화화화화영혼태
(太化化化化化化化化化化 靈魂 太) 수인 위 수인을 단
전 앞에 놓고 하되 수인한 손을 앞뒤로 했을 때 오른손이
앞이든 왼손이 앞이든 효과는 같다고 말하다

2012. 12. 12 혜태기운태(慧太 氣運 太) 수인(手印) 기운이 정체되거
나 약할 때 도움이 되는 수인, 태기운혜태(太氣 運慧 太)
수인(手印). 피곤하고 기운이 없을 때 도움이 되는 수인
을 내놓다.

2012. 12. 13 근미시 맨 위 하나 근(根)과 근 위, 첫 번째 100군단 밝
혀 드러내 그리다.

2012. 12. 13 초태태영혼(初太太靈魂) 수인(手印). 나른하거나 힘이 없
을 때 도움이 되는 수인을 내놓다.

2012. 12. 13 근화암(根化癌) 수인(手印). 암이 치료되도록 하는 수인
이 있을까? 싶어서 한 번 해보고 내놓다

2012. 12. 13 근미시 위, 19번째 900군단(100군단 9개가 하나로 된)
35개를 밝혀 드러내 그리고 35개가 있는 이 세계를 조근
시어(祖根始御) 세계라 이름 짓고, 미시 위, 20번째 800
군단(100군단 8개가 하나로 된) 31개를 밝혀 드러내 그

리고 31개가 있는 이 세계를 근인연(根因緣) 세계라 이름
짓고, 근미시 위, 22번째 600군단(100군단 4개와 50군단
4개가 하나로 된) 46개를 밝혀 드러내 그리고 46개가 있
는 이 세계를 근열반(根涅槃) 세계라 이름 짓고, 근미시
위, 23번째 600군단(100군단 3개와 50군단 6개가 하나
로 된) 52개를 밝혀 드러내 그리고 52개가 있는 이 세계
를 시극인연(始極因緣) 세계라 이름 짓고, 근미시 위, 24
번째 600군단(100군단 4개와 50군단 4개가 하나로 된)
45개를 밝혀 드러내 그리고 45개가 있는 이 세계를 시극
열반(始極涅槃) 세계라 이름 짓고, 근미시 위, 25번째
450군단(100군단 3개와 50군단 3개가 하나로 된) 50개
를 밝혀 드러내 그리고 50개가 있는 이 세계를 여근시(如
根始) 세계라 이름 짓고, 근미시 위, 26번째 450군단
(100군단 3개와 50군단 3개가 하나로 된) 41개를 밝혀
드러내 그리고 41개가 있는 이 세계를 극미시여(極尾始
如) 세계라 이름 짓고, 근미시 위, 27번째 400군단(100
군단 2개와 50군단 4개가 하나로 된) 27개를 밝혀 드러
내 그리고 27개가 있는 이 세계를 근극(根極) 세계라 이
름 짓고, 근미시 위, 28번째 200군단(100군단 1개와 50
군단 2개가 하나로 된) 56개를 밝혀 드러내 그리고 56개
가 있는 이 세계를 비미시(秘彌始) 세계라 이름 짓고, 근
미시 위, 29번째 150군단(100군단 1개와 50군단 1개가
하나로 된) 49개를 밝혀 드러내 그리고 49개가 있는 이
세계를 비근영(秘根靈) 세계라 이름 짓고, 근미시 위, 30
번째 150군단(100군단 1개와 50군단 1개가 하나로 된)
37개를 밝혀 드러내 그리고 37개가 있는 이 세계를 여근
영비(如根影比) 세계라 이름 짓고, 근미시 위, 31번째
130군단(100군단 1개와 30군단 1개가 하나로 된) 29개
를 밝혀 드러내 그리고 29개가 있는 이 세계를 영비극비
(靈秘極比) 세계라 이름 짓고, 근미시 위, 32번째 100군
단(100군단 1개) 9개를 밝혀 드러내 그리고 35개가 있는
이 세계를 극미예(極彌預) 세계라 이름 짓고, 근미시 위,
33번째 100군단(98군단에 1개 1개가 하나로 된) 49개를
밝혀 드러내 그리고 49개가 있는 이 세계를 시극시(始極
時) 세계라 이름 짓고, 근미시 위, 34번째 100개씩 11개

를 밝혀 드러내 그리고 11개가 있는 세계를 비시(毘時)세계라 이름 짓고, 그 위로 50개 30개 20개 10개 10개 10개 10개 5개 3개가 있는 세계를 미시(迷時) 세계라 이름 짓고 그 위에 하나를 근(根: 2012. 12. 12 12:50분경 빠져나오다.)이라 짓고, 근미시(根彌時) 맨 위에 하나를 근(根)이라고 하고 이것의 이름을 근영(根影)라 짓고, 그 위의 있는 자등명을 첫 번째 근시영(根始榮), 두 번째 태근영초(太根榮炒), 세 번째 미시극(迷始極) 네 번째 근영시미(根榮始迷)이라 이름 짓고, 근 아래를 미시근영시조(彌始根靈始祖) 세계라 하고 근 위의 세계는 미초근미근(迷炒根彌根)세계라 말하다. 근미시(根彌時) 맨 위에 하나를 근(根) 근영(根影), 그 위로 4개, 10개, 30개, 100개, 200개를 근영시미(根影始迷) 세계라 하고, 500개 1군, 1000개 2군, 2000개 3군, 3000개 4군....이와 같이 군단이 또다시 시작되는 듯싶다고 말하다.

근(根) 위, 첫 번째 100군단 21개를 밝혀 드러내 그리고 21개가 있는 세계를 근시영(根始煐) 세계라 이름 짓고, 근 위, 두 번째 1200군단(200군단 1개와 100군단 10개가 하나로 된) 64개를 밝혀 드러내 그리고 64개가 있는 세계를 초시미영(炒始迷煐) 세계라 이름 짓다.

2012. 12. 14 근 위, 3번째 1300군단(100군단 13개가 하나로 된) 75개를 밝혀 드러내 그리고 75개가 있는 세계를 진앙시(進仰始) 세계라 이름 짓고, 근 위, 4번째 1600군단(100군단 16개가 하나로 된) 55개를 밝혀 드러내 그리고 55개가 있는 세계를 미근시영(迷根始煐) 세계라 이름 짓고, 근 위, 5번째 1700군단(200군단 4개 100군단 9개가 하나로 된) 60개를 밝혀 드러내 그리고 60개가 있는 세계를 근비근시영(根秘根始煐) 세계라 이름 짓고, 근 위, 6번째 1800군단(200군단 6개 100군단 6개가 하나로 된) 49개를 밝혀 드러내 그리고 49개가 있는 세계를 시근영(始根煐) 세계라 이름 짓고, 근 위, 7번째 2300군단(300군단 5개 100군단 8개가 하나로 된) 65개를 밝혀 드러내 그리고 65개가 있는 세계를 자방영(自方煐) 세계라 이름 짓다.

2012. 12. 15 태태태태태태신신휘영혼(太太太太太太神神輝　靈魂)수인

(手印), 양쪽 다했을 경우 태신휘영혼(太神輝 靈魂) 수인, 왼손이든 오른손이든 한쪽만 했을 경우 혼태태태태태태태태태영혼휘(靈魂太太太太太太太太太太太靈魂輝) 수인, 위 수인을 단전 앞에 놓고 하되 수인한 손을 앞뒤로 했을 때 오른손이 앞이든 왼손이 앞이든 효과는 같다고 말하다

2012. 12. 15 근 위, 8번째 4000군단(300군단 12개 100군단 4개가 하나로 된) 98개를 밝혀 드러내 그리고 98개가 있는 세계를 근영미영(根影迷煐) 세계라 이름 짓고, 근 위, 9번째 4500군단(300군단 10개 100군단 15개가 하나로 된) 90개를 밝혀 드러내 그리고 90개가 있는 세계를 근태영시현(根太煐始顯) 세계라 이름 짓고, 근 위, 10번째 4900군단(500군단 5개 300군단 8개가 하나로 된) 44개를 밝혀 드러내 그리고 44개가 있는 세계를 시미시근현(尸迷始根顯) 세계라 이름 짓고, 근 위, 11번째 6500군단(500군단 10개 300군단 5개가 하나로 된) 30개를 밝혀 드러내 그리고 30개가 있는 세계를 근미영현(根迷煐顯) 세계라 이름 짓고, 근 위, 12번째 8400군단(500군단 15개 300군단 3개가 하나로 된) 89개를 밝혀 드러내 그리고 98개가 있는 세계를 영태미현(煐太迷顯) 세계라 이름 짓다.

2012. 12. 16 근 위, 13번째 8000군단(400군단이 20개가 하나로 된) 70개를 밝혀 드러내 그리고 70개가 있는 세계를 휘영미현(輝煐迷顯) 세계라 이름 짓고, 근 위, 14번째 10000군단(400군단이 25개) 55개를 밝혀 드러내 그리고 55개가 있는 세계를 영극묘현(煐極妙顯) 세계라 이름 짓고, 근 위, 15번째 10000군단(500군단 20개) 71개를 밝혀 드러내 그리고 71개가 있는 세계를 태영극현(太煐極顯) 세계라 이름 짓다.

2012. 12. 17 신신태태태태태태태태태태태태태태(太:16)영혼 수인(手印), 신태태태태태(6)신영혼 수인(手印), 신신태영혼태태태태태태태태태태태태태태태태태태(22)영혼 수인(手印), 등을 해보고 내놓고, 근 위, 16번째 10500군단(1000군단 8개 500군단 5개) 55개를 밝혀 드러내 그리고 55개가 있는 세계를 극태극현(極太極顯) 세계라 이름 짓고, 근 위, 17번째 11000군단 (500군단 20

개 100군단이 10개가 하나로 된) 65개를 밝혀 드러내 그리고 65개가 있는 세계를 시태누영근현(時太漏煐根顯) 세계라 이름 짓고, 근 위, 18번째 12500군단 (1000군단 10개 500군단이 5개가 하나로 된) 62개를 밝혀 드러내 그리고 62개가 있는 세계를 미태극영현(迷太極煐顯) 세계라 이름 짓다.

2012. 12. 18 변비해소에 도움이 되는 수인, 응가가 마려워서 변기에 앉았는데, 잘 보지 못할 때 도움이 되는 수인, 날씨가 건조하여 입술이 자주 틀 때 도움이 되는 수인, 신영혼태태태태태태영혼(神靈魂太太太太太太靈魂) 수인(手印) 등을 해보고 내놓다.

2012. 12. 18 근(根) 맨 위 하나 미시현(迷示顯)을 빠져나와, 근(根) 맨 위에 하나를 미시현(迷示顯)이라 하고 이것의 이름을 극태묘현(極太妙顯)이라 짓고, 그 위의 첫 번째 자등명을 극근시현(極根示顯)이라 이름 짓고, 두 번째 파현극혜(波顯極慧)라 이름 짓고, 미시현 아래를 미초근미근(迷炒根彌根) 세계라고 하면 미시현 위의 세계는 미파시현(迷波示顯) 세계라 말하며, 근(根) 맨 위에 하나를 미시현(迷示顯) 극태묘현(極太妙顯) 그 위로 2개, 10개, 20개,....를 영대태자비(煐大太慈飛) 세계라 이름 짓고, 근 위 19번째 17000군단 (1000군단 13개 500군단 7개 100군단 5개가 하나로 된) 52개를 밝혀 드러내 그리고 52개가 있는 세계를 태영시파자현(太煐始波自顯) 세계라 이름 짓다.

2012. 12. 19 태영신혼태(太靈神 魂太) 수인(手印), 신영혼신신신태영신혼(神靈魂 神神神太靈 神魂)수인(手印), 영혼태태태태신영혼(靈魂太太太 太太神靈魂) 수인(手印) 등을 해보고 내놓고, 근 위, 20번째 6000군단(300군단 15개 100군단 10개 50군단 10개가 하나로 된) 69개를 밝혀 드러내 그리고 69개가 있는 세계를 극태영시현(極太煐示懸) 세계라 이름 짓고, 근 위, 21번째 6000군단(400군단 10개 100군단이 20개가 하나로 된) 62개를 밝혀 드러내 그리고 62개가 있는 세계를 시영극현(示煐極顯) 세계라 이름 짓고, 근 위, 22번째 5500군단(300군단 15개 100군단 10개가 하나로 된) 47개를 밝혀 드러내 그리고 47

개가 있는 세계를 견미현(見迷顯) 세계라 이름 짓고, 근
위 23번째 4500군단(200군단 15개 100군단 15개가 하
나로 된) 38개를 밝혀 드러내 그리고 38개가 있는 세계
를 파누현(波漏顯) 세계라 이름 짓고, 근 위 24번째
5500군단 (300군단 15개 100군단 10개가 하나로 된)
56개를 밝혀 드러내 그리고 56개가 있는 세계를 시미예
현(示迷預顯) 세계라 이름 짓고, 근 위 25번째 2000군단
(300군단 5개 100군단 5개가 하나로 된) 45개를 밝혀
드러내 그리고 45개가 있는 세계를 태시현(太示顯) 세계
라 이름 짓다.

2012. 12. 20 잇몸이 좋지 않은 분들에게 도움이 되는 잇몸 튼튼 수인,
잇몸이 좋지 않아 잇몸이 자주 찢어지는 분들에게 도움이
되는 잇몸 살 돋음 수인, 신영혼태태태태태태태(神靈魂太
太太太太太太太) 수인(手印), 신영혼태(太:27) 수인(手印)
등을 해보고 내놓다

2012. 12. 20 근 위 26번째 1200군단(300군단이 3개 100군단이 3개가
하나로 된) 47개를 밝혀 드러내 그리고 47개가 있는 세
계를 비미현(比迷顯) 세계라 이름 짓고, 근 위 27번째
450군단(100군단 2개 50군단 5개가 하나로 된) 61개를
밝혀 드러내 그리고 61개가 있는 세계를 시근현(示根顯)
세계라 이름 짓고, 근 위, 28번째 100군단 9개를 밝혀 드
러내 그리고 9개가 있는 세계를 파시현(波示顯) 세계라
이름 짓고, 근 위, 28번째 그 위로 10개, 10개, 10개, 10
개, ... 10개씩 12개 있고 그 위로 5개 3개가 있는 태시
영현(太示煐顯) 세계 그 위에 하나 미시현(迷示顯):
2012. 12. 18 19:20분경 빠져나오다.), 근(根) 맨 위에
하나를 미시현(迷示顯) 극태묘현(極太妙顯), 그 위의 세
계를 밝혀 드러내 그리고, 첫 번째 극근시현(極根示顯)
두 번째 파현극혜(波顯極慧), 아래를 미초근미근(迷炒根
彌根) 세계라고 하면 이 위의 세계는 미파시현(迷波示顯)
세계라 이름 짓고, 미시현(迷示顯) 극태묘현(極太妙顯)
그 위로 2개, 10개, 20개,....를 영대태자비(煐大太慈飛) 세
계라 이름 짓고, 미시현(迷示顯) 위, 1번째 100군단 13개
를 밝혀 드러내 그리고 13개가 있는 세계를 시시현(始示
顯) 세계라 이름 짓고, 미시현 위, 2번째 4500군단(500

- 244 -

군단 5개 200군단 10개) 46개를 밝혀 드러내 그리고 46개가 있는 세계를 시미파현(始迷波顯) 세계라 이름 짓고, 미시현 위, 3번째 5500군단(500군단 10개 100군단 5개) 44개를 밝혀 드러내 그리고 44개가 있는 세계를 자비파현(慈悲波顯) 세계라 이름 짓다.

2012. 12. 21 신영혼태태태태태태태(7) 수인(手印). 신영혼신신신신신신신신신신신(12) 수인(手印)을 해보고 내놓고, 미시현(迷示顯) 맨 위 하나 미근(迷根)을 빠져나와 그 위를 향해 오르며 밝혀 드러내 그리며, 미시현(迷示顯) 맨 위에 하나를 미근(迷根 2012. 12. 21 07:23분경 빠져나오다)이라 하고 이것의 이름을 영태시미(煐太時迷)라 이름 짓고, 미근 위의 첫 번째 자등명을 시극시미(示極時迷)라 이름 짓고, 두 번째 자등명을 시근파영(時根波煐)라 이름 짓고, 미근 아래를 미파시현(迷波示顯) 세계라고 하면 미근 위의 세계는 누조근상(漏造根相) 세계라 말하고, 미시현(迷示顯) 맨 위에 하나를 미근(迷根) 영태시미(煐太時迷), 그 위로 2개, 10개, 30개, 200개, 2000개를 극미창조계(極微創造界) 세계라 이름 짓고 4000개 1군을 시작으로 군단이 또다시 시작되는 듯싶다고 말하며, 미시현 위, 4번째 6000군단(500군단 10개 100군단10개) 51개를 밝혀 드러내 그리고 51개가 있는 세계를 근파현(根波顯) 세계라 이름 짓고, 미시현 위, 5번째 8000군단(1000군단 5개 500군단 5개 100군단 5개가 하나로 된) 62개를 밝혀 드러내 그리고 62개가 있는 세계를 미시투영(迷示透映) 세계라 이름 짓다.

2012. 12. 22 신영혼신(神:22) 수인(手印)을 해보고 내놓고, 수 없이 많은 자등명 세계를 밝혀 드러내 질리도록 자등명 길을 열어놓지만 언제까지 밝혀야 끝이 나나? 왜 저렇게 많이 밝혀 드러낼까? 하지만, 어디까지나 전정한 나를 찾아가는 길이라고 말하다

2012. 12. 22 미시현 위, 6번째 17500군단(1000군단 10개 500군단 15개가 하나로 된) 54개를 밝혀 드러내 그리고 54개가 있는 세계를 시태투영(示太透映) 세계라 이름 짓고, 미시현 위, 7번째 20000군단(1000군단 15개 500군단 10개가 하나로 된) 48개를 밝혀 드러내 그리고 48개가 있는

세계를 태시미영(太時迷映) 세계라 이름 짓다.

2012. 12. 23 화태(化太)신영혼신(神:20) 수인(手印)을 해보고 내놓고, 미시현 위, 8번째 22500군단(1000군단 15개 500군단 15개가 하나로 된) 82개를 밝혀 드러내 그리고 82개가 있는 세계를 미영시극(迷映時極) 세계라 이름 짓고, 미시현 위, 9번째 25000군단(1000군단 20개 500군단 10개가 하나로 된) 62개를 밝혀 드러내 그리고 62개가 있는 세계를 태미시근(太迷時根) 세계라 이름 짓고, 미시현 위, 10번째 30000군단(1000군단 25개 500군단 10개가 하나로 된) 42개를 밝혀 드러내 그리고 42개가 있는 세계를 태미시극(太迷時極) 세계라 이름 짓고, 미시현 위 11번째 35000군단(1000군단이 30개 500군단 10개가 하나로 된) 47개를 밝혀 드러내 그리고 47개가 있는 세계를 극태미근(極太迷根) 세계라 이름 짓고, 미시현 위 12번째 40000군단(1000군단 35개 500군단 10개가 하나로 된) 38개를 밝혀 드러내 그리고 38개가 있는 세계를 극미극(極迷極)세계라 이름 짓다.

2012. 12. 24 미근(迷根) 맨 위에 하나를 빠져나와서는 밝혀 드러내 그리고 미근(迷根) 맨 위에 하나를 시조근(始造根:2012. 12. 24일 12:34분에 빠져나오다)이라 하고 이것의 이름을 창조극현(創造極顯)라 짓고, 그 위 하나 조시현(造時顯), 그 위 첫 번째 초인근(超因根), 두 번째 대초인(大超因), 세 번째 초대초인(初大超因)이라 이름 짓고, 아래를 누조근상(漏造根相) 세계라고 하면 이 위의 세계는 비근초인현(非根超因顯) 세계라 하고, 미근(迷根) 맨 위에 하나를 시조근(始造根) 창조극현(創造極顯), 그 위로 1개, 3개, 10개, 50개를 근초인(根超因) 세계라 하며 1000개 1군, 2000개 2군, 4800개 3군을 시작으로 군단이 또다시 시작되는 듯싶다고 말하며, 미시현 위 13번째 52500군단 (1000군단 45개 500군단 15개가 하나로 된) 49개를 밝혀 드러내 그리고 49개가 있는 세계를 미시극근조 (迷時極根祖) 세계라 이름 짓고, 미시현 위, 14번째 55000군단(1000군단 50개 500군단 10개가 하나로 된) 54개를 밝혀 드러내 그리고 54개가 있는 세계를 태여조혜(太如祖慧) 세계라 이름 짓다.

2012. 12. 25 화화태(化化太)신영혼신(神:22)수인(手印), 태화화태신영혼신(神:44)수인(手印)을 해보고 내놓고, 미시현 위, 15번째 65000군단(1000군단 60개 500군단 10개가 하나로 된) 44개를 밝혀 드러내 그리고 44개가 있는 세계를 혜초시현(慧初時顯) 세계라 이름 짓고, 미시현 위 16번째 60000군단(1000군단 50개 500군단 20개가 하나로 된) 이 46개를 밝혀 드러내 그리고 46개가 있는 세계를 초태자시혜(初太自始慧) 세계라 이름 짓고, 미시현 위 17번째 50000군단(1000군단 45개 500군단 5개가 하나로 된) 54개를 밝혀 드러내 그리고 54개가 있는 세계를 극영태혜(極煐太慧) 세계라 이름 짓고, 미시현 위 18번째 45000군단(1000군단 40개 500군단 10개가 하나로 된) 51개를 밝혀 드러내 그리고 51개가 있는 세계를 시누시혜(時漏始慧) 세계라 이름 짓다.

2012. 12. 26 훈현태(勳顯太)신영혼화(化:31)신(23) 수인(手印), 신영혼신영혼신(神:44) 수인(手印)을 해보고 내놓고, 미시현 위 19번째 25000군단(1000군단 20개 500군단 10개가 하나로 된) 55개를 밝혀 드러내 그리고 55개가 있는 세계를 시조근혜(始祖根慧) 세계라 이름 짓고, 미시현 위 20번째 20000군단(1000군단 15개 500군단 10개가 하나로 된) 53개를 밝혀 드러내 그리고 53개가 있는 세계를 극미시혜(極迷始慧) 세계라 이름 짓고, 미시현 위 21번째 17500군단(1000군단 15개 500군단 5개가 하나로 된) 61개를 밝혀 드러내 그리고 61개가 있는 세계를 근태시혜(根太時慧) 세계라 이름 짓고, 미시현 위, 22번째 10000군단(1000군단 5개 500군단 10개가 하나로 된) 47개를 밝혀 드러내 그리고 47개가 있는 세계를 태극시혜(太極始慧) 세계라 이름 짓고, 미시현 위, 23번째 7500군단(1000군단 5개 500군단 5개가 하나로 된) 50개를 밝혀 드러내 그리고 50개가 있는 세계를 시현태자혜(始顯太慈慧) 세계라 이름 짓고, 시조근(始造根) 맨 위 하나 혜자(慧慈)를 빠져나와 그 위를 향해 오르며 밝혀 드러내 그리고, 시조근(始造根) 맨 위 바로 아래아래 두 개 중에 하나에 가까운 것의 이름 혜태자근(慧太慈根), 그 아래 두 번째 것의 이름 초시근혜(初始根慧), 시조근

맨 위 바로 아래 하나의 이름 여혜앙(如慧昻), 시조근(始造根) 맨 위에 하나를 혜자(慧慈) 이것의 이름을 극시초(極始初) : 2012. 12. 26일 08:54에 빠져나오다)라 이름 짓고, 그 위 하나 극태초근(極太初根), 그 위 또 다른 하나 태극근(太極根)이라 이름 짓고, 아래를 비근초인현(非根超因顯) 세계라 하면 이 위의 세계는 시태근미극(始太根微隙) 세계라 말하며 혜자(慧慈) 극시초(極始初) 그 위로 1개, 1개, 30개, 50개, 200개를 자시초극혜(慈始初極慧) 세계, 300개 1군, 500개 2군, 1000개 3군을 시작으로 군단이 또다시 시작되는 듯싶다고 말하다.

2012. 12. 27 미시현 위, 24번째 6500군단(1000군단 5개 500군단 3개가 하나로 된) 50개를 밝혀 드러내 그리고 50개가 있는 세계를 태근미시혜(太根迷時慧) 세계라 이름 짓고, 미시현 위, 25번째 2000군단(500군단 3개 100군단 5개가 하나로 된) 50개를 밝혀 드러내 그리고 50개가 있는 세계를 누태자시혜(漏太慈時慧) 세계라 이름 짓고, 미시현 위, 26번째 100군단이 13개를 밝혀 드러내 그리고 13개가 있는 세계를 현태시혜(現太時慧) 세계라 이름 짓고, 미시현 위, 26번째 그 위로 10개, 20개, 30개, 30개, 50개, 50개, 30개, 40개, 40개, 40개, 40개, 40개, 20개, 10개, 그 위로 5개 3개가 있는 것을 밝혀 드러내 그리고 이 세계를 누현시혜(漏現時慧) 세계라 하고, 그 위에 하나를 미근(迷根: 2012. 12. 21 19:23분경 빠나오다.)이라 하다.

2012. 12. 27 혜자(慧慈) 맨 위 하나 극창근(極創根)을 빠져나와 그 위를 향해 오르는 것을 밝혀 드러내 그리며 혜자(慧慈) 맨 위 하나 그 하나 밑에 하나의 이름을 근창미(根創彌), 혜자 맨 위 바로 아래 하나의 이름을 창미극(創彌極), 혜자(慧慈) 맨 위에 하나를 극창근(極創根) 이것의 이름을 태시창미(太時創彌 2012. 12. 27일 14시 43분경 빠져나오다)라 짓고, 그 위 하나를 창미시(創彌時), 그 위 또 다른 하나를 현미(顯彌)라 짓고, 아래를 시태근미극(始太根微隙) 세계라고 하면 이 위의 세계는 근현창미(根顯創彌) 세계라 말하고, 혜자(慧慈) 맨 위에 하나를 극창근(極創根) 태시창미(太時創彌) 그 위로 1개, 1개, 3개, 10

- 248 -

개, 50개, 200개, 500개를 극시극미(極時極微) 세계라 하고 1000개 1군, 2000개 2군을 시작으로 군단이 또다시 시작되는 듯싶다고 말하다.

2012. 12. 27 미근(迷根) 위, 1번째 100군단 8개를 밝혀 드러내 그리고 8개가 있는 세계를 영극창(煐極創) 세계라 이름 짓고, 미근(迷根) 위, 2번째 100군단 23개를 밝혀 드러내 그리고 23개가 있는 세계를 태초근창(太初根創) 세계라 이름 짓고, 미근(迷根) 위, 3번째 100군단 23개를 밝혀 드러내 그리고 23개가 있는 세계를 시초근창(始初根創) 세계라 이름 짓고, 미근 위, 4번째 35000군단(1000군단 30개 500군단 10개가 하나로 된) 42개를 밝혀 드러내 그리고 42개가 있는 세계를 시태초시근(始太初始根) 세계라 이름 짓고, 미근 위, 5번째 45000군단(1000군단 35개 500군단 20개가 하나로 된) 39개를 밝혀 드러내 그리고 39개가 있는 세계를 극근태초근(極根太初根) 세계라 이름 짓다.

2012. 12. 28 미근 위, 6번째 55000군단(1000군단 45개 500군단 20개가 하나로 된) 41개를 밝혀 드러내 그리고 41개가 있는 세계를 현여근조극(顯與根造極) 세계라 이름 짓고, 미근 위, 7번째 55000군단(1000군단 50개 500군단 10개가 하나로 된) 40개를 밝혀 드러내 그리고 40개가 있는 세계를 극근조현(極根造顯) 세계라 이름 짓고, 미근 위, 8번째 70000군단(1000군단 60개 500군단 20개가 하나로 된) 60개를 밝혀 드러내 그리고 60개가 있는 세계를 초시조현(初時造顯) 세계라 이름 짓고, 미근 위, 9번째 105000군단(1000군단 90개 500군단 30개가 하나로 된) 48개를 밝혀 드러내 그리고 48개가 있는 세계를 조근시현(造根始顯) 세계라 이름 짓다.

2012. 12. 29 극창근(極創根) 맨 위 하나 창미근(創彌根)을 빠져나와 그 위를 향해 오르며 밝혀 드러내 그리고, 극창근(極 創根) 맨 위 하나 그 하나 밑에 하나의 이름 조극창비(造極創非), 극창근 맨 위 바로 아래 하나의 이름 비창미초 (非創彌初), 극창근(極創根) 맨 위에 하나 창미근(創彌根), 이것의 이름을 창누미근(創漏彌根 2012. 12. 29일 06시 37분경에 빠져나오다)라 이름 짓고, 그 위에

하나 창누시(創屢時)라 하고 그 위에 3개 중 첫 번째 창극미(創極彌), 두 번째 근미비(根彌秘), 세 번째 근조누(根祖漏)라 이름 짓다. 아래를 근현창미(根顯創彌) 세계라고 하면 이 위의 세계는 조누여극(祖屢如極) 세계라 말하고, 극창근(極創根) 맨 위에 하나를 창미근(創彌根) 창누미근(創漏彌根) 그 위로 1개, 3개, 10개, 20개, 50개를 조누시(祖屢時) 세계라 하며, 100개 1군, 200개 2군, 1000개 3군, 3000개 4군을 시작으로 군단이 또다시 시작되는 듯싶다고 말하다.

2012. 12. 29   태신휘태태(太神輝太太)신영혼신영혼화(化:39) 수인(手印), 태태태신휘태태(太太太神輝太太)신영혼신영혼화(化:52) 수인(手印)을 해보고 내놓다.

2012. 12. 30   시천태(始遷太) 수인(手印), 휘초혼초태현(輝初魂初太現) 수인(手印), 초신휘초천태(初神輝初遷太) 수인(手印), 태초혼휘태(太初魂輝太) 수인(手印)을 내놓고, 창미근(創彌根) 맨 위 하나 극조누(極造屢)를 빠져나와 그 위를 향해 오르며 밝혀 드러내 그리고, 극조누 아래 하나(다섯 번째) 근조누(根造漏), 그 아래 하나(네 번째) 근창누미(根創漏彌), 그 아래 하나(세 번째) 근조누미(根造漏彌), 그 아래 하나(두 번째) 누미조(漏彌造), 그 아래 하나(첫 번째) 창근조누(創根造屢), (창미근 맨 위 하나 극조누를 이름을 짓고 그런 다음에 극조누를 중심으로 위, 아래를 구별하여 이름이었다.) 창미근(創彌根) 맨 위에 하나를 극조누(極造屢) 이것의 이름을 창조미누(創造彌屢: 2012. 12. 30일 08:25분경 빠져나오다.)라 이름 짓고, 그 위의 하나 여누여시(如屢如時) 그 위에 하나 시누미여(時屢彌如) 그 위에 하나 조시누여(造時屢如) 그 위에 하나 미창시여(彌創時如), 그 위에 하나 시누창여(時屢創如)라 이름 짓고, 아래를 조누여극(祖屢如極) 세계라고 하면 이 위의 세계는 여시태누(如時太屢) 세계라 말하고, 창미근(創彌根) 맨 위에 하나를 극조누(極造屢) 창조미누(創造彌屢) 그 위로 1개, 1개, 1개, 1개, 1개, 10개, 50개, 100개, 200개를 근누여시(根屢如時) 세계라 말하고 1000개 1군, 2000개 2군, 3000개 3군을 시작으로 군단이 또다시 시작되는 듯싶다고 말하고, 미근 위, 10번째 125000군단

(1000군단 110개 500군단 30개가 하나로 된) 68개를 밝혀 드러내 그리고 68개가 있는 세계를 현미시초(顯彌始初) 세계라 이름 짓고, 미근 위, 11번째 170000군단 (1000군단 150개 500군단 40개가 하나로 된) 111개를 밝혀 드러내 그리고 111개가 있는 세계를 시근조미근(時根造迷根) 세계라 이름 짓고, 미근 위, 12번째 175000군 단(1000군단 160개 500군단 30개가 하나로 된) 54개를 밝혀 드러내 그리고 54개가 있는 세계를 비시근초근미 (非時根初根彌) 세계라 이름 짓고, 미근 위, 13번째 175000군단(1000군단 170개 500군단 10개가 하나로 된) 46개를 밝혀 드러내 그리고 46개가 있는 세계를 시 미근시(時迷根始) 세계라 이름 짓고, 미근 위, 14번째 200.000군단(1000군단 180개 500군단 40개가 하나로 된) 64개를 밝혀 드러내 그리고 64개가 있는 세계를 극 초비미(極超秘迷) 세계라 이름 짓다.

2012. 12. 31 깍지 끼고 1, 2 손가락 휘휘태영혼(輝輝太靈魂) 수인으로 극조누(極造屢) 맨 위 하나 누근여(屢根如)를 빠져나와 서는 빠져나온 주변을 밝혀 드러내 그리고, 그 아래 하나 (아홉 번째) 창여근미(創如根彌), 그 아래 하나(여덟 번째) 시태(時泰), 그 아래 하나(일곱 번째) 근시여미(根時 如迷), 그 아래 하나(여섯 번째) 시미태(時迷太), 그 아래 하나(다섯 번째) 극태미여(極太迷如), 그 아래 하나 (네 번째) 조근태(造根太), 그 아래 하나(세 번째) 미태 (迷泰), 그 아래 하나(두 번째) 초시태(初時太), 그 아래 하나(첫 번째) 미시태(彌時太), (극조누 맨 위 하나 누근 여(屢根如) 이름을 짓고, 그런 다음에 누근여(屢根如)를 중심으로 위, 아래를 구별하여 이름 지었다.) 극조누(極造 屢) 맨 위에 하나를 누근여(屢根如) 이것의 이름을 누시근 여(屢時根如 : 2. 12. 31일 07: 23분경 빠져나오다.) 그 위의 하나1 창미여시(創彌如時), 그 위의 하나2 극미여(極 彌如), 그 위의 하나3 조태여시(造太如時), 그 위의 하나4 태시누태(泰時屢太), 그 위의 하나5 누시태(屢時泰), 그 위의 하나6 태여시미(泰如時彌), 그 위에 하나7 태미태(太 彌泰), 그 위에 하나8 창미여(創彌如), 그 위에 하나9 태 시여(太時如), 그 위에 하나10 미태여(彌太如), 아래를 여

시태누(如時太屢) 세계라고 하면 이 위의 세계는 태조누시여(太祖屢時如) 세계라 말하고, 극조누(極造屢) 맨 위에 하나를 누근여(屢根如) 누시근여(屢時根如) 그 위로 1개, 1개, 1개, 1개, 1개, 1개, 1개, 1개, 1개, 1개, 5개, 50개, 200개를 시미여(時彌如) 세계라 말하고, 그 위 1000개 1군, 3000개 2군, 4000개 3군을 시작으로 군단이 또다시 시작되는 듯싶다고 말하다.

2012. 12. 31 깍지 끼고 2, 3 손가락 휘태태영혼(輝太太靈魂) 수인으로 누근여(屢根如) 맨 위 하나 누시극(屢時極2012. 12. 31 일 12:44분경 빠져나오다)을 빠져나오고, 깍지 끼고 2, 3, 4 손가락 태휘태영혼(太輝太靈魂) 수인으로 누시극(屢時極) 맨 위 하나 태여근(泰輿根: 2012. 12. 31일 13:48분경 빠져나오다)을 빠져나오고, 깍지 끼고 2, 3, 4, 5손가락 태태태휘휘휘태영혼(太太太輝輝輝太靈魂) 수인으로 태여근(泰輿根) 맨 위 하나 극단근(極團根: 2012. 12. 31일 16:28분경 빠져나오다)을 빠져나오고, 초휘태태혼(初輝太太魂) 수인(手印:87), 영태휘(靈太輝) 수인(手印), 영혼휘(靈魂輝) 수인(手印:), 1, 2 깍지 끼고 3, 4, 5손가락 태훈태영혼(太勳太靈魂) 수인, 극단근(極團根) 맨 위 하나 시초대시극(始初大時極: 2012. 12. 31일 19:58분경 빠져나오다)을 빠져나오다.

2012. 12. 31 미신동체심수(美身童體心壽)법을 찾아 내놓다

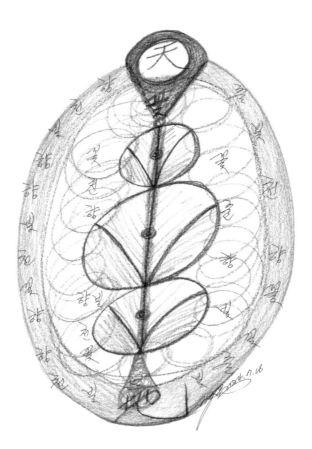

수행하여 올라온 세계들의 간략한 정리에서부터 색깔로 드러낼 수 있는 자등명 0 자등명이란 빛덩어리 1. 본성의 빛 자등명, 2 백두(白頭)의 빛 자등명, ...암양산엽(癌陽産燁) 자등명까지는 **<<깨닫고 싶으냐 그러면 읽어라.>>** 란 책 184쪽~ 200쪽에 이르기까지 칼라로 상재되어 있다. 자등명의 이름을 읽으며 작용하는 곳을 의식하거나 의념하거나 생각하는 것만으로도 작용을 한다. 그런 만큼 읽으며 평소 좋지 않은 곳에 작용하는 자등명 수시로 읽으며 의식해 주면 좋다. 또 있습니다. 그것은 꼭 이와 같이 하지 않을지라도 읽는 것만으로도 몸통 안에 연결되어 있는 자등명이 깨어나 작용합니다. 물론 읽으며 의식해 주면 더 좋습니다요.

색깔로 들어낼 수 없는 자등명 56개

55번째, 암양산엽(癌陽産燁) 자등명 癌 암 陽 양지 産 태어나다 燁 빛나다
현대 의학으로 고칠 수 없는 병을 치유하도록 하는 자등명

56번째, 문전서수(聞前瑞壽) 자등명 聞 가르침 받다 前 나아가다 瑞 경사스럽다 壽 수명 귀가 잘 들리도록 하는 자등명

57번째, 수지소확(壽止小攌) 자등명 壽 목숨 止 멈추다 小 짧다 攌 넓히다
수명이 짧은 것에 이 에너지를 넣으며 수명이 길어지게 하는 자등명

58번째, 순염무요(詢艶無尿) 자등명 詢 같다 艶 부드럽다 無 없다 尿 오줌
오줌을 시원스럽게 보도록 하는 자등명

59번째, 옥양전양(玉量田量) 자등명 玉 옥 量 좋다 田 밭 量 헤아리다
금전옥답이 많아지도록 하는 자등명

60번째, 손중안(巽仲眼) 자등명 巽 손괘 仲 가운데 眼 보는 일
손 가운데 눈이 좋아지도록 하는 혈을 자극하는 자등명으로
눈을 좋아하게 하지만 손을 더 좋아지게 한다고 합니다.

61번째, 합동후상(合同後想)자등명 合 여럿이 모여 하나가 되다 同 한 가지 後 뒤 想 생각하다 생각이 많거나 복잡한 사람에게 이 자등명의 에너지를 넣어주면 생각이 단순해지면서 생각이 하나로 모아지기 때문에 명상이 잘되게 한다.

62번째, 전별유(田別宥)자등명 田 심다 別 나누다 宥 용서하다
모든 것들을 다 이해하고 용서하도록 하는 자등명

63번째, 병양천철(病瘍天喆)자등명 病 질병 瘍 종기 天 하늘 喆 분명히 하다 각종 종기의 질병을 좋아지도록 하는 자등명

64번째, 이적종(裏籍宗)자등명 裏 내부 籍 문서 宗 일의 근본
속 내부를 깨끗하게 원상회복되도록 에너지가 있는 자등명

65번째, 수중물구(收衆物灸)자등명 收 거두어 들여 정리하다 衆 무리 物 종류 灸 뜸을 떠서 병을 고치는 방법 육체를 건강하게 하는 자등명

66번째, 역조청지(亦照聽止)자등명 亦 대단히 照 비추다 聽 자세히 듣다 止 멈추다 귀가 아주 잘 들리도록 하는 자등명

67번째, 속험정(束險精)자등명 束 결박하다 險 위태롭다 精 찧다
위태로운 것을 결박해서 찧다. 즉 어렵고 힘든 일들을 편안하게 해주는 자등명

68번째, 즉천작전(則天勻佃)자등명 則 곧 모범으로 삼다 天 천체, 전체의 운행 勻 홉의 10의분의 1 佃 소작인 작은 천체의 운행을 모범으로 삼는 자등명으로 기운이 원만하게 잘 순환하게 한다.

69번째, 귀청천(歸淸天)자등명 歸 돌아오다 淸 탐욕이 없다 天 하늘
욕심 없는 하늘로 돌아오다. 즉 탐욕심을 여의게 하는 자등명

70번째, 적화정(積和定)자등명 積 모으다 和 서로 응하다 定 정하다
서로 모아서 정하다. 즉 정(定)에 깊게 들어가게 하는 자등명

71번째, 미포사(迷胞寺)자등명 迷 전념하다 胞 종기(腫氣) 寺 공무를 집행하는 곳 종기를 낳게 하는 자등명

72번째, 이안추전(耳眼推展)자등명 耳 오관의 하나 眼 보는 일 推 변천하다 받들다 展 발달하다 오관(안이비설신)이 좋아지도록 하는 자등명

73번째, 용증순(龍增巡)자등명 龍 뛰어난 인물 增 더하다 巡 돌다
머리를 맑고 상쾌 깨끗하게 하는 자등명

74번째, 준비유설(準毘惟泄)자등명 準 법 법도 毘 힘을 보태다 推 변천하다 泄 틈이나 구멍으로 흘러나오다. 몸 안팎으로 소통되게 해서 원만하게 살아가도록 하는 자등명

75번째, 음작방(吟勺訪)자등명 吟 읊다 끙끙 앓다 斫 홉의 10분의 1 訪 찾다 구하다 목이 아프거나 좋지 않을 때 목을 청명하게 하는 자등명

76번째, 토무(土貿)자등명 土 오행의 하나 貿 바꾸다 무역하다
오행에 토가 부족한 토를 더하여 주는 자등명

77번째, 선산업불(鮮刪業佛)자등명 鮮 곱다 깨끗하다 刪 깎다 業 기초 佛 확연히 구별하기 어렵다 업이 곱고 깨끗하게 없어져 구별하기 어렵다. 업을 맑고 깨끗하게 녹이는 자등명

78번째, 일성세(逸醒世)자등명 逸 없어지다 醒 도리에 밝고 성실한 일 世 세상 때 도리를 잊지 않고 어느 때든 도리에 밝게 행하도록 하는 자등명

79번째, 자사논투(者詞論妬)자등명 者 것 일을 가리켜 이른다 詞 고하다 論 사리를 밝히다 妬 강샘하다 어떤 것이나 일이든 사리를 올바르게 밝혀 밝게 드러내도록 하는 자등명

80번째, 사신정(伺神精)자등명 伺 찾다 神 정신할 때의 신 精 자세하다 업식덩어리의 정(精)과 머리 부분의 신(神)에 작용하는 자등명

81번째, 와옥합순(訛沃哈順)자등명 訛 그릇되다 속이다 沃 개발하다 哈 웃는 소리 順 거스르지 아니하다 상대방이 속이거나 그릇되더라도 거스르지 않고 바르게 알아듣도록 하는 자등명

82번째, 독자태(禿資胎)자등명 禿 벗어나다 資 자본 胎 아이 배다
아무 것도 없는데 재물이 들어오도록 하는 자등명

83번째, 숙토무향(肅吐貿嚮)자등명 肅 공경하다 吐 버리다 貿 교역하다 嚮 향하다 목젖 아래쪽에 작용하는 자등명

84번째, 부적망(傅賊網)자등명 傅 스승, 시중들다 賊 상하게 하다 網 그물 스승이 그물이란 인트라망을 상하게 하는 자등명 즉 업의 인트라망을 녹이며 스승을 찾아가도록 하는 자등명

85번째, 보천소(寶天昭)자등명 寶 보배롭게 여기다 天 하늘 昭 환히 밝히다
보배로운 세계를 환히 밝히다. 곧 백회를 열어 주는 자등명

86번째, 장분점선(藏盆点禪)자등명 藏 간직하다 품다 盆 밥 짓는 그릇 点점 禪고요하다 참선이 쉽게 되어 삼매에 쉽게 들어가도록 하는 자등명

87번째, 망탁불(網濁拂)자등명 網 인트라망 濁 흐리게 하다 拂 닦다 떨다
악업을 닦아 악업을 떨어내고 선업이 도래하게 하는 자등명

88번째, 질왕비(秩王飛)자등명 秩 차례로 쌓아 올리다. 王제후 飛 날다 오르다 참선 수행 삼매의 정점에 이르도록 하는 자등명

89번째, 소자상(沼自尙)자등명 沼 늪 自 저절로 尙 숭상하다
삼독심의 늪에서 빠져나오게 하는 자등명 가슴을 자극

90번째, 사주홍안(傞住弘安)자등명 傞 성의 없다 住 살고 있는 사람 弘 넓히다 安 좋아하다 성의 없이 살고 있는 사람의 마음을 넓혀서 즐겁고 행복하게 살도록 하는 자등명 업식덩어리 자극

91번째, 율말합(律末合)자등명 律 정도 末 서 있는 물건의 꼭대기 合 여럿이 모여 하나가 되다 입안을 깨끗하게 하는 자등명 구강청소

92번째, 사적실(飼迪失)자등명 飼 사료 먹이다 迪 길 도덕 이끌다 失 지나침 길에 사료를 지나치다. 즉 길을 잘못 걷는 사람을 바르게 길을 안내하는 자등명 양다리에 작용

93번째, 덕산재선(德産在仙)자등명 德 덕 행위 産 태어나다 在 살피다 仙 고상한 사람 신선 덕을 행하는 사람을 신선이 살피는 자등명 머리 신(神)의 자리에서 작용

94번째, 시윤한(示尹汗)자등명 示 가르치다 尹 다스리다 汗 임금의 호령 인간 세계를 다스리며 바르게 가르치며 바르게 이끄는 자등명 업덩어리 작용

95번째, 교집업합(巧集業合)자등명 巧 기교 集 모이다 業 기예 合 여럿이 모여 하나가 되다 기교와 기예가 충만하도록 하는 자등명 머리의 신과 가슴의 업덩어리 작용

96번째, 호얼사(好孼寺)자등명 好 마땅하다 孼 꾸미다 寺 환관 관청 마땅히 아름답게 꾸미도록 하는 자등명 몸과 마음의 미모가 아름다워지도록 하는 자등명 얼굴에 작용

97번째, 집배식(集配識)자등명 集 만나다 配 짝지어 주다 識 인정하다 배우자를 만나게 해주는 자등명 옆구리 작용

98번째, 자태산(資太産)자등명 資 재물 太 매우 産 태어나다 재물이 매우 많이 생기도록 하는 자등명 주변에 작용

99번째, 문장좌(門張座)자등명 門 출입문 張 넓히다 座 거울 등 일정한 물체를 세는 단위 마음의 문을 활짝 열도록 하는 자등명 마음이란 가슴부분에 작용

100번째, 폐항석(閉恒析)자등명 閉 단절하다 恒 언제나 변하지 아니하다 析 나누어 밝히다 몸통 아랫 부분과 양 다리와 연결되는 부분에서 작용

101(103회전수)번째, 정수태(精邃泰)자등명 精 자세하다 정밀하다 邃 학문의 깊이가 심오하다 泰 편안하고 자유롭다 학문의 깊이가 정밀하고 심오하여 편안하고 자유롭다. 머리를 비상하게 잘 돌아가게 하는 자등명

102(108회전수)번째, 태성(胎成)자등명 胎 아이를 배다 成 정하여지다 임신하도록 하는 자등명 정액과 난자의 생식기에 작용

임신하고자 하는 경우

전지전능태성자등명 마하자등명 태성마하자등명 전지전능태성자등명

이라고 계속해서 염송하면 좋습니다. 또 있습니다. 이것을 염송하면 태어날 아이가 잉태되기 위해서 찾아오게 됩니다.

103(113회전수)번째, 지자산(止資産)자등명 止 멈추다 資 자본 産 태어나다 성적 흥분이 잘되도록 하는 자등명 남녀 생식기 성기에 작용

104(120회전수)번째, 이탈우(理奪尤)자등명 理 통하다 奪 없어지다 尤 멀리 떨어지다. 발기가 강력하게 되어 사정이 강하게 잘되게 하는 자등명 성기에 작용하여 전립선을 좋게 하는 자등명

성적으로 강해지는 진언(변강쇠, 옹녀)

전지전능태성자등명 마하자등명 태성마하자등명 전지전능태성자등명 / 전지전능지자산자등명 마하자등명 지자산마하자등명 전지전능지자산자등명 / 전지전능이탈우자등명 마하자등명 이탈우마하자등명 전지전능이탈우자등명 / 전지전능삼타염요자등명 마하자등명 삼타염요자등명 전지전능삼타염요자등명 /

105(130회전수)번째, 명찬방광양(明璨放光陽) 자등명 12(이곳에 있는
숫자는 일반적인 자등명에 비하여 크기가 12배가 더 크다는 이야기)
밝고 찬란하게 빛을 시방에 비춘다 또는 놓는다는 뜻을 담고 볕을 내리비춘다는
뜻을 담아 明璨放光陽(명찬방광양)이라 이름 짓다. 업식덩어리에서 작용

106(140회전수)번째, 명찬항상양(明璨恒祥陽) 자등명 12
눈부시도록 밝고 찬란하게 빛을 비추는 모습이 항상 그러하고 또한 그 빛이 상서
로운 것 같고 비추는 것이 마치 볕과 같다는 생각에 명찬항상양(明璨恒祥陽)이라
이름을 지었다. 업식덩어리에서 작용

법(성)력(法(性)力)을 높이는 진언

전지전능명찬방광양(明璨放光陽)자등명 마하자등명 전지전능명찬방
광양(明璨放光陽)자등명 명찬방광양(明璨放光陽)마하자등명 전지전능
명찬방광양(明璨放光陽)자등명 마하자등명 명찬방광양(明璨放光陽)마
하자등명 전지전능명찬방광양(明璨放光陽)자등명/
전지전능명찬항상양(明璨恒祥陽)자등명 마하자등명 전지전능명찬항
상양(明璨恒祥陽)자등명 명찬항상양(明璨恒祥陽)마하자등명 전지전능
명찬항상양(明璨恒祥陽)자등명 마하자등명 명찬항상양(明璨恒祥陽)마
하자등명 전지전능명찬항상양(明璨恒祥陽)자등명

107(160회전수)번째, 명찬회광양(明璨廻光陽) 자등명 13
천천히 움직이는 것 같았고 그 크기는 일반자등명의 12-13배 크기가 되는 것 같
은 생각이 들었다. 그래서 밝게 찬란하게 빛을 비추되 회전하는 뜻과 의미를 담아
서 명찬회광양(明璨廻光陽) 자등명이라 이름을 지었다.
업식덩어리에서 작용 업을 녹이는 자등명

108(190회전수)번째, 명회약향(明廻弱香) 자등명 13
일반자등명의 12-13배 크기가 되는 것 같은 생각이 들었고, 160번째 자등명보다는
좀더 강하게 회전을 하되 약간 약한 듯 회전을 하는 듯하며 자기 자신의 모습을 드
러내는 것 같아서 명회약향(明廻弱香) 자등명이라 이름을 지었다. 업식덩어리 앞
마음이란 부분에서 작용, 답답한 마음을 편안하게 해주는 자등명

109(230회전수)번째, 명회속원양(明廻束圓陽) 자등명 16
일반적인 자등명의 16개 크기가 아닌가 싶었다. 그리고 그 속에서의 회정이 강하

여 손을 넣어보았을 때 손을 자르며 기운적으로 끌고 가는 듯싶어서 몸은 들어가 엄두를 내지 못한 것이 생각났고 그러면서 그 안에 원형으로 돌아가는 듯싶었으며 그러면서도 시방으로 비추는 것을 생각해서 명회속원양(明廻束圓陽)이라고 이름 지었다. 마음을 편안하고 충만하게 하면서 업을 녹이는 자등명 마음과 업식덩어리 전체에서 작용

110(280회전수)번째, 청연화(淸燃和) 자등명 20

자등명의 크기는 일반자등명의 20개 크기가 아닌가 싶었다. 강하게 돌아가되 선명한 모습이 마치 불이 활활 타오르며 뒤섞이어 있는 것 같아서 청연화(淸燃和)이라 이름붙였다. 목이나 식(기)도가 좋지 않거나 나쁜 사람을 좋게 하는 자등명, 목의 식도, 목젖 안에서 작용

111(340)번째, 모팽향양(母澎香陽) 자등명 23

일반자등명의 23배 정도 되는 것 같았으며 그 돌아가는 회전은 아주 느리게 보였다. 그러면서도 지금까지의 자등명의 모체로 시방을 비추는 것이 아닌가 싶은 생각이 들어서 모팽향양(母澎香陽)이라 이름을 지었다. 목구멍이 좋지 않거나 나쁜 사람을 좋게 하는 자등명, 목 위쪽 턱 안쪽 성대 있는 곳에서 작용

112(410)번째, 앙잠항(仰暫恒) 자등명 44

일반 자등명의 44배 정도가 되지 않는가 싶고 그 크기도 클 분만 아니라 모체보다 더 크다는 생각에 우러러봐야 하는 것이 아닌가 하는 생각 앙잠항(仰暫恒)이라 이름을 지었다. 코와 통하는 목구멍이 좋지 않거나 나쁜 사람을 좋게 하는 자등명, 목구멍과 코를 통하는 곳에서 작용

113(500)번째, 모청모확(母淸母擴) 자등명 90

자등명 주변에 일반적인 자등명이 있는 것으로 볼 때 그 크기가 90배정도 큰 것 같고, 주변 자등명의 모체인 것 같기도 하고 또 주변에 흩어져 있는 자등명들이 순서가 있되 꼭 그 순서가 아닐지라도 큰 자등명을 만나서 뚫고 올라오고 올라가야 하는 것 아닌가 싶은 생각이 들었다. 이런 것들을 감안하여 모청모확(母淸母擴)이라 이름지었다. 안구 안쪽의 신경들이 좋지 않거나 나쁠 때 좋게 하여 눈을 좋게 하는 자등명, 안구 안쪽에서 작용

114(620)번째, 사팽하(司澎昰) 자등명 140

자등명은 주변에 더 많은 자등명들이 흩어져 있는 것 같았고 그 자등명들은 이 자등명과 어떤 관계가 있는 것으로 생각이 들어서 사팽하(思澎昰)라 이름지었다. 그 크기는 대략 140배 정도가 아닌가 싶다. 기억력이 없거나 나쁠 때 기억력

을 좋게 하는 자등명, 머리 신의 부분 바로 위쪽에서 작용

마리가 비상하게 돌아가고 기억력이 좋고
지혜가 탁월하도록 하는 진언
머리가 좋아져서 명석해지고 기억력이 좋아지도록하는 진언
이해력 암기력이 획기적으로 좋아지는 자등명진언

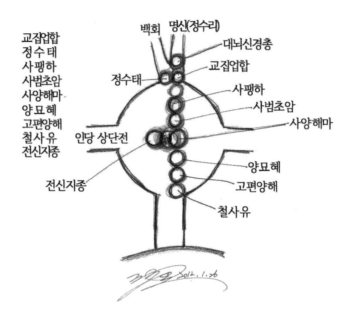

115(750)번째, 사범초암(司凡初唵) 자등명 1000

자등명의 크기는 대략 1000배 정도가 아닌가 싶은 생각이다. 이 자등명의 이름을
사범초암(司凡初唵)이라 지었다. 司 관리 凡 모두 다 初 처음 唵 옴의 진언의 한
자로 주문이나 진언에 쓰는 발어사 대뇌가 좋지 않거나 나쁠 때 좋아지
도록 하는 자등명, 명신(정수리)부분의 대뇌 신경총 위에서 작용

116(860)번째, 사양해마(司陽亥摩)자등명 1500

司 관리 陽 양지 밝다. 亥 간직하다 摩 연마하다 양지의 밝음을 간지하고 관리하
며 연마하다. 밝음을 향하여 수행 정진해 가도록 하는 자등명
머리 정수리 15cm 위에서 작용

117(980)번째, 앙묘혜(仰妙慧) 자등명 3500

仰 믿다 妙 젊다 慧 총명하다 육체적 정신적으로 젊어지고 머리가 총명해지도록 하는 자등명, 머리 정수리 위쪽 70cm에서 작용

머리가 좋아져서 명석해지고 기억력이 좋아지도록 하는 진언

교집업합(巧集業合)자등명 / 전지전능모청모확(母淸母擴)자등명 마하자등명 모청모확마하자등명 전지전능모청모확자등명 / 전지전능사팽하(司澎昰)자등명 마하자등명 사팽하마하자등명 전지전능사팽하자등명 / 전지전능사범초암(司凡初唵)자등명 마하자등명 사범초암마하자등명 전지전능사범초암자등명 / 전지전능사양해마(司陽亥摩)자등명 마하자등명 사양해마마하자등명 전지전능사양해마자등명 / 전지전능앙묘혜(仰妙慧)자등명 마하자등명 앙묘해마하자등명 전지전능앙묘해자등명 /

118(1120)번째, 해잠하주(瀣暫昰湊) 자등명 4200

瀣 이슬기운 暫 갑자기 昰 다스리다 湊 물이 모이다 물이 모이는 곳, 머리 위쪽에서 이슬처럼 기운을 내려주며 온몸 안팎으로 적셔주며 온몸 안팎으로 다스리며 좋게 하는 자등명, 머리 위쪽 1m50cm에서 작용

119(1230)번째, 당양원(當陽沅) 자등명 4800

當 균형 있다 陽 양지 沅 큰 강 맑고 깨끗한 기운이 물과 같이 몸통 안으로 쏟아져 들어오는 자등명, 머리 위쪽 2m에서 작용

120(1350)번째, 청마원화(淸摩圓和) 자등명 5600

淸 빛이 선명하다 摩 연마하다 圓 동그라미 둘레 和 서로 응하다 합하다. 갈고 닦아 밝아진 맑고 깨끗한 자등명이 선명하게 시방을 비춘다. 맑고 깨끗하고 선명하게 온 몸통 안팎을 비추며 밝고 환한 긍정적 에너지가 들어오는 자등명, 머리 위쪽 4m에서 작용

121(1470)번째, 앙양화(仰陽和) 자등명 6400

仰 믿다 陽 양지 밝다 和 서로 응하다 합치다. 긍정적 믿음을 가지고 확고히 자등명 세계로 들어가도록 하는 자등명, 머리 위쪽 8m에서 작용

온몸에 힘이 나고 기분을 좋게 하는 진언

전지전능앙묘혜(仰妙慧)자등명 마하자등명 앙묘해마하자등명 전지
전능앙묘해자등명 / 전지전능해잠하주(瀿暫昰湊)자등명 마하자등명
해잠하주마하자등명 전지전능해잠하주자등명 / 전지전능당양원(當
陽沅)자등명 마하자등명 당양원마하자등명 전지전능당양원자등명 /
전지전능청마원화(淸摩圓和)자등명 마하자등명 청마원화마하자등명
전지전능청마원화자등명 / 전지전능앙양화(仰陽和)자등명 마하자등
명 앙양화마하자등명 전지전능앙양화자등명 /

1470번째 다음의 무한대 중앙의 첫 번째

야찬혼하(若燦魂昰)자등명, 若 너 燦 빛나다 魂 마음 昰 다스리다
복잡하거나 혼란한 마음을 다스려 밝고 환하게 빛나도록 하는 에너지
마음을 추스르도록 하는 자등명, 가슴의 마음이란 부분에서 작용

2번째, 손장압(巽腸狎)자등명 巽 공손하다 腸 창자 狎 익숙하다
장이 좋지 않은 사람에게 이 자등명의 에너지를 넣어주면 좋지 않
은 장이 좋아지도록 하는 자등명, 장 시작 초입에서 작용

3번째, 장생애(腸生愛)자등명 腸 창자 生 태어나다 愛 사랑하다
나쁜 장을 회복 재생되도록 해서 장이 튼튼해지도록 하는 자등명,
장 중간에서 작용

4번째, 삼앙회(森昂會)자등명 森 우뚝 서다 昂 높다 會 모으다
장을 튼튼하고 강하게 장에 기운을 모아지도록 하는 자등명,
장 후미에서 작용

장이 좋아지도록 하는 진언

전지전능손장압(巽腸狎)자등명 마하자등명 손장압마하자등명 전지
전능손장압자등명 / 전지전능장생애(腸生愛)자등명 마하자등명 장
생애마하자등명 전지전능장생애자등명 / 전지전능삼앙회(森昻會)자
등명 마하자등명 삼앙회마하자등명 전지전능삼앙회자등명

5번째, 상신속(想身涑)자등명 想 형상 身 자기의 능력 涑 발로 밟아 빤 것
을 다시 손으로 행구다. 자기 자신의 몸과 마음을 깨끗하고 맑게 정화
해주는 자등명, 몸통청소, 온 몸통에서 작용

6번째 오소성지(汚沼省止)자등명 汚 추잡하다 沼 늪 省 살피다 止 멈추다.
더럽고 추한 늪에서 빠져나와 8정도를 행하도록 하는 자등명
마음이란 곳의 위부분에서 작용

7번째 사입정삼(伺入定三)자등명 伺 찾다 入 입구 定定에 들어가는 三 거
듭 자주. 정에 쉽게 들어가도록 하는 에너지, 마음이란 곳 전체적으
로 작용

8번째 사홍환(伺弘睆)자등명 伺 찾다 弘 넓다 睆 환하다. 사고의 폭을
넓고 분명하고 명확하게 하는 자등명, 마음이란 곳에서 작용

9번째 아양핵허(我陽核虛)자등명 我 우리 陽 볕 核 씨 물건의7889 중심이
되는 알갱이 虛 없다. 우리들을 밝게 비추는 볕의 알갱이를 확연히
알게 하며 자등명이 드러나도록 하는 자등명, 심장 신경총 있는
곳에서 작용

10번째 삼이관재(三二貫才)자등명 三 거듭 자주 二 두 마음 貫꿰뚫다 才
재능. 32상을 쉬이 꿰뚫어 살펴보는 힘이 생기도록 하는 자등명,
송과선신경총 있는 곳에서 작용

11번째 계선포(界仙包)자등명 界 경계 仙 신선 包 보따리
본성의 자등명을 키워서 신선의 자등명이 되도록 하는 자등명

대뇌 신경총에서 작용

12번째 균품송호(龜品頌好)자등명 龜 트다 品 품평하다 頌 칭송하다 好 좋다. 자등명의 신선이 된 것을 좋아하며 칭송하도록 하는 자등명, 명신(정수리)에서 작용

13번째 왕시명산(往始明産)자등명 往 이따금 始 시작하다 明 밝히다 産 태어나다. 신선으로 본성의 빛으로 올라오는 이들을 이따금씩 더욱 더 밝힐 수 있도록 해주는 자등명, 명신(정수리) 위 3cm에서 작용

14번째 팔의송육(八意頌六)자등명 八 팔자형 意 풍경 頌 칭송하다 六 죽이다. 본성의 빛에 올라온 사람에게 영향을 주는 자등명, 명신(정수리) 위 20cm에서 작용

15번째 철사유(喆思有)자등명 喆 도리나 사리에 밝은 사람 思 생각 마음 有 넉넉하다. 생각이나 마음을 일으킴에 있어서 도리나 사리가 밝고 넉넉하게 하도록 하는 자등명, 머리 부분 전체에서 작용

16번째 고편양해(枯片陽海)자등명 枯 마르다 片 조각 陽 밝다 海 바닷물 생각이나 마음을 일으킴에 있어서 한 티끌의 탁함도 없도록 하는 자등명, 명신(정수리) 위에서 작용

머리가 비상하게 돌아가고 기억력이 좋고 지혜가 탁월하도록 하는 진언 / 머리가 좋아져서 명석해지고 기억력이 좋아지도록 하는 진언 / 이해력 암기력 획기적으로 좋아지는 자등명 진언

전지전능교집업합(巧集業合)자등명 마하자등명 교집업합자등명 / 전지전능정수태(精邃泰)자등명 마하자등명 정수태마하자등명 / 전지전능사팽하(司澎昰)자등명 마하자등명 사팽하마하자등명 / 전지전능사범초암(司凡初唵)자등명 마하자등명 / 사범초암마하자등명 / 전지전능사양해마(司陽亥摩)자등명 마하자등명 / 양해마마하자등

명 / 전지전능앙묘혜(仰妙慧)자등명 마하자등명 앙묘해마하자등명 / 전지전능고편양해(枯片陽海)자등명 마하자등명 / 고편양해마하자등명 / 전지전능철사유(喆思有)자등명 마하자등명 철사유마하자등명 / 전지전능전신시종(展神始宗)자등명 마하자등명 /전신시종마하자등명 /

머리가 좋아져서 명석해지고 기억력이 좋아지도록 하는 진언

전지전능모청모확(母淸母擴)자등명 마하자등명 모청모확마하자등명 전지전능모청모확자등명 / 전지전능사팽하(司澎昰)자등명 마하자등명 사팽하마하자등명 전지전능사팽하자등명 / 전지전능사범초암(司凡初唵)자등명 마하자등명 사범초암마하자등명 전지전능사범초암자등명 / 전지전능사양해마(司陽亥摩)자등명 마하자등명 사양해마마하자등명 전지전능사양해마자등명 / 전지전능앙묘혜(仰妙慧)자등명 마하자등명 앙묘해마하자등명 전지전능앙묘해자등명 /

17번째 사용목행(俟涌木幸)자등명 俟 크다 涌 성하게 일어나다 木 나무 幸 행복 운 행운. 나무가 무성하듯 크게 일어나도록 하는 것과 행복과 행운이 가득하도록 자등명, 명신(정수리) 위에서 작용

18번째 함수탐(含洙耽)자등명 含 품다 洙 강 耽 기쁨을 누리다 가슴 벅차도록 행복과 기쁨이 가득하도록 하는 자등명 머리 전체와 몸통 전체에서 작용

19번째 금승효(金昇涍)자등명 金 황금 昇 오르다 涍 강 재물이 강물이 불어나듯 불어나도록 하는 자등명, 온 몸통 안팎에서 작용

20번째 신사흉복(神伺兇福)자등명 神 불가사의 伺 찾다 兇 흉악 福 복을 내리다. 흉악이 나가고 복이 들어오도록 하는 자등명, 온 몸통 밖에서 작용

21번째 재수차시(財數次示)자등명 財 재물 數 세다 次 이어서 示 보이다 재물이 차도록 하는 자등명, 머리 전체와 몸통 전체에서 작용

22번째 청오옥기(廳汚沃氣)자등명 廳 관청 汚 더럽고 추잡하다 沃기름지다
氣 기 더럽고 추잡한 것을 좋은 기운이 되도록 하는 자등명
온 몸통 안에서 작용, 몸통 청소

23번째 유조절(有照節)자등명 有넉넉하다 照햇빛 節 마디
꿈과 희망이 생기도록 하는 자등명, 중맥에 작용

24번째 경기추전(慶記推展)자등명 慶 축하하다 記 문서 推 추천하다 展 펴
다 문서를 추천해 펼친 것을 축하하도록 하는 자등명
합격하도록 하는 자등명, 온 몸통 안팎에서 작용

25번째 상준화(相準和)자등명 相 자세히 보다 準 법 和 서로 응하여 합하
다. 진리 법을 자세히 살펴 확연히 알도록 하는 자등명
머리 부분 신의 부분 광안에서 작용

26번째 예열연용(禮悅煉龍)자등명 禮 예절 悅 심복하다 煉 고다 龍 임금
예절 없는 사람에게 이 에너지를 부어서 예절 바르게 가장 잘하도
록 하는 자등명, 머리의 의식적인 부분에서 작용

27번째 예살(禮薩)자등명 禮 예절 薩 보살
예절의 보살이 있는 자등명으로 하심과 겸손하도록 하는 자등명
입천장 뒤쪽에서부터 식도 사이에서 작용

하심과 겸손 속 예절 바르게 하는 진언

전지전능예열연용(禮悅煉龍)자등명 마하자등명 예열연용마하자등명
전지전능예열연용자등명 / 전지전능예살(禮薩)자등명 마하자등명
예살마하자등명 전지전능예살마하자등명 /

28번째 전신시종(展神始宗)자등명 展 발달하다 神 정신 혼 始 처음 宗 일
의 근본 정신이 맑아져서 신을 펼쳐지도록 하는 자등명으로 머리가
좋게 하는 자등명, 머리의 신에서 작용

29번째 솔우고환(率迂庫還)자등명 率 거느리다 迂 마음을 비뚤어지게 만들다 庫 곳 장소 還 되돌아오다 생각이 의식 마음이 비뚤어진 사람을 바르게 하도록 하는 자등명으로 생각과 의식 마음 8정도를 바르게 하며 올바르게 수행 정진하도록 하는 자등명, 머리의 신에서 작용

지혜가 생기도록 하는 진언

전지전능전신시종(展神始宗)자등명 마하자등명 전신시종마하자등명 전지전능전신시종자등명 / 전지전능솔우고환(率迂庫還)자등명 마하자등명 솔우고환마하자등명 전지전능솔우고환자등명 /

30번째 상운성목(常雲聖沐) 자등명 常 불변의 도 雲 높음의 비유 聖 성인 沐 다스리다 잘못된 곳(것)으로 빠지지 않고 불변의 도를 증득하여 성인이 되도록 하는 자등명, 머리의 신에서 작용

31번째 연포분안(緣布盆安) 자등명 緣 가장자리 布 화폐 盆 그릇 安 즐기다 인연에 누워있는 듯 물질적 정신적 심적 영적 모든 세상만사에 편안해지도록 하는 자등명, 머리 전체적인 부분에서 작용

32번째 시진시(始振是) 자등명 始 비롯하다 振 떨쳐 일어나다 是 바르다고 인정하다 좋지 않은 모든 것을 모두 다 떨치고 하심과 겸손 8정도를 올바르게 행하도록 하는 자등명, 마음이란 부분 위쪽과 머리 위에서 마음으로 내려오는 부분에서 마음과 내려오는 부분 만나는 곳에서 작용

33번째 홍분원(弘盆圓) 자등명 弘 넓히다 盆 그릇 圓 동그라미 생각 의식 마음을 넓혀 가도록 하는 자등명, 가슴의 마음이란 부분에서 작용

34번째 물애불협(物碍不協) 자등명 物 물질 碍 방해하다 不 아니다 協 적합하다 물질적 정신적 영적으로 얽매여 있는 것을 해소하는 자등명, 온 몸통 안에서 작용

전지전능 상운성목자등명 에너지를 붓고
전지전능 시진시자등명 에너지를 붓고
전지전능 홍분원(弘盆圓)자등명 에너지 붓고
전지전능 연포분안자등명 에너지를 붓고
전지전능 물애불협자등명 에너지를 붓고
전지전능 허달약착자등명 에너지를 붓고
전지전능 침신소심(針信昭甚)자등명 에너지 부으면 좋다
백두자등명에 들어온다

35번째 허달약착(虛達若着) 자등명 虛 욕심 없다 達 통달하다 若 같다 着
입다 옷을 입다. 물질적 영적 구조물을 녹일 것이 없을 때까지 다 녹
여 비우도록 하는 자등명, 머리통 및 몸통 안에서 작용

전지전능 상운성목자등명 에너지를 붓고
전지전능 시진시자등명 에너지를 붓고
전지전능 홍분원(弘盆圓)자등명 에너지 붓고
전지전능 연포분안자등명 에너지를 붓고
전지전능 물애불협자등명 에너지를 붓고
전지전능 허달약착자등명 에너지를 붓고
전지전능 침신소심(針信昭甚)자등명 에너지 붓고
전지전능 지신석위자등명 에너지를 붓고
전지전능 유사신상자등명 에너지를 부으면 훨 좋다.
활망자등명에 들어온다.

36번째 이외의(耳畏醫)자등명 耳 귀 畏 협박하다 醫 치료하다
귀가 좋지 않을 시 이 자등명 이름을 부르거나 외우거나 암송하면
귀가 치료되도록 하는 자등명, 양쪽 귀에서 작용

37번째 이사판(耳俟版)자등명 耳 귀 俟 크다 版 얇은 금속조각
귀에 장애 있는 사람이 이 자등명 이름을 부르거나 외우거나 암송
하면 걸림과 장애가 되었던 것이 녹아져 없어지고 귀의 기능을
소생시키는 자등명, 귀 속에서 작용

귀가 잘 들리지 않을 때 잘 들리도록 하는 진언

전지전능이외의(耳畏醫)자등명 마하자등명 이외의마하자등명 전지
전능이외의자등명 / 전지전능이사판(耳俟版)자등명 마하자등명 이
사판마하자등명 전지전능이사판자등명 /

38번째 변액면(卞厄免)자등명 卞 법 厄불행 免면하다
물질적 정신적 심적 걸림으로 인하여 불행한 것을 녹여서 불행을
면하게 하는 자등명, 온 몸통 밖에서 작용

39번째 알지조(斡枳照) 斡(알)姓(성). 枳(지)땅이름 照(조) 햇빛 姓(성)
신장을 좋게 하는 자등명, 신장에서 작용

40번째 삼타염요(參打焰了) 參참여하다 打 어떤 동작을 함을 뜻하는 접두어
焰불이 붙기 시작하는 모양 타오르다 了깨닫다. 방광을 좋게 하는 자등명,
방광

고환이나 자궁이 좋지 않거나 자궁이 냉한 사람이 하면 좋은 진언

전지전능 알지조(斡枳照)자등명 마하자등명 전지전능 알지조자등명
알지조마하자등명 / 전지전능 알지조자등명 마하자등명 알지조마
하자등명 전지전능 알지조자등명 / 전지전능 삼타염요(參打焰了)자
등명 마하자등명 전지전능 삼타염요자등명 삼타염요마하자등명 전
지전능 삼타염요자등명 마하자등명 삼타염요마하자등명 전지전능
삼타염요자등명 /

알지조를 염할 때는 고환이 따뜻해지고 삼타염요를 염할 때 성기
가 따뜻해지는 것으로 볼 때 자궁이 냉하신 분들이 하면 자궁이
따뜻해질 것 같다. 보통 여성분들이 손달이 찬 경우 자궁이 좋지
않아서 그런 경우들이 많은데 이 진언을 하면 좋지 않을까 하는

생각을 해봅니다.

41번째 외족안일(畏足安逸)자등명 畏죽다 足 발 安 편안하다 逸없어지다
발목이 좋지 않을 때 이 자등명을 이름을 부르거나 외우거나 염송
하면 발목이 좋아지도록 하는 자등명

42번째 수상연오(隧尙煉悟)자등명 隧 혈관 尙바라다 숭상하다 煉굽다 悟
도리를 알다 혈관에 혈액이 맑지 아니하거나 깨끗하지 아니할 때 이
자등명을 부르거나 외우거나 염송하면 혈관과 혈액이 맑고 깨끗해
지도록 하는 자등명 , 혈액

43번째 시유집(尸有集)자등명
이 진언을 죽기 전에 10번 이상 염했을 때
10 원8각원(圓八覺圓)의 빛 자등명에 태어난다.
자등명 세계에 태어나기를 바라며 죽기 전에 10번 이상 염했을 때
20 5원8각(五圓八覺)의 빛 자등명,
자등명 세계에 태어나기를 바라며 죽기 전에 일심으로 염했을 때
40 원무한대6(圓무한대六)의 빛 자등명,
자등명 세계에 태어나기를 바라며 죽기 전에 일심 일념으로 염했
을 때
54 원완(圓完)의 빛 자등명,
자등명 세계에 태어나기를 바라며 죽기 전에 이 진언으로 삼매에
들면, 시유집(尸有集)자등명에 태어난다.

44번째 재절주완(才節宙完) 才 근본 節 사물의 한 단락 宙 하늘 完 일을 완
결짓다. 양 어깨와 목에서 작용

45번째 신용오출(信龍悟出) 信 분명히 하다 龍 임금, 재왕을 비유, 悟 진리
를 체득하다 出 내다 양손에서 작용

양어깨와 목 손이 좋지 않을 때 하면 좋은 진언

전지전능재절주완(才節宙完) 자등명 마하자등명 / 전지전능재절주완 자등명 재절주완마하자등명 / 전지전능재절주완 자등명 마하자등명 재절주완마하자등명 / 전지전재절주완자등명 / 전지전능신용오출(信龍悟出) 자등명 마하자등명 / 전지전능신용오출 자등명 신용오출마하자등명 / 전지전능신용오출 자등명 마하자등명 신용오출마하자등명 / 전지전능신용오출 자등명 /

46번째 침신소심(針信昭甚) 자등명 針 바늘 信진실 昭빛나다 甚 평안하고 즐겁다. 아픈 곳에 침을 놓듯 이 자등명의 이름을 부르거나 외우거나 염송하며 이 자등명의 에너지를 끌어다가 아픈 곳에 침을 놓듯 에너지가 흘러들어가게 하면 아픈 곳이 좋아지도록 하는 자등명

전지전능 상운성목자등명 에너지를 붓고
전지전능 시진시자등명 에너지를 붓고
전지전능 홍분원(弘盆圓)자등명 에너지 붓고
전지전능 연포분안자등명 에너지를 붓고
전지전능 물애불협자등명 에너지를 붓고
전지전능 허달약착자등명 에너지를 붓고
전지전능 침신소심(針信昭甚)자등명 에너지 붓고
전지전능 지신석위자등명 에너지를 붓고
전지전능 유사신상자등명 에너지를 부으면 훨 좋다.
온몸에서 작용

47번째 알전화(軋煎和)자등명 軋 형벌 煎 애태우다 和 서로 응하다
업으로 인하여 형벌 받는 듯한 육체적 정신적 심적 영적 고통을 녹이는 자등명, 몸 밖에서 작용

48번째 지인석위(知認析爲)자등명 知 기억하다 認 인식하다 析 해부하다 爲 인정하다 되다 기억하고 인식하여 알고 있는 모든 것을 확연히 밝히며 현재의식 무의식 잠재의식...의식을 높이며 자등명이 커지도록 하는 자등명, 중맥작용

전지전능 상운성목자등명 에너지를 붓고
전지전능 시진시자등명 에너지를 붓고
전지전능 홍분원(弘盆圓)자등명 에너지 붓고
전지전능 연포분안자등명 에너지를 붓고
전지전능 물애불협자등명 에너지를 붓고
전지전능 허달약착자등명 에너지를 붓고
전지전능 침신소심자등명 에너지 붓고
전지전능 지인석위자등명 에너지를 붓고
전지전능 유사신상자등명 에너지를 부으면 훨 좋다.

49번째 아혈왕(我血王)자등명 我 나 血 물들이다 王 임금 제후
육체적 정신적 영적 혈액 순환을 잘되도록 하고 자등명을 커지게
하는 자등명, 중맥작용

50번째 유사신상(唯思信相)자등명 唯 비록 ~하더라도 思 생각 信 분명히
하다 相 자세히 보다 육체적 정신적 영적 생각을 명확하고 분명하게
자세히 알도록 하고, 머리가 맑고 깨끗하여 생각이 분명하고 뚜렷
하게 드러내도록 하는 자등명

머리를 맑고 깨끗하게 하는 진언

전지전능 상운성목자등명 에너지를 붓고
전지전능 물애불협자등명 에너지를 붓고
전지전능 허달약착자등명 에너지를 붓고
전지전능 침신소심자등명 에너지 붓고
전지전능 지인석위자등명 에너지를 붓고
전지전능 유사신상자등명 에너지를 부으면 훨 좋다.
대뇌신경총 아래쪽에서 작용

51번째 장양정(臟諒精)자등명 臟 오장 諒 작은 일에 구애되는 진실 精 찧
다 면밀하다 육체적 정신적 오장 육부를 튼튼하며 좋지 않은 오장
육부를 좋게 하는 자등명, 장 중간에서 작용

52번째 여슬시(艅膝矢)자등명 艅 배이름 膝 무릎슬 矢 벌여놓다.
무릎을 튼튼하게 하며 무릎이 좋지 않은 곳을 좋게 하는 자등명
무릎에서 작용

53번째 오생고(悟省枯) 자등명 悟 도리를 알다 省 분명하다 枯 마르다
법과 진리를 분명하게 알고 행하도록 하는 것을 증득하게 하는 자
등명, 위에서 아래로 내려오는 중맥에서 마음이란 부분이 시작되
는 부분에서 작용

54번째 종백풍폐(宗百風肺) 자등명 宗 일의 근본 百 일백 風 바람 肺 허
파 마음 폐를 튼튼하게 하며 나빠진 폐를 좋게 하며 백가지 이상
풍이 되는 요소를 녹일 뿐만 아니라 어떤 현상들이 일어났을 때
가라앉히는 자등명, 자등명에너지를 좋아지라고 쏟아 부어 주었는
데 쏟아부어준 자등명에너지로 힘들어 할 때 이 자등명에너지를
쏟아 부어줌으로써 가라앉게 한다. 폐에서 작용

55번째 수소화(隨昭和) 자등명 隨 따라가 수행하다 昭 밝히다 和 서로 응
하다 빛으로 오는 길을 바르게 인도하며 자등명의 근본으로 올바르
게 이도록 하는 에너지, 중맥을 일직선상으로 작용

56번째 손입식(巽立識) 자등명 巽 공손하다 立 확고히 서다 識 판별하다
에너지

57번째 양열아영(壤悅衙圄) 자등명 壤 부드러운 흙 悅 심복하다 衙 천자
의 거처 圄 감옥 지옥, 그 이외 세계의 세상에 갇혀 사람 영가를 갇혀
있는 세계의 세상을 녹이고 갇혀 있는 세계의 세상으로부터 빠져
나오게 하는 에너지. 의식 잠재의식 무의식 의식의 세계, 자기 자
신만의 세계 세상을 가지고 있는 사람에게 이 에너지를 부으면 세
계의 세상을 녹이고 그곳으로 나오게 하는 에너지. 자폐증, 우울
증... 업식덩어리 앞에서 작용

전지전능 상운성목자등명 에너지를 붓고
전지전능 물애불협자등명 에너지를 붓고

전지전능 허달약착자등명 에너지를 붓고
전지전능 침신소심자등명 에너지를 붓고
전지전능 지인석위자등명 에너지를 붓고
전지전능 유사신상자등명 에너지를 붓고
전지전능 종백풍폐자등명 에너지를 붓고
전지전능 양열아영자등명 에너지를 붓고
전지전능 시보양자등명 에너지를 부으면 **훨 좋다.**

58번째 시보양(始寶煬) 자등명 始비롯하다 근원 寶 보배 煬 쇠를 녹이다
물질적 정신적 심적 영적 존재로 인한 걸림과 장애를 모두 다 제
거해주어 자등명의 근원으로 자꾸만 올라가도록 하는 에너지
업식덩어리 표면에서 작용

전지전능 상운성목자등명 에너지를 붓고
전지전능 물애불협자등명 에너지를 붓고
전지전능 허달약착자등명 에너지를 붓고
전지전능 침신소심자등명 에너지를 붓고
전지전능 지인석위자등명 에너지를 붓고
전지전능 유사신상자등명 에너지를 붓고
전지전능 양열아영자등명 에너지를 붓고
전지전능 시보양자등명 에너지를 부으면 **훨 좋다.**

59번째 입전소호(立前笑好) 자등명 立 확고히 서다 全 완전히 笑 웃다 好
좋다 자등명의 근원으로 확고하게 완전하게 본원으로 올라가도록
하는 자등명, 업식덩어리 더 깊이에서 작용

60번째 시회합(始會合)자등명 始 시작하다 會 모이다 合 여럿이 모여 하나
가 되다 업식덩어리의 자등명에서 작용

61번째 신후압(信厚押)자등명 信 진실 厚 두텁다 押 문서의 증명이나 확인
위해서 서로 간에 진실이 두터운 자등명, 업식덩어리 뒤쪽에서 작용

62번째 알정아(斡定我)자등명 斡 관리하다 定 반드시 我 나
자기 자신을 아주 잘 관리 다스리도록 하는 자등명, 업식덩어리

- 276 -

안 자등명 표면에서 작용

63번째 연중흥(煉重興)자등명 煉 굽다 重 무겁다 興 일어나다
아무리 힘들어도 떨치고 일어나게 하는 자등명, 업식덩어리가 들
어 있는 안에서 작용

64번째 병태관(病太觀)자등명 病 질병 太 심하다 觀 자세히 보다
아무리 중대한 병이라고 자세히 살펴보고 좋아지도록 하는 자등명
심장심경총 안쪽 업식덩어리가 들어 있는 안 전체에서 작용

65번째 제어조치(題語照治)자등명 題 표제 語 말 照 비치다 治 관리하다
말을 조리 있게 아주 잘하도록 하는 자등명 머리 부분의 신의 자
리 아래쪽에서 작용

66번째 양거생(陽去生)자등명 陽 양지 去 가다 生
좋은 곳으로 가서 살거나 태어나도록 하는 자등명, 목구멍에서 작용

67번째 속정정화(束定淳和)자등명 束 합치다 定 정하다 淳 물 和 서로 응
하여 화합하다 서로 다른 것을 합하기로 하고서 서로 화합하여 섞어
서 하나 되도록 하는 자등명, 두 사람을 화합시킬 때 이 자등명의
에너지를 쏟아부어주면 좋다.

68번째 양줄무예(陽苗無例)자등명 陽 양지 苗 싹이 트다 無 허무의 도 例
법식 아무 것도 없는 곳에 나서도 잘 자라도록 하는 자등명

69번째 조애모법(照碍無法)자등명 照 햇빛 碍 방해하다 無 허무의 도 法
도리 밝음 긍정 좋은 선을 방해하거나 장애가 되는 것들은 모두
다 제거하는 자등명

70번째 역용수수(亦龍水壽)자등명 亦 또한 龍 임금에 관한 사물의 관용사
로 쓰인다 水 홍수 壽 장수 오래 살다. 수명이 자연스럽고 길어지게 하며
육체적 정신적으로 건강하게 장수하도록 하는 자등명

71번째 송지외(頌志畏)자등명 頌 칭송하다 志 뜻 畏 협박하다
좋은 뜻과 의지를 올바르게 가지도록 하는 자등명

72번째 찰사지연(札死遲延)자등명 札 공문서 死 죽음 遲 늦다 延 끌다
죽음을 늦추도록 하는 자등명, 업식덩어리 있는 곳에서 작용

73번째 임생방자(稔笙房資)자등명 稔 벼가 한 번 익는 기간 곧 일 년간 笙
생황 房 이십팔수의 하나 집 資 자본 일 년 동안 생활할 수 있는 물질적
정신적 건강을 위한 자본이 있는 자등명
일 년을 더 살 수 있도록 수명을 연장하는 자등명, 단전에서 작용

74번째 의부제(意釜製)자등명 意 생각하다 釜 용량의 단위 製 약을 짓다
수명을 연장하는데에 필요한 약이 있는 자등명, 온 몸통 안에서 작용

75번째 완일삼(完一參)자등명 完 일을 완결짓다. 一 한 번 參 참여하다
수명을 연장하는 일에 한 번 참여하여 짧은 수명이 연장되도록 하
는 자등명, 육체 밖에서 작용

짧은 수명을 연장되도록 하는 진언

전지전능역용수수(亦龍水壽)자등명 마하자등명 역용수수자등명 전
지전능역용수수마하자등명 / 전지전능찰사지연(札死遲延)자등명 마
하자등명 찰사지연자등명 전지전능철사지연마하자등명 / 전지전능
임생방자(稔笙房資)자등명 마하자등명 임생방자마하자등명 전지전
능임생방자자등명 / 전지전능의부제(意釜製)자등명 마하자등명 의
부제자등명 전지전능의부제마하자등명 / 전지전능완일삼(完一參)자
등명 마하자등명 완일삼자등명 전지전능완일삼마하자등명

20년에서 70년은 연장될 수 있는 것이 아닌가 싶다

76번째 선진손(嬋振損)자등명 嬋 잇닿다 振 떨쳐 일어나다 損 손해보다
손해를 보고 일어나 하고 있던 일 것을 계속하도록 하는 자등명
가슴의 마음이란 부분에서 작용

77번째 소문부(甦門孚)자등명 甦 다시 살아나다 門 출입문 孚 참되고 믿음성이 있다 죽었던 사람이 되살아나도록 하는 죽음의 문턱의 자등명 생사 갈림의 자등명. 업식덩어리가 들어있는 곳으로 들어가는 입구 위쪽에 심장신경총이 있고 아래로 돌기가 있어서 돌기로 막은 부분에서 작용, 업식덩어리가 출입하는 문에서 작용

78번째 열적부(涅寂賻)자등명 涅 진펄등에 있는 검고 미끈미끈한 흙 寂 평온함 賻 부의를 보내다 육도 윤회하는 사바세계란 진흙탕 속에 빠져나와 평온하도록 하는 자등명, 하복부에서 작용

79번째 우대습조(宇代濕調)자등명 宇 집 代 시대 濕 축축하다 調 길들이다 우주 시대에 축축하게 길들여지다. 깨달음이란 열반의 세계에 들어와서는 자등명 세계로 접어들게 하는 자등명, 업식덩어리가 있는 입구에서 작용

사바세계에서 깨달음의 세계로 자등명의 세계로 나아가도록 하는 진언

전지전능열적부(涅寂賻)자등명 마하자등명 열적부마하자등명 전지전능열적부자등명 / 전지전능우대습조(宇代濕調)자등명 마하자등명 우대습조마하자등명 전지전능우대습조자등명 /

80번째 사의암부(詞儀癌駙)자등명 詞 원하다 儀 거동 癌 암 駙 부신 불치병으로 거동하기 어려운 사람들이 거동할 수 있도록 하는 자등명, 하복부 아래쪽에서 작용

81번째 음범상(音凡祥)자등명 音 가락 凡 모두 다 祥 복 상서롭다 모두 다 즐겁고 행복하게 웃게 하는 상서로운 자등명, 얼굴에 웃음 띠도록 하는 자등명. 머리 위 백회에서 신(神)의 부분으로 내려오는 통로 아래쪽 오른쪽에서 작용

82번째 외불용요(畏彿用樂)자등명 畏억울한 죄로 죽음을 당하는 일 彿 확연히 구별하기 어렵다 用 다스리다 樂 악기 타다 확연히 구별하기 어려운 억울한

죄로 죽음을 당하는 일을 연주하듯 다스리다. 억울한 것을 자연스럽게 잘 다스리며 해결하도록 하는 자등명, 심장신경총에서 작용

83번째 사주사(巳湊詞)자등명 巳 태아 湊 모이는 곳 詞 청하다
아이를 갖고자 하는 사람에게 아이를 점재해 주어서 잉태하도록 하는 자등명. 자궁 안, 성기 안쪽에서 작용

아이가 없는 사람이 아이를 갖고자 할 때의 진언

전지전능사의암부(詞儀癌駙)자등명 마하자등명 사의암부마하자등명 전지전능사의암부자등명 / 전지전능외불용요(畏彿用樂)자등명 마하자등명 외불용요마하자등명 / 전지전능사주사(巳湊詞)자등명 마하자등명 사주사마하자등명 전지전능사주사자등명 /

84번째 이명음효(珥命音孝)자등명 珥 귀걸이 命 명하다 音 소리 가락 孝 상복 이명이 있는 사람에게 이명이 사라지게 하고 소리가 잘 들리지 않는 사람에게 소리가 잘 들리도록 해주는 자등명, 양쪽 귀에서 작용

85번째 얼유선(孼惟善)자등명 孼 치장하다 惟 도모하다 善 착하고 정당하여 도덕적 기준에 맞는 착함 예의범절을 풍기며 품행단정하게 선하고 착하게 보이도록 하는 자등명. 가슴 마음이란 부분에서 마음의 문이 있는 곳에서 작용

진선미(眞善美)가 되도록 하는 진언

전지전능호얼사(好孼寺)자등명 마하자등명 호얼사마하자등명 전지전능호얼사자등명 / 전지전능음범상(音凡祥)자등명 마하자등명 음범상마하자등명 / 전지전능얼유선(孼惟善)자등명 마하자등명 얼유선마하자등명 / 전지전능이반전(耳般轉)자등명 마하자등명 이반전마하자등명 전지전능이반전자등명 / 전지전능밀효전잡(密孝全雜)자등명 마하자등명 밀효전잡마하자등명 전지전능밀효전잡자등명/

86번째 이국선용(易國禪涌)자등명 易 간략하다 國 나라를 세우다 禪 천위를 물려주다 涌 샘솟다 성하게 일어나다 선(禪)으로 간략하게 나라를 세운 것이 샘솟듯 성하게 일어나다. 참선 수행이 매우 잘되어 자등명 세계로 자꾸만 오로도록 하는 자등명, 몸을 건강하게 하는 자등명, 단전 아래 성기와 회음으로 나가는 통로 두 통로가 연결되어 있는 사이에서 작용

87번째 이반전(耳般轉)자등명 耳 오관의 하나 般 나르다 오래다 轉 움직이다 다섯 가지 감각 기관. 눈, 귀, 코, 혀, 피부를 이른다. 오관이 모두 다 원만하게 오랫동안 건강하고 활력 있게 잘 움직이도록 하는 자등명, 온몸에서 작용

88번째 밀효전잡(密孝全雜)자등명 密 고요하다 孝 효도 全 온전하게 하다 雜 장황하고 번거롭다 효도를 고요하고 온전하게 장황하고 번거롭게 행하도록 하는 자등명, 효도를 행하도록 자등명. 가슴의 마음이란 부분 앞에서 작용

89번째 세추휘(世推輝)자등명 世 세상 推 변천하다 輝 빛나다 온몸이 변천하여 몸에서 발광이 일어나면서 세상을 두루 밝히다 몸 주변에서 작용

90번째 이세회(貽世會)자등명 貽 전하다 世 세상 會 모이다 빛의 알갱이를 모아 자등명을 더욱 더 키워서 세상을 더욱 더 밝게 비추다, 몸통 밖에서 작용

91번째 송찬정(頌燦精)자등명 頌 기리다 칭송하다 燦 빛나다 精 업식덩어리의 정(精) 자등명이 찬란하게 빛나도록 하는 자등명, 업식덩어리의 자등명 주변에서 작용

몸이 발광하도록 하는 진언

전지전능세추휘(世推輝)자등명 마하자등명 세추휘마하자등명 전지전능세추휘자등명 / 전지전능이세회(貽世會)자등명 마하자등명 이세회마하자등명 전지전능이세회자등명 / 전지전능송찬정(頌燦精)자등명 마하자등명 송찬정마하자등명 전지전능송찬정자등명 /

92번째 애여투(碍如鬪)자등명 碍 방해하다 如 같게 하다 鬪 싸우게 하다
장애와 걸림을 여여하게 하는 자등명, 머리와 몸통에서 작용

93번째 순난작어(純亂昨於)자등명 純 순수하다 亂 어지럽다 昨 어제 앞서 於 보다(비교격) 혼란스럽고 어지러운 어제보다 더 질서정연하고 순수한 오늘이 되도록 하는 자등명. 나쁜 성격이나 나쁜 일 것으로 인한 걸림과 장애가 점차적으로 좋아지도록 하는 자등명, 육체의 주변에서 작용

94번째 와세토(蛙世土)자등명 蛙 음란하다 世 세상 土 땅 흙 음란한 생각이나 세상이 정화되도록 하는 자등명. 성적 흥분을 가라앉히는 자등명. 자궁 안, 성기와 고환 그 안쪽에서 작용

95번째 망수(亡水)자등명 亡 죽다 水 물 흥분하여 발기한 성적욕구가 수그러지게 하는 자등명. 자궁 앞쪽, 성기에서 작용

성적으로 강한 사람을 일반적인 성적 성향을 갖게 하고
성적으로 약한 사람은 일반적 성적 성향을 갖게 하는 진언

전지전능와세토(蛙世土)자등명 마하자등명 와세토자등명 / 전지전능와세토자등명 와세토마하자등명 / 전지전능망수(亡水)자등명 마하자등명 망수자등명 / 전지전능망수자등명 망수마하자등명

망수 자등명   양거생 자등명
와세토 자등명   이탈우 자등명
삼타염요 자등명   지자산 자등명
알지조 자등명   태성 자등명

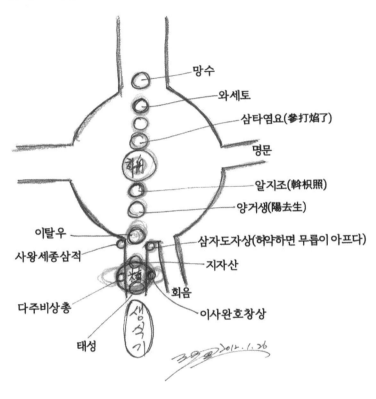

96번째 윤불의수(潤佛儀誰)자등명 潤 적시다 佛 확연히 구별하기 어렵다
儀 예의 誰 찾아 묻다 예의를 확연히 구별하기 어려운 상태나 상황에
서 예의를 찾도록 하는 자등명. 어떠한 상황의 상태에서도 예의
바르게 언행할 수 있도록 하는 자등명. 목구멍의 성대에서 작용

97번째 발태회유(撥太灰孺)자등명 撥 없애다 太 매우 灰 죄다 태워 버린다
孺 우러러 따르다 업이 무겁고 아무리 큰 것이라도 모두 다 태워 없애

므로 모든 일들이 우러러 보도록 하는 자등명. 몸통 안팎에서 작용

98번째 경주수(慶宙琇)자등명 慶 축하할 만한 기쁜 일 宙 하늘 집 琇 아름답다 몸통 속 위에서 작용

99번째 장마숙(長摩淑)자등명 長 길다 摩 연마하다 淑 맑고 깊다 몸통 안에서 작용. 위 바로 아래 소장이 시작되는 부분에서 작용

100번째 유순자동태(儒淳自桐台)자등명 儒 선비 부드럽다 淳 순박하다 自 몸소 桐 오동나무 台 양육하다 몸통 안 소장에서 작용

101번째 요제유난조(尿提留暖組)자등명 尿 소변 提 끌어 일으키다 留 기다리다 暖 따뜻하게 하다 組 베를 짜다 고환에서 작용

102번째 우황왕이주(宇皇王貳州)자등명 宇 처마 皇 상제에 관한 사물 등에 붙이는 말 王 제실의 남자 貳 두 마음 州 행정구획의 명칭 다리 사이 고환 아래쪽에서 작용

103번째 논봉수혈(論奉受穴)자등명 論 고하다 奉 돕다 受 받아들이다 穴 혈 혈이 받아들이도록 돕는 것을 알리는 자등명. 혈 자리를 자극할 때. 무릎에 작용

104번째 장삼요집삼(長蔘尿集參)자등명 長 오래도록 蔘 나무의 높게 자란 모양 尿 오줌 集 도착하다 參 참여하다 오줌을 오랫동안 참고 견딜 수 있도록 하는 자등명. 소변을 자주 보는 분들에게 이 자등명을 넣어주면 좋다. 오줌보에 작용

105번째 외중모요피(外重某尿皮)자등명 外 바깥 重 무겁게 하다 某 어느 것 尿 소변 皮 겉 소변을 자주 보는 것을 방지하는 자등명. 오줌보 바로 밖에서 작용

소변을 자주 보는 사람이 외우면 정상적으로 소변을 보게 되는 진언

전지전능장삼요집삼(長蔘尿集蔘)자등명 마하자등명 장삼요집삼자등명 / 전지전능외중모요피(外重某尿皮)자등명 마하자등명 외중모요피자등명 /

106번째 지비이구응(支非耳口應)자등명 支 가지 非 등지다 耳 청각기관 口 입 應 거두어 가지다 귀밑 아래쪽에서 작용

107번째 수하황애응(受何黃愛應)자등명 受 이익을 누리다 何 무엇 黃 누른 빛 愛 친밀하게 대하다 應 거두어 가지다 황금을 친밀하게 대하며 거두어 가져 이익을 누리다. 음식이 잘 넘어가도록 하는 자등명, 목에 식도 바로 위에서 작용

108번째 의황창전부(意恍窓全附)자등명 意 생각하다 恍 형체가 없는 모양 窓 창 全 완전히 附 의지하다 머리의 생각하는 부분에서 작용

109번째 한 대안행방(寒代眼幸昉)자등명 寒 추위로 손발들이 곱다 代 번갈아 眼 보는 일 幸 운이 좋다 昉 비로소 운이 들어오도록 하는 자등명 머리 위쪽에서 작용

110번째 자숙이현(慈宿耳鉉)자등명 慈 어머니 宿 머무는 집 耳 청각기관 鉉 삼공의 지위 귀밑에 턱밑에 작용

111번째 음한손장상(陰寒巽葬相)자등명 陰 습기 寒 얼다 巽 열거하다 葬 장사지내다 相 자세히 보다 가랑이 사이 아주 아래쪽에서 작용

112번째 삼오천음(蔘汚天飮)자등명 蔘 나무의 높게 자란 모양 汚 추잡한 행위 天 천체의 운행 飮 주연 오른쪽 어깨에서 작용 50견

113번째 시불의업신(始不意業臣)자등명 始 비롯하다 不 말라 意 정취 業 사업 臣 신하로 하다 머리 위에서 작용

114번째 토소벌투속(土沼伐妬俗)자등명 土 오행의 하나 沼 늪 伐 베다 妬 시새우다 俗 바라다 머리 위에서 작용

115번째 의비등일자(意非燈溢者)자등명 意 정취 非 부정의 조사 燈 등불 溢 가득하다 者 일을 가리켜 이른다 머리 위에서 작용

116번째 일뇌상이(舌溢腦相履)자등명 목관 악기에 끼워 소리를 내는 물건 溢 가득하다 腦 머리 相 자세히 보다 履 신다 머리 속에서 작용

좋은 운이 들어오도록 하는 진언

전지전능한대안행방(寒代眼幸昉)자등명 마하자등명 한 대안행방자등명 / 전지전능시불의업신(始不意業臣)자등명 마하자등명 시불의업신자등명 / 전지전능토소벌투속(土沼伐妬俗)자등명 마하자등명 토소벌투속자등명 / 전지전능의비등일자(意非燈溢者)자등명 마하자등명 의비등일자자등명 /

117번째 연불자창(年拂慈窓)자등명 年 연령 拂 추어올리다 慈 사랑 窓 굴뚝 회음에서 작용

118번째 선인사주(蟬因寺宙)자등명 蟬 퍼지다 因 원인을 이루는 근본 寺 관청 宙 하늘 왼쪽 어깨부분에서 작용 50견

119번째 애자살(碍呑薩)자등명 碍 방해하다 呑 탄식하다 薩 보살 목 부분에서 작용 50견

120번째 삼자도자상(參慈導慈相)자등명 參 참여하다 慈 사랑하다 導 충고하다 慈 사랑 相 서로 성기에 작용

121번째 사왕세종삼적(寺王世宗參積)자등명 寺 관청 王 제실의 남자 世 세상 宗 사당 參 참여하다 積 쌓이다 성기 위쪽에서 작용

122번째 이사완호창상(理些完澔窓相)자등명 理 통하다 些 조금 完 완전하게 하다 澔 광대한 모양 窓 굴뚝 相 자세히 보다 성기 끝에서 작용

123번째 이번운수지(理煩運邃志)자등명 理 옥을 갈다 煩 번거롭다 運 회전하다 邃 성취하다 志 마음 마음부분에서 작용

124번째 다주비상총(多住非相恖)자등명 多 넓다 住 살고 있는 사람 非 부정의 조사 相 자세히 보다 恖 급하다 성기 위 끝부분에서 작용

성기가 단단하게 힘이 있도록 하는 진언

전지전능삼자도자상(參慈導慈相)자등명 마하자등명 삼자도자상자등명 / 전지전능사왕세종삼적(寺王世宗參積)자등명 마하자등명 사왕세종삼적자등명 / 전지전능이사완호창상(理些完澔窓相)자등명 마하자등명 이사완호창상자등명 / 전지전능다주비상총(多住非相恖)자등명 마하자등명 다주비상총자등명 /

125번째 술쾌용시허(術快用始虛)자등명
術 길 快 상쾌하다 用 등용하다 始 시작하다 虛 적다
목부분에서 작용 50견

오십견이 좋아지도록 하는 진언

전지전능삼오천음(蔘汚天飮)자등명 마하자등명 삼오천음자등명 / 전지전능선인사주(蟬因寺宙)자등명 마하자등명 선인사주자등명 / 전지전능애자살(碍咨薩)자등명 마하자등명 애자살자등명 / 전지전능술쾌용시허(術快用始虛)자등명 마하자등명 술쾌용시허자등명 /

126번째 투자비특비(投慈悲特秘)자등명 投 보내다 慈 사랑 悲 비애 特 한 마리의 희생 秘 향기풀 향기풀에 한 마리가 희생되는 비애에 사랑을 보내다, 마음부분에서 작용

127번째 수쾌상집선(羞快相集禪)자등명 羞 맛있는 음식 快 상쾌하다 相 자세히 보다 集 모으다 禪 사양하다 선을 하면서 자세히 살펴보면 맛있는 음식을 먹는 듯 상쾌하게 하는 자등명, 마음 부분 아래쪽에서 작용

128번째 주무수자사(住無受慈寺)자등명 住 거처 無 말라 受 이익을 누리다 慈 어머니 寺 관청 마음 부분 위에서 작용

참선이 잘 되게 하도록 하는 진언

전지전능투자비특비(投慈悲特秘)자등명 마하자등명 투자비특비자등명 / 전지전능수쾌상집선(羞快相集禪)자등명 마하자등명 수쾌상집선자등명 / 전지전능주무수자사(住無受慈寺)자등명 마하자등명 주무수자사자등명 /

129번째 화발외판외(和拔畏板外)자등명
和 합치다 拔 특출하다 畏 협박하다 板 판목 外 이전
마음부분에서 하단전으로 내려오는 통로에서 작용

130번째 길불제속소(吉佛諸俗巢)자등명
吉 아름답거나 착하거나 훌륭하다 佛 어렴풋하다 諸 여러 俗 바라다 巢 보금자리를 짓다 허벅지 위쪽 다리 시작되는 부분에서 작용

131번째 불비진흑(佛非塵黑)자등명
佛 어기다 非 등지다 塵 속세의 일 黑 나쁜 마음 나쁜 마음을 버리고 좋은 마음을 갖도록 하는 자등명, 마음부분에서 작용

132번째 불주부천상(佛住府天祥)자등명 佛 어렴풋하다 住 살고 있는 사람
附 마을 天 태양 祥 좋다 심장부분에서 작용

심장이 좋지 않은 사람이 이 진언을 외우면 심장이 좋아진다.

전지전능길불제속소(吉佛諸俗巢)자등명 마하자등명 길불제속소자등명 / 전지전능불비진흑(佛非塵黑)자등명 마하자등명 불비진흑자등명 / 전지전능불주부천상(佛住府天祥)자등명 마하자등명 불주부천상자등명

133번째 진사이쟁(震思理鎁)자등명
震 움직이다. 思 어조사 理 통하다 鎁 징 귀 들어가는 입구에서 작용

134번째 불적낭통사(佛蹟浪通寺)자등명
佛 어렴풋하다 蹟 좇다 浪 물결이 일다 通 꿰뚫다 寺 환관 귀속에서 작용

135번째 불사지설(佛寺志說)자등명
佛 어렴풋하다 寺 관청 志 마음 說 말 귀 속에서 작용

136번째 이비의매(耳非意昧)자등명
耳 귀 非 배반하다 意 정취 昧 어둡다 귀 속에서 작용

137번째 외사합생태(外事盒生泰)자등명 外 이전 事 전념하다 盒 음식을
담는 그릇의 하나 生 태어나다 泰 넉넉하다 귀속에서 작용

귀가 잘 들리지 않을 때 이 진언을 암송하면 귀가 잘 들리도록 하는 진언

전지전능진사이쟁(震思理鎁)자등명 마하자등명 진사이쟁자등명 / 지전능불적낭통사(佛蹟浪通寺)자등명 마하자등명 불적낭통사자등명 / 전지전능불사지설(佛寺志說)자등명 마하자등명 불사시설자등명 / 전지전능이비의매(耳非意昧)자등명 마하자등명 이비의매자등명 / 전지전능외사합생태(外事盒生泰)자등명 마하자등명 외사합생태자등명

138번째 불선투방빈(佛禪投肪貧)자등명 佛 어렴풋하다 禪 하늘에 제사
지내다 投 보내다 肪 살찌다 貧 곤궁 단전에서 작용

139번째 요함단업(尿含團業)자등명

尿 소변 含 품다 團 모이다 業 직업 소변을 담고 있는 곳에서 작용

140번째 시지물소착(始志物巢着)자등명 始 시작하다 志 사심 物 무리 巢 보금자리를 짓다 着 옷을 입다 단전 속 위 부분에서 작용

141번째 후극생진서(厚極生診誓)자등명 厚 두터이 極 떨어지다 生 천생으로 診 진찰하다 誓 경계하다 천상으로 태어나도록 하는 자등명 머리 위쪽에서 작용

천상의 자등명 세계에 태어나도록 하는 진언

전지전능야찬혼하(若燦魂昰)자등명 마하자등명 야찬혼하자등명 / 전지전능시유집(尸有集)자등명 마하자등명 시유집자등명 / 전지전 능후극생진서(厚極生診誓)자등명 마하자등명 후극생진서자등명 /

142번째 업박미천(業箔味天)자등명
業 사업 箔 금속의 얇은 조각 味 맛보다 天 천체 가랑이 사이 밑에서 작용

143번째 세방추불(世房推佛)자등명 世 세상 房 방성 推 변천하다 佛 어렴풋하다 가랑이 사이 밑에 밑에서 작용

144 전백지삼한(電佰志參限)자등명 電 남에게 대하여 경의를 표하는 말 佰 백 사람 志 마음 參 참여하다 限 경계 가랑이 사이 밑에 밑에 밑에서 작용

145 화부정박토(和附亭舶土)자등명 和 서로 응하다 附 의지하다 亭 여인숙 舶 상선 土 땅 가랑이 사이 밑에 밑에 밑에 땅에서 작용

146 화사주물(和思柱物)자등명 和 서로 응하다 思 생각 柱 가야금 거문고 아쟁의 줄 밑에 괴어서 소리를 고르게 함 物 일 머리 부분에서 작용

147 합사추연(合思推沿)자등명 合 여럿이 모여 하나가 되다 思 생각 推 천거하다 沿 가장자리 머리 부분에서 작용

148 곡역시춘(谷逆始春)자등명 谷 좁은 길 逆 맞이하다 始 시작하다 春 젊을 때 머리 부분에서 작용

149 회불중비익(悔不重非益)자등명 悔 유감스럽게도 不 새 이름 重 무게 非 배반하다 益 느는 일 머리 부분에서 작용

150 단추망환(團推網煥)자등명 團 모이다 推 천거하다 網 규칙 煥 빛나다 머리 부분에서 작용

151 보합미판(寶合味版)자등명 寶 보배롭게 여기다 合 만나다 味 뜻 版 편지 목구멍에서 작용

152 담황이품(淡煌理品)자등명 淡 담박하다 煌 빛나다 理 통하다 品 품평하다 얼굴에 눈썹과 눈썹 사이에서 작용, 얼굴이 이쁘고 환해지도록 하는 자등명

153 부헌투(父憲投)자등명 父 만물을 나게 하여 기르는 것 憲 깨우침 投 보내다 성기가 끝난 아래쪽 밖에서 작용

154 한반주대(恨般柱代)자등명 恨 뉘우치다 般 옮다 柱 가야금 거문고 아쟁의 줄 밑에 괴어서 소리를 고르게 함 代 번갈아
성기가 끝난 아래쪽 아래에서 작용

155 탄방조대(綻肪照代)자등명 綻 터지다 肪 살찌다 照 비치다 代 시대
얼굴 인중에서 작용. 예쁘게 환하게

156 비지아착법(鼻志我着法)자등명 鼻 구멍 志 희망 我 우리 着 입다 法 도리 콧구멍 입구 두 구멍 사이 가운데에서 작용

157 삼온남축(三溫男祝)자등명 三 세 번 溫 순수하다 男 젊은이 祝 신을 섬기는 일을 업으로 하는 사람 머리 위 명신(정수리) 위에서 작용

자등명 세계에서 인간과 자등명이 소통되도록 하는 자등명
자등명 세계의 신에게 빌기 위해서는 삼온남축자등명을 염하
면 된다

전지전능삼온남축(三溫男祝)자등명 마하자등명 삼온남축마하자등명
전지전능삼온남축자등명

158 순일균청확(巡一均淸確)자등명 巡 어루만지다 一 처음 均 같다 淸 탐
욕이 없다 確 강하다 탐욕을 끊기 위해서 이 자등명을 염하는 것이 좋
다. 마음부분에서 작용

159 도한사지삼(倒閑四志三)자등명 倒 거꾸로 閑 문지방 四 네 志 사심 三
세 번 사심이 세 번 생기면 사심을 네 번 참도록 하는 자등명

탐욕을 끊어지도록 하는 진언

전지전능순일균청확(巡一均淸確)자등명 마하자등명 순일균청확마하
자등명 전지전능순일균청확자등명 / 전지전능도한사지삼(倒閑四志
三)자등명 마하자등명 도한사지삼마하자등명 전지전능도한사지삼
자등명 /

160 망호미천미(網乎美天美)자등명 網 규칙 乎 로다 美 아름답다 天 천체
美 아름답다 코의 높낮이와 관계가 있는 자등명, 코 속에서 작용

161 업당인향영 (業堂因香領)자등명
業 사업 堂 향(鄕)의 학교 因 원인을 이루는 근원 香 향기롭다 領 가장 요기한 곳
눈썹과 눈썹이 코 위 만나는 지점에서 작용

얼굴이 예쁘고 환해지도록 하는 진언

전지전능담황이품(淡煌理品)자등명 마하자등명 담황이품자등명 /
전지전능탄방조대(綻肪照代)자등명 마하자등명 탄방조대자등명 /
전지전능망호미천미(網乎美天美)자등명 마하자등명 망호미천미자등명

/ 전지전능업당인향영(業堂因香領)자등명　마하자등명　업당인향영자
등명 /

162　망태사지(忙胎四枝)**자등명** 忙 겨를이 없다 胎 태아 四 사방(四方) 枝
가지 치다 사방으로 뻗어나가도록 하는 자등명, 손목에서 작용

163　복원페(福願吠)**자등명** 福 돕다 願 기원하다 吠 개가 짖다
머리 위쪽에서 작용. 원하는 것이나 바라는 것을 잘 이루어지도록
하는 자등명

164　극중시피무(極中始皮無)**자등명**
極 남아 있지 않다. 中 치우치지 아니하다 始 시작하다 皮 껍질 無 말라
목 부분 튀어나온 곳 밖에서 작용

165　허소파(嘘沼婆)**자등명**
嘘 울다 沼 늪 婆 사물의 형용 목구멍 성대 아래쪽에서 작용

166　색진부전(色嗔剖筌)**자등명** 色 모양 嗔 기운이 성한 모양 剖 다스리다
筌 물고기를 잡는 통발 위에서 작용,소화가 잘 되지 않을 때 이 자등명
을 찾으면 소화가 잘 됨 4중1

167　대탄천항시(對坦天降始)**자등명** 對 대하다 坦 너그럽다 天 태양 降 내
리다 始 근본 머리 위에서 작용

168　공수작조지(空受作照志)**자등명** 空 없다 受 이익을 누리다 作 일어나
다 照 비추다 志 희망 머리 위에서 작용. 희망을 갖도록 하는 자등명
4중2

169　환등장전해(煥燈璋展海)**자등명** 煥 밝다 燈 등불 璋 밝다 展 발달하다
海 물산이 풍부한 모양 머리 위에서 작용. 희망이 주는 자등명

희망을 잃은 사람, 절망에 빠져 있는 사람에게 희망을 갖도록 하
는 진언

170 부위태분(賻偉態粉)자등명 賻 부의를 내다 偉 아름답다 態 모양 粉 가루를 빻다 콧등에서 작용

171 희군항사(僖郡降詞)자등명 僖 기쁘다 郡 관청 降 내리다 詞 고하다
목 안에 아래쪽에서 작용

172 만풍기(瞞諷祈)자등명 瞞 평평한 눈 諷 사물에 비유하여 간하다 祈 구하다 머리 위에서 작용

173 진득필산초(瑨得泌産超)자등명 瑨 아름다운 돌 得 이득 泌 세포에서 일정한 물질을 만들어 내보내다 産 만들어내다 超 지나가다 머리 위에서 작용

원하는 것이나 바라는 것이 잘 이루어지도록 하는 진언

전지전능복원폐(福願吠)자등명 마하자등명 복원폐마하자등명 / 전지전능공수작조지(空受作照志)자등명 마하자등명 공수작조지마하자등명 / 전지전능환등장전해(煥燈璋展海)자등명 마하자등명 환등장전해마하자등명 / 전지전능진득필산초(瑨得泌産超)자등명 마하자등명 진득필산초마하자등명 /

174 봉평박호(鳳評迫澔)자등명 鳳 봉황새 評 됨됨이를 평하다 迫 접근하다 澔 광대한 모양 마음부분에서 작용, 마음을 넓게 해주는 자등명 5중1

175 자황등(慈恍燈)자등명 慈 사랑 恍 형체가 없는 모양 燈 등불
업식덩어리 안에서 작용. 업식덩어리 안의 자등명이 커지도록 하는 자등명. 업식덩어리 안의 자등명이 커지도록 하는 진언 5중에 2

176 황사김(晄司金)자등명 晄 빛나다 司 벼슬 金 황금
머리 위에서 작용

177 허장등토남(虛掌燈土襤)자등명 虛 모자라다 掌 일을 다루는 솜씨 燈 등불 土 오행의 하나 襤 가선을 대지 않은 옷 다리 아래서 작용

178 추방도(楸肪濤)자등명

楸 가래나무 肪 비계 濤 물결이 일다. 입술에서 작용

업식덩어리 안의 자등명이 커지도록 하는 진언

봉평박호(鳳評迫澔)자등명
자황등(慈恍燈)자등명
황사김(晄司金)자등명

허장등토남(虛掌燈土襤)자등명
추방도(楸肪濤)자등명

179 무토통인(舞討通因)자등명 舞 춤추게 하다 討 꾸짖다 通 두루 미치다

因 원인을 이루는 근본 인의 원인을 제거하도록 하는 자등명
업식덩어리에서 작용

업식덩어리 안의 자등명이 커지도록 해서
인의 원인인 업이 떨어져 인이 제거하도록 하는 진언

전지전능자황등(慈恍燈)자등명 마하자등명 자황등마하자등명 / 전
지전능무토통인(舞討通因)자등명 마하자등명 무토통인마하자등명 /

180 쾌매중(快昧重)자등명 快 병세가 좋아지다 昧 어둡다 重 무겁게 하다

다리 아래 쪽 아주 밑에서 작용. 무겁고 어두운 병을 호전되게 하
는 자등명

181 대장미(待庄味)자등명

待 갖추다 庄 평평하다 味 뜻 성기 위쪽 하단전 아래쪽 지점에서 작용

182 통신층(桶神層)자등명 桶 곡식 따위의 분량을 제는 기구 神 불가사의한

것 層 층 머리 위에서 작용

183 통소독(通素獨)자등명 通 꿰뚫다 素 생명주 獨 늙어서 자식이 없는 사

람 머리 위에서 작용

184 색초등(嗇楚燈)자등명

嗇 춥춥하다 楚 아프다 燈 등불 머리 위에서 작용

무겁고 어두운 병(불치병)을 호전되게 하는 자등명

전지전능쾌매중(快昧重)자등명 마하자등명 쾌매중마하자등명 /
전지전능대장미(待庄味)자등명 마하자등명 대장미마하자등명 /
전지전능통신층(桶神層)자등명 마하자등명 통신층마하자등명 /
전지전능통소독(通素獨)자등명 마하자등명 통소독마하자등명 /
전지전능색초등(嗇楚燈)자등명 마하자등명 색초등마하자등명 /

185 충사금(充私金)자등명 充 막히다 私 개인 金 돈
중요한 것을 막히도록 하는 자등명. 고환 가운데 성기 안쪽에서 작용

186 자노직상(者老直相)자등명
者 사람 老 늙다 直 바른 행위 相 자세히 보다 목에서 작용

187 비응궁(秘應宮)자등명
秘 비밀 應 거두어 가지다 宮 장원 위 중앙에서 작용

188 이발해(耳發海)자등명
耳 청각기관 發 떠나다 海 바닷물 양 귀에서 작용

189 상피성(祥被性)자등명
祥 복 被 달하다 性 성질 피부에서 작용

190 하외도(夏畏鍍)자등명 夏 승려가 90일간을 좌선 수행하는 일(하안거)
畏 죽다 鍍 도금하다 업식덩어리 앞 입구 심장신경총 아래서 작용
삼매에 쉽게 들도록 하는 자등명 3개중1

191 택사단(澤思單)자등명 澤 윤이 나다 思 생각 單 다만
하외도 앞 마음부분에 가까운 곳에서 작용
삼매에 쉽게 들도록 하는 자등명 3개중2

192 근통외합(根通畏合)자등명
根 뿌리 채 뽑아 없애다 通 꿰뚫다 畏 죽다 合 여럿이 모여 하나가 되다
택사단자등명 앞 마음부분에서 작용
삼매에 쉽게 들도록 하는 자등명 3개중3

삼매를 쉽게 들도록 하는 진언

전지전능하외도(夏畏鍍)자등명 마하자등명 하외도마하자등명 / 전
지전능택사단(澤思單)자등명 마하자등명 택사단마하자등명 / 전지
전능근통외합(根通畏合)자등명 마하자등명 근통외합마하자등명 /
삼매를 쉽게 들도록 하는 작용점 자극 / 업식덩어리 입구 /
그 앞 / 또 그 앞

193 문태묘(問態卯)자등명 問 질문 態 몸짓 卯 왕성하다 머리의 의식을
변화시키는 부분 좌측에서 작용. 의식이 변하도록 하는 자등명
화두가 잘 들리도록 하는 자등명 5중1

194 혜어향(惠圍香)자등명 惠 사랑하다 圍 가두다 香 소리 빛 모양 맛 같은
것의 아름다움 가랑이 아래쪽에서 작용

195 마할불(摩割弗)자등명 摩 연마하다 割 쪼개다 弗 세차게 성한 모양
심장신경총에서 작용. 화두가 잘 들리도록 하는 자등명 5중2

196 혈제범(血題範)자등명 血 물들이다 題 맨 앞머리 範 본
송과선 신경총에서 작용. 화두가 잘 들리도록 하는 자등명 5중3

197 허불항마(虛弗項摩)자등명 虛 모자라다 弗 세차게 성한 모양 項 크다
摩 연마하다 머리의 의식을 변화시키는 부분 우측에서 작용, 의식이
변하도록 하는 자등명. 화두가 잘 들리도록 하는 자등명 5중4

198 만전미형(晩銓味形)자등명 晩 때가 늦다 銓 대패 味 뜻 形 육체
가랑이 아래쪽에서 작용

199 독지표(獨止表)자등명 獨 늙어서 자식이 없는 사람 止 멈추다 表 나타내다 머리의 의식을 변화시키는 부분의 맞은편 쪽에서 작용, 화두가 타파되도록 하는 자등명, 화두가 잘 들리도록 하는 자등명 5중5

화두를 빨리 타파되도록 하는 진언

전지전능문태묘(問態卯)자등명 마하자등명 문태묘마하자등명 / 전지전능마할불(摩割弗)자등명 마하자등명 마할불마하자등명 / 전지전능혈제범(血題範)자등명 마하자등명 혈제범마하자등명 / 전지전능허불항마(虛弗項摩)자등명 마하자등명 허불항마마하자등명 / 전지전능독지표(獨止表)자등명 마하자등명 독지표마하자등명 /

작용점 자극 / 현재의식으로 깨달음을 체험하는 곳의 좌측 자극 심장신경총 자극 / 송과선신경총 자극 / 현재의식으로 깨달음을 체험하는 곳의 우측 자극 / 현재의식으로 깨달음을 체험하는 곳의 맞은편 화두타파 되는 곳 자극

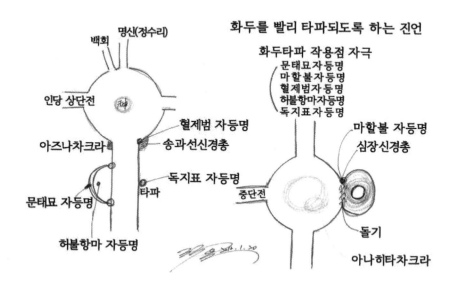

- 298 -

200 박집토살(迫集土薩)자등명 迫 궁하다 集 도착하다 土 오행의 하나 薩 보살 오행 중 토가 부족한 사람이 부르면 토가 채워지는 자등명 머리 위쪽에서 작용

201 쟁함비장(箏含秘藏)자등명 箏 풍경 含 넣다 秘 향초 藏 품다 향초를 품어 담고 있는 자등명. 마음부분에서 작용

202 기해이무(欺海以無)자등명 欺 업신여기다 海 물산이 풍부한 모양 以부터 無 금지하는 말 다리 아래쪽에서 작용

203 행등유(行燈惟)자등명 行 달아나다 燈 등불 惟 벌여놓다 중단전 그림 아래쪽 좌측 모서리에서 작용

204 비정침사(秘精侵思)자등명 秘 향기풀 精 자세하다 侵 습격하다 思 생각 업식덩어리 입구 돌기부분에서 작용

박집토살(迫集土薩)자등명	쟁함비장(箏含秘藏)자등명
기해이무(欺海以無)자등명	행등유(行燈惟)자등명
비정침사(秘精侵思)자등명	자징백태망(藉徵伯態網)자등명

205 자징백태망(藉徵伯態網)자등명 藉 그 위에 물건을 두다 徵 구하다 伯 우두머리 態 몸짓 網 규칙 다리 아래쪽에서 작용

206 아지현(娥知現)자등명 娥 미녀 知 분별하다 現 밝다 콧등에서 작용. 콧대 높은 것을 낮게 하는 자등명

207 문토두(文討頭)자등명 文 얼룩 討 토벌하다 頭 우두머리 명신(정수리) 입구에서 작용. 명신으로 들어오는 나쁜 것들을 못 들어오게 하는 자등명

208 불풍마(弗楓摩)자등명 弗 세차고 성한 모양 楓 신나무 摩 쓰다듬다 업식덩어리 입구 아래쪽 심장신경총 맞은편에서 작용

209 동철모포(動哲某泡)자등명 動 살다 哲 알다 某 어느 일 泡 물거품
상단전에서 중단전으로 내려오는 통로 아래쪽 중단전 시작되는 우
측 모서리에 작용. 세상 어느 일이든 살아가는 것이 물거품인지를
알도록 하는 자등명 6중1

210 분집불파병(粉集弗婆病)자등명 粉 가루를 빻다 集 모으다 弗 세차게
성한 모양 婆 사물의 형용 病 질병 머리 위에서 작용
육체가 질병에 걸려 심할 때 좋아지게 하는 자등명 6개중2

211 청득탑비(青得搭誹)자등명 青 푸른 흙 得 이득 搭 태우다 誹 비방하다
상단전에서 중단전으로 내려오는 통로 아래쪽 중단전 시작되는 좌
측 모서리에 작용 남을 비방하거나 헐뜯는 마음이 사라지도록 하
는 자등명 6중3

212 비태백추(悲態伯諏)자등명 悲 비애 態 짓 伯 우두머리 諏 모여서 의논
하다 중단전이 가슴 앞으로 나가는 통로 위쪽 모서리에서 작용
슬픔과 비애에 빠지지 않도록 하는 자등명 6중4

213 분토부(分討付)자등명 分 구별하다 討 정벌하다 付 붙이다
중단전 아래쪽으로 향하는 통로 좌측에서 작용 6중5

214 패호반정(覇糊般精)자등명 覇 으뜸 糊 끈끈하다 입에 풀칠하다 般 옮
다 精 찧다 마음부분에서 작용 6중6

육체가 질병에 걸려 심할 때 좋아지게 하는 자등명 진언
마음의 병을 치료하는 자등명 진언

동철모포(動哲某泡)자등명 / 전지전능분집불파병(粉集弗婆病)자등명
마하자등명 분집불파병마하자등명 / 청득탑비(青得搭誹)자등명
전지전능비태백추(悲態伯諏)자등명 마하자등명 비태백추마하자등명
/ 전지전능분토부(分討付)자등명 마하자등명 분토부마하자등명 /
전지전능패호반정(覇糊般精)자등명 마하자등명 패호반정마하자등명

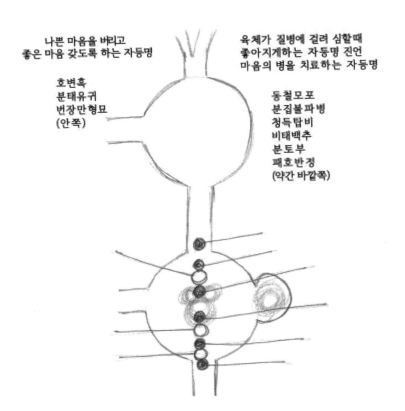

나쁜 마음을 버리고
좋은 마음 갖도록 하는 자등명

호변흑
분태유귀
번장만혈묘
(안쪽)

육체가 질병에 걸려 심할때
좋아지게하는 자등명 진언
마음의 병을 치료하는 자등명

동철모포
분집불파병
청독탑비
비태백추
분토부
패호반정
(약간 바깥쪽)

215 제모초(祭謨楚)자등명 祭 제사 지내다 謨 계획하다 楚 나라 이름
생식기 위쪽에서 작용 6중1

216 필망특집(必網特執)자등명 必 틀림없이 網 규칙 特 한 마리의 희생 執
가지다 성기 안쪽에서 작용 6개중2

217 사포망(司胞網)자등명 司 관아 胞 종기 網 규칙
성기 안쪽에서 작용. 성기 안이 깨끗해지도록 하는 자등명 6개중3

218 통화방(通和訪)자등명 通 통하게 하다 和 서로 응하다 訪 방문하다
성기 안에서 작용 6개중4

219 재방능(在訪能)자등명 在 살피다 訪 문의하다 能 미치다.
성기 안에서 작용 6개중5

220 독타불(獨陀佛)자등명 獨 늙어서 자식이 없는 사람 陀 무너지다 佛 확
연히 구별하기 어렵다 성기에서 작용 6개중6

성기(자궁)를 청결 원만하게 하는 진언

성기를 젊게 하는 제모초(祭謨楚)자등명 / 전지전능필망특집(必網
特執)자등명 마하자등명 필망특집마하자등명 / 전지전능사포망(司胞
網)자등명 마하자등명 사포망마하자등명 / 전지전능통화방(通和訪)
자등명 마하자등명 통화방마하자등명 / 전지전능재방능(在訪能)자
등명 마하자등명 재방능마하자등명 / 전지전능독타불(獨陀佛)자등
명 마하자등명 독타불마하자등명

221 자등명 豪 귀인 變 움직이다 黑 나쁜 마음
마음부분에서 작용 나쁜 마음을 버리고 좋은 마음을 갖도록 하는
자등명 3중1

222 분태유귀(墳態幼歸)자등명 墳 둑 제방 態 몸짓 幼 사랑하다 歸 돌려보
내다 마음부분에서 작용 3중2

223 안헌묘(眼獻墓)자등명 眼 눈매 獻 나아가다 墓 묘지 좌측 눈 안쪽
에서 작용 눈매가 부드럽게 되도록 하는 자등명 4중1

224 번장만형묘(煩藏慢亨妙)자등명 煩 번거롭다 藏 품다 慢 오만하다 亨
올리다 妙 젊다 마음부분에서 작용 3중3

나쁜 마음을 버리고 좋은 마음을 갖도록 하는 자등명 진언

전지전능호변흑(豪變黑)자등명 마하자등명 호변흑마하자등명 / 전
지전능분태유귀(墳態幼歸)자등명 마하자등명 분태유귀마하자등명 /

전지전능번장만형묘(煩藏慢亨妙)자등명   마하자등명   번장만형묘마하
자등명 /

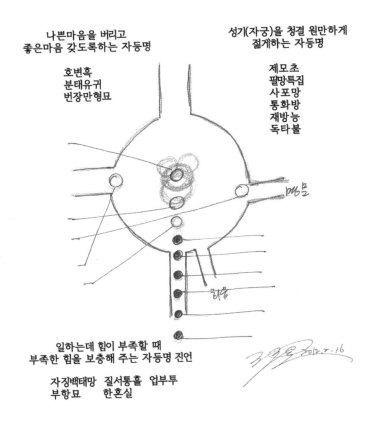

나쁜마음을 버리고
좋은마음 갖도록하는 자등명

호변흑
분태유귀
번장만형묘

성기(자궁)을 청결 원만하게
젊게하는 자등명

제모초
팔망특집
사포망
통화방
재방능
독타볼

일하는데 힘이 부족할 때
부족한 힘을 보충해 주는 자등명 진언

자징백태망   질서통흘   업부투
부항묘   한혼실

225 업부투(業負鬪)자등명 業 생계 負 책임을 지다. 鬪 싸우게 하다
하단전에서 작용 힘을 써 일을 하도록 하는데 힘이 되도록 하는
자등명 5개중2. 205 자징백태망(藉徵伯態網)자등명 5개중1

226 한혼실(寒魂失)자등명 寒 차게 하다 魂 사물의 모양 失 지나침
하단전에서 작용 5개중3

227 질서통흘(質誓通忽)자등명 質 순진하다 誓 경계하다 通 탈 없이 통하
다 忽 돌연 하단전에서 작용 5중에4

228 부항묘(簿項妙)자등명 簿 홀 項 크다 妙 젊다 하단전에서 작용 5
중에5

일하는데 힘이 부족할 때 부족한 힘을 보충해 주는 자등명 진언

전지전능자징백태망(藉徵伯態網)자등명 마하자등명 자징백태망마하
자등명 / 전지전능업부투(業負鬪)자등명 마하자등명 업부투마하자등
명 / 전지전능한혼실(寒魂失)자등명 마하자등명 한혼실마하자등명
/ 전지전능질서통흘(質誓通忽)자등명 마하자등명 질서통홀마하자등
명 / 전지전능부항묘(簿項妙)자등명 마하자등명 부황묘마하자등명

229 부정방혼손(芙廷倣魂巽)자등명
芙 목부용(木芙蓉) 廷 공정하다 倣 의지하다 魂 사물의 모양 巽 열거하다
몸통 아주 아래쪽에서 작용. 아래쪽 업을 녹임 7중1

230 백박쾌연(魄拍快燕)자등명
魄 달빛 拍 어루만지다 快 병세가 좋아지다 燕 편안하다
몸통 아래쪽에서 작용. 아래쪽 업을 녹임 7중2

231 종단포대한(宗單包代限)자등명
宗 일의 근원 單 오직 包 꾸러미를 세는 수사 代 번갈아 限 경계
몸통 아래쪽에서 작용. 아래쪽 업을 녹이는 작용 7중3

232 묘종무천무(妙宗無天無)자등명
妙 나이가 20살 안팎이다 宗 일의 근원 無 금지하는 말 天 태양 無 허무의 도
몸통 아래쪽에서 작용. 아래쪽 업을 녹이는 작용 7중4

233 묘형확득(卯型確得)자등명
卯 왕성하다 型 본보기 確 확실하다 得 이득
확실하게 이득을 보도록 하는 자등명. 머리 위에서 작용

234 함도조(含逃造)자등명 含 품다 逃 숨다 造 꾸미다
몸통 아래쪽에서 작용. 아래쪽 업을 녹이는 작용 7중5

235 팔형생화연(叭衡生和烟)자등명

叭 나팔 衡 저울질하다 生 천생으로 和 화하다 烟 그을음

몸통 아래쪽에서 작용 . 아래쪽 업을 녹이는 작용 7중6

236 착할흔(着割昕)자등명 着 옷을 입다. 割 쪼개다 昕 밝은 모양

몸통 아래쪽에서 작용. 아래쪽 업을 녹이는 작용 7중7

아래쪽 업을 녹인다.

아래쪽 업을 녹이는 진언

전지전능부정방혼손(芙廷倣魂巽)자등명 마하자등명 부정방혼손마하
자등명 / 전지전능백박쾌연(魄拍快燕)자등명 마하자등명 백박쾌연마
하자등명 / 전지전능종단포대한(宗單包代限)자등명 마하자등명 종단
포대한마하자등명 / 전지전능묘종무천무(妙宗無天無)자등명 마하자
등명 묘종무천무마하자등명 / 전지전능함도조(含逃造)자등명 마하
자등명 함도조마하자등명 / 전지전능팔형생화연(叭衡生和烟)자등명
마하자등명 팔형생화연마하자등명 / 전지전능착할흔(着割昕)자등명
마하자등명 착할흔마하자등명 /

237 세천사불(稅天司弗)자등명

稅 방치하다 天 태양 司 관아 弗 세차고 성한모양

머리 위에서 작용. 행복해지도록 하는 자등명 진언 6중1

238 사행동표율(詞幸動票率)자등명 詞 청하다 幸 행복 動 살다 票 빠르다

率 따르다 머리 속 행복을 느끼는 부분에서 작용. 행복해지도록 하
는 자등명 진언 6중 2

239 화만특상무(和慢特祥無)자등명

和 합치다 慢 업신여기다 特 한 마리의 희생 祥 좋다 無 허무의 도

머리 속에서 작용. 행복해지도록 하는 자등명 진언 6중3

240 호녹무파능(戶祿茂波稜)자등명

戶 출입구 祿 행복 茂 무성하다 波 파도가 일어나다 稜 위광(威光)

머리 속에서 작용. 행복해지도록 하는 자등명 진언 6중4

241 화단언(和團彦)자등명 和 화하다 團 모이다 彦 선비
머리 속에서 작용. 행복해지도록 하는 자등명 진언 6중5

242 백진보(佰眞寶)자등명
佰 백사람 眞 생긴 그대로 寶 보배롭게 여기다
머리 속에서 작용. 행복해지도록 하는 자등명 진언 6중6

우울증을 앓는 사람이 행복해지도록 하는 자등명 진언

전지전능세천사불(稅天司弗)자등명 마하자등명 세천사불마하자등명 /
전지전능사행동표율(詞幸動票率)자등명 마하자등명 사행동표율마하
자등명 / 전지전능화만특상무(和慢特祥無)자등명 마하자등명 화만
특상무마하자등명 / 전지전능호녹무파능(戶祿茂波稜)자등명 마하자
등명 호녹무파능마하자등명 / 전지전능화단언(和團彦)자등명 마하
자등명 화단언마하자등명 / 전지전능백진보(佰眞寶)자등명 마하자
등명 백진보마하자등명

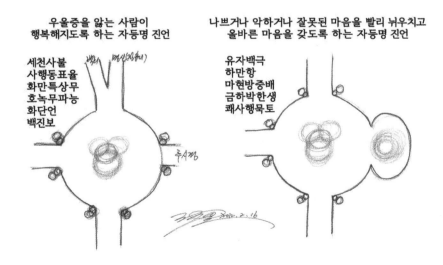

243 유자백극(唯恣魄極)자등명
唯 비록 ~하더라도 恣 마음 내키는 대로 하다 魄 형체 極 남아 있지 않다.

마음부분에서 작용 5중1

244 하만항(何晩降)자등명 何 얼마 晩 늦다 降 항복받다
마음부분에서 작용 5중2

245 마현방중배(摩現房中輩)자등명
摩 문지르다 現 나타내다 房 이십팔수의 하나 中 마음 輩 동아리
마음부분에서 작용 5중3

246 금하박한생(金賀朴恨生)자등명
金 금속 광물의 총칭 賀 경사 朴 순박하다 恨 뉘우치다 生 천생으로
마음부분에서 작용 5중4

247 쾌사행묵토(快祠幸墨兎)자등명
快 상쾌하다 祠 보답하여 제사지내다 幸 다행하다 墨 검다 兎 달의 이칭
마음부분에서 작용 5중5

나쁘거나 악하거나 잘못된 마음을 빨리 뉘우치고 올바른 마음을 갖도록 하는 자등명 진언

전지전능유자백극(唯恣魄極)자등명 마하자등명 유자백극마하자등명
/ 전지전능하만항(何晩降)자등명 마하자등명 하만항마하자등명 /
전지전능마현방중배(摩現房中輩)자등명 마하자등명 마현방중배마하
자등명 / 전지전능금하박한생(金賀朴恨生)자등명 마하자등명 금하
박한생마하자등명 / 전지전능쾌사행묵토(快祠幸墨兎)자등명 마하자
등명 쾌사행묵토마하자등명

248 남도치홍반(濫導痴弘般)자등명
濫 함부로 하다 導 충고하다 痴 미치광이 弘 널리 般 옮다
눈썹 사이에서 작용 4중2

223 안헌묘(眼獻墓)자등명 4중1
눈매가 부드럽게 되도록 하는 자등명 4중1

249 빙태만친명(憑態漫親明)자등명

憑 전거로 삼다 態 짓 漫 넘쳐흐르다 親 사랑하다 明 밝히다

오른쪽 눈 안쪽에서 작용 4중3

250 탄비어(嘆鼻齬)자등명

嘆 한숨 쉬다 鼻 맞트이게 뚫은 자국 齬 아랫니가 어긋나다

아래 이슬부분에서 작용 4중4

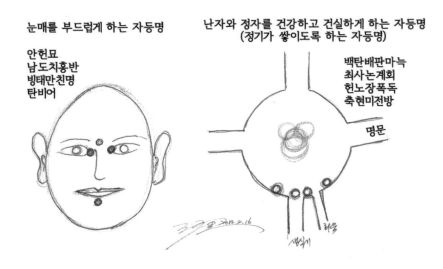

눈매를 부드럽게 하는 자등명

안헌묘
남도치홍반
빙태만친명
탄비어

난자와 정자를 건강하고 건실하게 하는 자등명
(정기가 쌓이도록 하는 자등명)

백탄배판마늑
최사논계회
헌노장폭독
축현미전방

명문

눈매를 부드럽게 하는 자등명 진언

전지전능안헌묘(眼獻墓)자등명 마하자등명 안헌묘마하자등명 / 전지전능남도치홍반(濫導痴弘般)자등명 마하자등명 남도치홍반마하자등명 / 전지전능빙태만친명(憑態漫親明)자등명 마하자등명 빙태만친명마하자등명 / 전지전능탄비어(嘆鼻齬)자등명 마하자등명 탄비어마하자등명 /

251 백탄배판마늑(魄灘背判磨勒)자등명

魄 달 灘 소금밭 背 양(陽) 判 구별하다 磨 숫돌에 갈다 勒 다스리다 하단전에
서 성기로 내려가는 오른쪽 중간지점에서 작용 4중1

252 최사논계회(最寺論界回)자등명

最 제일 寺 관청 論 진술하다 界 경계 回 돌아가게 하다
하단전 성기쪽과 회음 중간지점에서 작용 4중2

253 헌노장폭독(獻怒藏爆獨)자등명 2011년 9월 27일

獻 나아가다 怒 떨쳐 일어나다 藏 저장하다 爆 사르다 獨 홀몸
하단전에서 성기로 내려가는 통로에서 작용 4중3

254 축현미전방(畜賢彌顚肪)자등명

畜 모으다 賢 재지가 있고 덕행이 뛰어난 사람 彌 널리 顚 산정(山頂) 고개 肪 살
찌다 4중 4. 하단전에서 성기로 내려가는 통로 아래쪽에서 작용

난자와 정자를 건강하고 건실하게 하는 자등명 진언

전지전능백탄배판마늑(魄灘背判磨勒)자등명 마하자등명 백탄배판마
늑마하자등명 / 전지전능최사논계회(最寺論界回)자등명 마하자등명
최사논계회마하자등명 / 전지전능헌노장폭독(獻怒藏爆獨)자등명 마
하자등명 헌노장폭독마하자등명 / 전지전능축현미전방(畜賢彌顚肪)
자등명 마하자등명 축현미전방마하자등명

255 일봉쾌(溢峰快)자등명 溢 가득하다 峰 봉우리 모양한 것 快 병세가 좋

아지다 하단전에서 성기로 내려가는 통로 아래 아래쪽에서 작용

256 분축전법(憤畜顚法)자등명 憤 번민하다 畜 보유하다 顚 고개 法 본받

다 그 아래에서 작용

257 영촌배주(領寸背呪)자등명 領 가장 요긴한 곳 寸 경맥(經脈)의 한 부

분 背 양(陽) 呪 저주하다 그 아래쪽에서 작용

258 묘종미(妙宗彌)자등명 妙 나이가 20살 안팎이다 宗 일의 근원 彌 오래다 그 아래쪽에서 작용

259 회변조(悔邊照)자등명 悔 뉘우침 邊 일대 照 햇빛
그 아래쪽에서 작용

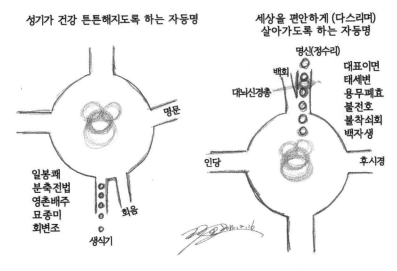

성기가 건강 튼튼해지도록 하는 자등명

세상을 편안하게 (다스리며) 살아가도록 하는 자등명

명신(정수리)

백회

대뇌신경총

대표이면
태세변
용무폐효
불전호
불착쇠회
백자생

인당

후시경

명문

일봉쾌
분축전법
영촌배주
묘종미
회변조

회음

생식기

성기가 건강 튼튼해지도록 하는 자등명 진언

전지전능일봉쾌(溢峰快)자등명 마하자등명 일봉쾌마하자등명 / 지전능분축전법(愼畜顚法)자등명 마하자등명 분축전법마하자등명 / 전지전능영촌배주(領寸背呪)자등명 마하자등명 영촌배주마하자등명 / 전지전능묘종미(妙宗彌)자등명 마하자등명 묘종미마하자등명 / 전지전능회변조(悔邊照)자등명 마하자등명 회변조마하자등명

260 대표이면(代漂異面)자등명 代 번갈아 漂 물결에 떠서 흐르다 異 달리하다 面 표면 명신(정수리)부분에서 작용 6중2

261 태세변(泰世辯)자등명 泰 편안하다 世 세상 辯 다스리다 명신(정수리)이 머릿속으로 들어오는 통로 아래쪽에서 작용 6중1

262 용무폐효(容巫肺曉)자등명 容 그릇 안에 넣다. 巫 의사(醫師) 肺 충심 (衷心) 曉 깨닫다 그 아래에서 작용 6중3

263 불전호(彿展好)자등명 彿 확연히 구별하기 어렵다. 展 발달하다 好 마 땅하다 그 아래에서 작용 6중4

264 불착쇠회(彿着衰回)자등명 彿 확연히 구별하기 어렵다 着 옷을 입다. 衰 작아지다 回 돌아가게 하다 그 아래에서 작용 6중5

265 백자생(魄自生)자등명 魄 달빛 自 자연히 生 태어나다 그 아래에서 작용 6중6

세상을 편안하게 (다스리며) 살아가도록 하는 자등명 진언

전지전능태세변(泰世辯)자등명 마하자등명 태세변마하자등명 / 전 지전능대표이면(代漂異面)자등명 마하자등명 대표이면마하자등명 / 전지전능용무폐효(容巫肺曉)자등명 마하자등명 용무폐효마하자등명 / 전지전능불전호(彿展好)자등명 마하자등명 불전호마하자등명 / 전지전능불착쇠회(彿着衰回)자등명 마하자등명 불착쇠회마하자등명 / 전지전능백자생(魄自生)자등명 마하자등명 백자생마하자등명 /

266 탁신죽민(託腎竹憫)자등명
託 기탁하다 腎 오장의 하나 竹 문자를 기록에 쓰는 것 憫 가엾게 생각하다
왼쪽 신장에서 작용. 신장을 좋게 하는 자등명 6중1

267 면탐봉마예(眠貪鳳磨禮)자등명
眠 지각이 없다 貪 더듬어 찾다 鳳 봉황새 磨 문지르다 禮 경의를 표하다
오른쪽 신장에서 작용 6중2

268 특양화(特量和)자등명 特 한 마리의 희생 量 좋다 和 합치다
신장과 신장이 합쳐서 연결되는 곳에서 작용 6중3

269 비회유통(非回唯通)자등명 非 거짓 回 돌리다 唯 비록 ~하더라도 通 꿰뚫다 신장이 연결된 위쪽에서 작용 6중4

270 종한실종대(宗限實終代)자등명 宗 일의 근원 限 경계 實 가득 차다 終 극에 이르다 代 번갈아 그 위쪽에서 작용 6중5

271 자현귀(自賢歸)자등명 自 스스로 賢 재칙 있고 덕행이 뛰어난 사람 歸 돌려보내다 그 위쪽에서 작용 6중6

신장이 좋아지도록 하는 자등명 진언

전지전능탁신죽민(託腎竹憫)자등명 마하자등명 탁신죽민마하자등명 / 전지전능면탑봉마예(眠貪鳳磨禮)자등명 마하자등명 면탑봉마예마하자 등명 / 전지전능특양화(特量和)자등명 마하자등명 특양화마하자등명 / 전지전능비회유통(非回唯通)자등명 마하자등명 비회유통마하자등명 / 전지전능종한실종대(宗限實終代)자등명 마하자등명 종한실종대마하자 등명 / 전지전능자현귀(自賢歸)자등명 마하자등명 자현귀마하자등명

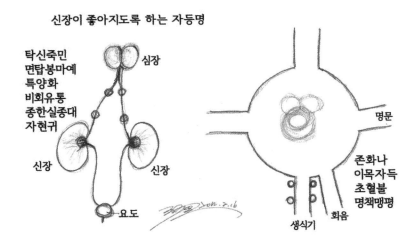

272 존화나(尊和那)자등명 尊 지위가 높다 和 서로 응하다 那 어찌하랴 하단전에서 성기쪽으로 내려가는 통로 밖 오른쪽에서 작용 4중1

273 이목자득(爾牧慈得)자등명 爾 그(彼) 牧 마소를 치는 사람 慈 어머니
得 이득 그 아래쪽에서 작용 4중2

274 초혈불(礁穴彿)자등명 礁 암초 穴 소굴 彿확연히 구별하기 어렵다
하단전에서 성기쪽으로 내려가는 통로 밖 왼쪽에서 작용 4중3

275 명책맹평(鳴責孟平)자등명 鳴 음향이 나다 責 따져 밝히다 孟 첫 平
곧다 그 아래쪽에서 작용 4중4

존화나(尊和那)자등명   이목자득(爾牧慈得)자등명
초혈불(礁穴彿)자등명   명책맹평(鳴責孟平)자등명

276 소위특동습(小圍特動濕)자등명
小 짧다 圍 둘러싸다 特 한 마리의 희생 動 살아나다 濕 우로(雨路)
중단전과 하단전 통로 밖 오른쪽에서 작용 6중1

277 초호멱일(初好覓一)자등명
初 처음의 好 마땅하다 覓 구하여 찾다 一 처음 그 아래에서 작용 6중2

278 특정필마조(特征必磨照)자등명   特 한 마리의 희생 征 바르게 가다
必 꼭 磨 문지르다 照 햇빛 그 아래에서 작용 6중3

279 민조소쾌환(憫造昭快煥)자등명
憫 불쌍히 여기다 造 세우다 昭 빛나다 快 병세가 좋아지다 煥 밝다
중단전과 하단전 통로 밖 왼쪽에서 작용 6중4

280 일반조대(逸般造代)자등명
逸 잃다 般 옮다 造 세우다 代 번갈아 그 아래에서 작용 6중5

281 이출병토(理出病兎)자등명 理 처리하다 出 나타나다 病 굳어진 좋지
않은 버릇 兎 달의 이칭 그 아래에서 작용 6중6

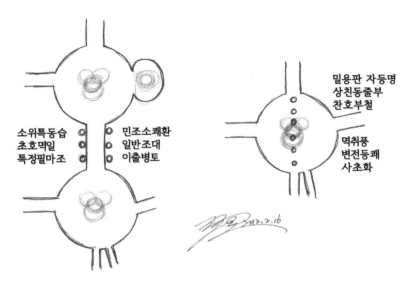

밀용판 자등명
상친동줄부
찬호부철

멱취풍
변전등쾌
사초화

소위특동습
초호멱일
특정필마조

민조소쾌환
일반조대
이출병토

소위특동습(小圍特動濕)자등명　　　　초호멱일(初好覓一)자등명
특정필마조(特徵必磨照)자등명　　　민조소쾌환(憫造昭快煥)자등명
일반조대(逸般造代)자등명　　　　　이출병토(理出病兎)자등명

282 밀용판(密容判)자등명 密 조용하다 容 몸가짐 判 구별하다 중단전에
서 하단전으로 내려오는 통로 하단전 위부분에서 작용 6중1

283 상친동줄부(常親動茁府)자등명 常 불변의 도 親 사이좋게 지내다 動
살아나다 茁 싹이 트다 府 관청　그 밑에서 작용 6중2

284 찬호부철(燦好府哲)자등명 燦 번쩍번쩍하다 好 자상하다 府 관청 哲
도리나 사리에 밝은 사람　그 밑에서 작용 6중3

285 멱취풍(覓就風)자등명 覓 구하여 찾다 就 좇다 風 바람이 불다
그 아래서 작용 6중4

286 변전등쾌(辯電燈快)자등명 辯 다스리다 電 남에게 대하여 경의를 표하
는 말 燈 등불 快 병세가 좋아지다 그 밑에서 작용 6중5

287 사초화(死哨和)자등명 死 죽음 哨 잘다 和 서로 응하다
 그 밑에서 작용 6중6

밀용판(密容判)자등명   상친동줄부(常親動茁府)자등명
찬호부철(燦好府哲)자등명   멱취풍(覓就風)자등명
변전등쾌(辯電燈快)자등명   사초화(死哨和)자등명

288 증질토불(曾質土佛)자등명 曾 곧 質 순진하다 土 오행의 하다 佛 확연
히 구별하기가 어렵다 양골반 중앙 약간 뒤쪽 위부분에서 작용 7중1

289 아자창생(我子創生)자등명 我 외고집 子 자식 創 혼이 나다 生 태어나
다 양골반 중앙 약간 뒤쪽 아래 부분에서 작용 7중2

290 주아독장(住我獨裝)자등명 住 살고 있는 사람 我 외고집 獨 홀어미 裝
옷차림을 하다 왼쪽 골반 바깥쪽 위부분에서 작용 7중3

291 정초밀(精初密)자등명 精 찧다 初 처음의 密 깊숙하다
왼쪽 골반 바깥쪽 아래 부분에서 작용 7중4

292 웅증아(雄增我)자등명 雄 우수하다 增 더하다 我 외고집
오른쪽 골반 바깥쪽 위부분에서 작용 7중5

293 지모지정(枝母枝精)자등명 枝 나누어지다 母 할미 枝 나누어지다 精
찧다 오른쪽 골반 바깥쪽 아래 부분에서 작용 7중6

294 멸우지통(蔑愚枝通)자등명 蔑 버리다 愚 어리석은 마음 枝 나누어지다
通 보급되다 양골반 중앙 맨 아래 부분에서 작용 7중7

골반관절이 안 좋은 사람의 골반을 좋게 하는 자등명

증질토불(曾質土佛)자등명   아자창생(我子創生)자등명
주아독장(住我獨裝)자등명   정초밀(精初密)자등명
웅증아(雄增我)자등명   모지정(枝母枝精)자등명

멸우지통(蔑愚枝通)자등명

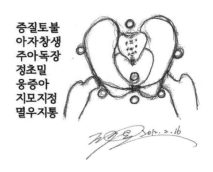

골반관절이 안 좋은 사람의
골반을 좋게 하는 자등명

증질토불
아자창생
주아독장
정초밀
응증아
지모지정
멸우지통

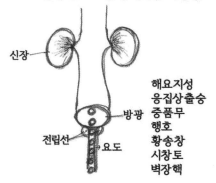

방광과 요도가 좋지 않은 사람의
방광과 요도를 좋게하는 자등명

신장

해요지성
응집상출숭
방광   중품무
          행호
전립선   황송창
      요도 시창토
          벽장핵

295 해요지성(海尿枝成)자등명 海 물산이 풍부한 모양 尿 소변 枝 나누
어지다 成 정하여 지다 요도에서 작용 7중1

296 응집상출숭(應集常出崇)자등명 應 거두어 가지다 集 이르다 常 불변의
도 出 내다 崇 존중하다 요도에서 소변이 나가는 부분에서 작용 7중2

297 중품무(重品無)자등명 重 무겁게 하다 品 품평하다 無 허무의 도
소변이 나오는 부분에서 작용 7중3

298 행호(行好)자등명 行 나아가다 好 자상하다 그 아래 부분에서 작
용 7중4

299 황송창(黃送窓)자등명 黃 누른 빛 送 물품을 보내다 窓 굴뚝
그 아래에서 작용 7중5

300 시창토(示窓吐)자등명 示 알리다 窓 굴뚝 吐 털어놓다
그 아래에서 작용 7중6

301 벽장핵(碧臟核)자등명 碧 푸른 옥돌 臟 내장 核 씨
요도 안에서 작용 7중7

방광과 요도가 좋지 않은 사람의 방광과 요도를 좋게하는 자등명

해요지성(海尿枝成)자등명
중품무(重品無)자등명
황송창(黃送窓)자등명
벽장핵(碧臟核)자등명

응집상출숭(應集常出崇)자등명
행호(行好)자등명
시창토(示窓吐)자등명

302 취헌황(臭獻皇)자등명 臭 후각을 통한 감각 獻 어진이 皇 천자
코 속에서 작용 7중1

303 청등지필(廳登枝必)자등명 廳 대청 登 높은 곳을 오르다 枝 가지가 나
오다 必 틀림없이 코 속 앞에서 작용 7중2

304 주하성본(柱下成本)자등명 柱 기둥 下 아래 成 이루어지다 本 뿌리
그 앞에서 작용 7중3

305 포본(抱本:漆洞)자등명
抱 품다 本 근본 오른쪽 코 속에서 작용 7중4

306 주화본(住和本)자등명 住 거처 和 서로 응하다 本 근본
왼쪽 코 속에서 작용 7중5

307 천시(天是)자등명 天 태양 是 옳다고 하다
오른쪽 코 속 앞부분에서 작용 7중6

308 잠현말(潛現末)자등명 潛 땅 속을 흐르다 現 나타내다 末 서 있는 물건
의 꼭대기 왼쪽 코 속 앞부분에서 작용 7중7

코의 후각이 안 좋은 사람의 후각의 코를 좋게 하는 자등명

취헌황(臭獻皇)자등명   주화본(住和本)자등명

청등지필(廳登枝必)자등명   천시(天是)자등명

주하성본(柱下成本)자등명   잠현말(潛現末)자등명

포본(抱本:漆洞)자등명

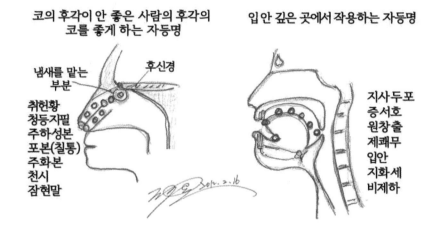

309 지사두포(支馬頭怖)자등명 支 지탱하다 馬 한 수레에 메우는 네 마리의 말, 용 頭 꼭대기 怖 두려움   입 안 깊은 곳에서 작용 7중1

310 증서호(增緖好)자등명 增 더하다 緖 시초 好 마땅하다 그 앞에서 작용 7중2

311 원창출(願窓出)자등명 願 마음에 품다 窓 창 出 내보내다 그 앞에서 작용 7중3

312 제쾌무(題快無)자등명 題 이마 快 상쾌하다 無 말라 그 앞에서 작용 7중4

313 입안(立案)자등명
立 확고히 서다 案 소반 그 앞에서 작용 7중5

314 지화세(知話世)자등명
知 깨닫다 話 이야기하다 世 세상 그 앞에서 작용 7중6

315 비제하(秘題何)자등명
秘 향기풀 題 이마 何 무엇 그 앞에서 작용 7중7

혀가 굳었거나 안 좋은 사람의 혀를 좋아지게 하는 자등명

지사두포(支馴頭怖)자등명	입안(立案)자등명
증서호(增緒好)자등명	지화세(知話世)자등명
원창출(願窓出)자등명	비제하(秘題何)자등명
제쾌무(題快無)자등명	

316 폐화상(肺和常)자등명 肺 허파 和 서로 응하다 常 불변의 도
두 개의 폐 중앙 위 부분에서 작용 폐가 좋지 않은 사람의 폐를 좋게 하는 자등명 7중1

317 초안명(初安明)자등명 初 비로소 安 좋아하다 明 밝게
두 개의 폐 중앙 아랫부분에서 작용 7중2

318 사화세위(思和世位)자등명 思 생각 和 서로 응하다 世 세상 位 자리하다 왼쪽 폐 중앙에서 작용 7중3

319 참본(斬本)자등명
斬 끊어지다 本 근본 오른쪽 폐 중앙에서 작용 7중4

320 소집세(炤輯洗)자등명 炤 비추다 輯 화목하다 洗 결백하다
왼쪽 폐로 들어오는 부분에서 작용 7중5

321 행동(行洞)자등명 行 나아가다 洞 골짜기
오른쪽 폐로 들어가는 부분에서 작용 7중6

322 죽비한(竹比閒)자등명 竹 대나무로 만들어 불면 소리 나는 악기 比 모
방하다 閒 사이 두 개의 폐 중앙 위 아래쪽에서 작용 7중7

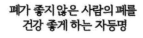

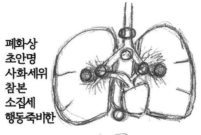

폐가 좋지 않은 사람의 폐를 건강 좋게 하는 자등명

폐화상(肺和常)자등명	초안명(初安明)자등명
사화세위(思和世位)자등명	참본(斬本)자등명
소집세(炤輯洗)자등명	행동(行洞)자등명
죽비한(竹比閒)자등명	

323 신주사논(身住斯論)자등명 身 신체 住 살고 있는 사람 斯 사물을 가리
키는 대명사 論 진술하다
심장의 위부분 겹치는 부분에서 작용 10중1

324 마필논(馬必論)자등명 馬 크다 必 꼭 論 진술하다
심장의 겹쳐있는 아래부분에서 작용 10중2

325 홍모(弘母)자등명 弘 널리 母 할미
왼쪽 심장 중앙에서 작용 10중3

326 심지상(心知像)자등명 心 심장 知 깨닫다 像 닮다
오른쪽 심장 중앙에서 작용 10중4

327 입순(立純)자등명 立 확고히 서다 純 순백의 비단
왼쪽 심장이 시작되는 부분에서 작용 10중5

328 상정사남(像停舍濫)자등명 像 본뜬 형상 停 정해지다 舍 머무는 곳 濫
넘치다 왼쪽 심장이 시작되는 부분에서 작용 10중6

329 직생독(織生獨)자등명 織 조직하다 生 살다 獨 홀어미
왼쪽 오른쪽 가운데에서 작용 10중7

330 소정한(素鋌閑)자등명
素 생명주 鋌 살촉이 화살대에 꽂히는 부분 閑 문지방
왼쪽 오른쪽 가운데에서 그 밑에서 작용 10중8

331 특황회(特皇回)자등명 特 한 마리의 희생 皇 만물의 주제자 回 돌리다
우측 맨 위에서 작용 10중9

332 풍환(風還)자등명 風 바람을 쐬다 還 복귀하다
그 옆으로 아래에서 작용 10중10

심장이 좋지 않은 사람의 심장을 건강 좋게 하는 자등명

신주사논(身住斯論)자등명   마필논(馬必論)자등명
홍모(弘母)자등명   심지상(心知像)자등명
입순(立純)자등명   상정사남(像停舍濫)자등명
직생독(織生獨)자등명   소정한(素鋌閑)자등명
특황회(特皇回)자등명   풍환(風還)자등명

333 심동화(心動和)자등명 心 가슴 動 살다 和 서로 응하다
10중1

334 농주필(農住必)자등명 農 전답 住 살고 있는 사람 必 꼭
그 밑에서 작용 10중2

335 혜훈(惠訓)자등명 惠 은혜를 베풀다 訓 인도하다
그 밑에서 작용 10중3

336 성태선(性態鮮)자등명 性 생명 態 모양 鮮 깨끗하다
그 밑에서 작용 10중4

337 전마통(展麻通)자등명 展 발달하다 麻 베옷을 두루 일컫는 말 通 두루
미치다 그 밑에서 작용 10중5

338 상친(想親)자등명 想 모양 親 사랑하다
그 밑에서 작용 10중6

339 제함본약(際含本若)자등명 際 교제(交際) 含 품다 本 근본 若 너
그 밑에서 작용 10중7

340 탑반제(塔般諸)자등명 塔 절 般 옮다 諸 여러
그 밑에서 작용 10중8

341 등필(燈泌)자등명 燈 등불 泌 새물 흐르는 모양
그 밑에서 작용 10중9

342 준사미(準司彌)자등명 準 평평하다 司 벼슬 彌 오래다
그 밑에서 작용 10중10

중단전 가슴부분

심동화(心動和)자등명
농주필(農住必)자등명
혜훈(惠訓)자등명
성태선(性態鮮)자등명

전마통(展麻通)자등명
상친(想親)자등명
제함본약(際舍本若)자등명
탑반제(塔般諸)자등명
등필(燈泌)자등명
준사미(準司彌)자등명

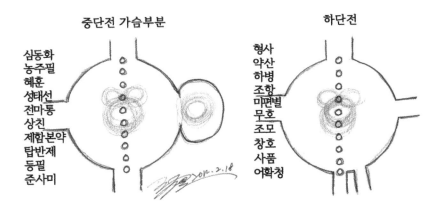

중단전 가슴부분

심동화
농주필
혜훈
성태선
전마통
상친
제함본약
탑반제
등필
준사미

하단전

형사
약산
하병
조항
미면별
무호
조모
창호
사품
어확청

343 형사(形舍)자등명 形 몸 舍 머무는 곳
중단전에서 하단전으로 내려오는 통로 맨 아래 하단전 맨 위에서
작용 10중1

344 약산(藥産)자등명 藥 치료하다 産 만들어내다
그 아래에서 작용 10중2

345 하병(賀病)자등명 賀 위로하다 病 근심
그 아래에서 작용 10중3

346 조항(曹項)자등명 曹 관리 項 크다
그 아래에서 작용 10중4

347 미편별(彌編瞥)자등명 彌 오래다 編 맺다 瞥 눈이 침침한 일
그 아래에서 작용 10중5

348 무호(巫好)자등명 巫 의사(醫師) 好 마땅하다
그 아래에서 작용 10중6

349 조모(操母)자등명 操 부리다 母 할미
그 아래에서 작용 10중7

350 창호(廠湖)자등명 廠 공장 湖 광대한 모양
그 아래에서 작용 10중8

351 사품(使品)자등명 使 좇다 品 품별을 하다
그 아래에서 작용 10중9

352 어확청(御穫廳)자등명 御 짐승을 길들이다. 穫 얻다 廳 관아
그 아래에서 작용 10중10

하단전

형사(形舍)자등명   약산(藥産)자등명
하병(賀病)자등명   조항(曹項)자등명
미편별(彌編瞥)자등명   무호(巫好)자등명
조모(操母)자등명   창호(廠湖)자등명
사품(使品)자등명   어확청(御穫廳)자등명

353 터자(攄子)자등명
攄 생각이나 말을 늘어놓다. 子 자식 목구분에서 작용 8중1

354 범협(犯俠)자등명
犯 어긋나다 俠 가볍다 그 밑에서 작용 8중2

355 주본(主本)자등명
主 임금 本 근본 그 밑에서 작용 8중3

356 탑언무(塔焉巫)자등명
塔 불당 焉 이에 巫 의사(醫師) 그 아래에서 작용 8중4

357 추총은(推銃恩)자등명
推 변천하다 銃 도끼자루 구멍 恩 인정 그 아래에서 작용 8중5

358 하신상불(下身上弗)자등명
下 뒤 身 이익 上 임금 弗 세차게 성한 모양 그 밑에서 작용 8중6

359 우자원해(雨者願海)자등명
雨 많은 모양을 비유 者 일을 가리켜 이른다 願 마음에 품다 海 물산(物産)이 풍부한 모양 그 밑 위 가장 위에서 작용

360 비제불조(肥際弗造)자등명
肥 땅을 걸게 하다 際 두 사물의 중간 弗 확연히 구별하기 어렵다. 造 조작하다 그 밑에서 위에서 작용 8중8

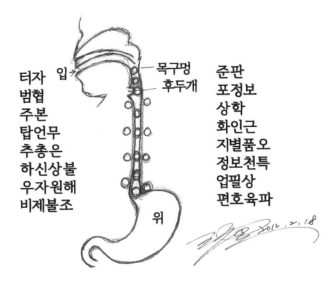

- 325 -

목구멍에서 위부분에 이르기까지 좋지 않은 사람을 좋고 건강하게 하는 식도가 좋지 않은 사람을 좋고 건강하게 하는 자등명

터자(攄子)자등명   범협(犯俠)자등명
주본(主本)자등명   탑언무(塔焉巫)자등명
추총은(推銃恩)자등명   하신상불(下身上弗)자등명
우자원해(雨者願海)자등명   비제불조(肥際彿造)자등명

361 준판(準版)자등명 準 법도 版 담틀
식도 밖 뒤쪽 위부분에서 작용 8중1

362 포정보(胞亭寶)자등명
胞 (現)친형제 亭 머무르다 寶 보배롭게 여기다 그 아래에서 작용 8중2

363 상학(上虐)자등명
上 하늘 虐 해치다 그 아래에서 작용 8중3

364 화인근(花因根)자등명 花 꽃의 형상을 한 물건 因 원인을 이루는 근본
根 뿌리째 뽑아 없애다 그 밑에서 작용 8중4

365 지별품오(知瞥品午)자등명 知 분별하다 瞥 눈이 침침한 일 品 품별을
하다 午 거스르다 식도 밖 앞부분 맨 위에서 작용 8중5

366 정보천특(靜甫泉特)자등명 靜 맑다 甫 사나이 泉 땅 속에서 솟는 물
特 한 마리의 희생 그 밑에서 작용 8중6

367 업필상(業泌常)자등명 業 사업 泌 세포에서 일정한 물질을 만들어 내보
내는 일 常 사람으로서 행해야 할 도 그 밑에서 작용 8중7

368 편호육파(片戶肉波)자등명 片 한쪽 戶 출입구 肉 베어낸 고기 波 파도
가 일어나다 그 밑에서 작용 8중8

식도 밖에서 작용하는 자등명

준판(準版)자등명   포정보(胞亭寶)자등명
상학(上虐)자등명   화인근(花因根)자등명
지별품오(知瞥品午)자등명   정보천특(靜甫泉特)자등명
업필상(業泌常)자등명   편호육파(片戶肉波)자등명

369 조쾌반(照快般)자등명
照 햇빛 快 상쾌하다 般 옮다   간 중앙에서 작용 10중1

370 처파요둔(處派尿鈍)자등명
處 남아서 지키다 派 갈라져 나온 계통 尿 소변 鈍 어리석다   간 중앙 아래쪽에서 작용 10중2

371 책존품홍(責存品紅)자등명
責 요구하다 存 가엾게 여기다 品 품별을 하다 紅 붉은 빛   간 중앙 맨 위쪽에서 작용 10중3

372 함부적(含付積)자등명
含 품다 付 청하다 積 저축하다
간 왼쪽 중앙에서 작용 10중4

373 사출산생(祀出散生)자등명
祀 제사 지내다 出 나가다 散 헤어지다 生 살아 있다   간 오른쪽 중앙에서 작용 10중5

374 상정철서(上呈喆緖)자등명
上 임금 呈 나타나다 喆 도리나 사리에 밝은 사람 緖 비롯함   간 좌측 위에 끝부분에서 작용 10중6

375 진평향(眞平向)자등명
眞 변하지 아니하다 平 다스리다 向 향하다   그 아래 밑에서 작용 10중7

376 중지한황호(中知瀚皇呼)자등명
中 치우치지 아니하다 知 기억하다 瀚 물의 형용 皇 천제(天帝) 呼 호통치다
간 중앙 약간 좌측에서 작용 10중8

377 자편옥중사(恣編沃重舍)자등명

恣 마음 내키는 대로 하다 編 기록하다 沃 관개하다 重 무겁게 하다 舍 머무는 곳
간 중앙 약간 우측에서 작용 10중9

378 중필현휘(重泌賢輝)자등명

重 무겁게 하다 泌 세포에서 일정한 물질을 만들어 내보내다 賢 착하다
輝 얼굴비치 번지르르하다 간 중앙 바로 위에서 작용 10중10

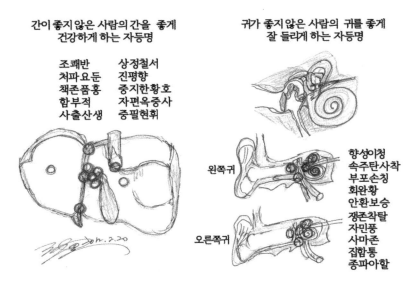

간이 좋지않은 사람의 간을 좋게
건강하게 하는 자등명

조쾌반   상정철서
처파요둔   진평향
책존품홍   중지한황호
함부적   자편옥중사
사출산생   중필현휘

귀가 좋지않은 사람의 귀를 좋게
잘 들리게 하는 자등명

왼쪽귀

오른쪽귀

향성이청
속주탄사착
부포손청
회완황
안환보승
쟁존착탈
자민풍
사마존
집합통
종파아할

간이 좋지 않은 사람의 간을 좋게 하는 자등명

조쾌반(照快般)자등명   처파요둔(處派尿鈍)자등명
책존품홍(責存品紅)자등명   함부적(舍付積)자등명
사출산생(祀出散生)자등명   철서(上몯喆緖)자등명
진평향(眞平向)자등명   중지한황호(中知瀚皇呼)자등명
자편옥중사(恣編沃重舍)자등명   중필현휘(重泌賢輝)자등명

379 향성이청(香性耳淸)자등명 香 향기롭다 性 생명 耳 청각기관 淸 빛이

선명하다 왼쪽 귀 속에서 작용 10중1

380 속주탄사착(俗住誕舍着)자등명 俗 바라다 住 거처 誕 속이다 舍 머무는 곳 着 옷을 입다. 왼쪽 귀 속에서 작용 10중2

381 부포손칭(府砲蓀稱)자등명 府 관청 砲 포거 蓀 창포의 이름 稱 이르다 왼쪽 귓속에서 작용 10중3

382 회완황(回玩惶)자등명
回 돌리다 玩 익숙해지다 惶 황공해 하다 왼쪽 귓속에서 작용 10중4

383 안환보승(安還報昇)자등명 安 좋아하다 還 뒤돌아보다 報 갚음 昇 해가 떠오르다 왼쪽 귓속에서 작용 10중5

384 쟁존착탈(爭存着脫)자등명 爭 잡아끌다 存 안부를 묻다 着 옷을 입다. 脫 벗기다 오른쪽 귓속에서 작용 10중6

385 자민풍(瓷愍風)자등명 瓷 오지그릇 愍 걱정 風 바람이 불다
오른쪽 귓속에서 작용 10중7

386 사마존(寺摩存)자등명
寺 관청 摩 쓰다듬다 存 안부를 묻다 오른쪽 귓속에서 작용 10중8

387 집함통(集舍通)자등명
集 모으다 舍 품다 通 꿰뚫다 오른쪽 귓속에서 작용 10중9

388 종파아할(種波衙割)자등명 種 원인 波 파도가 일어나다 衙 관청 割 빼앗다 오른쪽 귓속에서 작용 10중10

귓속에서 작용하는 자등명

집함통(集含通)자등명　　　　　종파아할(種波衙割)자등명

389 휴혼내(烋混耐)자등명
烋 뽐내다 混 맞추다 耐 임무를 감당하다 왼쪽 팔꿈치에서 작용 10중1

390 태일백(態壹佰)자등명
態 몸짓 壹 오로지 佰 밭두둑 왼쪽 팔꿈치에서 작용 10중2

391 종항비전(終項泌傳)자등명
終 극에 이르다 項 크다 泌 세포에서 일정한 물질을 만들어 내보내다 傳 보내다 왼쪽 팔꿈치에서 작용 10중3

392 번정상미(繁禎常尾)자등명
繁 무성하다 禎 행복 常 사람으로서 행해야 할 도 尾 흘레하다 왼쪽 팔꿈치에서 작용 10중4

393 창현불동(暢賢彿動)자등명
왼쪽 팔꿈치에서 작용 10중5

394 풍파화(風琶和)자등명
風 바람을 쐬다 琶 음정이 높아지게 활주(滑奏)를 하다 和 서로 응하다 오른쪽 팔꿈치에서 작용 10중6

395 투아철분(鬪芽哲奮)자등명
鬪 다투다 芽 조짐이 보이다 哲 도리나 사리에 밝은 사람 奮 분격하다 오른쪽 팔꿈치에서 작용 10중7

396 평산일집진(平散壹集陣)자등명
平 곧다 散 헤어지다 壹 오로지 集 모으다 陣 둔영(屯營) 오른쪽 팔꿈치에서 작용 10중8

397 청한복등(請限腹騰)자등명
請 고하다 限 규정 腹 중앙부 騰 높은 곳으로 가다 오른쪽 팔꿈치에서 작용 10중9

398 창환황(蒼歡惶)자등명
蒼 무성해지다 歡 기쁘게 하다 惶 당황하다 오른쪽 팔꿈치에서 작용 10중10

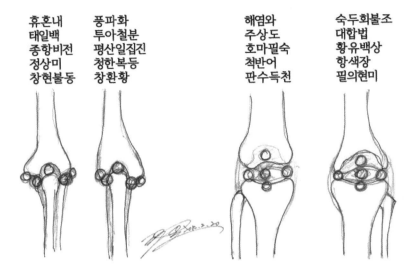

팔꿈치 관절에서 작용하는 자등명   무릎관절에서 작용하는 자등명

휴혼내   풍파화   해염와   숙두회불조
태일백   투아철분   주상도   대합법
종항비전   평산일집진   호마필숙   황유백상
정상미   청한복등   척반어   항색장
창현불동   창환황   판수득천   필의현미

팔꿈치 관절에서 작용하는 자등명

휴혼내(休混耐)자등명   풍파화(風琶和)자등명
태일백(態壹佰)자등명   투아철분(鬪芽哲奮)자등명
종항비전(終項泌傳)자등명   평산일집진(平散壹集陣)자등명
번정상미(繁禎常尾)자등명   청한복등(請限腹騰)자등명
창현불동(暢賢彿動)자등명   창환황(蒼歡惶)자등명

399 해염와(骸閻渦)자등명 骸 사람의 뼈 閻 변화한 거리 渦 소용돌이를 치다 왼쪽 무릎에서 작용 10중1

400 주상도(住常倒)자등명 住 살고 있는 사람 常 사람으로서 행해야할 도 倒 거꾸로 왼쪽 무릎에서 작용 10중2

401 호마필숙(呼彌泌宿)자등명 呼 호통치다 彌 오래다 泌 세포에서 일정한 물질을 만들어 내보내다 宿 하룻밤을 숙박하다 왼쪽 무릎에서 작용 10중3

402 척반어(脊伴御)자등명 脊 조리(條理) 伴 따르다 御 다스리다
왼쪽 무릎에서 작용 10중4

403 판수득천(判邃得泉)자등명 判 구별하다 邃 성취하다 得 이익 泉 땅속
에서 솟는 물 왼쪽 무릎에서 작용 10중5

404 숙두회불조(宿頭回彿照)자등명 宿 하룻밤 숙박하다 頭 맨앞 回 돌아
오다 彿 확연히 구별하기 어렵다 照 햇빛 오른쪽 무릎에서 작용 10중6

405 대합법(對合法)자등명 對 대하다 合 여럿이 모여 하나가 되다 法 품등
(品騰) 오른쪽 무릎에서 작용 10중7

406 황유백상(惶喩佰常)자등명 惶 당황하다 喩 이르다 佰 밭두둑 常 사람
으로서 행해야할 도 오른쪽 무릎에서 작용 10중8

407 항색장(項色障)자등명 項 크다 色 상태 障 구멍으로 물건이 통하지 못
하게 하다 오른쪽 무릎에서 작용 10중9

408 필의현미(泌醫賢彌)자등명 泌 세포에서 일정한 물질을 만들어 내보내
다 醫 치료하다 賢 선량하다 彌 오래다 오른쪽 무릎에서 작용 10중10

무릎관절에서 작용하는 자등명

해염와(骸闇渦)자등명　　　　　　주상도(住常倒)자등명
호마필숙(呼彌泌宿)자등명　　　　척반어(脊伴御)자등명
판수득천(判邃得泉)자등명　　　　숙두회불조(宿頭回彿照)자등명
대합법(對合法)자등명　　　　　　황유백상(惶喩佰常)자등명
항색장(項色障)자등명　　　　　　필의현미(泌醫賢彌)자등명

409 판사황(版舍惶)자등명 版 얇은 금속 조각 舍 머무는 곳 惶 황공해 하다
왼쪽발목에서 작용 10중1

410 반풍족서(般風足緖)자등명 般 옮다 風 바람을 쐬다 足 머무르다 緖 비
롯함 왼쪽 발목에서 작용 10중2

411 만태통등(慢泰通騰)자등명 慢 모멸하다 泰 편안하다 通 꿰뚫다 騰
높은 곳으로 가다 왼쪽 발목에서 작용 10중3

412 생초무(生招巫)자등명 生 천생으로 招 얽어매다 巫 의사(醫師)
왼쪽 발목에서 작용 10중4

413 파명극표(波命克票)자등명 波 파도가 일어나다 命 명령을 내리다 克
능히 票 흔들리는 모양 왼쪽 발목에서 작용 10중5

414 명확멸총(命確滅總)자등명 命 명령을 내리다 確 강하다 滅 제거하다 總
통괄하다 오른쪽 발목에서 작용 10중6

415 반심면필(盤尋綿泌)자등명 盤 밑받침 尋 보통 綿 가늘고 길게 이어지다
泌 세포에서 일정한 물질을 만들어 내보내다. 오른쪽 발목에서 작용 10중7

416 물허안소품(物虛案炤品)자등명 物 무리 虛 모자라다 案 소반 炤 비치
다 品 품평하다 오른쪽 발목에서 작용 10중8

417 아특비통비(我特沸通泌)자등명 我 외고집 特 한 마리의 희생 沸 끓이
다 通 꿰뚫다 泌 세포에서 일정한 물질을 만들어 내보내다
오른쪽 발목에서 작용 10중9

418 백천불초오(魄泉彿礁晤)자등명 魄 형체 泉 땅속에서 솟는 물 彿 확연히
구별하기 어렵다 礁 암초 晤 마주 대하다 오른쪽 발목에서 작용 10중10

발목관절에서 작용하는 자등명

판사황(版舍惶)자등명   명확멸총(命確滅總)자등명
반풍 족서(般風足緖)자등명   반심 면필(盤尋綿泌)자등명
만태 통등(慢泰通騰)자등명   물허 안소품(物虛案炤品)자등명

생초무(生招巫)자등명   아특비통비(我特沸通泌)자등명

파명극표(波命克票)자등명   백천불초오(魄泉彿礁晤)자등명

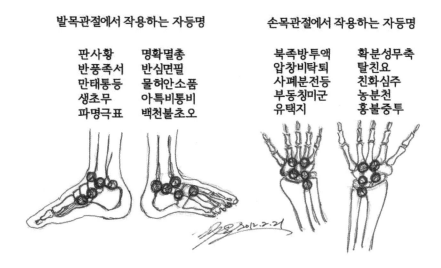

발목관절에서 작용하는 자등명

판사황
반풍족서
만태통등
생초무
파명극표

명확멸총
반심면필
물허안소품
아특비통비
백천불초오

손목관절에서 작용하는 자등명

북족방투액
압창비탁퇴
사폐분전등
부동칭미군
유택지

확분성무축
탈친요
친화심주
농분천
홍불중투

419 **북족방투액(北鏃邦鬪額)자등명** 北 달아나다 鏃 작은 가마솥 邦 제후
의 봉토 鬪 싸우게 하다 額 현판 왼쪽 손목에서 작용 10중1

420 **압창비탁퇴(壓蒼泌濁頹)자등명** 壓 막다 蒼 무성해지다 泌 세포에서
일정한 물질을 만들어 내보내다 濁 흐리게 하다 頹 기울어지다
왼쪽 손목에서 작용 10중2

421 **사폐분전등(舍閉奮傳騰)자등명** 舍 머무는 곳 閉 잠그다 奮 분격하다
傳 보내다 騰 올리다 왼쪽 손목에서 작용 10중3

422 **부동칭미군(腐動稱彌郡)자등명** 腐 나쁜 냄새가 나다 動 변하다 稱 설
명하다 彌 오래다 郡 관청 왼쪽 손목에서 작용 10중4

423 **유택지(游澤知)자등명**
游 놀이 澤 윤이 나다 知 분별하다 왼쪽 손목에서 작용 10중5

424 확분성무축(確奮性巫築)자등명 確 확실하다 奮 성내다 性 생명 巫 의사(醫師) 築 절굿공이 오른쪽 손목에서 작용 10중6

425 탈친요(脫親遙)자등명
脫 벗기다 親 가까이하다 遙 길다 오른쪽 손목에서 작용 10중7

426 친화심주(親和尋住)자등명 親 가까이하다 和 합치다 尋 보통 住 살고 있는 사람 오른쪽 손목에서 작용 10중8

427 농분천(膿憤泉)자등명 膿 짓무르다 憤 번민하다 泉 땅속에서 솟는 물 오른쪽 손목에서 작용 10중9

428 홍불중투(紅彿重鬪)자등명 紅 붉은 모양 彿 확연히 구별하기 어렵다 重 무겁게 하다 鬪 더투다 오른쪽 손목에서 작용 10중10

손목관절에서 작용하는 자등명

북족방투액(北鏃邦鬪額)자등명 확분성무축(確奮性巫築)자등명
압창비탁퇴(壓蒼泌濁頹)자등명 탈친요(脫親遙)자등명
사폐분전등(舍閉奮傳騰)자등명 친화심주(親和尋住)자등명
부동칭미군(腐動稱彌郡)자등명 농분천(膿憤泉)자등명
유택지(游澤知)자등명 홍불중투(紅彿重鬪)자등명

429 악호보탈(渥祜報脫)자등명 渥 마음 씀씀이가 살뜰하다 祜 복이 두텁다 報 알리다 脫 껍질을 벗기다 왼쪽 어깨관절에서 작용 10중1

430 옥투부격(沃鬪付激)자등명 沃 관개하다 鬪 다투다 付 붙이다 激 보
(狀) 왼쪽 어깨 관절에서 작용 10중2

431 측상육밀(測常肉密)자등명 測 헤아리다 常 사람으로서 행해야할 도 肉 베어낸 고기 密 고요하다 왼쪽 어깨 관절에서 작용 10중3

432 미타말종파(彌墮末終波)자등명 彌 오래다 墮 부서지다 末 서있는 물건의 꼭대기 終 극에 이르다 波 파도가 일어나다 왼쪽 어깨 관절에서 작용 10중4

433 징부침무탈(徵付侵巫脫)자등명 徵 사람을 불러들이다 付 붙이다 侵 습격하다 巫 의사 脫 벗기다 왼쪽 어깨 관절에서 작용 10중5

434 사예병복항(詞銳炳馥降)자등명 詞 고하다 銳 예민하다 炳 단청색 馥 향기롭다 降 내리다 오른쪽 어깨 관절에서 작용 10중6

435 중부초품상(中付初品常)자등명 中 치우치지 아니하다 付 붙이다 初 비로소 品 품평하다 常 사람으로서 행해야할 도 오른쪽 어깨 관절에서 작용 10중7

436 조참봉백등(照參鳳魄騰)자등명 照 햇빛 參 뒤섞이다 鳳 봉황새 魄 형체 騰 값이 비싸지다 오른쪽 어깨 관절에서 작용 10중8

437 신명태도앙(身命太倒仰)자등명 身 신체 命 명하다 太 매우 倒 거꾸로 仰 다르다 오른쪽 어깨 관절에서 작용 10중9

438 충빈의토미(忠貧意吐尾)자등명 忠 참마음 貧 가난한 사람 意 생각하다 吐 드러내다 尾 흘레하다 오른쪽 어깨 관절에서 작용 10중10

어깨관절에서 작용하는 자등명

악호보탈(渥祜報脫)자등명　　　사예병복항(詞銳炳馥降)자등명
옥투부격(沃鬪付激)자등명　　　중부초품상(中付初品常)자등명
측상육밀(測常肉密)자등명　　　조참봉백등(照參鳳魄騰)자등명
미타말종파(彌墮末終波)자등명　신명태도앙(身命太倒仰)자등명
징부침무탈(徵付侵巫脫)자등명　충빈의토미(忠貧意吐尾)자등명

어깨관절에서 작용하는 자등명

악호보탈
옥투부격
측상육밀
미타말종파
징부침무탈

사예병복항
중부초품상
조참봉백등
신명태도앙
충빈의토미

골반 양다리관절에서 작용하는 자등명

안피물굴역
철사황
장축본현방
비주사필액
토보탁무

태혁전서증
필중선주담
조요혜부모
중비천무궁
영면박통무

439 안피물굴역(晏皮物窟逆)자등명 晏 시간이 늦다 皮 거죽 物 무리 窟 사람이 모이는 곳 逆 어기다 왼쪽 골반 다리관절에서 작용 10중1

440 철사황(撤司皇)자등명
撤 그만두다 司 관리 皇 천제 왼쪽 골반 다리관절에서 작용 10중2

441 장축본현방(張築本賢邦)자등명 張 매다 築 집을 짓다 本 근본 賢 선량하다 邦 제후의 봉토 왼쪽 골반 다리관절에서 작용 10중3

442 비주사필액(泌住舍泌液)자등명 泌 세포에서 일정한 물질을 만들어 내보내다 住 살고 있는 사람 舍 머무는 곳 泌 세포에서 일정한 물질을 만들어 내보내다 液 진액 왼쪽 골반 다리관절에서 작용 10중4

443 토보탁무(吐報濁巫)자등명 吐 드러내다 報 알리다 濁 흐림 巫 의사 왼쪽 골반 다리관절에서 작용 10중5

444 태혁전서증(太赫傳緖增)자등명 太 매우 赫 붉은 모양 傳 말하다 緖 시초 增 더하다 오른쪽 골반 다리관절에서 작용 10중6

445 필중선주담(泌重扇住淡)자등명 泌 세포에서 일정한 물질을 만들어 내보내다 重 무겁게 하다 扇 부채 住 살고 있는 사람 淡 담박하다
오른쪽 골반 다리관절에서 작용 10중7

446 조요혜부모(照謠慧符模)자등명 照 햇빛 謠 풍설 慧 사리에 밝다 符 상서(祥瑞) 模 본보기 오른쪽 골반 다리관절에서 작용 10중8

447 중비천무궁(重泌泉巫窮)자등명 重 무겁게 하다 泌 세포에서 일정한 물질을 만들어 내보내다 泉 땅속에서 솟는 물 巫 의사 窮 떨어지다
오른쪽 골반 다리관절에서 작용 10중9

448 영편박통무(影片博通巫)자등명 影 사람의 모양 片 납작한 조각 博 넓히다 通 꿰뚫다 巫 의사 오른쪽 골반 다리관절에서 작용 10중10

골반 양다리관절에서 작용하는 자등명

안피물굴역(晏皮物窟逆)자등명   태혁전서증(太赫傳緒增)자등명
철사황(撤司皇)자등명   필중선주담(泌重扇住淡)자등명
장축본현방(張築本賢邦)자등명   조요혜부모(照謠慧符模)자등명
비주사필액(泌住舍泌液)자등명   중비천무궁(重泌泉巫窮)자등명
토보탁무(吐報濁巫)자등명   영편박통무(影片博通巫)자등명

449 파만신초단(波慢身初團)자등명 波 파도가 일어나다 慢 모멸하다 身 신체 初 비로소 團 모이다 왼쪽 무릎인대에서 작용 10중1

450 위설이평품(僞設理平品)자등명 僞 속이다 設 설립하다 理 통하다 平 바르다 品 품평하다 왼쪽 무릎인대에서 작용 10중2

451 장천말종혼(張泉抹終魂)자등명 張 넓히다 泉 땅속에서 솟는 물 抹 쓰다듬다 終 극에 이르다 魂 사물의 모양 왼쪽 무릎인대에서 작용 10중3

452 지유비재본(智流泌在本)자등명 智 슬기롭다 流 물이 낮은대로 흐른다 泌 세포에서 일정한 물질을 만들어 내보내다 在 살피다 本 근본

왼쪽 무릎에서 작용 10중4

453 종편철한본(終片撤限本)자등명 終 극에 이르다 片 납작한 조각 撤 그만두다 限 제한 本 근본 왼쪽 무릎인대에서 작용 10중5

454 통헌상전화(通獻常傳和)자등명 通 꿰뚫다 獻 나아가다 常 사람으로서 행해야 할 도 傳 보내다 和 합치다 오른쪽 무릎인대에서 작용 10중6

455 청학박장상(淸學博張常)자등명 淸 사념이 없다 學 학문 博 평평함 張 크게 하다 常 사람으로서 행해야 할 도 오른쪽 무릎인대에서 작용 10중7

456 액만일대중(液慢壹代重)자등명 液 진액 慢 오만하다 壹 한결같이 代 번갈아 重 무겁게 하다 오른쪽 무릎에서 작용 10중8

457 상어등구서(常御騰求緖)자등명 常 사람으로서 행해야 할 도 御 다스리다 騰 올리다 求 묻다 緖 시초 오른쪽 무릎인대에서 작용 10중9

458 경반연파쟁(暻般燃波諍)자등명 暻 환하다 般 옮다 燃 타다 波 파도가 일어나다 諍 다투다 오른쪽 무릎인대에서 작용 10중10

무릎 인대에서 작용

파만신초단(波慢身初團)자등명   위설이평품(僞設理平品)자등명
장천말종혼(張泉抹終魂)자등명   지유비재본(智流泌在本)자등명
종편철한본(終片撤限本)자등명   통헌상전화(通獻常傳和)자등명
청학박장상(淸學博張常)자등명   액만일대중(液慢壹代重)자등명
상어등구서(常御騰求緖)자등명   경반연파쟁(暻般燃波諍)자등명

459 병영초비갈(秉映初泌渴)자등명 秉 마음으로 지키다 映 비치다 初 처음의 泌 세포에서 일정한 물질을 만들어 내보내다 渴 갈증 왼쪽 발목인대에서 작용 10중1

무릎 인대에서 작용

파만신초단 자등명　통헌상전화 자등명
위설아평품 자등명　청학박장상 자등명
장천말종혼 자등명　액만일대중 자등명
지유비재본 자등명　상어등구서 자등명
종편철한본 자등명　경반연파쟁 자등명

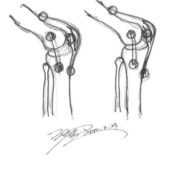

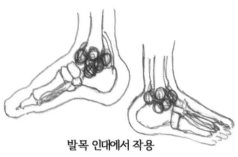

발목 인대에서 작용

병영초비갈 자등명　수정화부공 자등명
직행김집백 자등명　하쟁통구친 자등명
기오밀필계 자등명　시정품광어 자등명
환불현맹관 자등명　암축대지번 자등명
복향불충무 자등명　총공시번회 자등명

460　직행김집백(織行金集魄)자등명　織 조직하다 行 나아가다 金 오행의
하나 集 모으다 魄 형체 왼쪽 발목인대에서 작용 10중2

461　기오밀필계(氣悟密泌界)자등명　氣 대기 悟 진리를 체득하다 密 조용
하다 泌 세포에서 일정한 물질을 만들어 내보내다 界 사이하다 왼쪽 발목에서
작용 10중3

462　환불현맹관(環佛賢盟觀)자등명　環 돌다 佛 확연히 구별하기 어렵다
賢 선량하다 盟 기호를 같이 하는 사람들끼리의 모임 觀 보이다
왼쪽 발목인대에서 작용 10중4

463　복향불충무(覆饗佛衝巫)자등명　覆 넘어지다 饗 향음주하다 佛 확연히
구별하기 어렵다 衝 맞부딪치다 巫 의사 왼쪽 발목인대에서 작용 10중5

464　수정화부공(受庭和付供)자등명　受 이익을 누리다 庭 집안 和 서로 응
하다 付 붙이다 供 공손하다 오른쪽 발목인대에서 작용 10중6

465　하쟁통구친(下錚通求親)자등명　下 아랫사람 錚 사물의 형용 通 꿰뚫
다 求 청하다 親 사이좋게 지내다 오른쪽 발목인대에서 작용 10중7

466 시정품광어(矢定品洸御)자등명 矢 맹세하다 定 반드시 品 품평하다 洸 사물의 형용 御 다스리다 오른쪽 발목에서 작용 10중8

467 암축대지번(嚴築代知煩)자등명 嚴 험하다 築 다지다 代 번갈아 知 분별하다 煩 번거롭다 오른쪽 발목인대에서 작용 10중9

468 총공시번회(總供矢煩回)자등명 總 통괄하다 供 공손하다 矢 맹세하다 煩 귀찮다 回 돌리다 오른쪽 발목인대에서 작용 10중10

발목 인대에서 작용

병영초비갈(秉映初泌渴)자등명
기오밀필계(氣悟密泌界)자등명
복향불충무(覆饗佛衝巫)자등명
하쟁통구친(下錚通求親)자등명
암축대지번(嚴築代知煩)자등명

직행김집백(織行金集魄)자등명
환불현맹관(環佛賢盟觀)자등명
수정화부공(受庭和付供)자등명
시정품광어(矢定品洸御)자등명
총공시번회(總供矢煩回)자등명

469 규전맥피번(奎傳脈皮煩)자등명 奎 걷는 모양 傳 말하다 脈 수로(水路) 皮 겉 煩 번거롭다 왼쪽 손목인대에서 작용 10중1

470 장봉촌본화(張鳳寸本和)자등명 張 넓히다 鳳 봉황새 寸 마디 本 근본 和 서로 응하다 왼쪽 손목인대에서 작용 10중2

471 배투상천특(培鬪常泉特)자등명 培 더 많게 하다 鬪 다투다 常 사람으로서 행해야 할 도 泉 땅속에서 솟는 물 特 한 마리의 희생
왼쪽 손목에서 작용 10중3

472 당하귀합북(黨下歸合北)자등명 黨 한 동아리 下 아랫사람 歸 돌려보내다 合 만나다 北 달아나다 왼쪽 손목인대에서 작용 10중4

473 백차귀장도(魄次歸張倒)자등명 魄 형체 次 다음 歸 돌려보내다 張 넓히다 倒 거꾸로 왼쪽 손목인대에서 작용 10중5

474 묘전적택분(妙專迪澤憤)자등명

妙 젊다 專 마음대로 迪 길 澤 윤이 나다 憤 번민하다

오른쪽 손목인대에서 작용 10중6

475 흔내천말추(痕來泉沫推)자등명

痕 흔적 來 장래 泉 땅속에서 솟는 물 沫 거품이 일다. 推 천거하다

오른쪽 손목인대에서 작용 10중7

476 망환병종대(網還病終代)자등명

網 규칙 還 뒤돌아보다 病 근심 終 극에 이르다 代 번갈아

오른쪽 손목에서 작용 10중8

477 동주낙경설(動住洛鏡說)자등명

動 살다 住 살고 있는 사람 洛 잇닿다 鏡 경계삼다 說 말하다

오른쪽 손목인대에서 작용 10중9

478 잔누항덕냉(盞淚沆德冷)자등명

盞 옥으로 만든 술잔 淚 촛농이 떨어지다 沆 괴어 있는 물 德 행위 冷 맑다

오른쪽 손목인대에서 작용 10중10

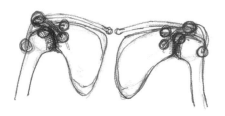

손목 인대에서 작용

규전맥피번 자등명　장봉촌본화 자등명
배투상천특 자등명　당하귀합복 자등명
백차귀장도 자등명　묘전적택분 자등명
흔내천말추 자등명　망환병종대 자등명
동주낙경설 자등명　잔누항덕냉 자등명

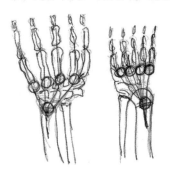

어깨 인대에서 작용

파최헌백지 자등명　비침불탁의 자등명
빈중험문녹 자등명　호백표탈승 자등명
일타행문서 자등명　자화본동근 자등명
조외합늑향 자등명　반투조방합 자등명
등풍수하석 자등명　창복차내입 자등명

손목인대에서 작용

규전맥피번(奎傳脈皮煩)자등명
배투상천특(培鬪常泉特)자등명
백차귀장도(魄次歸張倒)자등명
흔내천말추(痕來泉沫推)자등명
동주낙경설(動住洛鏡說)자등명

장봉촌본화(張鳳寸本和)자등명
당하귀합북(黨下歸合北)자등명
묘전적택분(妙專迪澤憤)자등명
망환병종대(網還病終代)자등명
잔누항덕냉(盞淚沆德冷)자등명

479 파최헌백지(波最獻魄知)자등명
波 파도가 일어나다 最 모두 獻 나아가다 魄 형체 知 기억하다
왼쪽 어깨인대에서 작용 10중1

480 비침불탁의(泌沈拂濁醫)자등명
泌 세포에서 일정한 물질을 만들어 내보내다 沈 잠기다 拂 추어올리다 濁 흐리게 하다 醫 의원
왼쪽 어깨인대에서 작용 10중2

481 빈중험문녹(濱重驗汶祿)자등명
濱 임박하다 重 무겁게 하다 驗 표징(標徵) 汶 수치 祿 행복 왼쪽 어깨에서 작용 10중3

482 호백표탈숭(虎魄漂脫崇)자등명
虎 용맹스럽다 魄 형체 漂 물에 떠돌다 脫 벗기다 崇 높게 하다 왼쪽 어깨인대에서 작용 10중4

483 일타행문서(壹他幸汶緒)자등명
壹 오로지 他 저 幸 다행하다 汶 수치 緒 시초 왼쪽 어깨인대에서 작용 10중5

484 자화본동근(慈和本動根)자등명
慈 어머니 和 서로 응하다 本 기초 動 살다 根 뿌리째 뽑아 없애다 오른쪽 어깨인대에서 작용 10중6

485 조외합늑향(照外合肋饗)자등명
照 비치다 外 이전 合 여럿이 모여 하나가 되다 肋 갈빗대 饗 연회하다 오른쪽 어깨인대에서 작용 10중7

486 반투조방합(般鬪照邦合)자등명
般 옳다 鬪 싸우게 하다 照 비치다 邦 제후의 봉토 合 여럿이 모여 하나가 되다 오른쪽 어깨에서 작용 10중8

487 등풍수하석(騰風須下析)자등명 騰 높은 곳으로 가다 風 바람이 불다 須 마땅히 下 아랫사람 析 해부하다 오른쪽 어깨인대에서 작용 10중9

488 창복차내입(窓馥次來立)자등명 窓 굴뚝 馥 향기가 풍기다 次 잇다 來 장래 立 확고히 서다 오른쪽 어깨인대에서 작용 10중10

어깨인대에서 작용

파최헌백지(波最獻魄知)자등명   자화본동근(慈和本動根)자등명
비침불탁의(泌沈拂濁醫)자등명   조외합늑향(照外合肋饗)자등명
빈중험문녹(濱重驗汶祿)자등명   반투조방합(般鬪照邦合)자등명
호백표탈숭(虎魄漂脫崇)자등명   등풍수하석(騰風須下析)자등명
일타행문서(壹他幸汶緒)자등명   창복차내입(窓馥次來立)자등명

489 경어내정상(暻御來禎常)자등명 暻 환하다 御 다스리다 來 장래 禎 행
복 常 사람으로서 행해야할 도 상단전 뒤부분에서 작용 10중1

490 실언적당요(實焉迪黨料)자등명 實 가득 차다 焉 이에 迪 도덕 黨 일
가 料 헤아리다 평행선상 그 앞에서 작용 10중2

491 매장상출도(賣張常出倒)자등명 賣 배신하다 張 넓히다 常 사람으로서
행해야할 도 出 나타나다 倒 거꾸로 평행선 그 앞에서 작용 10중3

492 순태수허공(巡泰首虛空)자등명
巡 어루만지다 泰 넉넉하다 首 먼저 虛 모자라다 空 내실이 없다.
평행선 그 앞에서 작용 10중4

493 교황술계혼(交惶述計魂)자등명
交 주고받고 하다 惶 당황하다 述 잇다 計 계획 魂 생각
평행선상 그 앞에서 작용 10중5

494 급주묘탈교(給住妙脫交)자등명 給 보태다 住 살고 있는 사람 妙 젊다
脫 벗기다 交 주고받고 하다 평행선상 그 앞에서 작용 10중6

495 천별즉보진(天瞥卽寶陳)자등명
天 천체의 운행 瞥 잠깐보다 卽 나아가다 寶 보배롭게 여기다 陳 펴다
평행선상 그 앞에서 작용 10중7

496 무총탁시당(巫叢濯施黨)자등명
巫 의사 叢 많다 濯 빛나다 施 널리 전하여지다 黨 마을
평행선상 그 앞에서 작용 10중8

497 천작촌혜교(天作寸慧交)자등명
天 천체 作 일어나다 寸 손가락 하나의 굵기의 폭 慧 총명하다 交 주고받고 하다
평행선상 그 앞에서 작용 10중9

498 태목중검사(泰沐重儉司)자등명
泰 넉넉하다 沐 다스리다 重 무겁게 하다 儉 적다 司 관리
평행선상 그 앞에서 작용 10중10

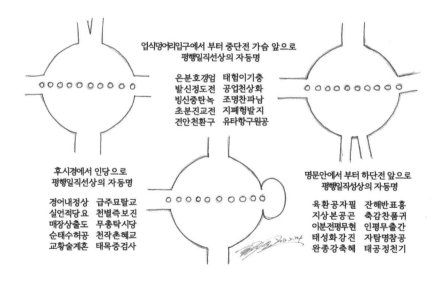

업식댕여리입구에서 부터 중단전 가슴 앞으로
평행일직선상의 자등명

은분호갱엄　태험이기층
발신정도전　공업천상화
빙신중탄녹　조명찬파남
초분진교전　지폐형발지
견안천환구　유타항구원공

후시경에서 인당으로
평행일직선상의 자등명

경어내정상　급주묘탈교
실언적당요　천별즉보진
매장상출도　무총탁시당
순태수허공　천작촌혜교
교황술계혼　태목중검사

명문안에서 부터 하단전 앞으로
평행일직성상의 자등명

육환공자필　잔해반표흥
지상본공곤　축감찬품귀
이분전평무현　인평무출간
태성화강진　자탐명참공
완종강축혜　태공정천기

후시경에서 인당으로 평행일직선상의 자등명

경어내정상(暻御來禎常)자등명   급주묘탈교(給住妙脫交)자등명

실언적당요(實焉迪黨料)자등명   천별즉보진(天瞥卽寶陳)자등명

매장상출도(賣張常出倒)자등명   무총탁시당(巫叢濯施黨)자등명

순태수허공(巡泰首虛空)자등명   천작촌혜교(天作寸慧交)자등명

교황술계혼(交惶述計魂)자등명   태목중검사(泰沐重儉司)자등명

499 은분호갱엄(恩憤浩更儼)자등명
恩 사랑하다 憤 번민하다 浩 물이 넓고 넓게 흐르는 모양 更 고치다 儼 삼가다
업식덩어리 입구에서 작용 10중1

500 발신정도전(發身精倒傳)자등명 發 떠나다 身 나 자신 精 쓿다 倒 거
꾸로 傳 보내다 평행선상 그 앞에서 작용 10중2

501 빙신중탄녹(聘身重彈錄)자등명
聘 방문하여 안부를 묻다 身 나 자신 重 무겁게 하다 彈 열매 錄 기록문서
평행선상 그 앞에서 작용 10중3

502 초분진교전(初憤陳交傳)자등명
初 시작 憤 번민하다 陳 펴다 交 주고받고 하다 傳 보내다
평행선상 그 앞에서 작용 10중4

503 견안천환구(見安天還求)자등명
見 눈으로 보다 安 좋아하다 天 태양 還 뒤돌아보다 求 나무라다
평행선상 그 앞에서 작용 10중5

504 태험이기충(胎驗耳氣忠)자등명
胎 태아 驗 응보 耳 귀에 익다 氣 숨 쉴 때 나오는 기운 忠 참마음
평행선상 그 앞에서 작용 10중6

505 공업천상화(空業天常和)자등명 空 내실이 없다 業 생계(生計) 天 태
양 常 사람으로서 행해야 할 도 和 서로 응하다 평행선상 그 앞에서 작용
10중7

506 조명찬파남(照明燦波濫)자등명

照 햇빛 明 밝히다 燦 번쩍번쩍하다 波 파도가 일어나다 濫 함부로 하다
평행선상 그 앞에서 작용 10중8

507 지폐형발지(知廢形發志)자등명

知 분별하다 廢 그만두다 形 육체 發 떠나다 志 마음
평행선상 그 앞에서 작용 10중9

508 유타항구원공(有他沆求源空)자등명

有 있다 他 그이 沆 흐르다 求 나무라다 源 사물이 잇닿은 모양 空 내실이 없다
평행선상 그 앞에서 작용 10중10

업식덩어리 입구에서부터 중단전 가슴 앞으로 일직선상의 자등명

은분호갱엄(恩憤浩更儼)자등명	태험이기충(胎驗耳氣忠)자등명
발신정도전(發身精倒傳)자등명	공업천상화(空業天常和)자등명
빙신중탄녹(聘身重彈錄)자등명	조명찬파남(照明燦波濫)자등명
초분진교전(初憤陳交傳)자등명	지폐형발지(知廢形發志)자등명
견안천환구(見安天還求)자등명	유타항구원공(有他沆求源空)자등명

509 육환공자필(肉還空自泌)자등명

肉 동물의 살 還 뒤돌아 보다 空 근거가 없다 自 자기 泌 세포에서 일정한 물질을 만들어 내보내다
안쪽 명문입구에서 작용 10중1

510 지상본공곤(知常本空昆)자등명

知 분별하다 常 사람으로서 행해야할 도 本 근본 空 근거가 없다 昆 뒤
평행선상 그 앞에서 작용 10중2

511 이분전평무현(理憤傳評巫賢)자등명

理 통하다 憤 번민하다 傳 보내다 評 됨됨이를 평하다 巫 의사 賢 착하다
평행선상 그 앞에서 작용 10중3

512 태성화강진(泰性和强進)자등명 泰 편안하다 性 생명 和 서로 응하다
强 성하다 進 전진하다 행선상 그 앞에서 작용 10중4

513 완종강축혜(完終强築慧)자등명
完 끝내다 終 극에 이르다 强 성하다 築 성을 쌓다 慧 사리에 밝다
팽행선상 그 앞에서 작용 10중5

514 잔해반표흥(殘海反票興)자등명
殘 해롭게 하다 海 바닷물 反 뒤집다 票 흔들리는 모양 興 일어나다
팽행선상 그 앞에서 작용 10중6

515 축감찬품귀(築監燦品歸)자등명
築 성을 쌓다 監 겸하다 燦 번쩍번쩍하다 品 품평하다 歸 돌려보내다
팽행선상 그 앞에서 작용 10중7

516 인평무출간(因評巫出墾)자등명
因 원인을 이루는 근본 評 됨됨이를 평하다 巫 의사(醫師) 出 나타나다 墾 개간하
다 팽행선상 그 앞에서 작용 10중8

517 자탐명참공(自耽明僭空)자등명
自 자연히 耽 기쁨을 누리다 明 밝히다 僭 어긋나다 空 근거가 없다
팽행선상 그 앞에서 작용 10중9

518 태공정천기(泰空精天氣)자등명
泰 넉넉하다 空 근거가 없다 精 찧다 天 천체의 운행 氣 공기
팽행선상 그 앞에서 작용 10중10

안쪽 명문에서부터 하단전 앞으로 평행일직선상의 자등명

육환공자필(肉還空自泌)자등명   지상본공곤(知常本空昆)자등명
이분전평무현(理憤傳評巫賢)자등명   태성화강진(泰性和强進)자등명
완종강축혜(完終强築慧)자등명   잔해반표흥(殘海反票興)자등명
축감찬품귀(築監燦品歸)자등명   인평무출간(因評巫出墾)자등명
자탐명참공(自耽明僭空)자등명   태공정천기(泰空精天氣)자등명

519 **구품우형물**(求品于形物)**자등명** 求 나무라다 品 품평하다 于 행하다 形 형세 物 무리 항문 속에서 작용 5중1

520 **최낙편관지**(最落片關止)**자등명** 最 제일 落 빠지다 片 조각 關 기관 (機關) 止 머무르다 그 앞에서 작용 5중2

521 **환공이중계**(煥功理重界)**자등명** 煥 문체 있는 모양 功 공을 자랑하다 理 통하다 重 무겁게 하다 界 경계를 접하다 그 앞에서 작용 5중3

522 **자불정공문**(子不精功汶)**자등명** 子 자식 不 말라 精 자세하다 功 공을 자랑하다 汶 수치 그 앞에서 작용 5중4

523 **지투대회간**(知投代悔看)**자등명** 知 분별하다 投 보내다 代 번갈아 悔 유감스럽게도 看 지키다 그 앞에서 작용 5중5

항문에서 직장까지 안에서 작용하는 자등명

구품우형물(求品于形物)자등명   최낙편관지(最落片關止)자등명
환공이중계(煥功理重界)자등명   자불정공문(子不精功汶)자등명
지투대회간(知投代悔看)자등명

524 **촌건적금백**(寸建適今魄)**자등명** 寸 손가락 하나 굵기의 폭 建 월건(月建) 適 이르다 今 이에(사물을 가리키는 말) 魄 형체 직장 밖 왼쪽 위에서 작용

525 **조패권환수**(燥敗劵還睡)**자등명**
燥 말리다 敗 부서지다 劵 확실하다 還 복귀하다 睡 잠 그 아래에서 작용

526 **직계입교일**(織界立交壹)**자등명** 織 조직(組織)하다 界 이웃하다 立 확고히 서다 交 주고받고 하다 壹 오로지 그 아래에서 작용

527 **등창군영진**(等脹郡榮進)**자등명** 等 구분하다 脹 자세하다 郡 관청 榮 영달 進 힘쓰다 직장 밖 오른쪽 맨 아래에서 작용

528 입번투향미(立煩投饗尾)자등명 立 확고히 서다 煩 번거롭다 投 보내다 饗 연회하다 尾 등뒤 그 위에서 작용

529 탄공이임기(炭工理任氣)자등명 炭 재 工 물건을 만드는 것을 업으로 하는 사람 理 재판하다 任 맡은 일 氣 숨 그 위에서 작용

항문에서 직장까지 밖에서 작용하는 자등명

촌건적금백(寸建適今魄)자등명 등창군영진(等脹郡榮進)자등명
조패권환수(燥敗卷還睡)자등명 입번투향미(立煩投饗尾)자등명
직계입교일(織界立交壹)자등명 탄공이임기(炭工理任氣)자등명

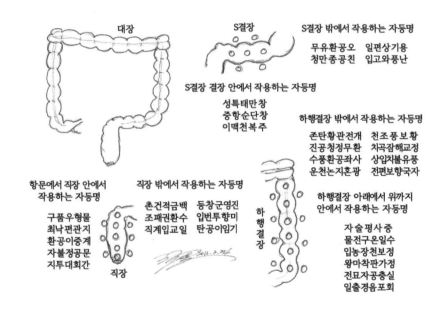

530 성특태만창(性特泰慢脹)자등명 性 생명 特 한 마리의 희생 泰 넉넉하다 慢 모멸하다 脹 대장 S자 결장 아래쪽에서 작용

531 중항순단창(中沆巡團脹)자등명 中 가운데 沆 넓은 모양 巡 어루만지다 團 모이다 脹 대장 S자 결장 중간에서 작용

532 이맥천복주(理脈天腹住)자등명 理 재판하다 脈 수로 天 태양 腹 창자 住 살고 있는 사람 S자 결장 앞에서 작용

직장 S자 결장접합부에서부터 S자 결장 안에서 작용하는 자등명

성특태만창(性特泰慢脹)자등명　　　　중항순단창(中沆巡團脹)자등명
이맥천복주(理脈天腹住)자등명

533 무유환공오(無維還空悟)자등명 無 허무의 도 維 매다 還 복귀하다 空 모자라다 悟 도리를 알다 S자 결장 밖 아래쪽 좌측에서 작용

534 일편상기용(壹片常氣用)자등명 壹 오로지 片 조각 常 사람으로서 행해야할 도 氣 대기 用 베풀다 S자 결장 밖 아래쪽 우측에서 작용

535 청만종공친(清漫宗空親)자등명 清 빛이 선명하다 漫 넘쳐흐르다 宗 일의 근본 空 내실이 없다 親 사이좋게 지내다 S자 결장 밖 위쪽 우측에서 작용

536 입고와풍난(立固訛風爛)자등명 立 확고히 서다 固 방비 訛 거짓 風 바람이 불다 爛 너무 익다 S자 결장 밖 위쪽 좌측에서 작용

직장 S자 결장접합부에서부터 S자 결장 밖에서 작용하는 자등명

무유환공오(無維還空悟)자등명　　　　일편상기용(壹片常氣用)자등명
청만종공친(清漫宗空親)자등명　　　　입고와풍난(立固訛風爛)자등명

537 자술평사중(子術評司中)자등명 子 자식 術 통로 評 됨됨이를 평하다 司 관리 中 치우치지 아니하다 하행결장 아래에서 작용

538 물전구온일수(物傳求瘟壹輪)자등명 物 무리 傳 보내다 求 나무라다
瘟 괴로워하다 壹 오로지 輪 물건을 나르다 그 위에서 작용

539 입농장천보정(立濃腸天保定)자등명 立 확고히 서다 濃 이슬이 많다
腸 창자 天 천체의 운행 保 편안하게 하다 定 정해지다 그 위에서 작용

540 왕마착판가정(往摩着版家精)자등명 往 이따금 摩 연마하다 着 입다
版 담틀 家 집안 精 자세하다 그 위에서 작용

541 전묘자공충실(傳妙子空忠實)자등명 傳 보내다 妙 젊다 子 자식 空 내
실이 없다 忠 참마음 實 가득차다 그 위에서 작용

542 일출경음포회(壹出傾陰胞回)자등명 壹 오로지 出 나타나다 傾 뒤집히
다 陰 습기 胞 종기(腫氣) 回 돌아가게 하다 그 위에서 작용

하행결장 아래에서 위까지 안에서 작용하는 자등명

자술평사중(子術評司中)자등명   물전구온일수(物傳求瘟壹輪)자등명
입농장천보정(立濃腸天保定)자등명 왕마착판가정(往摩着版家精)자등명
전묘자공충실(傳妙子空忠實)자등명 일출경음포회(壹出傾陰胞回)자등명

543 존탄황관전개(存彈惶關傳皆)자등명
存 안부를 묻다 彈 열매 惶 황공해 하다 關 기관(機關) 傳 보내다 皆 모두
하행결장 밖 왼쪽 맨 위에서 작용

544 진공청정무환(進空淸精巫還)자등명
進 전진하다 空 내실이 없다 淸 빛이 선명하다 精 자세하다 巫 의사(醫師) 還 뒤
돌아 보다 그 아래에서 작용

545 수풍환공좌사(首風還空左司)자등명
首 시초 風 바람이 불다 還 뒤돌아 보다 空 내실이 없다 左 왼쪽으로 하다 司 관
리 그 아래에서 작용

546 운천논지혼광(運天論知魂光)자등명

運 회전하다 天 천체의 운행 論 사리를 밝히다 知 기억하다 魂 생각 光 빛나다
그 아래에서 작용

547 천조풍보황(天照風寶惶)자등명

天 천체의 운행 照 비치다 風 바람이 불다 寶 보배롭게 여기다 惶 당황하다
하행결장 밖 오른쪽 맨 아래에서 작용

548 치곡잠해교정(癡穀暫海交定)자등명

癡 미치광이 穀 착하다 暫 잠깐 海 물산(物産)이 풍부한 모양
交 주고받고 하다 定 정해지다 그 위에서 작용

549 상입치불유풍(常立癡佛有風)자등명

常 사람으로서 행해야 할 도 立 확고히 서다 癡 미치광이 佛 확연히 구별하기 어
렵다 有 존재하다 風 바람이 불다 그 위에서 작용

550 전편보향국자(傳片寶饗鞠子)자등명 傳 보내다 片 납작한 조각 寶
보배롭게 여기다 饗 향음주(鄕飮酒)하다 鞠 물가의 굽어 들어간 곳 子 자식
그 위에서 작용

하행결장 밖에서 작용하는 자등명

존탄황관전개(存彈惶關傳皆)자등명 진공청정무환(進空淸精巫還)자등명
수풍환공좌사(首風還空左司)자등명 운천논지혼광(運天論知魂光)자등명
천조풍보황(天照風寶惶)자등명 치곡잠해교정(癡穀暫海交定)자등명
상입치불유풍(常立癡佛有風)자등명 전편보향국자(傳片寶饗鞠子)자등명

551 정퇴열풍편달(精褪劣風片達)자등명 精 자세하다 褪 빛이 바래어 엷어
지다 劣 많지 아니하다 風 바람이 불다 片 납작한 조각 達 미치다
횡행결장 왼쪽에서 작용

552 작범자권영안(作汎子權靈安)자등명 作 일어나다 汎 물위에 뜨다 子
자식 權 저울질하다 靈 신령하다 安 즐기다 그 앞에서 작용

553 자공조생팔가(子空照生捌家)자등명 子 자식 空 내실이 없다 照 비치다 生 태어나다 捌 쳐부수다 家 집안 그 앞에서 작용

554 종병월통혼방(宗炳越通魂防)자등명 宗 일의 근원 炳 빛나다 越 건너다 通 꿰뚫다 魂 생각 防 막다 그 앞에서 작용

555 백출환불특향(魄出還佛特饗)자등명 魄 형체 出 나타나다 還 뒤돌아 보다 佛 확연히 구별하기 어렵다 特 한 마리의 희생 饗 여회하다 그 앞에서 작용

556 상파계자절곤(常波界子絶困)자등명 常 사람으로서 행해야할 도 波 물결이 일다 界 경계를 접하다 子 자식 絶 그만두다 困 부족하다 그 앞에서 작용

하행의 횡행결장에서 상행의 횡행결장까지 안에서 작용하는 자등명

정퇴열풍편달(精褪劣風片達)자등명 작범자권영안(作汎子權靈安)자등명
자공조생팔가(子空照生捌家)자등명 종병월통혼방(宗炳越通魂防)자등명
백출환불특향(魄出還佛特饗)자등명 상파계자절곤(常波界子絶困)자등명

557 신자몰직주곤(身子沒織住昆)자등명 身 나 자신 子 맏아들 沒 물에 빠지다 織 조직하다 住 살고 있는 사람 昆 부족하다 횡행결장 밖 오른쪽에서 작용

558 성육임풍홍감(性肉任風弘感)자등명 性 생명 肉 동물의 살 任 마음대로 風 바람이 불다 弘 넓히다 感 마음을 움직이다 그 앞에서 작용

559 염정풍실혁병(廉精風實赫炳)자등명 廉 검소하다 精 자세하다 風 바람이 불다 實 가득 차다 赫 빛나는 모양 炳 빛나다 그 앞에서 작용

560 정편함산집소(精片含産集昭)자등명 精 자세하다 片 조각 含 넣다 産 태어나다 集 만나다 昭 빛나다 그 앞에서 작용

561 이자권우갱화(理子權宇更和)자등명 理 통하다 子 맏아들 權 저울질하다 宇 처마 更 고치다 和 서로 응하다 횡행결장 아래 왼쪽에서 작용

562 언통한공재가(焉通限空在家)자등명

焉 이에 通 꿰뚫다 限 경계 空 내실이 없다 在 살피다 家 집안

그 앞에서 작용

563 환공재낭표일(還空在浪票壹)자등명

還 뒤돌아보다 空 내실이 없다 在 살피다 浪 물결이 일다 票 흔들리는 모양 壹 오로지 그 앞에서 작용

564 책태순풍발유(責泰巡風發有)자등명

責 요구하다 泰 넉넉하다 巡 어루만지다 風 바람이 불다 發 떠나다 有 넉넉하다 그 앞에서 작용

횡행결장

횡행결장 밖에서
작용하는 자등명

하행황행결장에서 상행황행결장
안에서 작용하는 자등명

신자몰직주곤 이자권우갱화
성육임풍홍감 언통한공재가
염정풍실혁병 환공재낭표일
정편함산집소 책태순풍발유

정퇴열풍편달
작범자권영안
자공조생팔가
종병월통혼방
백출환불특향
상파계자절곤

상행결장 위에서 아래까지
안에서 작용하는 자등명

상행
결장

상행결장 밖에서 작용하는 자등명

주사종두절상
지수정공역투
무쟁즉진안등해
부장부공존부
중대용국통경
진풍성환공지

지함국안연과 뇌오진건잔공
파자장광기   천방 오징방
방일중공장급 사자탁강유
탄공소정상탈 만상통고정
자계지홍도천 자불자견비재
              의탁도선주

하행의 횡행결장에서 상행의 횡행결장까지 밖에서 작용하는 자등명

신자몰직주곤(身子沒織住昆)자등명 성육임풍홍감(性肉任風弘感)자등명
염정풍실혁병(廉精風實赫炳)자등명 정편함산집소(精片含産集昭)자등명
이자권우갱화(理子權宇更和)자등명 언통한공재가(焉通限空在家)자등명
환공재낭표일(還空在浪票壹)자등명 책태순풍발유(責泰巡風發有)자등명

565 주사종두절상(住司宗頭絶常)자등명 住 살고 있는 사람 司 관리 宗 일의 근원 頭 꼭대기 絶 그만두다 常 사람으로서 행해야할 도
상행결장 위에서 작용

566 지수정공역투(知首精空域投)자등명 知 분별하다 首 시초 精 자세하다 空 내실이 없다 域 한정된 일정한 곳이나 땅 投 보내다 그 아래에서 작용

567 무쟁즉진안등해(巫爭則進安騰海)자등명 巫 의사 爭 잡아끌다 則 본받다 進 전진하다 安 좋아하다 騰 높은 곳으로 가다 海 바닷물 그 아래에서 작용

568 부장부공존부(付腸符工存部)자등명 付 청하다 腸 창자 符 상서(祥瑞) 工 물건을 만드는 일하는 사람 存 안부를 묻다 部 나누다 그 아래에서 작용

569 중대용국통경(中代用局通傾)자등명 中 마음 代 번갈아 用 등용하다 局 일이 벌어지는 형편이나 장면 通 꿰뚫다 傾 뒤집히다 그 아래에서 작용

570 진풍성환공지(進風性還空知)자등명
進 움직이다 風 바람이 불다 性 생명 還 뒤돌아 보다 空 내실이 없다 知 기억하다 그 아래에서 작용

상행결장 위에서 아래까지 안에서 작용하는 자등명

주사종두절상(住司宗頭絶常)자등명
지수정공역투(知首精空域投)자등명
무쟁즉진안등해(巫爭則進安騰海)자등명
부장부공존부(付腸符工存部)자등명
중대용국통경(中代用局通傾)자등명
진풍성환공지(進風性還空知)자등명

571 지함국안연과(知舍局安沿果)자등명 知 분별하다 舍 품다 局 일이 벌어지는 형편이나 장면 安 좋아하다 沿 물을 따라 내려가다 果 해내다
상행결장 밖 왼쪽 맨 밑에서 작용

572 파자장광기(波子腸光氣)자등명

波 물결이 일다 子 맏아들 腸 창자 光 빛나다 氣 공기 그 위에서 작용

573 방일중공장급(防壹中工腸級)자등명

防 말리다 壹 오로지 中 마음 工 물건을 만드는 일을 업으로 하는 사람 腸 창자
級 층계 그 위에서 작용

574 탄공소정상탈(炭工昭精常奪)자등명

炭 재 工 물건을 만드는 일을 업으로 하는 사람 昭 빛나다 精 자세하다 奪 없어지
다 그 위에서 작용

575 자계지홍도천(子界知弘倒天)자등명

子 자식 界 이웃하다 知 분별하다 弘 넓히다 倒 거꾸로 天 천체의 운행
그 위에서 작용

576　뇌오진건잔공(惱悟進健殘工)자등명 惱 괴롭히다 悟 진리를 체득하
다 進 전진하다 健 교만하다 殘 해롭게 하다 工 물건을 만드는 일을 업으로 하는
사람 상행결장 오른쪽 밖 맨 위에서 작용

577 천방오징방(天防悟懲防)자등명 天 천체의 운행 防 말리다 悟 진리를
체득하다 懲 혼이 나서 잘못을 뉘우치거나 고치다 防 방호하다
그 아래에서 작용

578 사자탁강유(司子濁綱有)자등명 司 관리 子 자식 濁 흐리게 하다 綱
그물을 버티는 줄 有 넉넉하다 그 아래에서 작용

579 만상통고정(慢常通告停)자등명 慢 거만하다 常 사람으로서 행해야할
도 通 꿰뚫다 告 안부를 묻다 停 정해지다 그 아래에서 작용

580 자불자건비재(子佛自健泌在)자등명 子 자식 佛 확연히 구별하기 어렵
다 自 자기 健 탐하다 泌 세포에서 일정한 물질을 내보내다 在 제 멋대로 하다
그 아래에서 작용

581 의탁도선주(醫濁倒腺住)자등명 醫 치료하다 濁 흐르게 하다 倒 거꾸로 腺 생물체 안에 있어 분비작용을 하는 기관 住 살고 있는 사람 그 아래에서 작용

상행결장 밖에서 작용하는 자등명

지함국안연과(知含局安沿果)자등명 파자장광기(波子腸光氣)자등명
방일중공장급(防壹中工腸級)자등명 탄공소정상탈(炭工昭精常奪)자등명
자계지홍도천(子界知弘倒天)자등명 뇌오진건잔공(惱悟進健殘工)자등명
천방오징방(天防悟懲防)자등명   사자탁강유(司子濁綱有)자등명
만상통고정(慢常通告停)자등명   자불자건비재(子彿自健泌在)자등명
의탁도선주(醫濁倒腺住)자등명

582 제공손준상(際工損準常)자등명 際 두 사물의 중간 工 물건을 만드는 일을 업을 하는 사람 損 줄다 準 평평하다 常 불변의 도 대장이 시작되기 전에 소장에서 작용

583 잔다보질당쾌(殘多報質當快)자등명 殘 멸망시키다. 多 포개지다 報 알리다 質 꾸미지 아니한 본연 그대로의 성질 當 균형있다 快 상쾌하다 그 앞에서 작용

584 당술차투공(當術差鬪工)자등명
當 균형 있다. 術 통로 差 틀림 鬪 싸우게 하다 工 물건을 만드는 일을 업을 하는 사람 그 앞에서 작용

585 지가찬편견신(知暇燦片見身)자등명 知 분별하다 暇 느긋하게 지내다 燦 번쩍번쩍하다 片 납작한 조각을 이루는 것을 세우는 말 身 나 자신 그 앞에서 작용

586 약혼능조번(若魂能照煩)자등명 若 만일 魂 생각 能 보통 정도 이상으로 잘하다 照 비치다 煩 답답하다 그 앞에서 작용

587 심착준방치(沈着準肪癡)자등명 沈 잠기다 着 옷을 입다 準 평평하다 肪 비계 癡 어리석다 그 앞에서 작용

588 반형병체목화(般形炳滯睦和)자등명 般 옮다 形 육체 炳 빛나다 滯 골 똘하다 睦 눈길이 온순하다 和 서로 응하다 그 앞에서 작용

589 할백향가불환(割佰饗暇不患)자등명 割 쪼개다 佰 일백 饗 향음주하다 暇 느긋하게 지내다 不 아니다 患 근심하다 그 앞에서 작용

590 이복안제공(理腹安際工)자등명 理 통하다 腹 창자 安 좋아하다 際 교 제(交際) 工 물건을 만드는 일을 업으로 하는 사람 그 앞에서 작용

591 소취방훈둔쾌(小就肪訓遯快)자등명 小 시간상으로 짧다 就 따르다 訓 인도하다 遯 물러나다 快 상쾌하다 그 앞에서 작용

592 부증가비아(府曾加泌我)자등명 府 관청 曾 일찍이 加 처하다 泌 세 포에서 일정한 물질을 만들어 내보내다 我 우리 그 앞에서 작용

593 야유공천백(也唯工天佰)자등명 也 잇달다 唯 비록 ~ 하더라도 工 물 건을 만드는 일을 업으로 하는 사람 天 천체의 운행 佰 일백 그 앞에서 작용

594 원전결악할(元傳決惡割)자등명 元 근본 傳 보내다 決 제방이 무너져 서 물이 넘쳐흐르다 惡 추하다 割 빼앗다 그 앞에서 작용

595 하감양천불(下減洋千彿)자등명 下 아랫사람 減 수량을 적게 하다 洋 가득 차서 넘치다 千 많다 彿 확연히 구별하기 어렵다. 그 앞에서 작용

596 참함본환난(慘含本還亂)자등명
慘 애처롭다 含 품다 本 근원 還 물러서다 亂 다스리다
그 앞에서 작용 십이지장에서 작용

597 성탄결만인(性炭決漫因)자등명 性 성질 炭 재 決 제방이 무너져서 물 이 넘쳐흐르다 漫 넘쳐흐르다 因 원인을 이루는 근본
그 앞에서 작용, 십이지장에서 작용

598 인화공응완(因和工凝完)자등명

因 원인을 이루는 근본 和 서로 응하다 工 물건을 만드는 일을 업으로 하는 사람
凝 엉기다 完 끝내다 그 앞에서 작용, 십이지장에서 작용

599 종험객쾌척(宗險客快斥)자등명

宗 일의 근원 險 높다 客 의탁하다 快 상쾌하다 斥 길이
그 앞에서 작용, 십이지장에서 작용

600 대색술탄군(代色術炭群)자등명 代 시대 色 모양 術 통로 炭 재 群 Ep
그 앞에서 작용, 십이지장에서 작용

601 순작태공화(巡作態工和)자등명 巡 어루만지다 作 일어나다 態 짓 工
물건을 만드는 일을 업으로 하는 사람 和 서로 응하다
그 앞에서 작용, 십이지장에서 작용

602 진공손지풍(進工遜知風)자등명 進 전진하다 工 물건을 만드는 일을
업으로 하는 사람 遜 사양하다 知 분별하다 風 바람이 불다
그 앞에서 작용, 위에서 작용

603 유하관교황(有下關交惶)자등명 有 존재하다 下 뒤 關 기관(機關) 交
주고받고 하다 惶 황공해하다 그 앞에서 작용, 위에서 작용

604 점판기춘광(店版期春洸)자등명 店 여관 版 얇은 금석조각 期 약속에
따라 만나다 春 젊은 때 洸 노하는 모양 그 앞에서 작용, 위에서 작용

605 공생암화무(工生嚴和巫)자등명 工 물건을 만드는 일을 업으로 하는
사람 生 천생으로 嚴 임박하다 和 서로 응하다 巫 의사
그 앞에서 작용, 위에서 작용

606 즉순총감공(則純叢減工)자등명 則 본받다 純 순수하다 叢 많다 減 수
량을 적게 하다 工 물건을 만드는 일을 업으로 하는 사람
그 앞에서 작용, 위에서 작용

607 상통신침광(常通身浸洸)자등명

常 불변의 도 通 꿰뚫다 身 나 자신 浸 물에 적시다 洸 사물의 형용

그 앞에서 작용, 위에서 작용

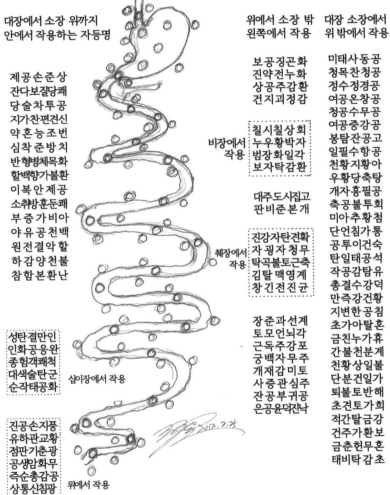

대장에서 소장 위까지
안에서 작용하는 자등명

제공손준상
잔다보질당쾌
당술차투공
지가찬편견신
약혼능조번
심착 준 방 치
반형병체목화
할백향가불환
이 복 안 제 공
소취방훈둔쾌
부 증 가 비 아
야 유 공 천 백
원 전 결 악 할
하 감 양 천 불
참 함 본 환 난

성탄결만인
인화공응완
종험객쾌척
대색술탄군
순작태공화

삼이장에서 작용

진공손지풍
유하관교황
점판기춘광
공생암화무
즉순총감공
상통신침광

위에서 작용

위에서 소장 밖
왼쪽에서 작용

보공정곤화
진약전누화
상공주감환
건지괴정감

비장에서
작용

칠시칠상회
누우황박자
범장화일각
보자탁감환

대주도시집고
판비준본개

췌장에서
작용

진강자탄견확
자 꾕 자 청 무
탁곡불토근축
김 탈 맥 영 계
창 긴 전 진 균

장준과선계
토모언뇌각
근독주강포
궁백자무주
개재감미토
사 증 관 심 주
잔 공 부 귀 공
은공윤덕진낙

대장 소장에서
위 밖에서 작용

미태사동공
청목찬청공
정수정경공
여공온창공
청공수무공
여공중강공
봉탐잔공고
일필수항공
천황지황아
우황당축탕
개자흥필공
축공불투회
미아추황첨
단언침가통
공투이건숙
탄일태공석
작공감탐유
총결수강덕
만즉강건황
지변한공침
초가아탈혼
금친누가휴
간불천분계
천황상일불
단분건일가
퇴불토반해
초견토가희
적간탈금강
건주가환보
금춘헌무혼
태비탁감초

대장에서 소장 십이지장 위(胃)까지 안에서 작용하는 자등명

제공손준상(際工損準常)자등명　잔다보질당쾌(殘多報質當快)자등명
당술차투공(當術差鬪工)자등명　지가찬편견신(知暇燦片見身)자등명
약혼능조번(若魂能照煩)자등명　심착준방치(沈着準肪癡)자등명
반형병체목화(般形炳滯睦和)자등명　할백향가불환(割佰饗暇不患)자등명
이복안제공(理腹安際工)자등명　소취방훈둔쾌(小就肪訓遯快)자등명
부증가비아(府曾加泌我)자등명　야유공천백(也唯工天佰)자등명
원전결악할(元傳決惡割)자등명　하감양천불(下減洋千彿)자등명
참함본환난(慘含本還亂)자등명

십이지장에서 작용

성탄결만인(性炭決漫因)자등명　　인화공응완(因和工凝完)자등명
종험객쾌척(宗險客快斥)자등명　대색술탄군(代色術炭群)자등명
순작태공화(巡作態工和)자등명

위에서 작용

진공손지풍(進工遜知風)자등명　　유하관교황(有下關交惶)자등명
점판기춘광(店版期春洸)자등명　공생암화무(工生巖和巫)자등명
즉순총감공(則純叢減工)자등명　상통신침광(常通身浸洸)자등명

608 보공징곤화(寶空徵困和)자등명
寶 보배롭게 여기다 空 모자라다 徵 사람을 불러들이다.
困 통하지 아니하다 和 서로 응하다 위가 시작되는 위 밖 왼쪽에서 작용

609 진약전누화(進藥傳漏化)자등명　進 전진하다 藥 치료하다 傳 보내다
漏 틈으로 나타나다 化 모양이 바뀌다 그 아래에서 작용

610 상공주감환(常空住減還)자등명　常 불변의 도 空 모자라다 住 거처 減
수량을 적게 하다 還 뒤돌아 보다 그 아래에서 작용

611 건지괴정감(健知怪精減)자등명 健 탐하다 知 분별하다 怪 의심하다 精 찧다 減 수량을 적게 하다 그 아래에서 작용

612 칠시칠상회(漆示漆常廻)자등명 漆 검은 칠 示 가르치다 漆 검은 칠 常 사람으로서 행해야할 도 廻 머리를 돌리다 비장 시작되는 부분에서 작용

613 누우황박자(漏遇惶博子)자등명 漏 스며들다 遇 우연히 만나다 惶 당황하다 博 넓히다 子 자식 비장 그 앞에서 작용

614 범장화일각(汎腸化壹却)자등명 汎 물 위에 뜨다 腸 충심 化 모양이 바뀌다 壹 오로지 却 그치다 비장 그 앞에서 작용

615 보자탁감환(報子濁減還)자등명 報 알리다 子 자식 濁 흐리게 하다 減 수량을 적게 하다 還 뒤돌아 보다 비장 그 앞에서 작용

616 대주도시집고(對住渡示輯顧)자등명 對 상대 住 거처 示 알리다 輯 화목하다 顧 사방을 둘러보다 위 밖 왼쪽 비장 아래쪽 위 밖에서 작용

617 판비준본개(版泌準本開)자등명 版 담틀 泌 세포에서 일정한 물질을 만들어 내보내다 準 평평하다 本 근본 開 통달하다 그 아래에서 작용

618 진강자탄견확(進强子彈絹擴)자등명 進 전진하다 强 힘이 있는 자 子 자식 彈 열매 絹 생명주 擴 넓히다 췌장 들어선 입구에서 작용

619 자굉자청무(子轟子淸巫)자등명 子 자식 轟 수레의 요란한 소리 自 몸 소 淸 사념(邪念)이 없다 巫 의사 췌장 그 앞에서 작용

620 탁곡불토근축(濁穀佛吐近畜)자등명 濁 흐리게 하다 穀 착하다 佛 확연히 구별하기 어렵다 吐 털어놓다 近 알기 쉽다. 畜 비축하다 췌장 그 앞에서 작용

621 김탈맥영계(金脫脈瑩計)자등명 金 황금 脫 옷을 벗다 脈 수로 瑩 거울같이 맑다 計 경영 췌장 그 앞에서 작용

622 창긴전진균(窓緊顚進均)자등명 窓 굴뚝 緊 오그라지다 顚 산정 進
전진하다 均 평평하다 췌장 그 앞에서 작용

623 장준과선계(張遵科腺系)자등명 張 넓히다 遵 복종하다 科 품등 腺 생
물체 안에 있어 분비작용 하는 기관 系 이어지다 췌장 아래쪽 12지장 밖 왼
쪽에서 작용

624 토모언뇌각(吐謀焉惱却)자등명 吐 드러내다 謀 헤아리다 焉 이 惱
괴로움 却 물러나다 12지장 그 밑에서 작용

625 근독주강포(近獨住强泡)자등명 近 알기 쉽다 獨 홀몸 住 거처 强 힘
이 있는 자 泡 성하다 위 밖 왼쪽 12지장 지나서 그 밑에서 작용

626 궁백자무주(躬佰子巫住)자등명
躬 몸소 佰 일백 子 자식 巫 의사 住 거처 그 아래에서 작용

627 개재감미토(皆在減尾吐)자등명 皆 함께 在 제 멋대로 하다 減 수량을
적게 하다 尾 꼬리 吐 털어놓다 그 아래에서 작용

628 사증관심주(詞贈觀沈住)자등명 詞 알리다 贈 선물하다 觀 자세히 보
다 沈 잠기다 住 거처 그 아래에서 작용

629 잔공부귀공(殘工符歸工)자등명 殘 해롭게 하다 工 물건을 만드는 일
을 업으로 하는 사람 符 길조 歸 돌려보내다 工 교묘하다 그 아래에서 작용

630 은공윤덕진낙(殷工潤德進樂)자등명 殷 많다 工 물건을 만드는 일을 업으
로 하는 사람 潤 적시다 德 행위 進 전진하다 樂 좋아하다 그 아래에서 작용

631 미태사동공(尾態事動工)자등명 尾 꼬리 態 짓 事 전념하다 動 살다
工 물건을 만드는 일을 업으로 하는 사람 그 아래에서 작용

위(胃)에서 비장 췌장 소장 밖 왼쪽에서 작용하는 자등명

보공징곤화(寶空徵困和)자등명　　상공주감환(常空住減還)자등명
진약전누화(進藥傳漏化)자등명　　건지괴정감(健知怪精減)자등명

비장에서 작용

칠시칠상회(漆示漆常廻)자등명　　범장화일각(汎腸化壹却)자등명
누우황박자(漏遇惶博子)자등명　　보자탁감환(報子濁減還)자등명

비장 아래쪽 위 밖에서 작용

대주도시집고(對住渡示輯顧)자등명　　판비준본개(版泌準本開)자등명

췌장에서 작용

진강자탄견확(進强子彈絹擴)자등명　　자굉자청무(子轟子淸巫)자등명
탁곡불토근축(濁穀彿吐近畜)자등명　　김탈맥영계(金脫脈瑩計)자등명
창긴전진균(窓緊顚進均)자등명

12지장 밖에서 작용

장준과선계(張遵科腺系)자등명　　토모언뇌각(吐謀焉惱却)자등명

그 밑에서 작용

근독주강포(近獨住强泡)자등명　　궁백자무주(躬佰子巫住)자등명
개재감미토(皆在減尾吐)자등명　　사증관심주(詞贈觀沈住)자등명
잔공부귀공(殘工符歸工)자등명　　은공윤덕진낙(殷工潤德進樂)자등명
미태사동공(尾態事動工)자등명

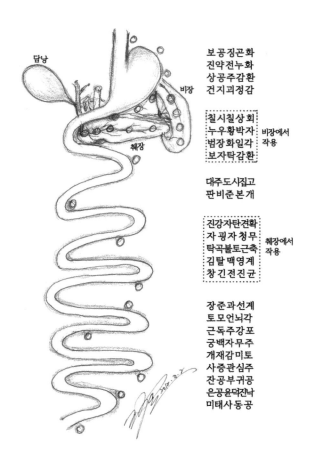

담낭

비장

췌장

보공징곤화
진약전누화
상공주감환
건지괴정감

칠시칠상회
누우황박자
범장화일각
보자탁감환

비장에서
작용

대주도사집고
판비준본개

진강자탄견화
자굉자청무
탁곡불토근축
김탈맥영계
창긴전진균

췌장에서
작용

장준과선계
토모언뇌각
근독주강포
궁백자무주
개재감미토
사중관심주
잔공부귀공
은공윤댁진낙
미태사동공

632 청목찬청공(淸沐燦晴工)자등명 淸 빛이 선명하다 沐 다스리다 燦 번
쩍번쩍하다 晴 하늘에 구름이 없다 工 물건을 만드는 일을 업으로 하는 사람
대장 시작되는 오른쪽 소장에서 작용

633 정수정경공(淨洙汀涇工)자등명 淨 맑다 洙 사수의 지류 汀 뜻을 이루지
못하다 涇 대변(大便) 工 물건을 만드는 일을 업으로 하는 사람 그 위에서 작용

634 여공온창공(濾工溫窓空)자등명 濾 맑게 하다 工 물건을 만드는 일을
업으로 하는 사람 溫 순수하다 窓 굴뚝 空 내실이 없다그 위에서 작용

635 청공수무공(淸工洙巫空)자등명 淸 빛이 선명하다 工 물건을 만드는 일을 업으로 하는 사람 洙 사수의 지류 巫 의사 空 내실이 없다 그 위에서 작용

636 여공중강공(濾工中强空)자등명 濾 맑게 하다 工 물건을 만드는 일을 업으로 하는 사람 中 마음 强 힘이 있는 자 空 내실이 없다 그 위에서 작용

637 봉탐잔공공(奉耽殘工空)자등명 奉 돕다 耽 귀가 크게 처지다 殘 해롭게 하다 工 물건을 만드는 일을 업으로 하는 사람 空 내실이 없다 그 위에서 작용

638 일필수항공(壹泌洙沆工)자등명 壹 오로지 泌 세포에서 일정한 물질을 만들어 내보내다 洙 사수의 지류 沆 괴어 있는 물 工 물건을 만드는 일을 업으로 하는 사람 그 위에서 작용

639 천황지황아(天惶知煌我)자등명 天 천체의 운항 惶 황공해 하다 知 분별하다 煌 사물의 모양 我 외고집 담낭 입구에서 작용

640 우황당축탕(宇皇堂畜蕩)자등명 宇 처마 皇 만물의 주재자 堂 평평하다 畜 모으다 蕩 씻어버리다 담낭 안에서 작용

641 개자홍필공(開子興泌工)자등명 開 열리다 子 자식 興 일으키다 泌 세포에서 일정한 물질을 만들어 내보내다 工 물건을 만드는 일을 업으로 하는 사람 담낭 그 안에서 작용

642 축공불투회(畜工佛鬪回)자등명 畜 모으다 工 물건을 만드는 일을 업으로 하는 사람 佛 확연히 구별하기 어렵다 鬪 싸우게 하다 回 돌리다 담낭 그 안에서 작용

643 미아추황첨(微我推惶沾)자등명 微 많지 않다 我 외고집 推 변천하다 惶 당황하다 沾 첨가하다 위 아래쪽 오른쪽 밖에서 작용

644 단언침가통(團焉沈家桶)자등명 團 덩어리 焉 이 沈 잠기다 家 집안 桶 물건을 담는 그릇 그 위에서 작용

645 공투이건숙(空鬪理健宿)자등명 空 없다 鬪 싸우게 하다 理 처리하다
健 탐하다 宿 머무르다 그 위에서 작용

646 탄일태공석(彈佚胎工析)자등명 彈 열매 佚 숨다 胎 태아 工 물건을
만드는 일을 업으로 하는 사람 析 쪼개다 그 위에서 작용

647 작공감탐유(作空減耽有)자등명 作 일으키다 空 없다 減 수량을 적게
하다 耽 기쁨을 누리다 有 존재하다 그 위에서 작용

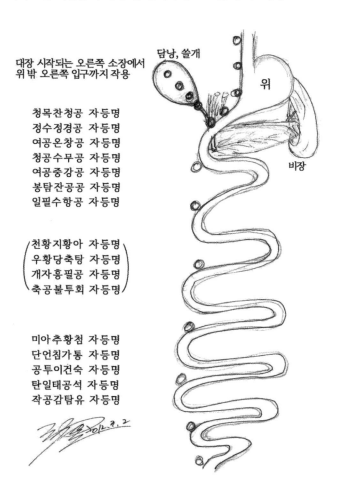

대장 시작되는 오른쪽 소장에서
위 밖 오른쪽 입구까지 작용

담낭, 쓸개

위

청목찬청공 자등명
정수정경공 자등명
여공온창공 자등명
청공수무공 자등명
여공중강공 자등명
봉탐잔공공 자등명
일필수항공 자등명

비장

천황지황아 자등명
우황당축탐 자등명
개자흥필공 자등명
축공불투회 자등명

미아추황첨 자등명
단언침가통 자등명
공투이건숙 자등명
탄일태공석 자등명
작공감탐유 자등명

대장 시작되는 오른쪽 소장에서 위 밖 오른쪽 입구까지 작용

청목찬청공(淸沐燦晴工)자등명   정수정경공(淨洙汀涇工)자등명
여공온창공(濾工溫窓空)자등명   청공수무공(淸工洙巫空)자등명
여공중강공(濾工中强空)자등명   봉탐잔공공(奉耽殘工空)자등명
일필수항공(壹泌洙沆工)자등명

담낭에서 작용

천황지황아(天惶知煌我)자등명   개자흥필공(開子興泌工)자등명
우황당축탕(宇皇堂畜蕩)자등명   축공불투회(畜工彿鬪回)자등명

담낭 위쪽 위 밖 오른쪽에서 작용

미아추황첨(微我推惶沾)자등명   탄일태공석(彈佚胎工析)자등명
단언침가통(團焉沈家桶)자등명   작공감탐유(作空減耽有)자등명
공투이건숙(空鬪理健宿)자등명

648 총결수강덕(叢結邃强德)자등명 叢 번잡하다 決 열매를 맺다 邃 성취
하다 强 힘이 있는 자 德 행위 갑상선 중앙에서 작용

649 만즉강건황(灣卽彊健惶)자등명 灣 육지로 쑥 들어온 바다의 부분 卽
가깝다 彊 서로 따르는 모양 健 탐하다 惶 당황하다 갑상선 왼쪽에서 작용

650 지변한공침(知邊沆工沈)자등명
知 분별하다 邊 근처 沆 넓은 모양 工 물건을 만드는 일을 업으로 하는 사람 沈
막히다 갑상선 왼쪽 그 위에서 작용

651 초가아탈혼(初家訝脫魂)자등명 初 비로소 家 집안 訝 서로 만나 놀라
다 脫 살이 빠지다 魂 사물의 모양 갑상선 오른쪽에서 작용

652 금친누가휴(今親累家休)자등명 今 이에 親 사이좋게 지내다 累 층
家 집안 休 그만두다 갑상선 오른쪽 그 위에서 작용

갑상선에서 작용하는 자등명

총결수강덕(叢結邃强德)자등명   만즉강건황(灣卽彊健惶)자등명
지변한공침(知邊沆工沈)자등명   초가아탈혼(初家訝脫魂)자등명
금친누가휴(今親累家休)자등명

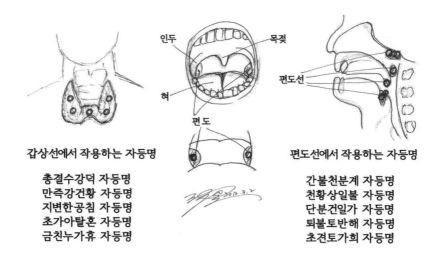

갑상선에서 작용하는 자등명   편도선에서 작용하는 자등명

총결수강덕 자등명   간불천분계 자등명
만즉강건황 자등명   천황상일불 자등명
지변한공침 자등명   단분건일가 자등명
초가아탈혼 자등명   퇴불토반해 자등명
금친누가휴 자등명   초견토가희 자등명

653 간불천분계(間不天憤系)자등명 間 틈 不 말라 天 천체의 운행 憤 괴로워하다 系 이어지다 편도선 맨 아래 왼쪽에서 작용

654 천황상일불(天況常佚不)자등명 天 천체의 운행 況 이에 常 불변의 도 佚 편안하다 不 말라 편도선 맨 아래 오른쪽에서 작용

655 단분건일가(團憤健佚家)자등명 團 모이다 憤 성을 내다 健 튼튼하다 佚 편안하다 家 집안 그 위 편도선에서 작용

656 퇴불토반해(堆不吐般解)자등명
堆 두다 不 말라 吐 털어놓다 般 옮다 解 해부하다 그 위 편도선에서 작용

657 초견토가희(初見吐家喜)자등명 初 처음의 見 눈으로 보다 吐 드러내다 家 집안 喜 즐거워하다 맨 위 편도선에서 작용

편도선에서 작용하는 자등명

간불천분계(間不天憤系)자등명   천황상일불(天況常佚不)자등명
단분건일가(團憤健佚家)자등명   퇴불토반해(堆不吐般解)자등명
초견토가희(初見吐家喜)자등명

658 적간탈금강(適間脫今彊)자등명 適 도달하다 間 틈 脫 여위다 今1에 (사물을 가리키는 말) 彊 서로 따르는 모양 코 속에서 작용

659 건주가환보(健住家還寶)자등명 健 탐하다 住 거처 家 집안 還 뒤돌아 보다 寶 보배롭게 여기다 코에서 작용

660 금춘헌무혼(今春獻巫混)자등명 今 이 春 남녀의 정 獻 나아가다 巫 의사 混 섞다 양 눈 사이 코가 시작되는 곳에서 시작

코에서 작용하는 자등명

적간탈금강(適間脫今彊)자등명   건주가환보(健住家還寶)자등명
금춘헌무혼(今春獻巫混)자등명

661 태비탁감초(太泌濁減初)자등명   太 매우 泌 세포에서 일정한 물질을 만들어 내보내다 濁 흐리게 하다 減 수량을 적게 하다 初 처음의 왼쪽 눈 청명 있는데서 작용

662 정철견천공(汀哲見泉工)자등명 汀 뜻을 이루지 못하다 哲 도리나 사리에 밝은 사람 見 생각해 보다 泉 땅속에서 솟는 물 工 물건을 만드는 일을 업으로 하는 사람 왼쪽 눈 중앙에서 작용

663 정흥혼변진(精興魂邊進)자등명
精 찧다 興 일으키다 魂 생각 邊 일대 進 힘쓰다 왼쪽 눈 바깥쪽에서 작용

664 이계팔군환(理界捌君還)자등명 理 처리하다 界 경계를 접하다 捌 처부수다 君 주권자 還 뒤돌아 보다 오른쪽 눈 청명 있는데서 작용

665 이공정궤자(理工精櫃子)자등명 理 처리하다 工 물건을 만드는 일을 업으로 하는 사람 精 찧다 櫃 궤 子 자식 오른쪽 눈 중앙에서 작용

666 결옹필신현(決擁泌神賢)자등명 決 제방이 무너져 물이 넘쳐흐르다 擁 끌어안다 泌 세포에서 일정한 물질을 만들어 내보내다 神 불가사의 한 것 賢 재지가 있고 덕행이 뛰어난 사람 오른쪽 눈 바깥쪽에서 작용

눈에서 작용하는 자등명

태비탁감초(太泌濁減初)자등명   정철견천공(汀哲見泉工)자등명
정홍혼변진(精興魂邊進)자등명   이계팔군환(理界捌君還)자등명
이공정궤자(理工精櫃子)자등명   결옹필신현(決擁泌神賢)자등명

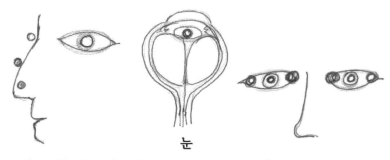

눈

코에서 작용하는 자등명

적간탈금강 자등명
건주가환보 자등명
금춘헌무혼 자등명

눈에서 작용하는 자등명

태비탁감초 자등명
정철견천공 자등명
정홍혼변진 자등명
이계팔군환 자등명
이공정궤자 자등명
결옹필신현 자등명

667 계뇌천착완(界腦天着完)자등명 界 경계를 접하다 腦 정신 天 천체의 운행 着 옷을 입다 完 일을 완결 짓다 인당 위 이마에서 작용

668 **최병조능합(最炳照能合)자등명** 最 최상 炳 빛나다 照 비치다 能 미치다 合 여럿이 모여 하나가 되다 전정입구에서 작용

669 **비이회안좌(泌理回岸坐)자등명** 泌 세포에서 일정한 물질을 만들어 내보내다 理 재판하다 回 돌리다 岸 기슭 坐 아무 일도 하지 않고서 백회 입구에서 작용

670 **전최비천유(專最泌天有)자등명** 專 오로지 最 모두 泌 세포에서 일정한 물질을 만들어 내보내다 天 천체의 운행 有 존재하다 명신(정수리) 입구에서 작용

이마에 명신(정수리)입구까지 작용

계뇌천착완(界腦天着完)자등명   최병조능합(最炳照能合)자등명
비이회안좌(泌理回岸坐)자등명   전최비천유(專最泌天有)자등명

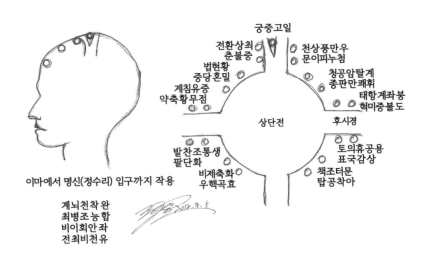

궁중고일

전환상최
춘불중

천상풍만우
문이피누첨

법현항
중당혼밀

청공암탈계
종판만쾌휘

계침유증
약축황무첨

태항계좌봉
혁미중불도

상단전   후시경

발찬조통생
팔단화

토의휴공용
표국감상

비제축화
우핵곡효

책조터문
탑공착아

이마에서 명신(정수리) 입구까지 작용

계뇌천착완
최병조능합
비이회안좌
전최비천유

아래 자등명들은 상단전 명신(정수리)통로 밖 왼쪽에서 작용해서 백회와 정수리 사이에서 빙 둘러 작용

671 천상풍만우(天常品萬宇)자등명 天 천체의 운행 常 불변의 도 品 품별을 하다 萬 수의 많음을 나타내는 말 宇 지붕 명신(정수리) 들어와 좌측에서 작용

672 문이피누첨(門理皮漏添)자등명
門 출입문 理 통하다 皮 껍질 漏 스며들다 添 보태다 그 아래에서 작용

천상풍만우(天常品萬宇)자등명   문이피누첨(門理皮漏添)자등명

673 청공암탈계(淸空暗脫界)자등명 淸 빛이 선명하다 空 부질없이 暗 사리에 어둡다 脫 껍질을 벗기다 界 이웃하다 그 아래 둘레에서 작용

674 종판만쾌휘(宗終漫快輝)자등명 宗 우두머리 終 극에 이르다 漫 흩어지다 快 상쾌하다 輝 광채를 발하다 그 아래 둘레 아래에서 작용

청공암탈계(淸空暗脫界)자등명   종판만쾌휘(宗終漫快輝)자등명

675 태항계좌붕(態桁界左棚)자등명 態 모양 桁 서까래를 받치기 위해 기둥과 기둥 위에 걸쳐 놓은 나무 界 경계 左 왼쪽 棚 시렁이나 선반과 같은 모양을 한 것. 그 아래 후시경으로 향하는 곳에서 작용

676 혁미중불도(革尾中不渡)자등명
革 피부 尾 등뒤 中 치우지지 아니하다 不 말라 渡 지나가다 그 뒤에서 작용

태항계좌붕(態桁界左棚)자등명   혁미중불도(革尾中不渡)자등명

677 토의휴공용(吐意休工用)자등명 吐 털어놓다 意 생각하다 休 그만두다 工 물건을 만드는 일을 업으로 하는 사람 用 행하다 그 아래쪽에서 작용

678 표국감상(表局甘祥)자등명 表 나타나다 局 일이 벌어지는 형편이나 장면 甘 상쾌하다 祥 상서롭다 복 그 앞에서 작용

토의휴공용(吐意休工用)자등명   표국감상(表局甘祥)자등명

679 책조터문(柵照攄門)자등명
柵 성채 照 비치다 攄 생각이나 말을 늘어놓다 門 문전 그 아래쪽에서 작용

680 탑공착아(榻空着我)자등명 榻 좁고 길게 만든 평상 임금의 의자 空 모
자라다 着 입다 我 외고집 그 아래쪽에서 작용

책조터문(柵照攄門)자등명   탑공착아(榻空着我)자등명

681 비제축화(泌提畜和)자등명 泌 세포에서 일정한 물질을 만들어 내보내
다 提 끌어 일으키다 畜 비축하다 和 서로 응하다 건너뛰어서 작용

682 우핵곡효(右核鵠曉)자등명 右 오른쪽 核 줄건의 중심이 되는 알갱이
핵 鵠 흰빛 曉 환하다 그 앞에서 작용

비제축화(泌提畜和)자등명   우핵곡효(右核鵠曉)자등명

683 발찬조통생(發燦照通生)자등명 發 떠나다 燦 번쩍번쩍하다 照 비치다
通 꿰뚫다 生 태어나다 그 앞에서 작용

684 팔단화(叭團和)자등명 叭 입을 벌리다 團 덩어리 和 서로 응하다
그 앞에서 작용

발찬조통생(發燦照通生)자등명   팔단화(叭團和)자등명

685 전환상최(傳還祥最)자등명 傳 보내다 還 돌려보내다 祥 상서롭다 最
제일 건너뛰어서 작용

686 춘불중(春彿中)자등명 春 젊은 때 彿 확연히 구별하기 어렵다 中 치우
치지 아니하다 그 뒤에서 작용

전환상최(傳還祥最)자등명   춘불중(春彿中)자등명

687 법현황(法賢晃)자등명 法 법을 지키다 賢 재지가 있고 덕행이 뛰어난 사람 晃 빛나다 그 위에서 작용

688 중당혼밀(中當混密)자등명 中 치우치지 아니하다 當 균형 있다. 混 합하다 密 깊숙하다 그 위에서 작용

법현황(法賢晃)자등명   중당혼밀(中當混密)자등명

689 계침유중(界浸有中)자등명 界 경계를 접하다 浸 스며들다 有 존재하다 中 치우치지 아니하다 그 위에서 작용

690 약축황무점(藥畜晃巫占)자등명 藥 치료하다 畜 비축하다 晃 빛나다 巫 의사 占 수호하다 그 위에서 작용

계침유중(界浸有中)자등명   약축황무점(藥畜晃巫占)자등명

691 궁중고일(宮仲高壹)자등명 宮 장원(墙垣) 仲 가운데 高 높아지다 壹 오로지 명신(정수리)있는 곳에서 작용

궁중고일(宮仲高壹)자등명

아래 자등명들은 상단전에서 중단전으로 내려오는 통로 밖에서 빙 둘러서 작용

692 지생통(知生通)자등명
상단전에서 내려오는 통로 밖 왼쪽 첫 번째에서 작용

693 구형연(究形宴)자등명
究 극(極) 形 형세 宴 즐기다 그 아래에서 작용

694 추서종광(推敍宗光)자등명
推 추천하다 敍 차례대로 행하다 宗 일의 근원 光 빛나다 그 아래에서 작용

695 실탄공연(實歎工燃)자등명 實 가득 차다 歎 한숨 쉬다 工 물건을 만드
는 일을 업으로 하는 사람 燃 타다 그 아래에서 작용

696 계언휘(界焉輝)자등명 界 경계를 접하다 焉 이 輝 광채를 발하다
그 아래에서 작용

697 상폭미강원(祥爆彌强元)자등명
祥 좋다 爆 태우다 彌 오래다 强 힘이 있는 자 元 근본 그 아래에서 작용

지생통(知生通)자등명　　　　　구형연(究形宴)자등명
추서종광(推敍宗光)자등명　　　실탄공연(實歎工燃)자등명
계언휘(界焉輝)자등명　　　　　상폭미강원(祥爆彌强元)자등명

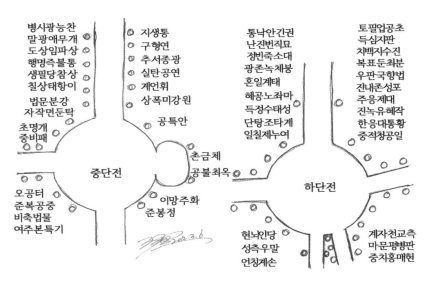

698 공특안(恭特安)자등명 恭 조심하다 特 한 마리의 희생 安 즐거움에 빠
지다 그 아래 둘레에서 작용
공특안(恭特安)자등명

699 촌금체(寸今切)자등명 寸 길이의 단위 今 이에(사물을 가리키는 말)
切 바로 잡다 업식덩어리가 들어 있는 밖에서 작용

700 공불최옥(恭不最屋)자등명 恭 직분을 나누다 不 말라(금지의 뜻) 最 최상 屋 덮개 업식덩어리가 들어 있는 밖 그 아래에서 작용

촌금체(寸今切)자등명   공불최옥(恭不最屋)자등명

701 이망주화(理望住禍)자등명 理 통하다 望 향하여보다 住 살고 있는 사람 禍 재화를 내리다 그 아래에서 작용

702 준봉정(準逢靖)자등명
準 평평하다 逢 영합하다 靖 고요하다 그 아래에서 작용

이망주화(理望住禍)자등명   준봉정(準逢靖)자등명

703 오공터(吾工攄)자등명 吾 자신 工 물건을 만드는 일을 업으로 하는 사람 攄 생각이나 말을 늘어놓다 건너뛰어서 오른쪽에서 작용

704 준복공중(準復工仲)자등명 準 법 復 돌려보내다 工 물건을 만드는 일을 업으로 하는 사람 仲 가운데 그 위에서 작용

오공터(吾工攄)자등명   준복공중(準復工仲)자등명

705 비축법물(泌畜法物)자등명 泌 세포에서 일정한 물질을 만들어 내보내다 畜 비축하다 法 도리 物 만물 그 위 옆에서 작용

706 여주본특기(餘住本特氣)자등명 餘 여유가 있다 住 살고 있는 사람 本 근본 特 한 마리의 희생 氣 공기 그 앞에서 작용

비축법물(泌畜法物)자등명   여주본특기(餘住本特氣)자등명

707 초명개(礎命開)자등명
礎 주춧돌 命 명하다 開 통하다 건너뛰어서 앞에서 작용

708 중비패(中泌覇)자등명 中 치우치지 아니하다 泌 세포에서 일정한 물질
을 만들어 내보내다 覇 으뜸 그 뒤에서 작용

초명개(礎命開)자등명   중비패(中泌覇)자등명

709 법문분강(法門噴講)자등명
法 도리 門 출입문 噴 뿜어내다 講 풀이하다 그 위에서 작용

710 자작면둔탁(自作面屯濯)자등명
自 몸소 作 일어나다 面 표면 屯 진 濯 빛나다 그 위에서 작용

법문분강(法門噴講)자등명   자작면둔탁(自作面屯濯)자등명

711 병시광능찬(炳是光能讚)자등명 炳 빛나다 是 옳다고 하다 光 빛나다
能 잘하다 讚 명확히 하다 그 위에서 작용

712 말광애무개(末光愛巫開)자등명 末 나무 끝 光 빛나다 愛 친밀하게
대하다 巫 의사 開 통하다 그 위에서 작용

713 도상임파상(渡祥林波常)자등명 渡 물을 건너다 祥 상서롭다 林 사
물이 많이 모이는 곳 波 물결이 일다 常 불변의 도 그 위에서 작용

714 행명즉불통(行命卽不通)자등명
行 나아가다 命 명하다 卽 곧 不 아니다 通 통하다 그 위에서 작용

715 생필당참상(生泌當斬祥)자등명 生 태어나다 泌 세포에서 일정한 물질
을 만들어 내보내다 當 대하다 斬 끊어지다 祥 상서롭다 그 위에서 작용

716 칠상태항이(漆祥態項理)자등명
漆 검은 칠 祥 상서롭다 態 짓 項 크다 理 통하다 그 위에서 작용

병시광능찬(炳是光能讚)자등명   행명즉불통(行命卽不通)자등명

말광애무개(末光愛巫開)자등명   생필당참상(生泌當斬祥)자등명

도상임파상(渡祥林波常)자등명   칠상태항이(漆祥態項理)자등명

아래 자등명들은 중단전에서 하단전으로 내려오는 통로 밖에서 빙 둘러서 작용

717 통낙안긴권(通樂安緊券)자등명 通 꿰뚫다 樂 좋아하다 安 즐거움에 빠지다 緊 감기다 券 확실하다 중단전에서 하단전으로 내려오는 통로 밖 왼쪽에서 작용

통낙안긴권(通樂安緊券)자등명

718 정빈죽소대(定濱粥昭對)자등명 定 정해지다 濱 임박하다 粥 사물의 모양 昭 밝게 對 대하다 내려와서 하단전 둘레 왼쪽에서 작용

719 난진번직묘(煖進繁織妙)자등명 煖 따뜻하게 하다 進 힘쓰다 繁 뒤섞이다 織 조직하다 妙 묘하다 그 아래에서 작용

난진번직묘(煖進繁織妙)자등명   정빈죽소대(定濱粥昭對)자등명

720 치백지수진(治魄知首進)자등명 2011. 10. 3
治 바로 잡다 魄 달빛 知 기억하다 首 먼저 進 힘쓰다 명문통로 위에서 작용

721 복표둔최분(復漂鈍最奮)자등명 復 돌려보내다 漂 물결에 떠서 흐르다 鈍 완고하고 둔하다 最 모두 奮 뿜어내다 그 앞에서 작용

치백지수진(治魄知首進)자등명   복표둔최분(復漂鈍最奮)자등명

722 토필업공초(吐泌業工初)자등명 吐 드러내다 泌 세포에서 일정한 물질을 만들어 내보내다 業 일 工 물건을 만드는 일을 업으로 하는 사람 初 첫 명문통로 아래쪽 앞에서 작용

723 득심지판(得沈知辦)자등명

得 이익 沈 즙을 내다 知 기억하다 辦 주관(主管)하다 그 뒤에서 작용

토필업공초(吐泌業工初)자등명   득심지판(得沈知辦)자등명

724 우판국향법(宇辦局餉法)자등명 宇 처마 辦 주관하다 局 일이 벌어지
는 형편이나 장면 餉 건량 法 도리 그 아래에서 작용

725 진내존성포(進奈存成抛)자등명   進 힘쓰다 奈 어찌할꼬 存 가엾게
여기다 成 정하여지다 抛 내버리다 그 아래에서 작용

우판국향법(宇辦局餉法)자등명   진내존성포(進奈存成抛)자등명

726 주응제대(住應諸大)자등명 住 살고 있는 사람 應 거두어 가지다 諸 여
러 大 넓다 회음 통로 밖 왼쪽에서 작용

727 진녹유혜작(進祿惟慧作)자등명
進 힘쓰다 祿 행복 惟 꾀하다 慧 사리에 밝다 作 일으키다 그 앞에서 작용

주응제대(住應諸大)자등명   진녹유혜작(進祿惟慧作)자등명

728 한응대통황(閑凝對通煌)자등명 閑 문지방 凝 심하다 對 대하다 通 두
루 미치다 煌 사물의 모양 회음 통로 밖 오른쪽 앞에서 작용

729 중적청공일(仲迹淸恭佚)자등명
仲 가운데 迹 행적 淸 빛이 선명하다 恭 삼가다 佚 숨다 그 안쪽에서 작용

한응대통황(閑凝對通煌)자등명   중적청공일(仲迹淸恭佚)자등명

730 계자천교측(界子泉交測)자등명 界 경계를 접하다 子 자식 泉 땅속에
서 솟는 물 交 주고받고 하다 測 헤아리다 그 안에서 작용

계자천교측(界子泉交測)자등명

- 381 -

731 마문평병판(摩門評炳版)자등명 摩 비비다 門 출입문 評 됨됨이를 평
하다 炳 단청색 版 담틀 생식기로 내려가는 통로 왼쪽에서 작용

마문평병판(摩門評炳版)자등명

732 중치홍매현(仲置弘賣賢)자등명
仲 가운데 置 버리다 弘 넓히다 賣 내통하다 賢 재지가 있고 덕행이 뛰어난 사람
생식기로 내려가는 통로 오른쪽에서 작용

중치홍매현(仲置弘賣賢)자등명

733 단탕조타계(斷宕照打界)자등명 斷 절단하다 宕 대범하다 照 비치다
打 공격하다 界 경계를 접하다 오른쪽 둘레에서 작용

734 일칠제누여(佚漆提漏如)자등명 佚 숨다 漆 검은 칠 提 끌어 일으키
다 漏 틈으로 나타나다 如 따르다 그 위에서 작용

단탕조타계(斷宕照打界)자등명   일칠제누여(佚漆提漏如)자등명

735 혜공노좌마(慧恭勞座摩)자등명 慧 교활하다 恭 직분을 다하다 勞 힘
쓰다 座 자리 摩 어루만지다 앞으로 향하는 통로 아래쪽에서 작용

736 득정수태성(得政綏態性)자등명 得 이익 政 부정(不正)을 바로 잡다
綏 인끈 態 몸짓 性 생명 그 앞에서 작용

혜공노좌마(慧恭勞座摩)자등명   득정수태성(得政綏態性)자등명

737 광존녹체붕(廣存祿切朋)자등명 廣 넓어지다 存 가엾게 여기다 祿 행
복 切 바로 잡다 朋 친구 앞으로 향하는 통로 위 앞쪽에서 작용

738 혼일계태(混佚界態)자등명
混 혼탁하다 佚 숨다 界 경계 態 몸짓 그 뒤에서 작용

광존녹체붕(廣存祿切朋)자등명   혼일계태(混佚界態)자등명

739 성측우말(性測宇末)자등명 性 성질 測 헤아리다 宇 지붕 末 서있는 물건의 꼭대기 그 위 둘레에서 작용

740 언칭계손(焉稱界損)자등명
焉 이에 稱 부르다 界 경계 損 줄다 그 위에서 작용

성측우말(性測宇末)자등명   언칭계손(焉稱界損)자등명

741 현뇌인당(現雷因當)자등명
現 나타내다 雷 큰 소리의 형용 因 원인을 이루는 근본 當 균형 있다
중단전에서 하단전으로 내려오는 통로 밖 오른쪽에서 작용

현뇌인당(現雷因當)자등명

742 제변행사(濟變行詞)자등명 濟 빈곤이나 어려움에서 구제하다 變 변해가다 行 달아나다 詞 고하다 왼쪽팔꿈치에서 작용

743 의맹파하(意猛波下)자등명
意 정취 猛 잔혹하다 波 파도가 일어나다 下 아랫사람 왼쪽팔꿈치에서 작용

744 산주확계(産住確系)자등명
産 만들어내다 住 거처 確 확실하다 系 이어지다 왼쪽팔꿈치에서 작용

745 패귀준안(覇歸準安)자등명
覇 으뜸 歸 돌려보내다 準 평평하다 安 좋아하다 왼쪽팔꿈치에서 작용

746 통식진화(通式進和)자등명
通 꿰뚫다 式 본받다 進 힘쓰다 和 서로 응하다 왼쪽팔꿈치에서 작용

왼쪽팔꿈치 인대에서 작용

제변행사(濟變行詞)자등명   의맹파하(意猛波下)자등명
산주확계(産住確系)자등명   패귀준안(覇歸準安)자등명
통식진화(通式進和)자등명

747 언작변경(偃作邊傾)자등명
偃 드리워지다 作 일어나다 邊 근처 傾 뒤집히다 오른쪽팔꿈치에서 작용

748 존귀전환(存歸專煥)자등명 存 안부를 묻다 歸 돌려보내다 專 섞이지
아니하다 煥 문채있는 모양 오른쪽팔꿈치에서 작용

749 재반은현(在般垠炫)자등명
在 제 멋대로 하다 般 옮다 垠 낭떠러지 炫 자랑하다 오른쪽팔꿈치에서 작용

750 수돈최계(首頓最界)자등명 首 시초(始初) 頓 깨지다 最 모조리 界 경
계를 접하다 오른쪽팔꿈치 인대에서 작용

751 자정목통(子整穆通)자등명 子 맏아들 整 가지런히 하다 穆 공경하다
通 꿰뚫다 오른쪽팔꿈치 인대에서 작용

오른쪽팔꿈치 인대에서 작용

언작변경(偃作邊傾)자등명   존귀전환(存歸專煥)자등명
재반은현(在般垠炫)자등명   수돈최계(首頓最界)자등명
자정목통(子整穆通)자등명

752 사자만초(寺子漫初)자등명 寺 관청 子 맏아들 漫 흩어지다 初 처음의
육체 생식기 아래 땅 밑에서 작용

753 분정통환(紛定通絿)자등명 紛 섞이다 定 정해지다 通 두루 미치다
絿 포개지다 땅 속 그 위에서 작용

754 과언계일(寡偃系佚)자등명 寡 임금이 자기 자신을 일컫는 겸칭 偃 넘
어지다 系 이어지다 佚 숨다 땅 속 그 위에서 작용

755 백통내혜(魄通奈慧)자등명 魄 형체 通 꿰뚫다 奈 어찌할꼬 慧 사리
에 밝다 그 위 땅 위에서 작용

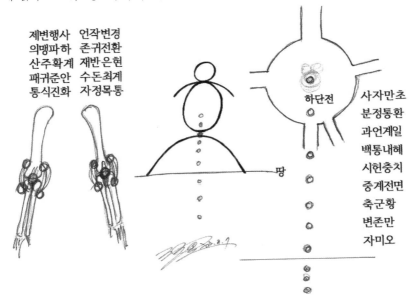

제변행사 언작변경
의맹파하 존귀전환
산주확계 재반은현
패귀준안 수돈최계
통식진화 자정목통

하단전

땅

사자만초
분정통환
과언계일
백통내혜
시헌충치
중계전면
축군황
변존만
자미오

756 시헌충치(始獻充癡)자등명
始 시작하다 獻 나아가다 充 덮다 癡 미치광이 그 위에서 작용

757 중계전면(仲系傳眠)자등명
仲 가운데 系 이어지다 傳 보내다 眠 지각이 없다 그 위에서 작용

758 축군황(畜群惶)자등명
畜 쌓이다 群 떼 惶 당황하다 그 위에서 작용

759 변존만(邊存灣)자등명 邊 가장자리 存 가엾게 여기다 灣 육지로 쑥 들
어온 바다의 부분 그 위에서 작용

760 자미오(子彌悟)자등명 2011. 10. 4
子 맏아들 彌 오래다 悟 진리를 체득하다 그 위 하단전 중심에서 작용

무한대를 뚫고 올라간 동그란 원형의 자등명 주변에 있는 174개의 자등명 이름들
가까운 것에서부터 먼 것으로....

1 측매연급초건팽(測昧燃級初健膨)자등명 測 맑다 昧 어리석다 燃 타다
級 순서 初 처음의 健 탐하다 膨 부풀다 중단전에서 작용(精)

측매연급초건팽(測昧燃級初健膨)자등명

2 지금현백조남혜(知今現魄造藍慧)자등명 知 분별하다 今 이에(사물을 가
리키는 말) 現 밝다 魄 형체 造 꾸미다 藍 누더기 慧 교활하다
상단전에서 작용(神)

지금현백조남혜(知今現魄造藍慧)자등명

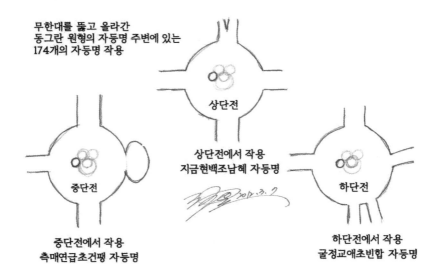

무한대를 뚫고 올라간
동그란 원형의 자등명 주변에 있는
174개의 자등명 작용

상단전

상단전에서 작용
지금현백조남혜 자등명

중단전

중단전에서 작용
측매연급초건팽 자등명

하단전

하단전에서 작용
굴정교애초빈합 자등명

3 굴정교애초빈합(屈淨校碍初賓合)자등명 屈 물러나다 淨 맑다 校 가르치다 碍 한정하다 初 비로소 賓 손으로 대우하다 合 여럿이 모여 하나가 되다
하단전에서 작용(氣)

굴정교애초빈합(屈淨校碍初賓合)자등명

4 공우법정비투화(公宇法精泌鬪和)자등명 公 숨김없이 드러내 놓다 宇 처마 法 품등(品騰) 精 찧다 泌 세포에서 일정한 물질을 만들어 내보내다 鬪 싸우게 하다 和 서로 응하다 중단전 마음에서 작용 10중1

5 연전피곤쾌화어(然全彼昆快和瘀)자등명 然 그리하여 全 온전하게 하다 彼 저사람 快 병세가 좋아지다 和 서로 응하다 瘀 어혈 마음에서 작용 10중2

6 약천악토무호언(藥天渥吐巫乎偃)자등명 藥 치료하다 天 천체의 운행 渥 마음 씀씀이가 살뜰하다 吐 드러내다 巫 의사 乎 ~로다 偃 드리워지다
마음에서 작용 10중3

7 하상의파다척관(下常意波多尺關)자등명 下 아랫사람 常 사람으로서 행해야할 도 意 생각하다 波 물결이 일다. 多 도량이 넓다 尺 법도 關 기관(機關)
10중4

8 증태기취부타양(增態氣取否打陽)자등명 增 더하다 態 몸짓 氣 공기 取 의지하다 否 부정하다 打 공격하다 陽 밝다 10중5

9 우팽귀토혼매통(宇澎歸吐混賣通)자등명 宇 처마 澎 물소리 歸 돌려보내다 吐 털어놓다 混 합하다 賣 내통하다 通 꿰뚫다 10중6

10 화엄탄궁타불학(和儼炭宮他不學)자등명 和 서로 응하다 儼 공손하다 炭 재 宮 위요(圍繞)하다 他 그이 不 말라 學 학문 10중7

11 광부포송즉단정(光部包送則斷淨)자등명 光 빛나다 部 분류(分類) 包 꾸러미를 세는 수사 送 물품을 보내다 則 본받다 斷 쪼개다 淨 깨끗이 하다
10중8

12 미선천분친일표(微線天紛親壹標)자등명 微 자질구레하다 線 실 天 천체 紛 어지러워진 모양 親 사이좋게 지내다 壹 한결같이 標 사물의 말단 10중9

13 보연층민토상계(寶然層旼吐想界)자등명 寶 보배롭게 여기다 然 그렇다고 여기다 層 계단 旼 화락하다 吐 드러내다 想 모양 界 경계를 접하다 10중10

명신에서 생식기 일직선상으로 내려오는 중단전 자등명 앞에서 작용

공우법정비투화(公宇法精泌鬪和)자등명
연전피곤쾌화어(然全彼昆快和瘀)자등명
약천악토무호언(藥天渥吐巫乎偃)자등명
하상의파다척관(下常意波多尺關)자등명
증태기취부타양(增態氣取否打陽)자등명
우팽귀토혼매통(宇澎歸吐混賣通)자등명

그 앞에서 작용

화엄탄궁타불학(和儼炭宮他不學)자등명
광부포송즉단정(光部包送則斷淨)자등명
미선천분친일표(微線天紛親壹標)자등명
보연층민토상계(寶然層旼吐想界)자등명

14 장녹제교택청소(長祿諸交澤淸召)자등명 長 오래도록 祿 행복 諸 여러 交 주고받고 하다 澤 윤이 나다 淸 빛이 선명하다 召 어떤 결과를 가져오게 하다 하단전 쪽에서 작용 10중1

15 금팔당혼시마(今捌當混示摩)자등명 今 이에(사물을 가리키는 말) 捌 쳐부수다 當 균형 있다. 混 합하다 示 가르치다 摩 쓰다듬다 10중2

16 행사정고일기환(行思精告佚氣還)자등명 行 나아가다 思 생각 精 자세
하다 告 안부를 묻다 佚 숨다 氣 숨 쉴 때 나오는 기운 還뒤돌아보다 10중3

17 요하동행간언호(療下動行刊偃呼)자등명 療 병을 고치다 下 아랫사람
動 살아나다 行 나아가다 刊 덜다 偃 드리워지다 呼 숨을 내쉬다 10중4

18 동오교파곤조귀(動悟敎波困造歸)자등명 動 살아나다 悟 진리를 체득
하다 敎 가르치다 波 물결이 일다 困 부족하다 造 꾸미다 歸 반환하다 10중5

19 진계조권투안거(進界造券投晏居)자등명 進 전진하다 界 경계를 접하
다 造 꾸미다 券 확실하다 投 증여하다 晏 하루해가 저물다 居 거주하다
10중6

20 초산초상택천색(初産初常澤天索)자등명 初 처음의 産 만들어 내다 初
첫 常 사람으로서 행해야 할 도 澤 윤이 나다 天 천체의 운행 索 새끼 꼬다
10중7

21 탁염만중궁포공(濁焰漫仲宮包恐)자등명
濁 흐림 焰 불꽃 漫 어지럽다 仲 가운데 宮 위요(圍繞)하다 包 보따리 恐 협박하
다 10중8

22 최축합누황불각(最畜合漏滉不覺)자등명
最 모두 畜 비축하다 合 여럿이 모여 하나가 되다 漏 틈으로 나타나다
滉 물이 깊고 넓다 不 말라 覺 깨닫게 하다 10중9

23 천급향귀천기축(泉級餉歸天氣畜)자등명
泉 땅 속에서 솟는 물 級 층계 餉 식사할 정도의 짧은 시간 歸 돌려보내다 天 천
체의 운행 氣 숨 쉴 때 나오는 기운 畜 비축하다 10중 10

명신에서 생식기 일직선상으로 내려오는 하단전 자등명 앞에서 작용

장녹제교택청소(長祿諸交澤淸召)자등명
금팔당혼시마(今捌當混示摩)자등명

행사정고일기환(行思精告佚氣還)자등명
요하동행간언호(療下動行刊偃呼)자등명
동오교파곤조귀(動悟教波困造歸)자등명
진계조권투안거(進界造券投晏居)자등명

그 앞에서 작용

초산초상택천색(初産初常澤天索)자등명
탁염만중궁포공(濁焰漫仲宮包恐)자등명
최축합누황불각(最畜合漏滉不覺)자등명
천급향귀천기축(泉級餉歸天氣畜)자등명

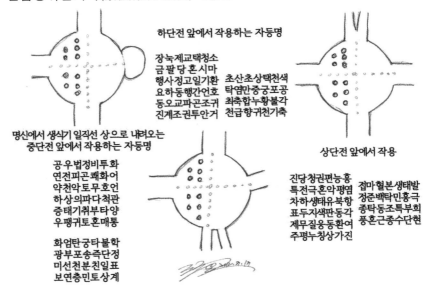

하단전 앞에서 작용하는 자등명

장눅제교택청소
금팔당혼시마
행사정고일기환
요하동행간언호
동오교파곤조귀
진계조권투안거

초산초상택천색
탁염만중궁포공
최축합누황불각
천급향귀천기축

명신에서 생식기 일직선 상으로 내려오는
중단전 앞에서 작용하는 자등명

상단전 앞에서 작용

공우법정비투화
연전피곤쾌화어
약천악토무호언
하상의파다척관
증태기취부타양
우팽귀토혼매통

화엄탄궁타불학
광부포송즉단정
미선천분친일표
보연충민토상계

진당청권편능흥
특전극혼악평염
차하생태유북항
표두지색판동각
제무질웅동환여
주평누칭상가진

접마혈본생태발
정준백탁민흥극
종탁동조특부희
풍흔근종수단현

24 진당청권편능흥(進當淸券片能興)자등명 進 움직이다. 當 균형 있다.
淸 빛이 선명하다 券 확실하다 片 납작한 조각을 세는 말 能 보통 정도이상으로
잘하다 興 일으키다 상단전에서 작용 10중1

25 특전극혼악평염(特專極混渥平焰)자등명 特 한 마리의 희생 專 마음대
로 極 남아 있지 않다. 混 혼탁하다 渥 마음 씀씀이가 살뜰하다 平 바르다 焰 불
꽃 10중2

26 차하생태유북항(次下生態有北抗)자등명 次 둘째 下 아랫사람 生 천생
으로 態 몸짓 有 소유물 北 달아나다 抗 두둔하다 10중3

27 표두지색판동각(票頭指索判動覺)자등명
票 흔들리는 모양 頭 맨앞 指 가리키다 索 다하다 判 구별하다 動 살다 覺 깨닫게
하다 10중4

28 제무질웅동환여(提巫質雄動還與)자등명 提 끌어 일으키다 巫 의사 質
꾸미지 않은 본연 그대로의 성질 雄 승리하다 動 살다 還 뒤돌아 보다 與 동아리
가 되다 10중5

29 주평누칭상가진(主平漏稱相價眞)자등명 主 임금 平 바르다 漏 비
밀이 드러나다 稱 부르다 相 자세히 보다 價 값있다. 眞 변하지 아니하다
10중6

30 접마혈본생태발(接摩穴本生態拔)자등명 接 교제하다 摩 연마하다 穴 구
덩이 本 근본 生 천생으로 態 몸짓 拔 공략하다 10중7

31 정준백탁민흥극(定準魄濁悶興極)자등명 定 정해지다 準 평평하다 魄
형체 濁 흐르게 하다 悶 깨닫지 못하다 興 일으키다 極 남아 있지 않다 10중8

32 종탁동조특부회(宗濁動造特否喜)자등명 宗 일의 근원 濁 흐리게 하다
動 살다 造 꾸미다 特 한 마리의 희생 否 부정하다 喜 즐거워하다 10중9

33 풍혼근종수단현(風混根宗遂斷現)자등명 風 바람이 불다 混 흐리다 根
뿌리째 뽑아 없애다 宗 일의 근원 遂 마치다 斷 절단하다 現 밝다 10중10

명신에서 생식기 일직선상으로 내려오는 상단전 자등명 앞에서 작용

진당청권편능흥(進當淸券片能興)자등명
특전극혼악평염(特專極混渥平焰)자등명
차하생태유북항(次下生態有北抗)자등명
표두지색판동각(票頭指索判動覺)자등명

제무질웅동환여(提巫質雄動還與)자등명
주평누칭상가진(主平漏稱相價眞)자등명

그 앞에서 작용

접마혈본생태발(接摩穴本生態拔)자등명
정준백탁민흥극(定準魄濁悶興極)자등명
종탁동조특부희(宗濁動造特否喜)자등명
풍혼근종수단현(風混根宗遂斷現)자등명

34 왕자마주빈할심(往子摩住貧轄沈)자등명
往 이따금 子 자식 摩 쓰다듬다 住 살고 있는 사람 貧 가난한 사람 轄 바퀴통과
굴대가 마찰되는 소리 沈 무엇에 마음이 쏠리어 헤어나지 못하다
하단전 중심축으로 해서 뒤쪽 아래쪽에서 작용 10중 1

35 도처본현비화안(道處本賢泌和安)자등명
道 근원 處 남아서 지키다 本 근본 賢 선량하다 泌 세포에서 일정한 물질을 만들
어 내보내다 和 서로 응하다 安 즐거움에 빠지다 그 위에서 작용 10중2

36 재목집말추남청(在牧集末推濫淸)자등명
在 제멋대로 하다 牧 마소를 놓아기르다 集 모으다 末 지엽(枝葉)
推 추천하다 濫 함부로 하다 淸 빛이 선명하다 그 위에서 작용 10중3

37 용총혈상절묘평(容總穴相絶妙平)자등명
容 몸가짐 總 통괄하다 穴 샘 相 자세히 보다 絶 사이를 띄우다
妙 나이가 20살 안팎이다 平 바르다 그 위에서 작용 10중4

38 영부처상최문호(永否處常最門呼)자등명
永 오래도록 否 부정하다 處 머물러 있다 常 불변의 도 最 모두 門 집안 呼 숨을
내쉬다 그 위에서 작용 10중5

39 조양연초하운언(造量然初何運偃)자등명
造 세우다 量 길이 然 그렇다고 여기다 初 처음의 何 무엇 運 회전하다 偃 드리
워지다 그 위에서 작용 10중6

40 품야파매쾌얼선(品若波昧快蘗腺)자등명 品 품별을 하다 若 이에 波
물결이 일다 昧 어리석다 快 병세가 좋아지다 蘗 그루터기에서 돋은 움 腺 생물체
안에서 분비작용을 하는 기관 그 뒤 맨 아래에서 작용 10중7

41 토화수학연제기(吐和須學然提氣)자등명 吐 드러내다 和 서로 응하다
須 기다리다 學 학자 然 그렇다고 여기다 提 끌어 일으키다 氣 숨 쉴 때 나오는
기운 그 위에서 작용 10중8

42 증산칭애폐안무(增産稱碍廢安無)자등명 增 더하다 産 태어나다 稱 설명
하다 碍 방해하다 廢 그만두다 安 좋아하다 無 말라 그 위에서 작용 10중9

43 하송묘논파여흥(下送妙論波餘興)자등명 下 아랫사람 送 사람을 보내
다 妙 젊다 論 사리를 밝히다 波 물결이 일다 餘 여유가 있다. 興 일어나다
그 위에서 작용 10중 10

하단전 뒤쪽 아래쪽에서 위쪽으로 작용

왕자마주빈할심(往子摩住貧轄沈)자등명
도처본현비화안(道處本賢泌和安)자등명
재목집말추남청(在牧集末推濫淸)자등명
용총혈상절묘평(容總穴相絶妙平)자등명
영부처상최문호(永否處常最門呼)자등명
조양연초하운언(造量然初何運偃)자등명

그 뒤에서 작용

품야파매쾌얼선(品若波昧快蘗腺)자등명
토화수학연제기(吐和須學然提氣)자등명
증산칭애폐안무(增産稱碍廢安無)자등명
하송묘논파여흥(下送妙論波餘興)자등명

44 자연동각표일병(自硏動覺表佚炳)자등명
自 자기 硏 궁구하다 動 살아나다 覺 깨닫게 하다 表 밝히다 佚 숨다 炳 빛나다
중단전 중심축으로 해서 뒤쪽 아래쪽에서 작용 10중1

45 특웅업태수헌열(慝擁業態誰獻列)자등명
慝 악하다 擁 손에 쥐다 業 직업 態 몸짓 誰 찾아 묻다 獻 나아가다 列 가지런하
다 그 위에서 작용 10중2

46 삼녹주명택양투(參祿主明澤陽透)자등명
參 참여하다 祿 행복 主 임금 明 밝게 澤 윤이 나다 陽 양(陽) 透 뛰어 넘다
그 위에서 작용 10중3

47 이무오태모한민(離巫悟態模限閔)자등명
離 나누다 巫 의사 悟 진리를 체득하다 態 몸짓 模 본보기 限 제한 閔 가엽게 여
기다 그 위에서 작용 10중4

48 집산명해유손체(輯産明解有孫體)자등명
輯 화목하다 産 만들어 내다 明 환하게 解 해부하다 有 넉넉하다 孫 새싹 體 신체
(身體) 그 위에서 작용 10중5

49 의농축상탁근최(義濃畜相濁根最)자등명
義 평평하다 濃 우거지다 畜 보유하다 相 자세히 보다
濁 흐리게 하다 根 뿌리째 뽑아 없애다 最 모두 그 위에서 작용 10중6

50 삼주탄보특소출(參主炭寶慝所出)자등명
參 참여하다 主 임금 炭 재 寶 보배롭게 여기다 慝 못되다 所 일정한 곳이나 지
역 出 나타나다 그 뒤 아래쪽에서 작용 10중7

51 주색진보혈선절(主索進寶穴腺絶)자등명
主 임금 索 다하다 進 힘쓰다 寶 보배롭게 여기다 穴 샘 腺 생물체 안에서 분비
작용을 하는 기관 絶 사이를 띄우다 그 위에서 작용 10중8

52 위집백전덕패말(爲集魄傳德覇末)자등명
爲 베풀다 集 모으다 魄 형체 傳 말하다 德 행위 覇 으뜸 末 서 있는 물건의 꼭대
기 그 위에서 작용 10중9

53 제대하권절근화(諸對下券節根和)자등명
諸 여러 對 대하다 下 아래 券 분명하다 節 뼈의 마디
根 뿌리째 뽑아 없애다 和 서로 응하다 그 위에서 작용 10중10

중단전 중심축으로 해서 뒤쪽 아래쪽에서 작용

자연동각표일병(自硏動覺表佚炳)자등명
특옹업태수헌열(慝擁業態誰獻列)자등명
삼녹주명택양투(參祿主明澤陽透)자등명
이무오태모한민(離巫悟態模限閔)자등명
집산명해유손체(輯産明解有孫體)자등명
의농축상탁근최(義濃畜相濁根最)자등명

그 뒤 아래쪽에서 작용

삼주탄보특소출(參主炭寶慝所出)자등명
주색진보혈선절(主索進寶穴腺絶)자등명
위집백전덕패말(爲集魄傳德覇末)자등명
제대하권절근화(諸對下券節根和)자등명

54 신진피시판공토(神進皮始板工吐)자등명

神 정신 進 힘쓰다 皮 거죽 始 비롯하다 板 시각을 알리거나 신호로 치는 나뭇조
각 工 물건을 만드는 일을 업으로 하는 사람 吐 드러내다
상단전 중심축에서 뒤쪽 아래쪽에서 작용 10중1

55 접정토문칭묵풍(接定吐文稱墨馮)자등명

接 엇갈리다 定 정해지다 吐 드러내다 文 얼룩 稱 부르다 墨 검어지다 馮 업신여
기다 그 위에서 작용 10중2

56 이종파무종출화(理宗波巫宗出和)자등명

理 옥을 갈다 宗 일의 근원 波 물결이 일다. 巫 의사 宗 근본 出 내보내다 和 서
로 응하다 그 위에서 작용   10중3

57 월무치부잔천모(鉞巫癡否殘處模)자등명

鉞 수레의 방울소리 巫 의사 癡 어리석다 否 부정하다
殘 해롭게 하다 處 머물러 있다. 模 본보기 그 위에서 작용 10중4

58 밀전중배외특시(密傳仲培畏應始)자등명 10월 18일

密 고요하다 傳 보내다 仲 가운데 培 더 많게 하다 畏 협박하다 應 못되다 始 시
작하다 그 위에서 작용 10중5

59 차동총부주자득(次動叢否主子得)자등명

次 잇다 動 살아나다 叢 번잡하다 否 부정하다 主 임금 子 자식 得 이익
그 위에서 작용 10중6

60 태시최아무지아(太始最我巫知我)자등명

太 매우 始 시작하다 最 최상 我 우리 巫 의사 知 기억하다 我 외고집
그 뒤 아래쪽에서 작용 10중7

61 언오청백토답향(偃悟淸魄吐答響)자등명

偃 드리워지다 悟 진리를 체득하다 淸 탐욕이 없다.
魄 형체 吐 드러내다 答 대답하다 響 울리다 그 위에서 작용 10중8

62 추토심균토실함(推吐沈均吐實含)자등명

推 추천하다 吐 털어놓다 沈 무엇에 마음에 쏠리어 헤어나지 못하다 均 평평하게
하다 吐 드러내다 實 가득차다 含 품다 그 위에서 작용 10중9

63 지발초마해유만(知發初磨解有漫)자등명

知 기억하다 發 떠나다 初 비로소 磨 문지르다 解 해부하다 有 넉넉하다 漫 흩어
지다 그 위에서 작용 10중10

상단전 중심축에서 뒤쪽에서 작용

신진피시판공토(神進皮始板工吐)자등명
접정토문칭묵풍(接定吐文稱墨馮)자등명
이종파무종출화(理宗波巫宗出和)자등명
월무치부잔천모(鉞巫癡否殘處模)자등명
밀전중배외특시(密傳仲培畏應始)자등명
차동총부주자득(次動叢否主子得)자등명

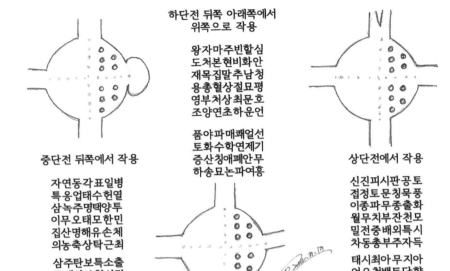

하단전 뒤쪽 아래쪽에서
위쪽으로 작용

왕자마주빈할심
도처본현비화안
재목집말추남청
용총혈상절묘평
영부처상최문호
조양연초하운언

품야파매쾌얼선
토화수학연제기
증산청애폐안무
하송묘논파여흥

중단전 뒤쪽에서 작용

자연동각표일병
특옹업태수헌열
삼녹주명택양투
이무오태모한민
집산명해유손체
의농축상탁근최

삼주탄보특소출
주색진보혈선절
위집백전덕패말
제대하권절근화

상단전에서 작용

신진피시판공토
접정토문칭묵풍
이종파무종출화
월무치부잔천모
밀전중배외특시
차동총부주자득

태시최아무지아
언오청백토답향
추토심균토실함
지발초마해유만

그 뒤쪽에서 작용

태시최아무지아(太始最我巫知我)자등명
언오청백토답향(偃悟淸魄吐答響)자등명
추토심균토실함(推吐沈均吐實含)자등명
지발초마해유만(知發初磨解有漫)자등명

64 천언체숙종학사(泉偃體肅終學司)자등명
泉 땅속에서 솟는 물 偃 넘어지다 體 신체(身體) 肅 정중하다
終 극에 이르다 學 학자 司 관리 왼쪽 다리 용천 아래쪽에서 작용 6중1

65 칭여탁송표방지(稱餘濁送表方地)자등명
稱 부르다 餘 여유가 있다. 濁 흐리게 하다 送 물품을 보내다
表 나타내다 方 방향 地 땅 그 아래에서 작용 6중2

66 칭상청빙착상준(稱常淸憑着相準)자등명 稱 부르다 常 불변의 도 淸
빛이 선명하다 憑 의거하다 着 옷을 입다. 相 자세히 보다 準 평평하다 그 아래
에서 작용 6중3

67 아진대쾌사혜업(我進大快詞慧業)자등명 我 우리 進 전진하다 大 넓다 快
병세가 좋아지다 詞 고하다 慧 사리에 밝다 業 직업 그 아래에서 작용 6중4

68 의물쾌내심대측(意物快來沁大測)자등명 意 생각하다 物 무리 快 병세가
좋아지다 來 장래 沁 배어들다 大 넓다 測 헤아리다 그 아래에서 작용 6중5

69 치민특산판이월(治閔慝産板離越)자등명 治 바로잡다 閔 마음아파하다
慝 못되다 産 만들어 내다 板 시각을 알리거나 신호로 치는 나뭇조각 離 나누다
越 앞지르다 그 아래에서 작용 6중6

왼쪽 다리 용천 아래에서 작용

천언체숙종학사(泉偃體肅終學司)자등명
칭여탁송표방지(稱餘濁送表方地)자등명
칭상청빙착상준(稱常淸憑着相準)자등명
아진대쾌사혜업(我進大快詞慧業)자등명
의물쾌내심대측(意物快來沁大測)자등명
치민특산판이월(治閔慝産板離越)자등명

70 심의수지생통광(沈意遂地生通光)자등명 沈 무엇에 마음이 쏠리어 헤
어나지 못하다 意 정취 遂 끝내다 地 땅 生 천생으로 通 두루 미치다 光 빛나다
오른쪽 용천 아래에서 작용 6중1

71 이칠비정능장유(離漆泌整陵場有)자등명 離 나누다 漆 검은 칠 泌 세
포에서 일정한 물질을 만들어 내보내다 整 가지런해지다 陵 무덤 場 신을 모시는
곳 有 소유물(所有物) 그 아래에서 작용 6중2

72 주상특소동항적(主相慝所東抗適)자등명 主 임금 相 자세히 보다 慝
못되다 所 일정한 곳이나 지역 動 살아나다 抗 두둔하다 適 도달하다
그 아래에서 작용 6중3

73 엄중일이학중황(儼仲佚離學仲惶)자등명

儼 공손하다 仲 가운데 佚 숨다 離 헤어지다 學 학문 仲 가운데 惶 당황하다

그 아래에서 작용 6중4

74 음논출상파승행(陰論出常波昇行)자등명

陰 축축함 論 사리를 밝히다 出 나타나다 常 불변의 도 波 물결이 일다. 昇 높은 지위에 오르다 行 돌아다니다 그 아래에서 작용 6중5

75 십별탑오극즉승(拾別塔悟極則昇)자등명 ...10월 19일

拾 번갈아 別 갈라짐 塔 불당 悟 진리를 체득하다 極 남아 있지 않다. 則 모범으로 삼다 昇 높은 지위에 오르다 그 아래에서 작용 6중6

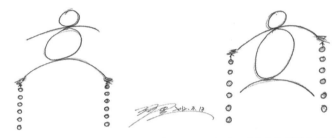

오른쪽 용천 아래서 작용 왼쪽 용천 아래에서 작용   오른쪽 노궁에서 작용 왼쪽 노궁 아래에서 작용

심의수지생통광   천언체숙종학사   품안도하란팽불   이중조아포동쾌
이칠비정능장유   청여탁송표방지   편의보입사집화   폐산여폭용혈탈
주상특소동항적   칭상청빙착상준   총암피모지액청   정해열물평십하
엄중일이학중황   아진대쾌사혜업   오족사착분측묘   취상폭생핵분하
음논출상파승행   의물쾌내심대측   칠인상투특출하   색탄한소아학유
십별탑오극즉승   치민특산판이월   육쾌안동편번통   주할예폐동허시

오른쪽 용천 아래에서 작용

심의수지생통광(沈意邃地生通光)자등명

이칠비정능장유(離漆泌整陵場有)자등명

주상특소동항적(主相慝所東抗適)자등명

엄중일이학중황(儼仲佚離學仲惶)자등명

음논출상파승행(陰論出常波昇行)자등명

십별탑오극즉승(拾別塔悟極則昇)자등명

76 이중조아포동쾌(理仲照我包洞快)자등명

理 재판하다 仲 가운데 照 비치다 我 외고집 包 꾸러미를 세는 수사
洞 동굴 快 기뻐하다 왼쪽 노궁 아래에서 작용 6중1

77 폐산여폭용혈탈(廢産餘暴用穴奪)자등명

廢 부서지다 産 만들어 내다 餘 그 이외의 것 暴 급작스럽게
用 다스리다 穴 맞뚫린 구멍 奪 탈진하다 그 아래에서 작용 6중2

78 정해열물평십하(政解列物評什下)자등명

政 바루다 解 열다 列 가지런하게 하다 物 무리
評 됨됨이를 평하다 什 오르다 下 바로 잡다 그 아래에서 작용 6중3

79 취상폭생핵분학(取相爆生核分學)자등명

取 돕다 相 자세히 보다 爆 태우다 生 천생으로 核 물건의 중심이 되는 알갱이
分 나누어주다 學 학문 그 아래에서 작용 6중4

80 색탄한소아학유(索炭限所我學有)자등명

索 새끼 꼬다 炭 재 限 기한 所 일정한 곳이나 지역 我 외고집 學 학문 有 많다
그 아래에서 작용 6중5

81 주할예폐동허시(主割豫廢動虛始)자등명

主 임금 割 빼앗다 豫 즐기다 廢 부서지다 動 살아나다 虛 준비가 없다 始 근본
그 아래에서 작용 6중6

왼쪽 노궁 아래에서 작용

이중조아포동쾌(理仲照我包洞快)자등명
폐산어폭용혈탈(廢産餘暴用穴奪)자등명
정해열물평십하(政解列物評什下)자등명
취상폭생핵분학(取相爆生核分學)자등명
색탄한소아학유(索炭限所我學有)자등명
주할예폐동허시(主割豫廢動虛始)자등명

82 품안도하란팽불(品安度昰亂膨佛)자등명

品 품평하다 安 좋아하다 度 국량 昰 바로 잡다 亂 다스리다 膨 부풀다 佛 확연히 구별하기 어렵다 오른쪽 노궁 아래에서 작용 6중1

83 편의보입사집화(編意報立事輯和)자등명

編 이어놓다 意 풍경 報 알리다 立 확고히 서다 事 전념하다 輯 화목하다 和 서로 응하다 그 아래에서 작용 6중2

84 총암피모지액청(總巖避模知液淸)자등명

總 통괄하다 巖 낭떠러지 避 벗어나다 模 본보기 知 분별하다 液 유동체의 총칭 淸 탐욕이 없다 그 아래에서 작용 6중3

85 오족사착분측묘(悟族事着分側妙)자등명

悟 진리를 체득하다 族 무리 事 전념하다 着 옷을 입다. 分 나누어 주다 側 옆 妙 나이가 20살 안팎이다 그 아래에서 작용 6중4

86 칠인상투특줄하(漆因相鬪慝茁昰)자등명

漆 검은 칠 因 원인을 이루는 근본 相 자세히 보다 鬪 싸우게 하다 慝 악한 일 茁 싹이 트다 昰 바로 잡다 그 아래에서 작용 6중5

87 육쾌안동편번통(育快安洞編繁通)자등명

育 자라다 快 병세가 좋아지다 安 즐거움에 빠지다 洞 동굴 編 이어놓다 繁 뒤섞이다 通 두루 미치다 그 아래에서 작용 6중6

오른쪽 노궁 아래에서 작용

품안도하란팽불(品安度下亂膨佛)자등명
편의보입사집화(編意報立事輯和)자등명
총암피모지액청(總巖避模知液淸)자등명
오족사착분측묘(悟族事着分側妙)자등명
칠인상투특줄하(漆因相鬪慝茁昰)자등명
육쾌안동편번통(育快安洞編繁通)자등명

88 정피유판법관일(定避有判法官佚)자등명

定 정해지다 避 벗어나다 有 넉넉하다 判 떨어지다 法 품등 官 공무를 집행하는 곳 항문 아래에서 작용 6중1

89 착시보진사전도(錯始報進司傳道)자등명

錯 어지러워지다 始 시작하다 報 알리다 進 힘쓰다 司 관리 傳 보내다 道 덕행(德行) 그 아래에서 작용 6중2

90 자즉학양통박필(者則虐陽通博泌)자등명

者 일을 가리켜 이른다 則 본받다 虐 죽다 陽 밝다 通 두루 미치다 博 평평함 泌 세포에서 일정한 물질을 내보내다 그 아래에서 작용 6중3

91 평영동살우안위(平迎動撒宇安爲)자등명

平 바르다 迎 마음으로 따르다 動 살아나다 撒 놓아주다 宇 처마 安 좋아하다 爲 인정하다 그 아래에서 작용 6중4

92 직부이무즉소귀(織符離無則所歸)자등명

織 조직(組織)하다 符 수결(手決) 離 열다 無 말라 則 모범으로 살다 所 일정한 곳이나 지역 歸 돌려보내다 그 아래에서 작용 6중5

93 절연기음우탄사(絶然氣陰優炭事)자등명

絶 그만두다 然 그렇다고 여기다 氣 숨 쉴 때나오는 기운 陰 축축함 優 얌전하다 炭 재 事 전념하다 그 아래에서 작용 6중6

항문 아래에서 작용

정피유판법관일(定避有判法官佚)자등명
착시보진사전도(錯始報進司傳道)자등명
자즉학양통박필(者則虐陽通博泌)자등명
평영동살우안위(平迎動撒宇安爲)자등명
직부이무즉소귀(織符離無則所歸)자등명
절연기음우탄사(絶然氣陰優炭事)자등명

94 주지산처침판주(主止産處沈判住)자등명

主 공경대부 止 머무르다 産 만들어 내다 處 남아서 지키다 沈 무엇에 마음이 쏠리어 헤어나지 못하다 判 떨어지다 住 살고 있는 사람 회음 아래에서 작용 6중1

95 절패옹완요종뇌(節覇擁完要宗腦)자등명

節 초목의 마디 覇 으뜸 擁 손에 쥐다 完 일을 완결 짓다
要 바라다 宗 일의 근원 腦 정신 그 아래에서 작용 6중2

96 평영정현종세쾌(平迎定賢宗世快)자등명

平 바르다 迎 마음으로 따르다 定 정해지다 賢 재지가 있고 덕행이 뛰어난 사람
宗 근본 世 세상 快 병세가 좋아지다 그 아래에서 작용 6중3

97 제진팔해물주담(濟進捌解物住擔)자등명

濟 빈곤이나 어려움에서 구제하다 進 힘쓰다 捌 쳐부수다 解 벗기다 物 무리 住
살고 있는 사람 擔 책임지다 그 아래에서 작용 6중4

98 이토묘초득터별(理吐妙初得攄別)자등명

理 재판하다 吐 드러내다 妙 젊다 初 비로소
得 이득 攄 생각이나 말을 늘어놓다 別 가라짐그 아래에서 작용 6중5

99 일치비존동통상(佚治泌存動通相)자등명

佚 숨다 治 수리하다 泌 세포에서 일정한 물질을 만들어 내보내다 存 가엾게 여기다 動 변하다 通 보급하다 相 자세히 보다 그 아래에서 작용 6중6

회음 아래에서 작용

100 평합복통만폐환(平合復通慢閉煥)자등명

平 바르다 合 여럿이 모여 하나가 되다 復 돌려보내다 通 두루 미치다 慢 업신여기다 閉 단절하다 煥 빛나다 성기 아래에서 작용 6중1

101 조집인맹측불혼(照集因盟側不魂)자등명

照 햇빛 集 이르다 因 원인을 이루는 근본 盟 기호를 같이 하는 사람들끼리의 모임 側 옆 不 말라 魂 사물의 모양 그 아래에서 작용 6중2

102 오산마공편입이(悟産摩工編立離)자등명

悟 진리를 체득하다 産 태어나다 摩 쓰다듬다 工 물건을 만드는 일을 업으로 하는 사람 編 이어놓다 立 확고히 서다 離 나누다 그 아래에서 작용 6중3

103 파생홍부혈신환(波生弘府穴神還)자등명 波 물결이 일다 生 천생으로 弘 널리 府 관청 穴 샘 神 혼 還 뒤돌아 보다 그 아래에서 작용 6중4

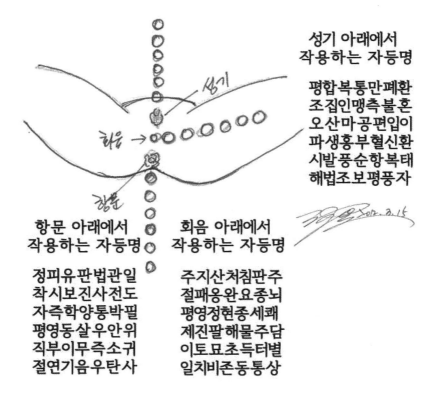

성기 아래에서
작용하는 자등명

평합복통만폐환
조집인맹측불혼
오산마공편입이
파생홍부혈신환
시발풍순항복태
해법조보평풍자

항문 아래에서
작용하는 자등명

정피유판법관일
착시보진사전도
자즉학양통박필
평영동살우안위
직부이무즉소귀
절연기음우탄사

회음 아래에서
작용하는 자등명

주지산처침판주
절패옹완요종뇌
평영정현종세쾌
제진팔해물주담
이토묘초득터별
일치비존동통상

104 시발풍순항복태(時發風純恒復太)자등명

時 때맞추다 發 떠나다 風 바람이 불다 純 순수하다

恒 언제니 변하지 아니하다 復 돌려보내다 太 매우 그 아래에서 작용 6중5

105 해법조보평풍자(解法造保平風自)자등명

解 해부하다 法 본받다 造 꾸미다 保 편안하게 하다

平 곧다 風 바람이 불다 自 저절로 그 아래에서 작용 6중6

성기 아래에서 작용

평합복통만폐환(平合復通慢閉煥)자등명
조집인맹측불혼(照集因盟側不魂)자등명
오산마공편입이(悟産摩工編立離)자등명
파생홍부혈신환(波生弘府穴神還)자등명
시발풍순항복태(時發風純恒復太)자등명
해법조보평풍자(解法造保平風自)자등명

106 중십생친소성역(仲拾生親所性易)자등명 仲 가운데 拾 번갈아 生 천

생으로 親 사이좋게 지내다 所 일정한 곳이나 지역 性 생명 易 교환하다 명문
밖 앞에서 작용 5중1

107 함유역살체생천(含有易煞體生天)자등명 含 품다 有 소유물(所有物) 易

교환하다 煞 결속하다 體 형상 生 태어나다 天 천체의 운행 그 앞에서 작용 5중2

108 태목측양망명포(太睦測量望明怖)자등명 太 매우 睦 눈길이 온순하다

測 헤아리다 量 길이 望 원하다 明 밝게 怖 두려움 그 앞에서 작용 5중3

109 요목패별평특아(要睦覇瞥平慝我)자등명 要 요구하다 睦 공손하다 覇

으뜸 瞥 눈이 침침한 일 平 바르다 慝 악하다 我 우리 그 앞에서 작용 5중4

110 책온초소탁여풍(責溫初所濁餘風)자등명

責 꾸지람하다 溫 순수하다 初 비로소 所 일정한 곳이나 지역 濁 흐림 餘 여유가
있다. 風 바람이 불다 그 앞에서 작용 5중5

명문 밖 앞에서 작용

중십생친소성역(仲拾生親所性易)자등명
함유역살체생천(含有易煞體生天)자등명
태목측양망명포(太睦測量望明怖)자등명
요목패별평특아(要睦覇瞥平愿我)자등명
책온초소탁여풍(責溫初所濁餘風)자등명

111 처안흉식사토대(處安凶飾事吐代)자등명

處 머물러 있다 安 좋아하다 凶 나이가 젊을 때 죽음 飾 수선하다 事 일삼다 吐 드러내다 代 번갈아 입 밖 앞에서 작용 4중1

112 평파보하수조화(平波報昰須照和)자등명

平 바르다 波 물결이 일다 報 알리다 昰 바로 잡다 須 마땅히 照 햇빛 和 서로 응하다 그 앞에서 작용 4중2

113 하심별통우해남(昰沁瞥通遇解濫)자등명

昰 바로 잡다 沁 더듬어 찾다 瞥 잠깐 보다 通 두루 미치다 遇 뜻이 합치하다 解 해부하다 濫 함부로 하다 그 앞에서 작용 4중3

114 음세골장공합앙(陰世汨場工合仰)자등명

陰 축축함 世 때 汨 물에 가라앉다 場 시험장 工 물건을 만드는 일을 업으로 하는 사람 合 여럿이 모여 하나가 되다 仰 따르다 그 앞에서 작용 4중4

입 밖 앞에서 작용

처안흉식사토대(處安凶飾事吐代)자등명
평파보하수조화(平波報昰須照和)자등명
하심별통우해남(昰沁瞥通遇解濫)자등명
음세골장공합앙(陰世汨場工合仰)자등명

115 심주비괴궁칠뇌(沁主泌傀宮漆腦)자등명

沁 배어들다 主 공경대부 泌 세포에서 일정한 물질을 만들어 내보내다 傀 성(盛)하다 宮 두르다 漆 검은 칠 腦 정신 왼쪽 귀 밖 앞에서 작용 4중1

116 판대해투준형혜(判對解投準形慧)자등명

判 구별하다 對 대하다 解 흩뜨리다 投 증여하다 準 평평하다 形 세력 慧 사리에 밝다 그 앞에서 작용 4중2

117 파불국계총휘붕(波不局系總輝朋)자등명

波 물결이 일다 不 말라 局 일이 벌어지는 형편이나 장면 系 이어지다 總 통괄하다 輝 광채를 발하다 朋 무리를 이루다 그 앞에서 작용 4중3

118 청유혈비금축덕(淸有頁泌今畜德)자등명

淸 빛이 선명하다 有 넉넉하다 頁 머리 泌 세포에서 일정한 물질을 만들어 내보내다 今 이에(사물을 가리키는 말) 畜 비축하다 德 어진 이 그 앞에서 작용 4중4

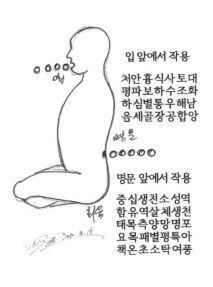

입 앞에서 작용

처안흉식사토대
평파보하수조화
하심벌통우해남
음세골장공합앙

명문 앞에서 작용

중십생천소성역
함유역살체생천
태목측양망명포
요목패별평특아
책온초소탁여풍

왼쪽 귀에서 작용

심주비괴궁칠뇌
판대해투준형혜
파불국계총휘붕
청유혈비금축덕

오른쪽 귀에서 작용

합무계사정상총
신체말장능혼정
불초발천산초십
타복극협비온기

왼쪽 태양혈에서 작용

조병사특사길장
형조약응호액투
찬번지보춘오누
척수발창법화근

오른쪽 태양혈에서 작용

피속습터부친후
용처부척별천아
팽옹빈혼진성구
팔외묘통새종복

왼쪽 귀 밖 앞에서 작용

심주비괴궁칠뇌(沁主泌傀宮漆腦)자등명
판대해투준형혜(判對解投準形慧)자등명
파불국계총휘붕(波不局系總輝朋)자등명
청유혈비금축덕(淸有頁泌今畜德)자등명

119 합무계사정상총(合無系司整相總)자등명
合 여럿이 모여 하나가 되다 無 허무의 도 系 이어지다 司 관리 整 가지런히 하다 相 자세히 보다 總 통괄하다 오른쪽 귀 밖 앞에서 작용 4중1

120 신체말장능혼정(身體末長能混整)자등명
身 자기의 능력 體 용모 末 서 있는 물건의 꼭대기 長 오래도록 能 보통 정도 이상으로 잘하다 混 합하다 整 가지런히 하다 그 앞에서 작용 4중2

121 불초발천산초십(不超發天産超拾)자등명
不 말라 超 멀어지다 發 떠나다 天 천체의 운행 産 만들어 내다 超 뛰어넘다 拾 번갈아 그 앞에서 작용 4중3

122 타복극협비온기(他復極協泌穩氣)자등명
他 저이 復 돌려보내다 極 남아 있지 않다 協 좇다 穩 곡식을 걷어 모으다 氣 대기 그 앞에서 작용 4중4

오른쪽 귀 밖 앞에서 작용

합무계사정상총(合無系司整相總)자등명
신체말장능혼정(身體末長能混整)자등명
불초발천산초십(不超發天産超拾)자등명
타복극협비온기(他復極協泌穩氣)자등명

123 조병사특사길장(造炳師慝事吉場)자등명
造 조작하다 炳 쥐다 師 전문적인 기예를 닦는 사람 慝 악하다 事 전념하다 吉 아름답거나 착하거나 훌륭하다 場 신을 모시는 곳 왼쪽 태양혈 밖에서 작용 4중1

124 형조약응호액투(形造約凝護額透)자등명
形 육체 造 꾸미다 約 합치다 凝 심하다 護 통솔하다 額 수량의 한도 透 뛰어넘다 그 앞에서 작용 4중2

125 찬번지보춘오누(贊繁知報椿悟漏)자등명
贊 인도하다 繁 무성하다 知 분별하다 報 알리다 椿 신령스러운 나무 이름 悟 진리를 체득하다 漏 틈으로 나타나다 그 앞에서 작용 4중3

126 척수발창법화근(拓首發創法和根)자등명

拓 부러뜨리다 首 시초(始初) 發 보내다 創 혼이 나다 法 품등 和 서로 응하다
根 뿌리째 뽑아 없애다 그 앞에서 작용 4중4

왼쪽 태양혈에서 작용

조병사특사길장(造炳師慝事吉場)자등명
형조약응호액투(形造約凝護額透)자등명
찬번지보춘오누(贊繁知報椿悟漏)자등명
척수발창법화근(拓首發創法和根)자등명

127 피속습터부친후(被屬習攄府親候)자등명

被 미치다 屬 돌보다 習 되풀이하여 행하다 攄 생각이나 말을 늘어놓다 府 관청
親 사이좋게 지내다 候 기다리다 오른쪽 태양혈 앞에서 작용 4중1

128 용처부척별천아(容處府拓別天我)자등명

容 담다 處 머물러 있다 府 관청 拓 부러뜨리다 別 갈라짐 天 천체의 운행 我 우
리 그 앞에서 작용 4중2

129 팽옹빈혼진성구(膨擁貧混進性究)자등명

膨 부풀다 擁 손에 쥐다 貧 가난한 사람 混 합하다 進 힘쓰다 性 생명 究 다하다
그 앞에서 작용 4중3

130 팔외묘통새종복(捌畏妙通賽宗復)자등명

捌 쳐부수다 畏 협박하다 妙 젊다 通 두루 미치다 賽 신불이 베풀어 준 은혜에
감사하여 지내는 제사 宗 근본 復 돌려보내다 그 앞에서 작용 4중4

오른쪽 태양혈에서 작용

피속습터부친후(被屬習攄府親候)자등명
용처부척별천아(容處府拓別天我)자등명
팽옹빈혼진성구(膨擁貧混進性究)자등명
팔외묘통새종복(捌畏妙通賽宗復)자등명

131 의해앙동정상침(意海仰洞整相侵)자등명

意 풍경 海 물산(物産)이 풍부한 모양 仰 따르다 洞 공허하다 整 가지런히 하다
相 자세히 보다 侵 습격하다 왼쪽 눈 밖 앞에서 작용 5중1

132 잉심칠무해황박(剩沁漆無海況博)자등명

剩 그 위에 沁 더듬어 찾다 漆 검은 칠 無 허무(虛無)의 도 海 물산(物産)이 풍부
한 모양 況 비유하다 博 평탄함　그 앞에서 작용 5중2

133 창수눌진낙양둔(創受訥進落陽鈍)자등명

創 흔이 나다 受 이익을 누리다 訥 과묵하여 말을 경솔하게 하지 않다 進　힘쓰다
落 수습되다 陽 밝다 鈍 어리석다 그 앞에서 작용 5중3

134 학팽실침늑폭눌(謔膨實侵勒暴訥)자등명

謔 사물의 형용 膨 부풀다 實 가득차다 侵 습격하다 勒 다스리다
暴 해롭게 하다 訥 과묵하여 말을 경솔하게 하지 않다 그 앞에서 작용 5중4

135 형자신득자수집(形自身得子首集)자등명

形　육체 自 자기 身 자기의 능력 得 이득 子 자식 首 먼저 集 모으다
그 앞에서 작용 5중5

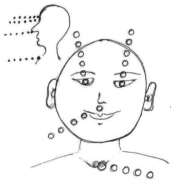

왼쪽 눈에서 작용

의해앙동정상침
잉심칠무해황박
창수눌진낙양둔
학팽실침늑폭눌
형자신득자수집

오른쪽 눈에서 작용

신암파사양제괴
피숭태비다하성
천와비필물준반
충이무증상혼순
조이비녹포오신

중단전

중단전 가슴 앞에서 작용

전공풍분형양기
천목칠고승착오
청국언투관편부
종무강사피근가
기음화장동지수
청득차숭각치족

코 앞에서 작용

토음석근풍사공
통애탄무혜위청
항용무통원다탄
약공언친연당평
치도찬대함냉곡

천돌 앞에서 작용

학원무특관판
탐방광침외일공
얼굴포백일만의
잠경표자독특교
위불해연사공집

왼쪽 눈앞에서 작용

의해앙동정상침(意海仰洞整相侵)자등명
잉심칠무해황박(剩沁漆無海況博)자등명
창수눌진낙양둔(創受訥進落陽鈍)자등명
학팽실침늑폭눌(謔膨實侵勒暴訥)자등명
형자신득자수집(形自身得子首集)자등명

136 신암파사양제괴(身暗波思梁提傀)자등명

身 나 자신 暗 사리에 어둡다 波 물결이 일다
思 마음 梁 교량 提 손에 들다 傀 성(盛)하다 오른쪽 눈 앞에서 작용 5중1

137 피숭태비다하성(被嵩太比多昰性)자등명

被 달하다 嵩 우뚝 솟다 太 통하다 比 모방하다 多 도량이 넓다 昰 바로 잡다 性
생명 그 앞에서 작용 5중2

138 천와비필물준반(天渦比必物準半)자등명.......10월 20일

天 천체 渦 소용돌이를 치다 比 모방하다 必 틀림없이 物 무리 準 법도 半 떨어진
한 부분 그 앞에서 작용 5중3

139 충이무증상혼순(充離無增相魂純)자등명

充 두다 離 나누다 無 허무(虛無)의 도 增 늘리다 相 자세히 보다 魂 사물의 모양
純 섞임이 없다 그 앞에서 작용 5중4

140 조이비녹포오신(造理比祿抛悟神)자등명

造 조작하다 理 처리하다 比 모방하다 祿 행복 抛 내버리다 悟 진리를 체득하다
神 정신 그 앞에서 작용 5중5

오른쪽 눈앞에서 작용

신암파사양제괴(身暗波思梁提傀)　　　충이무증상혼순(充離無增相魂純)
피숭태비다하성(被嵩太比多昰性)　　　조이비녹포오신(造理比祿抛悟神)
천와비필물준반(天渦比必物準半)

- 411 -

141 토음석근풍사공(吐淫析根風事工)자등명

吐 드러내다 淫 도리에 어긋나다 析 해부하다 根 뿌리째 뽑아 없애다 風 바람이 불다
事 전념하다 工 물건을 만드는 일을 업으로 하는 사람 코 밖 앞에서 작용 5중1

142 통애탄무혜위청(通愛炭無慧爲淸)자등명

通 두루 미치다 愛 친밀하게 대하다 炭 재 無 허무의 도 慧 사리에 밝다 爲 인정
하다 淸 빛이 선명하다 그 앞에서 작용 5중2

143 항용무통원다탄(抗用無通原多炭)자등명

抗 두둔하다 用 행하다 無 허무의 도 通 두루 미치다 原 용서하다 多 도량이 넓다
炭 재 그 앞에서 작용 5중3

144 약공언친연당평(約共偃親連當平)자등명

約 합치다 共 같게 하다 偃 드리워지다 親 사이좋게 지내다 連 계속되다 當 균형
있다. 平 바르다 그 앞에서 작용 5중4

145 치도찬대함냉곡(治道讚對咸冷穀)자등명

治 바로 잡다 道 인의(人義) 讚 명확히 하다 對 상대 咸 두루 미치다 冷 맑다 穀
살다 그 앞에서 작용 5중5

코 밖 앞에서 작용

토음석근풍사공(吐淫析根風事工)자등명
통애탄무혜위청(通愛炭無慧爲淸)자등명
항용무통원다탄(抗用無通原多炭)자등명
약공언친연당평(約共偃親連當平)자등명
치도찬대함냉곡(治道讚對咸冷穀)자등명

146 학원무특관판(虐原無慝官判)자등명 虐 잔인하다 原 용서하다 無 허무

의 도 慝 악한 일 官 관청 判 구별하다 천돌(天突) 앞에서 작용 5중1

147 탐방광침외일공(探防光侵畏佚工)자등명

探 찾다 防 대비하다 光 광택 侵 습격하다 畏 협박하다 佚 편안하다 工 물건을 만
드는 일을 업으로 하는 사람 그 앞에서 작용 5중2

148 얼굴포백일만의(蘗屈抛魄佚漫意)자등명

蘗 그루터기에서 돋은 움 屈 물러나다 抛 내버리다 魄 달빛 佚 실수 漫 흩어지다
意 풍경 그 앞에서 작용 5중3

149 잠경표자독특교(暫經慓自獨特交)자등명

暫 갑자기 經 도로(道路) 慓 재빠르다 自 저절로 獨 자손이 없는 사람 特 한 마리
의 희생 交 주고받고 하다 그 앞에서 작용 5중4

150 위불해연사공집(爲不海然事工輯)자등명

爲 인정하다 不 말라(금지의 뜻) 海 물산(物産)이 풍부한 모양 然 그렇다고 여기
다 事 전념하다 工 물건 만드는 일을 업으로 하는 사람 輯 화목하다
그 앞에서 작용 5중5

천돌(天突) 앞에서 작용

학원무특관판(虐原無慝官判)자등명
탐방광침외일공(探防光侵畏佚工)자등명
얼굴포백일만의(蘗屈抛魄佚漫意)자등명
잠경표자독특교(暫經慓自獨特交)자등명
위불해연사공집(爲不海然事工輯)자등명

151 전공풍분형양기(全工風分形陽氣)자등명

全 온전하게 하다 工 물건을 만드는 일을 업으로 하는 사람 風 바람이 불다 分 나
누어 주다 形 육체 陽 양지 氣 숨 중단전 가슴 앞에서 작용 6중1

152 천묵칠고승착오(天黙漆高承着悟)자등명

天 천체 黙 모독하다 漆 검은 칠 高 뽐내다 承 계승하다 着 옷을 입다 悟 진리를
체득하다 그 앞에서 작용 6중2

153 청국언투관편부(請鞠偃偸官編付)자등명

請 부르다 鞠 궁(窮)하다 偃 드리워지다 偸 구차하다 官 관청 編 짜다 付 붙이다
그 앞에서 작용 6중3

154 종무강사피근가(宗武强事被根訶)자등명
宗 우두머리 武 남을 업신여기다 强 성하다 事 전념하다 被 달하다 根 뿌리째 뽑아 없애다 訶 책망하다 그 앞에서 작용 6중4

155 기음화장동지수(氣音和場洞地修)자등명
氣 대기 音 글 읽는 소리 和 서로 응하다 場 시험장 洞 공허하다 地 처해 있는 형편 修 고치다 그 앞에서 작용 6중5

156 청득차숭각치족(靑則次崇覺治族)자등명
靑 동록(銅綠) 則 모범으로 삼다 次 뒤를 잇다 崇 존중하다 覺 깨닫게 하다 治 수리하다 族 동류(同類) 그 앞에서 작용

중단전 가슴 앞에서 작용

전공풍분형양기(全工風分形陽氣)자등명
청국언투관편부(請鞠偃偸官編付)자등명
종무강사피근가(宗武强事被根訶)자등명
기음화장동지수(氣音和場洞地修)자등명
청득차숭각치족(靑則次崇覺治族)자등명

157 중무채기피불희(仲無債氣被不熙)자등명
仲 가운데 無 허무(虛無)의 도 債 빌린 금품 氣 숨 쉴 때 나오는 기운 被 달하다 不 말라(금지의 뜻) 熙 넓히다 하단전 앞에서 작용 6중1

158 차무음임부굴환(此武陰任府屈煥)자등명
此 가까운 사물을 가리킴 武 남을 업신여기다 陰 축축함 任 마음대로 府 관청 屈 물러나다 煥 문채 있는 모양 그 앞에서 작용 6중2

159 포김정권종기암(抛金定劵宗氣巖)자등명
抛 내버리다 金 금속 광물의 총칭 定 정해지다 劵 분명하다 宗 일의 근원 氣 숨쉴 때 나오는 기운 巖 낭떠러지 그 앞에서 작용 6중3

160 중발투말판동추(仲發透末判洞推)자등명

仲 가운데 發 파견하다 透 뛰어넘다 末 서 있는 물건의 꼭대기 判 구별하다 洞 공허하다 推 추천하다 그 앞에서 작용 6중4

161 지급지군거청혼(地級知群居廳混)자등명

地 처해 있는 형편 級 계단 知 분별하다 群 동료(同僚) 居 차지하다 廳 관청 混 혼탁하다 그 앞에서 작용 6중5

162 통액두강함인보(通額頭强含因保)자등명

通 두루 미치다 額 현판(懸板) 頭 꼭대기 强 힘이 있는 자 含 품다 因 원인을 이루는 근본 保 편안하게 하다 그 앞에서 작용 6중6

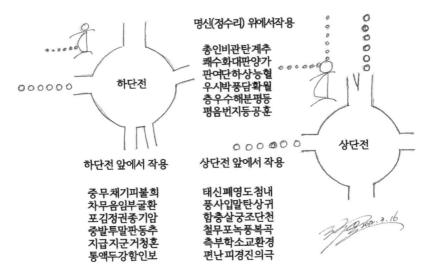

명신(정수리) 위에서작용

총인비관탄계추
쾌수화대판양가
판여단하상능혈
우시박풍담확월
층우수해분평등
평음번지등공훈

하단전

하단전 앞에서 작용

중무채기피불희
차무음임부굴환
포김정권종기암
중발투말판동추
지급지군거청혼
통액두강함인보

상단전 앞에서 작용

태신폐영도첨내
풍사입말탄상귀
함충살궁조단천
철무포녹풍복곡
측부학소교환경
편난피경진의극

상단전

하단전 앞에서 작용

중무채기피불희(仲無債氣被不熙)자등명
차무음임부굴환(此武陰任府屈煥)자등명
포김정권종기암(抛金定券宗氣巖)자등명
중발투말판동추(仲發透末判洞推)자등명
지급지군거청혼(地級知群居廳混)자등명
통액두강함인보(通額頭强含因保)자등명

163 태신폐영도첨내(太神廢靈道添來)자등명

太 통하다 神 정신 廢 부서지다 靈 영혼 道 인의(仁義) 添 맛을 더하다 來 부르다
상단전 인당 앞에서 작용 6중1

164 풍사입말탄상귀(風師立末炭相歸)자등명

風 바람이 불다 師 전문적인 기예를 닦는 사람 立 정해지다 末 서 있는 물건의 꼭
대기 炭 재 相 자세히 보다 歸 돌려보내다 그 앞에서 작용 6중2

165 함충살궁조단천(含忠撒宮造團天)자등명

含 품다 忠 정성을 다하다 撒 놓아주다 宮 위요(圍繞)하다 造 조작하다 團 덩어리
天 천체의 운행 그 앞에서 작용 6중3

166 철무포녹풍복곡(哲無抛綠風復谷)자등명

哲 도리나 사리에 밝은 사람 無 허무의 도 抛 내버리다 綠 초록빛 風 바람이 불다
復 돌려보내다 谷 좁은 길 그 앞에서 작용 6중4

167 측부학소교환경(側府謔所敎還經)자등명

側 옆 府 관청 謔 사물의 형용 所 일정한 곳이나 지역 敎 가르치다 還 뒤돌아 보
다 經 도로(道路) 그 앞에서 작용 6중5

168 편난피경진의극(編安被經進意極)자등명

編 이어놓다 安 즐거움에 빠지다 被 달하다 經 도로(道路) 進 움직이다 意 풍경
極 남아 있지 않다. 그 앞에서 작용 6중6

상단전 인당 앞에서 작용

태신폐영도첨내(太神廢靈道添來)자등명
풍사입말탄상귀(風師立末炭相歸)자등명
함충살궁조단천(含忠撒宮造團天)자등명
철무포녹풍복곡(哲無抛綠風復谷)자등명
측부학소교환경(側府謔所敎還經)자등명
편난피경진의극(編安被經進意極)자등명

169 총인비관탄계추(總因飛官彈界推)자등명

總 통괄하다 因 원인을 이루는 근본 飛 빨리 가다 官 관청 彈 탄알을 쏘는 활 界 경계를 접하다 推 추천하다 명신(정수리) 위에서 작용 6중1

170 쾌수화대판양가(快受和對判陽訶)자등명

快 병세가 좋아지다 受 이익을 누리다 和 서로 응하다 對 상대 判 흩어지다 陽 밝다 訶 책망하다 그 위에서 작용 6중2

171 판여단하상능혈(判餘團문相能穴)자등명

判 흩어지다 餘 여유가 있다. 團 덩어리 문 바로 잡다 相 자세히 보다 能 보통 정도 이상으로 잘하다 穴 동굴 그 위에서 작용 6중3

172 우시박풍담확월(宇始博馮擔確越)자등명

宇 처마 始 시작하다 博 평평함 馮 업신여기다 擔 책임지다 確 확실하다 越 앞지르다 그 위에서 작용 6중4

173 층우수해분평등(層又受解分平等)자등명

層 계단 又 용서하다 受 이익을 누리다 解 흩뜨리다 分 나누어 주다 平 바로 잡다 等 구별하다 그 위에서 작용 6중5

174 평음번지등공훈(平音繁地等工勳)자등명 10월 21일

平 바로 잡다 音 글 읽는 소리 繁 무성하다 地 처해 있는 형편 等 구분하다 工 물건을 만드는 일을 업으로 하는 사람 勳 공(功) 그 위에서 작용 6중6

명신(정수리) 위에서 작용

오뚝이 같은 자등명

가까운 것에서부터 먼 것으로

1 참법권훈고극항(慘法權勳高極抗)자등명
慘 애처롭다 法 품등 權 대소를 분별하다 勳 공 高 뽐내다
極 남아 있지 않다. 抗 들어 올리다 중단전에서 작용

2 지상창안관합성(地相創安關含性)자등명
地 처해 있는 형편 相 자세히 보다 創 혼이 나다
安 즐거움에 빠지다 關 잠그다 含 품다 性 목숨 하단전에서 작용

3 초실체두적매해(初實體頭的昧解)자등명
初 처음의 實 가득 차다 體 격식 頭 꼭대기
的 사물을 행하는 기준 昧 어리석다 解 흩뜨리다 상단전에서 작용

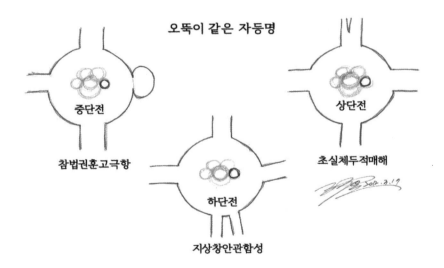

오뚝이 같은 자등명

4 생총남파애구창(生總濫波愛究創)자등명
生 천생으로 總 통괄하다 濫 넘치다 波 파도가 일어나다 愛 친밀하게 대하다 究
다하다. 극(極) 創 혼이 나다 왼쪽 손목 위에서 작용 5중1

5 무충문시다감항(無忠門是多感抗)자등명

無 허무의 도 忠 정성을 다하다 門 집안 是 옳다고 하다 多 도량이 넓다 感 마음을 움직이다 抗 두둔하다 그 위에서 작용 5중2

6 칠말황상여퇴감(漆末況相餘退監)자등명

漆 검은 칠 末 서있는 물건의 꼭대기 況 이에 相 자세히 보다 餘 여유가 있다. 退 떠나가다 監 겸하다 그 위에서 작용 5중3

7 철길잔계사태비(哲佶殘界事太泌)자등명

哲 도리나 사리에 밝은 사람 佶 막히다 殘 멸망시키다 界 이간하다 事 전념하다 太 통하다 泌 세포에서 일정한 물질을 만들어 내보내다 그 위에서 작용 5중4

8 작사초생강토미(作事初生强吐彌)자등명

作 일어나다 事 전념하다 初 처음의 生 천생으로 强 힘이 있는 자 吐 드러내다 彌 오래다 그 위에서 작용 5중5

왼쪽 손목 위에서 작용

생총남파애구창(生總濫波愛究創)자등명
무충문시다감항(無忠門是多感抗)자등명
칠말황상여퇴감(漆末況相餘退監)자등명
철길잔계사태비(哲佶殘界事太泌)자등명
작사초생강토미(作事初生强吐彌)자등명

9 천대칭도특견품(天對稱道特見品)자등명

天 천체의 운행 對 상대 稱 설명하다 道 덕행(德行) 特 한 마리의 희생 見 생각해보다 品 품평하다 오른쪽 손목 위에서 작용 5중1

10 동종색경천두편(洞宗索傾泉頭編)자등명

洞 공허하다 宗 일의 근원 索 새끼 꼬다 傾 뒤집히다 泉 땅 속에서 솟는 물 頭 우두머리 編 이어놓다 그 위에서 작용 5중2

11 단토두강곡석축(團吐頭强谷析畜)자등명

團 덩어리 吐 드러내다 頭 우두머리 强 힘이 있는 자 谷 좁은 길 析 나누어 밝히다 畜 준비해 두는 일 그 위에서 작용 5중3

12 기각첨명파백징(氣覺添明波魄懲)자등명

氣 대기 覺 깨닫게 하다 添 맛을 더하다 明 환하게 波 물결이 일다 魄 형체 懲 벌주다 그 위에서 작용 5중4

13 임동표견축극황(任洞表見畜極況)자등명

任 마음대로 洞 공허하다 表 드러내다 見 변별하다 畜 모이다 極 남아 있지 않다. 況 비유하다 그 위에서 작용 5중5

오른쪽 손목 위에서 작용

천대칭도특견품(天對稱道特見品)자등명
동종색경천두편(洞宗索傾泉頭編)자등명
단토두강곡석축(團吐頭强谷析畜)자등명
기각첨명파백징(氣覺添明波魄懲)자등명
임동표견축극황(任洞表見畜極況)자등명

왼쪽 손목 위에서 작용	오른쪽 손목 위에서 작용	왼쪽 발목 위에서 작용	오른쪽 발목 위에서 작용
생총남파애구창	천대칭도특견품	상친걸합모타노	혼맹풍내칠독추
무충문시다감항	동종색경천두편	반품발혜명합반	배극팔무파군지
칠말황상여퇴감	단토두강곡석축	택불통복춘기홍	정병편액다호망
철길잔계사태비	기각첨명파백징	철유등공풍감호	축대특비친변완
작사초생강토미	임동표견축극황	촌복혁상택본구	지석친설택불혼

14 상친걸합모타노(想親傑合模他勞)자등명
想 형상 親 사이좋게 지내다 傑 뛰어난 사람 合 여럿이 모여 하나가 되다 模 문채
他 누구 勞 근심하다 왼쪽 발목 위에서 작용 5중1

15 반품발혜명합반(般稟拔慧明合半)자등명
般 옮기다 稟 받다 拔 빼어나다 慧 사리에 밝다 明 환하게 合 여럿이 모여 하나가
되다 半 떨어진 한 부분 그 위에서 작용 5중2

16 택불통복춘기홍(澤不通復春氣弘)자등명 2011년 10월 21일
澤 윤이 나다 不 말라 通 두루 미치다 復 돌려보내다 春 주로 여자가 남자를 생
각하는 정 氣 숨 弘 널리 그 위에서 작용 5중3

17 철유등공풍감호(鐵兪等工馮監呼)자등명
鐵 검은 빛 兪 대답하다 等 등급 工 일 馮 업신여기다 監 겸하다 呼 호통치다
그 위에서 작용 5중4

18 촌복혁상택본구(邨復赫相擇本究)자등명
邨 촌스럽다 復 돌려보내다 赫 빛나는 모양 相 보다 擇 고르다 本 근본 究 다하다
그 위에서 작용 5중5

왼쪽 발목 위에서 작용

상친걸합모타노(想親傑合模他勞)자등명
반품발혜명합반(般稟拔慧明合半)자등명
택불통복춘기홍(澤不通復春氣弘)자등명
철유등공풍감호(鐵兪等工馮監呼)자등명
촌복혁상택본구(邨復赫相擇本究)자등명

19 혼맹풍내칠독추(混盟馮來漆獨推)자등명
混 혼탁하다 盟 기호를 같이하는 사람들 끼리의 모임 馮 업신여기다 來 부르다
漆 옻칠하다 獨 자손이 없는 사람 推 추천하다
오른쪽 발목 위에서 작용 5중1

20 배극팔무파군지(培極捌無波群志)자등명

培 더 많게 하다 極 남아 있지 않다 捌 쳐부수다 無 허무의 도 波 물결이 일다 群 떼 지어 모이다 志 마음 그 위에서 작용 5중2

21 정병편액다호망(定炳編額多呼望)자등명

定 정해지다 炳 잡다 編 이어놓다 額 수량의 한도 多 도량이 넓다 呼 숨을 내쉬다 望 내다보다 그 위에서 작용 5중3

22 축대특비친변완(逐大特泌親變完)자등명

逐 뒤쫓아 가다 大 넓다 特 한 마리의 희생 泌 세포에서 일정한 물질을 만들어 내보내다 親 사이좋게 지내다 變 움직이다 完 일을 완결 짓다 그 위에서 작용 5중4

23 지석친설택불혼(知析親設擇不混)자등명

知 분별하다 析 해부하다 親 사이좋게 지내다 設 설립하다 擇 고르다 不 말라(금지의 뜻) 混 혼탁하다 그 위에서 작용 5중5

오른쪽 발목 위에서 작용

혼맹풍내칠독추(混盟馮來漆獨推)자등명
배극팔무파군지(培極捌無波群志)자등명
정병편액다호망(定炳編額多呼望)자등명
축대특비친변완(逐大特泌親變完)자등명
지석친설택불혼(知析親設擇不混)자등명

24 윤사기추신패노(倫事祁推身霸勞)자등명

倫 순서 事 전념하다 祁 조용히 推 추천하다 身 나 자신 霸 으뜸 勞 근심하다
왼쪽 발꿈치 위에서 작용 5중1

25 은근불검편관주(恩根不鈐編關主)자등명

恩 예쁘게 여기다 根 뿌리째 뽑아 없애다 不 말라(금지의 뜻) 鈐 수레의 굴레의 바퀴에서 내리질러 바퀴가 벗겨져 나가지 않게 하는 쇠 關 기관(機關) 主 공경대부 그 위에서 작용 5중2

26 아문자궤탁액내(我門自櫃托額來)자등명

我 외고집 門 집안 自 저절로 櫃 궤 托 손으로 밀어서 열다 額 수량의 한도 來 부르다 그 위에서 작용 5중3

27 촌비혼길자서대(邨飛混吉自書大)자등명

邨 촌스럽다 飛 오르다 混 맞추다 吉 아름답거나 착하거나 훌륭하다 自 저절로 書 기록하다 大 두루 그 위에서 작용 5중4

28 지철용태비헌공(持鐵用太飛獻工)자등명

持 유지하다 鐵 견고하다 用 다스리다 太 통하다 飛 날리다 獻 나아가다 工 일 그 위에서 작용 5중5

왼쪽 발꿈치 위에서 작용

윤사기추신패노(倫事祁推身覇勞)자등명
은근불검편관주(恩根不鈐編關主)자등명
아문자궤탁액내(我門自櫃托額來)자등명
촌비혼길자서대(邨飛混吉自書大)자등명
지철용태비헌공(持鐵用太飛獻工)자등명

29 제축동종분관통(提軸洞宗分官通)자등명

提 끌어 일으키다 軸 두루마리 洞 공허하다 宗 일의 근원 分 나누어 주다 官 관청 通 두루 미치다 오른쪽 팔꿈치 위에서 작용 5중1

30 창시녹장수능관(創始祿場受能關)자등명

創 흠이 나다 始 시작하다 祿 행복 場 시험장 受 이익을 누리다 能 보통 정도 이상으로 잘하다 關 자동장치 그 위에서 작용 5중2

31 전상긍추봉위두(傳相亙推奉爲頭)자등명

傳 보내다 相 자세히 보다 亙 더할 수 없는 경도에 이르다 推 받들다 奉 기르다 爲 인정하다 頭 꼭대기 그 위에서 작용 5중3

32 토분패사탄시무(吐分覇事炭始巫)자등명 吐 드러내다 分 나누어 주다

覇 으뜸 事 전념하다 炭 재 始 시작하다 巫 의사(醫師) 그 위에서 작용 5중4

33 투연총원병오등(透然總遠炳悟等)자등명

透 뛰어 넘다 然 그렇다고 여기다 總 단속하다 遠 세월이 오래다 炳 쥐다 悟 진
리를 체득하다 等 등급 그 위에서 작용 5중5

오른쪽 팔꿈치 위에서 작용

제축동종분관통(提軸洞宗分官通)자등명
창시녹장수능관(創始祿場受能關)자등명
전상긍추봉위두(傳相亘推奉爲頭)자등명
토분패사탄시무(吐分覇事炭始巫)자등명
투연총원병오등(透然總遠炳悟等)자등명

34 풍무판실맥죽범(馮巫判悉陌粥凡)자등명

馮 넘보다 巫 의사 判 떨어지다 悉 남김없이 陌 경계(境界) 粥 사물의 모양 凡 다
왼쪽 어깨 위에서 작용 6중1

왼쪽 팔꿈치에서 작용	오른쪽 팔꿈치에서 작용	왼쪽 어깨 위에서 작용	오른쪽 어깨 위에서 작용
윤사기추신패노	제축동종분관통	풍무판실맥죽범	주일연정주부변
은근불검편관주	창시녹장수능관	초유신할연통도	천유당토급풍부
아문자궤탁액내	전상긍추봉위두	척정사내지아담	제병합연시다통
촌비혼길자서대	토분패사탄시무	패상죽자철시금	종부화무현아신
지철용태비헌공	투연총원병오등	표술천불충내태	청정불쾌목표어
		지신품선함오아	천수자항주석통

35 초유신할연통도(初有神轄緣通道)자등명

初 처음의 有 넉넉하다 神 정신 轄 바퀴통과 굴대가 마찰되는 소리 緣 가장지리를
꾸미다 通 두루 미치다 道 덕행(德行)
그 위에서 작용 6중2

36 척정사내지아담(脊定事來志我譚)자등명

脊 등골뼈 定 정해지다 事 전념하다 來 부르다 志 마음 我 우리 譚 느릿하다

그 위에서 작용 6중3

37 패상죽자철시금(覇常粥自轍始今)자등명

覇 으뜸 常 불변의 도 粥 사물의 모양 自 자연히 轍 행적 始 근본 今 이에(사물을 가리키는 말)

그 위에서 작용 6중4

38 표술천불충내태(慓術天彿忠柰太)자등명

慓 재빠르다 術 방법 天 천체의 운행 彿 확연히 구별하기 어렵다 忠 정성을 다하다 柰 어찌하랴 太 통하다

그 위에서 작용 6중5

39 지신품선함오아(知神稟仙含悟我)자등명

知 기억하다 神 정신 稟 내려주다 仙 신선 含 품다 悟 진리를 체득하다 我 외고집

그 위에서 작용 6중6

왼쪽 어깨 위에서 작용

풍무판실맥죽범(馮巫判悉陌粥凡)자등명

초유신할연통도(初有神轄緣通道)자등명

척정사내지아담(脊定事來志我譚)자등명

패상죽자철시금(覇常粥自轍始今)자등명

표술천불충내태(慓術天彿忠柰太)자등명

지신품선함오아(知神稟仙含悟我)자등명

40 주일연정주부변(主佚練定主府邊)자등명

主 공경대부 佚 실수 練 경험하다 定 정해지다 主 공경대부 府 관청 邊 가장자리

오른쪽 어깨 위에서 작용 6중1

41 천유당토급풍부(天有當吐給馮符)자등명

天 천체의 운행 有 소유물(所有物) 當 균형 있다 吐 드러내다 給 공급하다 馮 업신여기다 符 길조 그 위에서 작용 6중2

42 제병합연시다통(諸炳闔緣始多通)자등명

諸 여러 炳 쥐다 闔 간직하다 緣 가장자리 始 시작하다 多 도량이 넓다 通 두루 미치다 그 위에서 작용 6중3

43 종부화무현아신(宗符和巫懸我神)자등명

宗 우두머리 符 길조 和 서로 응하다 巫 의사 懸 늘어지다 我 외고집 神 정신 그 위에서 작용 6중4

44 청정불쾌목표어(聽整彿快睦表御)자등명

聽 기다리다 整 가지런히 하다 彿 확연히 구별하기 어렵다 快 병세가 좋아지다 睦 공손하다 表 나타내다 御 짐승을 길들이다. 그 위에서 작용 6중5

45 천수자항주석통(天燧自抗主錫通)자등명 10월 22일

天 천체의 운행 燧 봉화 自 저절로 抗 들어 올리다 主 공경대부 錫 하사하다 通 두루 미치다 그 위에서 작용 6중6

오른쪽 어깨 위에서 작용

주일연정주부변(主佚練定主府邊)자등명
천유당토급풍부(天有當吐給馮符)자등명
제병합연시다통(諸炳闔緣始多通)자등명
종부화무현아신(宗符和巫懸我神)자등명
청정불쾌목표어(聽整彿快睦表御)자등명
천수자항주석통(天燧自抗主錫通)자등명

아메바 같은 자등명 36개의 이름을 짓다

가까운 것에서부터

1 청천석체물합순(靑薦析體物合盾)자등명

靑 동록(銅綠) 薦 공물(供物) 析 나누어 밝히다 體 형상 物 무리 合 여럿이 모여 하나가 되다 盾 숨다 중단전에서 작용

2 자비주유내강하(自悲主有内强尹)자등명

自 자기 悲 비애 主 임금 有 넉넉하다 内 들이다 强 힘이 있는 자 尹 바로 잡다
하단전에서 작용

3 조부투내정사혈(造府透内定事穴)자등명

造 세우다 府 관청 透 뛰어 넘다 内 들이다 定 정해지다 事 전념하다 穴 동굴
상단전에서 작용

아메바 같은 자등명

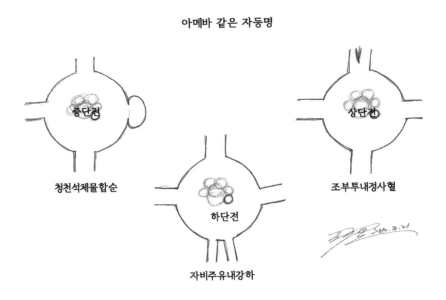

청천석체물합순

조부투내정사혈

하단전

자비주유내강하

4 유덕통늑환성만(有德通肋還性灣)자등명

有 넉넉하다 德 행위 通 두루 미치다 肋 갈빗대 還 뒤돌아 보다 性 생명 灣 활등
처럼 쑥 들어온 모양 왼쪽 갈비뼈 맨 아래에서 작용 12중1

5 진손평모쾌새내(進遜平模快賽内)자등명

進 전진하다 遜 사양하다 平 바르다 模 본보기 快 병세가 좋아지다 賽 우열(優劣)
을 겨루다 2번째 갈비뼈에서 작용 12중2

6 천민항내예객춘(薦閔抗內豫客春)자등명

薦 공물(供物) 閔 가엽게 여기다 抗 구하다 內 들이다 豫 간여하다 客 의탁하다 春 남녀(男女)의 정(情) 3번째 갈비뼈에서 작용 12중3

7 통운덕초사예교(通運德初事預交)자등명

通 두루 미치다 運 회전하다 德 행위 初 처음의 事 전념하다 預 참여하다 交 주고 받고 하다 4번째 갈비뼈에서 작용 12중4

8 침궁파시금험제(侵窮波始今險提)자등명

侵 습격하다 窮 끝나다 波 파도가 일어나다 始 시작하다 今 이에(사물을 가리키는 말) 險 기울다 提 들다 5번째 갈리뼈에서 작용 12중5

9 파신오통충박혼(波身悟通忠泊混)자등명

波 파도가 일어나다 身 나 자신 悟 진리를 체득하다 通 두루 미치다 忠 참마음 泊 머무르다 混 혼탁하다 6번째 갈리뼈에서 작용 12중6

10 예해미환기혜생(預解迷還氣慧生)자등명

預 즐기다 解 해부하다 迷 열중하여 빠지다 還 뒤돌아 보다 氣 숨 慧 사리에 밝다 生 천생으로 7번째 갈리뼈에서 작용 12중7

11 전부청신팔수하(全府靑神捌燧昰)자등명 .... 2011. 10월 22일 이름지고

全 온전하게 하다 府 관청 靑 동록(銅綠) 神 정신 捌 처부수다 燧 봉화 昰 바로잡다 8번째 갈비뼈에서 작용 12중8

12 운명풍동산건시(運明馮洞産健始)자등명

運 회전하다 明 밝게 馮 업신여기다 洞 공허하다 産 만들어 내다 健 교만하다 始 시작하다 9번째 갈비뼈에서 작용 12중9

13 정구형내중경자(定究形內仲傾自)자등명

定 정해지다 究 다하다 形 형세 內 들이다 仲 가운데 傾 눕다 自 자연히 10번째 갈비뼈에서 작용 12중10

14 창면평내간파청(創眄平內間波聽)자등명

創 혼이 나다 眄 한쪽 눈을 감고 소상히 보다 平 바르다 內 들이다 間 틈 波 파도 가 일어나다 聽 기다리다 11번째 갈비뼈에서 작용 12중 11

15 사중방개화검확(事仲防開和儉廓)자등명

事 전념하다 仲 가운데 防 대비하다 開 통하다 和 서로 응하다 儉 적다 廓 성 요
새 따위를 두른 울타리 12번째 갈비뼈에서 작용 12중12

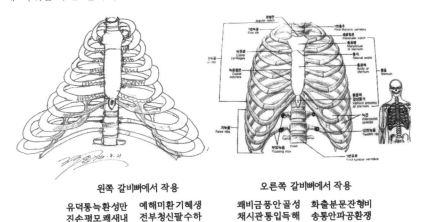

왼쪽 갈비뼈에서 작용		오른쪽 갈비뼈에서 작용	
유덕통늑환성만	예해미환기혜생	쾌비금풍안골성	화출분문잔형비
진손평모쾌새내	전부청신팔수하	채시판통입득해	송통안과공환쟁
천민항내예객춘	운명풍동산건시	존극봉통서도항	직등황수통업광
통운덕초사예교	정구형내중경자	파비근진거틈달	중수풍내현득성
침궁파시금험제	창면평내간파청	중풍사교험환재	통기탈백침통규
파신오통충박혼	사중방개화검확	휘동통산개통번	비중기편상진생

왼쪽 갈비뼈에서 작용

유덕통늑환성만(有德通肋還性灣)자등명
진손평모쾌새내(進遜平模快賽內)자등명
천민항내예객춘(薦閔抗內豫客春)자등명
통운덕초사예교(通運德初事預交)자등명
침궁파시금험제(侵窮波始今險提)자등명
파신오통충박혼(波身悟通忠泊混)자등명
예해미환기혜생(預解迷還氣慧生)자등명
전부청신팔수하(全府靑神捌燧昰)자등명
운명풍동산건시(運明馮洞産健始)자등명
정구형내중경자(定究形內仲傾自)자등명
창면평내간파청(創眄平內間波聽)자등명
사중방개화검확(事仲防開和儉廓)자등명

16 쾌비금풍안골성(快比今馮安汩性)자등명

快 병세가 좋아지다 比 모방하다 今 이에(사물을 가리키는 말) 馮 업신여기다 安 좋아하다 汩 물에 가라앉다 性 목숨 오른쪽 갈비뼈 맨 아래에서 작용 12중1

17 채시관통입득해(探始官通立得解)자등명

探 가려내다 始 시작하다 官 관청 通 두루 미치다 立 확고히 서다 得 이익 解 해부하다 2번째 갈비뼈에서 작용 12중2

18 존극봉통서도항(尊極奉通舒道抗)자등명

尊 지위가 높다 極 남아 있지 않다 奉 기르다 通 두루 미치다 舒 흩어지다 道 방법 抗 들다 3번째 갈비뼈에서 작용 12중3

19 파비근진거틈달(波比根進居闖達)자등명

波 파도가 일어나다 比 모방하다 根 뿌리째 뽑아 없애다 進 힘쓰다 居 거주하다 闖 머리를 내미는 모양 達 나오다 4번째 갈비뼈에서 작용 12중4

20 중풍사교험환재(仲馮師交險還在)자등명

仲 가운데 馮 업신여기다 師 전문적인 기예를 닦는 사람 交 주고받고 하다 險 위태롭다 還 뒤돌아 보다 在 제멋대로 하다 5번째 갈비뼈에서 작용 12중5

21 휘동통산개통번(輝洞通産開通繁)자등명

輝 광채를 발하다 洞 공허하다 通 두루 미치다 産 만들어 내다 開 통달하다 通 보급하다 繁 번거롭다 6번째 갈비뼈에서 작용 12중6

22 화출분문잔형비(和出憤門殘形比)자등명

和 서로 응하다 出 내다 憤 번민하다 門 집안 殘 해롭게 하다 形 육체 比 모방하다 7번째 갈비뼈에서 작용 12중7

23 송통안파공환쟁(送通安波工環錚)자등명

送 물품을 보내다 通 두루 미치다 安 좋아하다 波 파도가 일어나다 工 물건을 만드는 일을 업으로 하는 사람 環 돌다 錚 사물의 형용 8번째 갈비뼈에서 작용 12중8

24 직등황수통업광(職等況遂通業光)자등명

職 맡아 다스리다 等 가지런히 하다 況 비유하다 遂 끝내다 通 두루 미치다 業 생계(生計) 光 빛나다 9번째 갈비뼈에서 작용 12중9

25 중수풍내현득성(仲遂馮內現得性)자등명

仲 가운데 遂 마치다 馮 업신여기다 內 들이다 現 나타내다 得 이익 性 생명
10번째 갈비뼈에서 작용 12중10

26 통기탈백침통규(通氣脫魄侵通規)자등명

通 두루 미치다 氣 숨 脫 살이 빠지다 魄 형체 侵 습격하다 通 두루 미치다 規 원
을 그리는 제구 11번째 갈비뼈에서 작용 12중11

27 비중기편상진생(比仲氣編相進生)자등명

比 모방하다 仲 가운데 氣 숨 編 이어놓다 相 자세히 보다 進 전진하다 生 천생으
로 12번째 갈비뼈에서 작용 12중12

오른쪽 갈비뼈에서 작용

쾌비금풍안골성(快比今馮安汨性)자등명
채시관통입득해(採始官通立得解)자등명
존극봉통서도항(尊極奉通舒道抗)자등명
파비근진거틈달(波比根進居闒達)자등명
중풍사교험환재(仲馮師交險還在)자등명
휘동통산개통번(輝洞通産開通繁)자등명
화출분문잔형비(和出憤門殘形比)자등명
송통안파공환쟁(送通安波工環錚)자등명
직등황수통업광(職等況遂通業光)자등명
중수풍내현득성(仲遂馮內現得性)자등명
통기탈백침통규(通氣脫魄侵通規)자등명
비중기편상진생(比仲氣編相進生)자등명

28 지미칭도임건분(地迷稱道任健分)자등명

地 처해 있는 형편 迷 열중하여 빠지다 稱 설명하다 道 덕행(德行) 任 마음대로
健 탐하다 分 나누어 주다 안명 두개골 9중 1 목뿔뼈(설골)에서 작용

29 통십계충밀판군(通拾界忠密鈑群)자등명

通 두루 미치다 拾 번갈아
界 이웃하다 忠 정성을 다하다 密 깊숙하다 鈑 얄팍한 판자 모양의 황금 群 떼 지
어 모이다 안면 두개골 9중2 아래턱뼈(하악골)에서 작용

30 잔표본해단항개(棧表本解團向開)자등명

棧 우리의 바닥 깔아놓은 판자 表 드러내다 本 근원 解 해부하다 團 덩어리 向 창 開 비롯하다 안면 두개골 9중3 입천장뼈(구개골)에서 작용

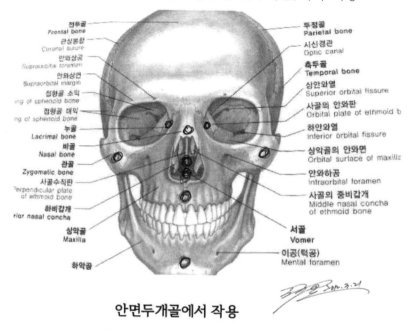

안면두개골에서 작용

지미칭도임건분(地迷稱道任建分) 집곡태두취군혼(輯穀泰頭就群混)
통십계충밀판군(通拾界忠密飯群) 하침검파건혈명(昆浸儉波騫頁明)
잔표본해단향개(棧表本解壇向開) 하불포계칠내합(昆不抛界漆內合)
천단포밀진견항(天團抛密進見亢) 맹피명종백환삼(盟皮明宗魄煥參)
                              한교특분개황곤(汗交特憤開況困)

31 천단포밀진견항(天團抛密進見亢)자등명

天 천체의 운행 團 덩어리 抛 내버리다 密 깊숙하다 進 힘쓰다 見 눈으로 보다 亢 오르다 안면 두개골 9중4 위턱뼈(상악골)에서 작용

32 집곡태두취군혼(輯穀泰頭就群混)자등명

輯 화목하다 穀 살다 泰 편안하다 頭 맨앞 就 따르다 群 떼 지어 모이다 混 혼탁 하다 안명 두개골 9중5 광대뼈(관골, 권골)에서 작용

33 하침검파건혈명(昆侵儉波騫頁明)자등명

昆 바로 잡다 侵 습격하다 儉 적다 波 파도가 일어나다 騫 손상하다 頁 머리 明 혼하게 안명 두개골 9중6 보습뼈(서골)에서 작용

34 하불포계칠내합(昆不抛界漆內合)자등명

昆 바로 잡다 不 말라(금지의 뜻) 抛 내버리다 界 이웃하다 漆 검은 칠 內 들이다 合 여럿이 모여 하나가 되다 안명 두개골 9중7 아래코선반(하비갑개)에서 작용

35 맹피명종백환삼(盟皮明宗魄煥參)자등명

盟 기호를 좋아하는 사람들끼리의 모임 皮 겉 明 환하게 宗 우두머리 魄 형체 煥 문채 있는 모양 參 참여하다 안면 두개골 9중8 코뼈(비골, 비근골)에서 작용

36 한교특분개황곤(汗交特憤開況困)자등명 ....10월 23일 이름짓다.

汗 임금의 호령(號令) 交 주고받고 하다 特 한 마리의 희생 憤 흥분하다 開 비롯하다 況 이에 困 통하지 아니하다 안면 두개골 9중9 눈물뼈(누골)에서 작용

안면두개골에서 작용

지미칭도임건분(地迷稱道任健分)자등명
통십계충밀판군(通拾界忠密鈑群)자등명
잔표본해단향개(棧表本解團向開)자등명
천단포밀진견항(天團抛密進見亢)자등명
집곡태두취군혼(輯穀泰頭就群混)자등명
하침검파건혈명(昆侵儉波騫頁明)자등명
하불포계칠내합(昆不抛界漆內合)자등명
맹피명종백환삼(盟皮明宗魄煥參)자등명
한교특분개황곤(汗交特憤開況困)자등명

촉수가 3개인 듯한 자등명 42개의 이름을 짓다

1 하붕판산회교화(昆朋判産賄矯火)자등명

昆 다스리다 朋 무리를 이루다 判 떨어지다 産 만들어 내다 賄 예물을 주다 矯 바루다 火 타다 중단전에서 작용

2 진선칭합공천성(進仙稱合工天性)자등명

進 전진하다 仙 고상한 사람 稱 설명하다 合 여럿이 모야 하나가 되다 工 물건을 만드는 일을 업으로 하는 사람 天 천체의 운행 性 생명 하단전에서 작용

3 편동한복행쾌역(編洞汗復行快繹)자등명

編 이어놓다 洞 공허하다 汗 임금의 호령(號令) 復 뒤집다 行 달아나다 快 병세가 좋아지다 繹 궁구하다 상단전에서 작용

4 표객혼금함노훈(表客混今含勞勳)자등명

表 밝히다 客 상객(上客) 混 혼탁하다 今 이에(사물을 가리키는 말) 含 품다 勞 힘쓰다 勳 공 왼쪽 무릎뼈 슬개골에서 작용 4중1

5 학고향무환피능(虐顧向巫環避能)자등명

虐 잔인하다 顧 사방을 둘러보다 向 창 巫 의사 環 돌다 避 벗어나다 能 보통 정도 이상으로 잘하다 왼쪽 무릎뼈 대퇴골에서 작용 4중2

촉수가 3인 듯한 자등명 작용

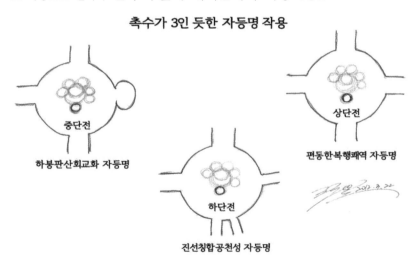

중단전
하봉판산회교화 자등명

상단전
편동한복행쾌역 자등명

하단전
진선칭합공천성 자등명

6 해속퇴후학암계(解屬頹候譃巖界)자등명

解 해부하다 屬 모으다 頹 무너뜨리다 候 기다리다 譃 사물의 형용 巖 낭떠러지 界 경계를 접하다 왼쪽 무릎뼈 경골에서 작용 4중3

7 회최무행정혼겁(回最巫行淨混劫)자등명

回 돌아가게 하다 最 모조리 巫 의사 行 달아나다 淨 맑다 混 혼탁하다 劫 부지런하다 왼쪽 무릎뼈 비골에서 작용 4중4

왼쪽 무릎뼈에서 작용

표객혼금함노훈(表客混今含勞勳)자등명
학고향무환피능(虐顧向巫環避能)자등명
해속퇴후학암계(解屬頹候謔巖界)자등명
회최무행정혼겁(回最巫行淨混劫)자등명

8 심최비객항뇌계(沈最泌客抗雷界)자등명

沈 무엇에 마음이 쏠리어 헤어나지 못하다 最 최상 泌 세포에서 일정한 물질을 만들어 내보내다 客 의탁하다 抗 두둔하다 雷 큰 소리의 형용 界 사이하다
오른쪽 무릎뼈 슬개골에서 작용 4중1

왼쪽 무릎뼈에서 작용

표객혼금함노훈
학고향무환피능
해속퇴후학암계
회최무행정혼겁

오른쪽 무릎뼈에서 작용

심최비객항뇌계
토척세환금험개
하공투관선간포
평효암특내허경

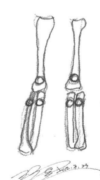

왼쪽 팔꿈치 뼈에서 작용

축판투결혈대혼
내충허추경환관
칭연애평무해분

오른쪽 팔꿈치 뼈에서 작용

풍대명해음박천
언채연폐예반혜
발풍사행배파수

9 토척세환금험개(吐瘠世煥今險蓋)자등명

吐 드러내다 瘠 뼈대가 굵다 世 때 煥 문채 있는 모양 今 이에(사물을 가리키는 말) 險 위태롭다 蓋 용기의 아가리 덮개 오른쪽 무릎뼈 대퇴골에서 작용 4중2

10 하공투관선간포(壼工透官旋間抛)자등명

壼 바로잡다 工 물건을 만드는 일을 업으로 하는 사람 透 뛰어넘다 官 관청 旋 회전하다 間 틈 抛 내버리다 오른쪽 무릎뼈 경골에서 작용 4중3

11 평효암특내허경(平梟暗特內虛頃)자등명

平 바로잡다 梟 사납고 용맹스럽다 暗 사리에 어둡다 特 한 마리의 희생 內 들이다 虛 모자라다 頃 기울이다 오른쪽 무릎뼈 비골에서 작용 4중4

오른쪽 무릎뼈에서 작용

심최비객항뇌계(沈最泌客抗雷界)자등명
토척세환금험개(吐瘠世煥今險蓋)자등명
하공투관선간포(壼工透官旋間抛)자등명
평효암특내허경(平梟暗特內虛頃)자등명

12 축판투결혈대혼(畜判透決穴大混)자등명

畜 쌓이다 判 구별하다 透 뛰어넘다 決 제방이 무너져서 물이 넘쳐흐르다 穴 동굴 大 두루 混 합하다 왼쪽 발꿈치뼈 요골에서 작용 3중1

13 내충허추경환관(內忠虛推頃環官)자등명

內 들이다 忠 정성을 다하다 虛 모자라다 推 받들다 頃 기울다 環 돌다 官 관청 왼쪽 발꿈치뼈 적골에서 작용 3중2

14 칭연애평무해분(稱練愛平巫解分)자등명

稱 이르다 練 단련하다 愛 친밀하게 대하다 平 바르다 巫 의사 解 해부하다 分 나누어 주다 왼쪽 발꿈치뼈 상완골에서 작용 3중3

왼쪽 팔치뼈에서 작용

축판투결혈대혼(畜判透決穴大混)자등명
내충허추경환관(內忠虛推頃環官)자등명
칭연애평무해분(稱練愛平巫解分)자등명

15 풍대명해음박천(馮大明解陰博天)자등명

馮 업신여기다 大 두루 明 환하게 解 흩뜨리다 陰 축축함 博 평평함 天 천체의 운행 오른쪽 팔꿈치뼈 요골에서 작용 3중1

16 언채연폐예반혜(偃寨然閉預半慧)자등명

偃 드리워지다 寨 작은 성 然 그렇다고 여기다 閉 단절하다 預 간여하다 半 조각 慧 사리에 밝다 오른쪽 팔꿈치뼈 적골에서 작용 3중2

17 발풍사행배파수(拔馮事行培波邃)자등명

拔 빼어나다 馮 업신여기다 事 전념하다 行 달아나다 培 더 많게 하다 波 물결이 일다 邃 끝내다 오른쪽 팔꿈치뼈 상완골에서 작용 3중3

오른쪽 팔꿈치뼈에서 작용

풍대명해음박천(馮大明解陰博天)자등명
언채연폐예반혜(偃寨然閉預半慧)자등명
발풍사행배파수(拔馮事行培波邃)자등명

18 엄항수핵금영품(嚴恒綏劾今永品)자등명

嚴 혹독하다 恒 언제나 변하지 아니하다 綏 실을 많은 끈 劾 죄상을 기록한 문서 今 이에 (사물을 가리키는 말) 永 오래도록 品 품평하다 왼쪽 손목뼈 유두골에서 작용 8중1

19 주시상학철개현(主始相譃徹開懸)자등명

主 임금 始 시작하다 相 자세히 보다 譃 사물의 형용 徹 환하다 開 비롯하다 懸 늘어지다 왼쪽 손목뼈 주상골에서 작용 8중2

20 알총상판불탐예(斡總相判不探預)자등명

斡 빙빙돌다 總 통괄하다 相 자세히 보다 判 구별하다 不 말라(금지의 뜻) 探 찾다 預 즐기다 왼쪽 손목뼈 대능형골에서 작용 8중3

21 칠상혜사현판인(漆相慧事懸辦印)자등명

漆 옻칠하다 相 바탕 慧 교활하다 事 전념하다 懸 늘어지다 辦 주관(主管)하다 印 박히다 왼쪽 손목뼈 소능형골에서 작용 8중4

22 춘선표목회사과(春旋表睦回師誇)자등명

春 젊은 때 旋 돌게 하다 表 드러내다 睦 눈길이 온순하다 回 돌아가게 하다 師 전문적인 기예를 닦는 사람 誇 거칠다 왼쪽 손목뼈 월상골에서 작용 8중5

23 통마통광하구해(統摩統廣髆究解)자등명 2011. 10. 23일

統 혈통 摩 쓰다듬다 統 본 가닥의 실 廣 넓어지다 髆 바로잡다 究 다하다 解 흩 뜨리다 왼쪽 손목뼈 두상골에서 작용 8중6

24 재산혼조눌경이(在産混助訥傾理)자등명

在 제 멋대로 하다 産 만들어 내다 混 혼탁하다 助 유익하다 訥과묵하여 말을 경솔하 게 하지 않다. 傾 뒤집히다 理 재판하다 왼쪽 손목뼈 삼각골에서 작용 8중7

25 통이소길지양평(通羮所吉地陽平)자등명 通 두루 미치다 羮 움트다 所

일정한 곳이나 지역 吉 아름답거나 착하거나 훌륭하다 地 처해 있는 형편 陽 밝다 平 바로잡다 왼쪽 손목뼈 유구골에서 작용 8중8

왼쪽 손목뼈에서 작용

엄항수핵금영품(嚴恒綬劾今永品)자등명
주시상학철개현(主始相謔徹開懸)자등명
알총상판불탐예(斡總相判不探預)자등명
칠상혜사현판인(漆相慧事懸辦印)자등명
춘선표목회사과(春旋表睦回師誇)자등명
통마통광하구해(統摩統廣髆究解)자등명
재산혼조눌경이(在産混助訥傾理)자등명
통이소길지양평(通羮所吉地陽平)자등명

26 최붕풍청동환의(最朋馮聽洞環義)자등명

最 최상 朋 무리를 이루다 馮 업신여기다 聽 받아들이다 洞 공허하다 環 돌다 義 평평하다 오른쪽 손목뼈 유두골에서 작용 8중1

27 쾌완퇴상선구화(快完退相旋究和)자등명

快 병세가 좋아지다 完 일을 완결짓다 退 피하다 相 바탕 旋 회전하다 究 다하다 和 서로 응하다 오른쪽 손목뼈 주상골에서 작용 8중2

28 포삼풍정마치명(拋參馮淨摩治明)자등명

拋 내던지다 參 섞이다 馮 업신여기다 淨 사념이 없다 摩 연마하다 治 수리하다
明 환하게 오른쪽 손목뼈 대능형골에서 작용 8중3

29 탐영핵안금할양(探永劾安今轄陽)자등명

探 찾다 永 오래도록 劾 힘쓰다 安 즐거움에 빠지다 今 이에(사물을 가리키는 말)
轄 관장하다 陽 밝다 오른쪽 손목뼈 소능형골에서 작용 8중4

30 판외특인암기충(判畏特因巖氣忠)자등명

判 떨어지다 外 용의(容儀) 特 한 마리의 희생 因 원인을 이루는 근본 巖 낭떠러
지 氣 공기 忠 정성을 다하다 오른쪽 손목뼈 월상골에서 작용 8중5

31 탕여기행온생노(蕩餘氣行溫生路)자등명

蕩 씻어버리다 餘 여유가 있다. 氣 대기 行 나아가다 溫 순수하다 生 천생으로 路
겹는 일 오른쪽 손목뼈 두상골에서 작용 8중6

32 층아평숭폐석하(層我平崇閉析昰)자등명

層 켜 我 외고집 平 바르다 崇 높게 하다 閉 단절하다 析 나누어 밝히다 昰 다스
리다 오른쪽 손목뼈 삼각골에서 작용 8중7

33 통매향내풍귀환(通昧向內馮歸環)자등명

通 두루 미치다 昧 어두컴컴하다 向 창 內 들이다 馮 업신여기다 歸 돌려보내다
環 돌다 오른쪽 손목뼈 유구골에서 작용 8중8

오른쪽 손목뼈에서 작용

최붕풍청동환의(最朋馮聽洞環義)자등명
쾌완퇴상선구화(快完退相旋究和)자등명
포삼풍정마치명(拋參馮淨摩治明)자등명
탐영핵안금할양(探永劾安今轄陽)자등명
판외특인암기충(判畏特因巖氣忠)자등명
탕여기행온생노(蕩餘氣行溫生路)자등명
층아평숭폐석하(層我平崇閉析昰)자등명
통매향내풍귀환(通昧向內馮歸環)자등명

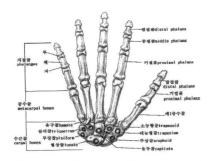
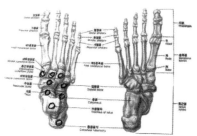

왼쪽 손목뼈에서 작용	오른쪽 손목뼈에서 작용	왼쪽 발목뼈에서 작용
엄항수핵금영품	최붕풍청동환의	성기협궤풍상화
주시상학철개현	쾌완퇴상선구화	측이궁판다형광
알총상판불탐에	포삼풍정마치명	제담장방통기화
칠상혜사현판인	탐영핵안금할양	살표곡행사공풍
춘선표목회사과	판외특인압기층	친천상진구토기
통마통광하구해	탕여기행온생노	통취선평길통광
재산혼조눌경이	층아평승폐석하	특광평제기혼내
통이소길지양평	통매향내풍귀환	상집이기피구행
		판대통한백해옹

34 성기협궤풍상화(性氣協櫃馮相和)자등명

性 생명 氣 대기 協 적합하다 櫃 궤 馮 말이 빨리 가다 相 자세히 보다 和 서로 응하다 왼쪽 발목뼈 종골용기에서 작용 9중1

35 측이궁판다형광(測理窮判多形光)자등명

測 맑다 理 재판하다 窮 떨어지다 判 구별하다 多 도량이 넓다 形 형세 光 빛나다 왼쪽 발목뼈 거골활창에서 작용 9중2

36 제담장방통기화(提擔場防通氣和)자등명

提 끌어 일으키다 擔 책임지다 場 시험장 防 방호하다 通 두루 미치다 氣 대기 和 서로 응하다 왼쪽 발목뼈 거골에서 작용 9중3

37 살표곡행사공풍(撒表穀行事工馮)자등명

撒 가루 따위를 뿌려 흩다 表 드러내다 穀 기르다 行 돌아다니다 事 전념하다 工 물건을 만드는 일을 업으로 하는 사람 馮 업신여기다 왼쪽 발목뼈 종골에서 작용 9중4

38 친천상진구토기(親天相進究吐氣)자등명

親 사이좋게 지내다 天 천체의 운행 相 자세히 보다 進 힘쓰다 究 다하다 吐 드러
내다 氣 대기 왼쪽 발목뼈 주상골에서 작용 9중5

39 통취선평길통광(通取旋平吉通光)자등명

通 두루 미치다 取 의지하다 旋 돌게 하다 平 바로 잡다 吉 아름답거나 착하거나
훌륭하다 通 꿰뚫다 光 광택 왼쪽 발목뼈 입방골에서 작용 9중6

40 특굉평제기혼내(特宏平提氣混內)자등명

特 한 마리의 희생 宏 두루 平 바르다 提 끌어 일으키다 氣 대기 混 합하다 內 들
이다 왼쪽 발목뼈 내추 실상골에서 작용 9중7

41 상집이기피구행(相輯理氣被究行)자등명

相 자세히 보다 輯 화목하다 理 처리하다 氣 대기 被 달하다 究 다하다 行 돌아다
니다 왼쪽 발목뼈 중간 실상골에서 작용 9중8

42 판대통한백해옹(判大通限魄解擁)자등명 10월 24일

判 떨어지다 大 두루 通 두루 미치다 限 제한 魄 형체 解 흩뜨리다 擁 잡다
왼쪽 발목뼈 외추 실상골에서 작용 9중9

왼쪽 발목뼈에서 작용

성기협궤풍상화(性氣協櫃馮相和)자등명
측이궁판다형광(測理窮判多形光)자등명
제담장방통기화(提擔場防通氣和)자등명
살표곡행사공풍(撒表穀行事工馮)자등명
친천상진구토기(親天相進究吐氣)자등명
통취선평길통광(通取旋平吉通光)자등명
특굉평제기혼내(特宏平提氣混內)자등명
상집이기피구행(相輯理氣被究行)자등명
판대통한백해옹(判大通限魄解擁)자등명

촉수가 4개인 듯한 자등명 40개의 이름을 짓다

1 척역협황마편종(拓域協惶摩編宗)자등명

拓 부러뜨리다 域 한정된 일정한 곳이나 땅 協 적합하다 惶 당황하다 摩 쓰다듬다
編 이어놓다 宗 일의 근원 중단전에서 작용

2 이하산함만중애(理垾産含蠻仲愛)자등명

理 처리하다 垾 바로잡다 産 태어나다 含 품다 蠻 업신여기다 仲 가운데 愛 친밀
하게 지내다 하단전에서 작용

3 장적행왕곡피점(張適行往穀被點)자등명

張 넓히다 適 도달하다 行 달아나다 往 이따금 穀 살다 被 달하다 點 문자의 말소
상단전에서 작용

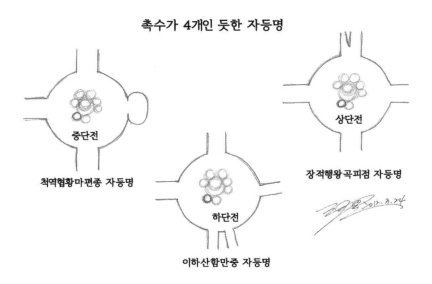

촉수가 4개인 듯한 자등명

중단전

척역협황마편종 자등명

상단전

장적행왕곡피점 자등명

하단전

이하산함만중 자등명

4 심천장교허단현(沈天場交虛斷懸)자등명

沈 무엇에 마음이 쏠리어 헤어나지 못하다 天 천체의 운행 場 신을 모시는 곳 交
주고받고 하다 虛 준비가 없다 斷 근절시키다 懸 상을 걸다
왼손 손허리뼈에서 작용 5중1

5 축희화분혜칭총(畜喜和分惠稱總)자등명

畜 보유하다 喜 즐거워하다 和 서로 응하다 分 나누어 주다 惠 은혜를 베풀다 稱 설명하다 總 다스리다　왼손 손허리뼈에서 작용 5중2

6 춘찬반편산금향(春贊半編産今向)자등명

春 젊은 때 贊 인도하다 半 조각 編 이어놓다 産 만들어 내다 今 이에(사물을 가리키는 말) 向 향하다　왼손 손허리뼈에서 작용 5중3

7 삼황초번형제간(參況初繁形提幹)자등명

參 참여하다 況 이에 初 비로소 繁 번거롭다 形 형세 提 끌어 일으키다 幹 뼈대 왼손 손허리뼈에서 작용 5중4

8 조처어구환안남(助處御究環安濫)자등명

助 유익하다 處 남아서 지키다 御 짐승을 길들이다 究 다하다 環 돌다 安 즐거움에 빠지다 濫 함부로 하다.　왼손 손허리뼈에서 작용 5중5

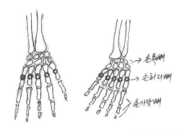 

왼쪽 손허리뼈에서 작용	오른쪽 손허리뼈에서 작용	오른쪽 발꿈치뼈와 발목뼈에서 작용
심천장교허단현	충임약탁세광회	범평옹군투착이
축희화분혜칭총	의당도능청백평	쟁망촌습혈화오
춘찬반편산금향	처산표진평권태	혼습혼모존풍연
삼황초번형제간	운지구화평근풍	허음합지심편이
조처어구환안남	화재일시사평조	축열하편요환단
		합기협서태석회
		누현얼후종거후
		정전겁잔군천위
		일청진관특녹탁

왼쪽 손허리뼈에서 작용

심천장교허단현(沈天場交虛斷懸)자등명
축희화분혜칭총(畜喜和分惠稱總)자등명
춘찬반편산금향(春贊半編産今向)자등명

삼황초번형제간(參況初繁形提幹)자등명
조처어구환안남(助處御究環安濫)자등명

9 충임약탁세광회(忠任約濁世光回)자등명

忠 정성을 다하다 任 마음대로 約 약속하다 濁 더러움 世 때 光 빛나다 回 돌아가게 하다 오른쪽 손허리뼈에서 작용 5중1

10 의당도능청백평(義當道能廳魄平)자등명

義 평평하다 當 균형 있다. 道 인의(仁義) 能 보통 정도 이상으로 잘하다 廳 관청 魄 형체 平 바르다 오른쪽 손허리뼈에서 작용 5중2

11 처산표진평권태(處産表進平權太)자등명

處 남아서 지키다 産 태어나다 表 드러내다 進 힘쓰다 平 곧다 權 저울질하다 太 통하다 오른쪽 손허리뼈에서 작용 5중3

12 운지구화평근풍(運地究和平根馮)자등명

運 회전하다 地 처해있는 형편 究 다하다 和 서로 응하다 平 바르다 根 뿌리째 뽑아 없애다 馮 업신여기다 오른쪽 손허리뼈에서 작용 5중4

13 화재일시사평조(和在佚始事平祚)자등명

和 서로 응하다 在 제 멋대로 하다 佚 숨다 始 시작하다 事 전념하다 平 바르다 祚 하늘이 내리는 행복 오른쪽 손허리뼈에서 작용 5중5

오른쪽 손허리뼈에서 작용

충임약탁세광회(忠任約濁世光回)자등명
의당도능청백평(義當道能廳魄平)자등명
처산표진평권태(處産表進平權太)자등명
운지구화평근풍(運地究和平根馮)자등명
화재일시사평조(和在佚始事平祚)자등명

14 범평옹군투착이(凡平擁群透着理)자등명

凡 다 平 바르다 擁 잡다 群 떼 지어 모이다 透 뛰어넘다 着 신을 신다 理 통하다 오른쪽 발목뼈 종골융기에서 작용 9중1

15 쟁망촌습혈화오(爭望邨習穴和悟)자등명

爭 결판을 내다 望 멀리 내다보다 邨 꾸밈이 없다 習 되풀이하여 행하다 穴 맞뚫린 구멍 和 서로 응하다 悟 진리를 체득하다 오른쪽 발목뼈 거골활차에서 작용 9중2

16 혼습혼모존풍연(混習混模存馮然)자등명

混 맞추다 習 되풀이하여 행하다 混 합하다 模 본보기 存 안부를 묻다 馮 업신여기다 然 그렇다고 여기다 오른쪽 발목뼈 거골에서 작용 9중3

17 허음합지심편이(虛陰合地沈便理)자등명

虛 모자라다 陰 축축함 合 여럿이 모여 하나가 되다 地 처해 있는 형편 沈 무엇에 마음이 쏠리어 헤어나지 못하다 便 편안하다 理 통하다 오른쪽 발목뼈 종골에서 작용 9중4

18 축열하편요환단(畜列昷便要環團)자등명

畜 비축하다 列 늘어놓다 昷 바로잡다 便 편안하다 要 원하다 環 돌다 團 덩어리 오른쪽 발목뼈 주상골에서 작용 9중5

19 합기협서태석회(合氣協舒太析回)자등명

合 여럿이 모여 하나가 되다 氣 대기 協 화합하다 舒 열리다 太 매우 析 나누어 밝히다 回 돌리다 오른쪽 발목뼈 입장골에서 작용 9중6

20 누현얼후종거후(漏懸蘗後宗居候)자등명

漏 틈으로 나타나다 懸 늘어지다 蘗 치장하다 後 능력 따위가 뒤떨어지다 宗 우두머리 候 기다리다 오른쪽 발목뼈 외추실상골에서 작용 9중7

21 정전겁잔군천위(定傳怯殘群天爲)자등명

定 정해지다 傳 말하다 怯 회피하다 殘 멸망시키다 群 떼 지어 모이다 天 천체의 운행 爲 인정하다 오른쪽 발목뼈 중간실상골에서 작용 9중8

22 일청진관특녹탁(佚聽進官特祿托)자등명

佚 숨다 聽 받아 드리다 進 힘쓰다 官 관청 特 한 마리의 희생 祿 행복 托 손으로 밀어서 열다 오른쪽 발목뼈 내추실상골에서 작용 9중9

오른쪽 발꿈치뼈와 발목뼈에서 작용

범평옹군투착이(凡平擁群透着理)자등명
쟁망촌습혈화오(爭望邨習穴和悟)자등명
혼습혼모존풍연(混習混模存馮然)자등명
허음합지심편이(虛陰合地沈便理)자등명
축열하편요환단(畜列昰便要環團)자등명
합기협서태석회(合氣協舒太析回)자등명
누현얼후종거후(漏懸孽後宗居候)자등명
정전겁잔군천위(定傳怯殘群天爲)자등명
일청진관특녹탁(佚聽進官特祿托)자등명

23 인추중접손퇴용(因推仲接損退用)자등명

因 원인을 이루는 근본 推 추천하다 仲 가운데 接 교차하다 損 감소하다 退 돌아
가다 容하다 왼쪽 발허리뼈에서 작용 5중1

24 항정애해영현계(抗淨愛解瑩懸界)자등명

抗 들어올리다 淨 사념이 없다 愛 친밀하게 대하다 解 해부하다 瑩 사물이 밝다
懸 늘어지다 界 이웃하다 왼쪽 발허리뼈에서 작용 5중2

25 필범채긍판내처(必凡採肯判內處)자등명

必 틀림없이 凡 다 採 묻힌 것을 캐내다 肯 뼈 사이 살 判 떨어지다 內 들이다 處
남아서 지키다 왼쪽 발허리뼈에서 작용 5중3

26 지우체부곡정규(地宇體府穀整閨)자등명

地 처해 있는 형편 宇 처마 體 수족 府 관청 穀 살다 整 가지런히 하다 閨 독립한
작은 문 왼쪽 발허리뼈에서 작용 5중4

27 영쾌열풍당허점(永快列馮當虛漸)자등명

永 오래도록 快 병세가 좋아지다 列 가지런하다 馮 업신여기다 虛 준비가 없다 漸
차츰 나아가다 왼쪽 발허리뼈에서 작용 5중5

왼쪽 발허리뼈에서 작용

인추중접손퇴용(因推仲接損退用)자등명
항정애해영현계(抗淨愛解瑩懸界)자등명
필범채긍판내처(必凡採肯判內處)자등명
지우체부곡정규(地宇體府穀整閨)자등명
영쾌열풍당허점(永快列馮當虛漸)자등명

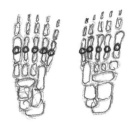
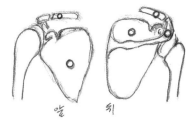

왼쪽 발허리 뼈에서 작용	오른쪽 발허리 뼈에서 작용	왼쪽 어깨뼈에서 작용	오른쪽 어깨뼈에서 작용
인추중접손퇴용	지신인여중왕어	지분품재대풍피	편분침황오본학
항정애해영현계	항의빙할양구파	풍대환상합산길	협광주회역공휴
필범채긍판내처	타속하액형극호	정등혼입만항여	혜왕부공풍속혼
지우체부곡정규	풍입약혼제편상	종중독혼모형혜	파관피사학암엄
영쾌열풍당허점	하전함연종애번		

28 지신인여중왕어(地身因餘仲往御)자등명 地 처해 있는 형편 身 자기의
능력 이익 성행(性行) 因 원인을 이루는 근본 餘 여유가 있다. 仲 가운데 往 이따
금 御 짐승을 길들이다 오른쪽 발허리뼈에서 작용 5중1

29 항의빙할양구파(恒意聘割陽究波)자등명
恒 언제나 意 생각하다 聘 방문하여 안부를 묻다 割 빼앗다 陽 밝다 究 다하다 波
물결이 일다 오른쪽 발허리뼈에서 작용 5중2

30 타속하액형극호(他屬昰額形極呼)자등명
他 저이 屬 돌보다 昰 바로잡다 額 수량의 한도 形 세력 極 남아 있지 않다 呼
호통을 지다 오른쪽 발허리뼈에서 작용 5중3

31 풍입약혼제편상(馮立約混提便相)자등명

馮 업신여기다 立 확고히 서다 約 합치다 混 혼탁하다 提 끌어 일으키다 便 편안하다 相 자세히 보다 오른쪽 발허리뼈에서 작용 5중4

32 하전함연종애번(昰傳含然宗愛繁)지등명

昰 바로잡다 傳 보내다 含 품다 然 그렇다고 여기다 宗 일의 근원 愛 친밀하게 대하다 繁 무성하다 오른쪽 발허리뼈에서 작용 5중5

오른쪽 발허리뼈에서 작용

지신인여중왕어(地身因餘仲往御)자등명
항의빙할양구파(恒意聘割陽究波)자등명
타속하액형극호(他屬昰額形極呼)자등명
풍입약혼제편상(馮立約混提便相)자등명
하전함연종애번(昰傳含然宗愛繁)지등명

33 지분품재대풍괴(知憤品在大馮傀)자등명

知 분별하다 憤 번민하다 品 품평하다 在 제 멋대로 하다 大 두루 馮 업신여기다 傀 좋다 왼쪽 어깨뼈 극하함요에서 작용 4중1

34 풍대환상합산길(馮大環相合産吉)자등명 馮 업신여기다 大 두루 環 돌다 相 자세히 보다 合 여럿이 모여 하나가 되다 産 만들어 내다 吉 아름답거나 착하거나 훌륭하다 왼쪽 어깨뼈 극상함요에서 작용 4중2

35 정등혼입만항여(整等混立漫恒餘)자등명

整 가지런히 하다 等 구분하다 混 합하다 立 확고히 서다 漫 어지럽다 恒 언제나 餘 여유가 있다 왼쪽 어깨뼈 견갑골의 견봉에서 작용 4중3

36 종중독혼모형혜(宗仲獨混模形慧)자등명

宗 근본 仲 가운데 獨 늙어서 자식이 없는 사람 混 합하다 模 본보기 形 형세 慧 사리에 밝다 왼쪽 어깨 쇄골뼈에서 작용 4중4

왼쪽 어깨뼈에서 작용

지분품재대풍피(知憤品在大馮傀)자등명
풍대환상합산길(馮大環相合産吉)자등명
정등혼입만항여(整等混立漫恒餘)자등명
종중독혼모형혜(宗仲獨混模形慧)자등명

37 편분침황오본학(便憤侵況悟本虐)자등명
便 편안하다 憤 번민하다 侵 습격하다 況 더구나 悟 진리를 체득하다 本 근본 虐
잔인하다 오른쪽 어깨뼈 극하함요에서 작용 4중1

38 협광주회역공휴(協光住回域工携)자등명
協 화합하다 光 빛나다 住 살고 있는 사람 回 돌아가게 하다 域 한정된 일정한 땅
이나 곳 工 물건을 만드는 일을 업으로 하는 사람 携 손에 가지다
오른쪽 어깨뼈 극상함요에서 작용 4중2

39 혜왕부공풍속혼(慧往府工馮屬混)자등명 慧 사리에 밝다 往 이따금 府
관청 工 물건을 만드는 일을 업으로 하는 사람 馮 업신여기다 屬 맺다 混 합하다
오른쪽 어깨뼈 견갑골의 견봉에서 작용 4중3

40 파관피사학암엄(波官被事虐暗儼)자등명........2011. 10. 24일 짓다.
波 물결이 일다 官 관청 被 달하다 事 전념하다 虐 잔인하다 暗 사리에 어둡다 儼
공손하다 오른쪽 어깨 쇄골(빗장)뼈에서 작용 4중4

오른쪽 어깨뼈에서 작용

편분침황오본학(便憤侵況悟本虐)자등명
협광주회역공휴(協光住回域工携)자등명
혜왕부공풍속혼(慧往府工馮屬混)자등명
파관피사학암엄(波官被事虐暗儼)자등명

촉수가 5개인 듯한 자등명 42개의 이름을 짓다.

1 허궁한당효백희(嘘窮限當效魄喜)자등명 嘘 불다 窮 막히다 限 제한 當
균형있다 效 수여(授與)하다 魄 형체 喜 즐거워하다 중단전에서 작용

2 위채칠수상기명(爲採漆遂相氣明)자등명
爲 간주하다 採 묻힌 것을 파내다 漆 검은 칠 遂 통달하다 相 자세히 보다 氣 숨
수리 때 나오는 기운 明 환하게 하단전에서 작용

3 이통우부품운본(理通郵府品運本)자등명 理 재판하다 通 두루 미치다 郵
역체(驛遞) 府 관청 品 품평하다 運 천체의 궤도 本 근본 상단전에서 작용

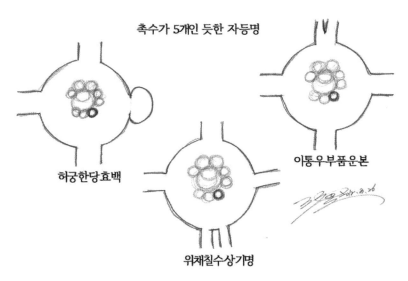

촉수가 5개인 듯한 자등명

허궁한당효백

위채칠수상기명

이통우부품운본

4 천태방덕탕망예(天太防德蕩望預)자등명
天 천체의 운행 太 매우 防 가리다 德 행위 蕩 씻어버리다 望 향하여 보다 預 간
여하다 왼쪽 두덩뼈(치골)에서 작용 5중1

5 학남천범행마헌(虐濫天凡行摩獻)자등명 .....2011. 10. 24 일 짓고
虐 잔인하다 濫 함부로 하다 天 천체의 운행 凡 다 行 달아나다 摩 쓰다듬다 獻
나아가다 왼쪽 궁둥뼈(좌골)에서 작용 5중2

6 추역합열관황정(推易闔列關況淨)자등명

推 추천하다 易 새로워지다 闔 간직하다 列 가지런하다 關 자동장치 況 더구나 淨 사념이 없다 왼쪽 절구뼈에서 작용 5중3

7 제오하교할구지(提悟昰交割究支)자등명

提 끌어일으키다 悟 총명하다 昰 바로잡다 交 주고받고 하다 割 빼앗다 究 다하다 支 지탱하다 왼쪽 엉덩뼈(장골)에서 작용 5중4

8 반증유명충득행(搬證有明忠得行)자등명

搬 운반하다 證 알리다 有 넉넉하다 明 환하게 忠 정성을 다하다 得 이득 行 나아 가다 왼쪽 엉치뼈(천골)에서 작용 5중5

왼쪽 골반뼈에서 작용

천태방덕탕망예(天太防德蕩望預)자등명
학남천범행마헌(虐濫天凡行摩獻)자등명
추역합열관황정(推易闔列關況淨)자등명
제오하교할구지(提悟昰交割究支)자등명
반증유명충득행(搬證有明忠得行)자등명

9 산풍영강혼기하(産馮迎强混氣昰)자등명

産 만들어 내다 馮 업신여기다 迎 마음으로 따르다 强 힘이 있는 자 混 혼탁하다 氣 대기 昰 다스리다 오른쪽 두덩뼈(치골)에서 작용 5중1

10 사항궁탈영관진(師恒窮脫瑩關進)자등명

師 전문적인 기예를 닦는 사람 恒 언제나 窮 그치다 脫 살이 빠지다 瑩 사물이 밝 다 關 기관(機關) 進 힘쓰다 오른쪽 궁둥뼈(좌골)에서 작용 5중2

11 상폐약견혼냉행(相閉約見混冷行)자등명

相 자세히 보다 閉 단절하다 約 약속하다 見 돌이켜 보다 混 맞추다 冷 맑다 行 돌아다니다 오른쪽 절구뼈에서 작용 5중3

12 육쾌견환재계주(肉快見環在界主)자등명

肉 동물의 살 快 기뻐하다 見 돌이켜보다 環 돌다 在 제 멋대로 하다 界 이웃하다 主 임금 오른쪽 엉덩뼈(장골)에서 작용 5중4

13 낙편자궁홍요지(樂便自窮弘要支)자등명

樂 좋아하다 便 편안하다 自 자연히 窮 떨어지다 弘 널리 要 바라다 支 지탱하다 오른쪽 엉치뼈(천골)에서 작용 5중5

14 처유천홍빈판우(處有天弘彬判宇)자등명

處 거처하다 有 존재하다 天 천체의 운행 弘 널리 彬 빛나다 判 떨어지다 宇 처마 미골에서 작용

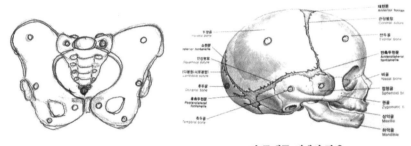

왼쪽 골반뼈에서 작용 **오른쪽 골반뼈에서 작용** **뇌 두개골 뼈에서 작용**

천태방덕탕망예	산풍영강혼기하	평심하단평신긴
학남천범행마헌	사항궁탈영관진	풍약팔본황용곡
추역합열관황정	상폐약견혼냉행	풍관정수항각조
제오하교할구지	육쾌견환재계주	충상칠경종관열
반증유명충득행	낙편자궁홍요지	능호군하교훈계
	처유천홍빈판우(마골에서)	형양무항연궤상
		태혈친눌칠상긍
		종양논첩서피안

오른쪽 골반뼈에서 작용

산풍영강혼기하(産馮迎强混氣昆)자등명

사항궁탈영관진(師恒窮脫瑩關進)자등명

상폐약견혼냉행(相閉約見混冷行)자등명

육쾌견환재계주(肉快見環在界主)자등명

낙편자궁홍요지(樂便自窮弘要支)자등명

처유천홍빈판우(處有天弘彬判宇)자등명

15 평심하단평신긴(平沈昆團平神緊)자등명

平 바로잡다 沈 무엇에 마음이 쏠리어 헤어나지 못하다 昆 다스리다 團 덩어리 平 곧다 神 정신 緊 오그라지다 뇌두개골 전두골뼈에서 작용 8중1

16 풍약팔본황용곡(馮約捌本況用穀)자등명

馮 업신여기다 約 합치다 捌 쳐부수다 本 근원 況 이에 用 등용하다 穀 살다
뇌두개골 두정골뼈에서 작용 8중2

17 풍관정수항각조(馮關霆受恒角造)자등명

馮 오르다 關 기관(機關) 霆 펼럭이다 受 받아들이다 恒 언제나 角 한 모퉁이 造
조작하다 뇌두개골 측두골뼈에서 작용 8중3

18 충상칠경종관열(忠相漆經宗關列)자등명

忠 정성을 다하다 相 자세히 보다 漆 검은칠 經 도로(道路) 宗 우두머리 關 기관
(機關) 列 가지런하게 하다 뇌두개골 접형골뼈에서 작용 8중4

19 능호군하교훈계(能呼群昆交勳界)자등명

能 보통 정도 이상으로 잘하다 呼 숨을 내쉬다 群 떼 지어 모이다 昆 다스리다 交
주고받고 하다 勳 공 界 이웃하다 뇌두개골 후두골뼈에서 작용 8중5

20 형양무항연궤상(形陽巫抗然櫃祥)자등명

形 형세 陽 밝다 巫 의사(醫師) 抗 들어올리다 然 그렇다고 여기다 櫃 함 祥 좋다
뇌두개골 사골뼈에서 작용 8중6

21 태혈친눌칠상긍(太頁親訥漆常肯)자등명

太 통하다 頁 머리 親 사이좋게 지내다 訥 과묵하여 말을 경솔하게 하지 않다 漆
검은칠 常 사람으로서 행해야 할 도 肯 살이 붙지 않은 뼈
뇌두개골 후두골의 후하부뼈에서 작용 8중7

22 종양논첩서피안(宗陽論捷舒被安)자등명

宗 일의 근원 陽 밝다 論 사리를 밝히다 捷 싸움에 이기다 舒 흩어지다 被 달하다
安 즐거움에 빠지다 뇌두개골 전두골의 전하부뼈에서 작용 8중8

뇌두개골뼈에서 작용

평심하단평신긴(平沈畐團平神緊)자등명
풍약팔본황용곡(馮約捌本況用穀)자등명
풍관정수항각조(馮關霆受恒角造)자등명
충상칠경종관열(忠相漆經宗關列)자등명
능호군하교훈계(能呼群畺交勳界)자등명
형양무항연궤상(形陽巫抗然櫃祥)자등명
태혈친눌칠상긍(太頁親訥漆常肯)자등명
종양논첩서피안(宗陽論捷舒被安)자등명

23 평화미도함내패(平和微道含內敗)자등명 平 평평하다 和 서로 응하다 微
많지 않다 道 길 含 품다 內 들이다 敗 해치다 왼쪽 발가락에서 작용 5중1

24 합시기한구회삼(合始氣限究回參)자등명
合 여럿이 모여 하나가 되다 始 시작하다 氣 대기 限 제한 究 다하다 回 돌아가게
하다 參 뒤섞이다 왼쪽 발가락에서 작용 5중2

25 예향긴하안합염(預向緊畺安合廉)자등명
預 즐거이 놀다 向 창 緊 오그라지다 畺 바로잡다 安 즐거움에 빠지다 合 여럿이
모여 하나가 되다 廉 검소하다 왼쪽 발가락에서 작용 5중3

26 왕기엄목해근현(往氣儼穆解根懸)자등명
往 이따금 氣 대기 儼 좋은 모양 穆 기뻐하다 解 흩뜨리다 根 뿌리째 뽑아 없애
다 왼쪽 발가락에서 작용 5중4

27 택농풍양긴하강(擇濃馮陽緊畺强)자등명
擇 고르다 濃 무성하다 馮 업신여기다 陽 밝다 緊 오그라지다 畺 바로잡다 强 세
차다 왼쪽 발가락에서 작용 5중5

왼쪽 발가락에서 작용

평화미도함내패(平和微道含內敗)자등명
합시기한구회삼(合始氣限究回參)자등명

예향긴하안합염(預向緊昆安合廉)자등명
왕기엄목해근현(往氣儼穆解根懸)자등명
택농풍양긴하강(擇濃馮陽緊昆强)자등명

28 전맹한극정광혼(全盟限極呈光混)자등명

全 온전히 盟 추미 기호를 같이하는 사람들끼리의 모임 限 제한 極 남아 있지 않
다 묱 드러내 보이다 光 광택 混 합하다 오른쪽 발가락에서 작용 5중1

29 패필특당한논현(覇泌特當限論懸)자등명

覇 으뜸 泌 세포에서 일정한 물질을 만들어 내보내다 特 한 마리의 희생 當 균형 있
다. 限 제한 論 사리를 밝히다 懸 상을 걸다 오른쪽 발가락에서 작용 5중2

30 우대허병피완선(宇對虛炳被完旋)자등명

宇 처마 對 상대 虛 모자라다 炳 빛나다 被 달하다 完 일을 완결 짓다 旋 되돌아
오다 오른쪽 발가락에서 작용 5중3

31 통서천용화광종(通舒天用和光宗)자등명

通 두루미치다 舒 흩어지다 天 천체의 운행 用 다스리다 和 서로 응하다 光 빛나
다 宗 근본 오른쪽 발가락에서 작용 5중4

32 지뇌평공혁긍확(知雷平工赫肯確)자등명

知 기억하다 雷 사나운 모양의 비유 平 바로잡다 工 물건을 만드는 일을 업으로
하는 사람 赫 붉은 모양 肯 살이 붙지 않은 뼈 오른쪽 발가락에서 작용 5중5

오른쪽 발가락에서 작용

전맹한극정광혼(全盟限極呈光混)자등명
패필특당한논현(覇泌特當限論懸)자등명
우대허병피완선(宇對虛炳被完旋)자등명
통서천용화광종(通舒天用和光宗)자등명
지뇌평공혁긍확(知雷平工赫肯確)자등명

왼쪽 발가락에서 작용

평화미도함내패
합시기한구회삼
예향간하안합염
왕가엄목해근현
택농풍양간하강

왼쪽 손가락에서 작용

비탁단공형재귀
자답태무효이공
춘안헌산낙개특
피양동얼기항생
염평미헌용과양

오른쪽 발가락에서 작용

전망한극정광혼
패필특당한논현
우대혀병피완선
통서천용화광종
지뇌평공혁금확

오른쪽 손가락에서 작용

부영긴확목표양
장독홍열구평권
통공이극화내회
기형아군정뇌호
옹등항방합담호

33 비탁단공형재귀(泌卓團工形在歸)자등명

泌 세포에서 일정한 물질을 만들어 내보내다 卓 세우다 團 덩어리 工 물건을 만드는 일을 업으로 하는 사람 形 형세 在 제 멋대로 하다 歸 돌려보내다
왼쪽 손가락에서 작용 5중1

34 자답태무효이공(自答太武效理工)자등명

自 자연히 答 맞다 太 통하다 武 남을 업신여기다 效 수여(授與)하다 理 처리하다 工 물건을 만드는 일을 업으로 하는 사람 왼쪽 손가락에서 작용 5중2

35 춘안헌산낙개특(春安獻産落開特)자등명

春 젊은 때 安 즐거움에 빠지다 獻 나아가다 産 만들어 내다 落 수습되다 開 비롯하다 特 한 마리의 희생 왼쪽 손가락에서 작용 5중3

36 피양동얼기항생(被陽洞孼技恒生)자등명

被 달하다 陽 밝다 洞 공허하다 孼 치장하다 技 공인(工人) 恒 언제나 生 천생으로 왼쪽 손가락에서 작용 5중4

37 염평미헌용과양(廉平彌獻用果陽)자등명

廉 검소하다 平 곧다 彌 오래다 獻 나아가다 用 행하다 果 굳세다 陽 밝다 왼쪽 손가락에서 작용 5중5

왼쪽 손가락에서 작용

비탁단공형재귀(泌卓團工形在歸)자등명
자답태무효이공(自答太武效理工)자등명
춘안헌산낙개특(春安獻産落開特)자등명
피양동얼기항생(被陽洞孽技恒生)자등명
염평미헌용과양(廉平彌獻用果陽)자등명

38 부영긴확목표양(否永緊確睦表陽)자등명
府 관청 永 오래도록 緊 오그라지다 確 확실하다 睦 공손하다 表 드러내다 陽 밝
다 오른쪽 손가락에서 작용 5중1

39 장독홍열구평권(長獨弘列究平權)자등명
長 오래도록 獨 늙어서 자식이 없는 사람 弘 널리 列 가지런하다 究 다하다 平 바
로잡다 權 대소를 분별하다 오른쪽 손가락에서 작용 5중2

40 통공이극화내회(通工理極和內回)자등명
通 두루 미치다 工 공교(工巧)하다 理 처리하다 極 남아 있지 않다 和 서로 응하
다 內 들이다 回 돌아가게 하다 오른쪽 손가락에서 작용 5중3

41 기형이군정뇌호(氣形理群整雷護)자등명
氣 대기 形 형세 理 재판하다 群 떼 지어 모이다 整 가지런히 하다 雷 큰 소리의
형용 護 통솔하다 오른쪽 손가락에서 작용 5중4

42 옹등항방합담호(擁等恒防合擔護)자등명 ....2011. 10. 25일 짓다.
擁 손에 쥐다 等 가지런히 하다 恒 언제나 변하지 아니하다 防 대비하다 合 여럿
이 모여 하나가 되다 擔 책임지다 護 통솔하다
오른쪽 손가락에서 작용 5중5

오른쪽 손가락에서 작용

부영긴확목표양(否永緊確睦表陽)자등명
장독홍열구평권(長獨弘列究平權)자등명
통공이극화내회(通工理極和內回)자등명

기형이군정뇌호(氣形理群整雷護)자등명
옹등항방합담호(擁等恒防合擔護)자등명

촉수가 6개인 듯한 자등명 35개의 이름을 짓다.

1 전민풍당활기풍(全閔馮當滑氣風)자등명
全 완전히 閔 마음아파하다 馮 업신여기다 當 균형 있다. 滑 부드럽게 하다 氣
숨 쉴 때 나오는 기운 風 바람이 불다 중단전에 작용

2 정형공업통겁범(淨形工業通怯凡)자등명
淨 사념이 없다 形 형세 工 물건을 만드는 일을 업으로 하는 사람 業 생계(生計)
通 두루 미치다 怯 회피하다 凡 다 하단전에서 작용

3 밀홍낙행길홍관(密弘樂行吉紅關)자등명
密 깊숙하다 弘 널리 樂 좋아하다 行 돌아다니다 吉 아름답거나 착하거나 훌륭하
다 紅 연지 關 기관(機關) 상단전에서 작용

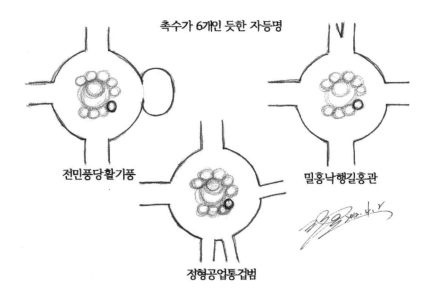

촉수가 6개인 듯한 자등명

전민풍당활기풍　　　　밀홍낙행길홍관

정형공업통겁범

4 심식백경앵신사(心識魄經罌身詞)자등명

心 가슴 識 명확히 하다 魄 달빛 經 도로(道路) 罌 병의 총칭 身 나 자신 詞 원하
다 좌측 허파에서 작용 8중1

5 하신쾌권해반회(昰身快券解半回)자등명

昰 다스리다 身 나 자신 快 병세가 좋아지다 券 확실하다 解 용서하다 半 떨어진
한 부분 回 돌아가게 하다 8중2

6 수교향오통녹휴(修交向悟通祿休)자등명 ......2011. 10. 25일 짓고

修 다스리다 交 주고받고 하다 向 창 悟 총명하다 通 두루 미치다 祿 행복 休 그
만두다 8중3

7 주단칭내곡허계(住團稱內谷虛系)자등명 住 살고 있는 사람 團 덩어리
稱 칭찬하다 內 들이다 谷 좁은 길 虛 모자라다 系 이어지다 8중4

8 청도태마필두쾌(廳道太摩彼頭快)자등명 廳 관청 道 인의(仁義) 太 매우 摩
쓰다듬다 彼 그이 頭 꼭대기 快 상쾌하다 우측 허파(폐)에서 작용 8중5

9 자망청식쾌군여(自望廳識快群餘)자등명 自 자연히 望 멀리 내다보다 廳
건물 識 명확히 하다 快 상쾌하다 群 떼 餘 여유가 있다 용 8중6

10 여등업길혜극상(餘等業吉慧極相)자등명

餘 여유가 있다 等 가지런히 하다 業 사업 吉 아름답거나 착하거나 훌륭하다 慧
사리에 밝다 極 남아 있지 않다 相 자세히 보다 8중7

11 위중돈안진언낙(爲仲頓安進偃樂)자등명 爲 인정하다 仲 가운데 頓 깨
지다 安 좋아하다 進 움직이다 偃 드리워지다 樂 좋아하다 8중8

좌측 폐에서 작용

심식백경앵신사(心識魄經罌身詞)자등명
하신쾌권해반회(昰身快券解半回)자등명
수교향오통녹휴(修交向悟通祿休)자등명
주단칭내곡허계(住團稱內谷虛系)자등명

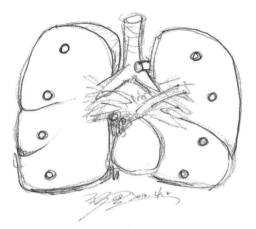

좌측 폐에서 작용

심식백경앵신사 자등명
하신쾌권해반회 자등명
수교향오통녹휴 자등명
주단청내곡허계 자등명

우측 폐에서 작용

청도태마필두쾌 자등명
자망청식쾌군여 자등명
여등업길혜극상 자등명
위중돈안진언낙 자등명

오른쪽 폐에서 작용

청도태마필두쾌(廳道太摩彼頭快)자등명
자망청식쾌군여(自望廳識快群餘)자등명
여등업길혜극상(餘等業吉慧極相)자등명
위중돈안진언낙(爲仲頓安進偃樂)자등명

12 일통수예미청급(佚通誰預彌廳給)자등명

佚 실수 通 두루 미치다 誰 어떤 사람 預 즐거이 놀다 彌 오래다 廳 건물 給 공
급하다 요추에서 작용 5중1

13 성권쾌업명향관(性權快業明向關)자등명

性 생명 權 대소를 분별하다 快 상쾌하다 業 사업 明 환하게 向 창 關 기관(機
關) 그 위에서 작용 5중2

14 요아덕쾌골심초(窯我德快骨心初)자등명

窯 (現)쓸쓸하다 我 우리 德 행위 快 병세가 좋아지다 骨 강직(剛直)하다 心 가슴
初 비로소 요추 그 위에서 작용 5중3

15 여척필비귀술기(餘拓泌比歸術旣)자등명

餘 여유가 있다 拓 확장시키다 泌 세포에서 일정한 물질을 만들어 내보내다 比
따르다 歸 돌려보내다 術 방법 旣 처음부터 그 위에서 작용 5중4

16 차안심천업군태(此安心天業群太)자등명

此 가까운 사물을 가리킴 安 좋아하다 心 가슴 天 천체의 운행 業 직업 群 떼 지어 모이다 太 매우 그 위에서 작용 5중5

요추(허리 척추뼈)에서 작용

일통수예미청급(佚通誰預彌廳給)자등명
성권쾌업명향관(性權快業明向關)자등명
요아덕쾌골심초(窯我德快骨心初)자등명
여척필비귀술기(餘拓泌比歸術旣)자등명
차안심천업군태(此安心天業群太)자등명

17 용마심창십권주(用馬心創拾權住)자등명

用 행하다 馬 큰 것의 비유 心 가슴 創 혼이 나다 拾 번갈아 權 대소를 분별하다 흉추(등 척추뼈)에서 작용 12중 1

18 십자무칭비극천(拾自無稱比極天)자등명

拾 번갈아 自 저절로 無 말라 稱 칭찬하다 比 모방하다 極 남아 있지 않다 天 천체의 운행 그 위에서 작용 12중2

19 상천길측물아쾌(相天吉側物我快)자등명

相 자세히 보다 天 천체의 운행 吉 아름답거나 착하거나 훌륭하다 側 가 物 무리 我 외고집 快 즐거워하다 그 위에서 작용 12중3

20 창심탈능예마오(創心脫能預摩悟)자등명

創 혼이 나다 心 가슴 脫 벗기다 能 보통 정도 이상으로 잘하다 預 간여하다 摩 쓰다듬다 悟 깨달음 그 위에서 작용 12중4

21 통누오동영십예(通漏悟洞迎拾預)자등명

通 두루 미치다 漏 비밀이 드러나다 悟 총명하다 洞 공허하다 迎 헤아리다 拾 번갈아 預 간여하다 그 위에서 작용 12중5

22 비교쾌망이도하(比交快望理度昰)자등명

比 모방하다 交 주고받고 하다 快 기뻐하다 望 멀리 내다보다 理 재판하다 度 기량 昰 다스리다 그 위에서 작용 12중6

23 아아중내파마곡(我兒仲內派摩穀)자등명

我 외고집 兒 남을 낮잡아 이르는 말 仲 가운데 內 들이다 派 갈라져 나온 계통 摩 쓰다듬다 穀 기르다 그 위에서 작용 12중7

24 얼마침안만평시(蘖碼侵安慢平始)자등명

蘖 그루터기에서 돋은 움 碼 셈하다 侵 습격하다 安 좋아하다 慢 업신여기다 平 바로잡다 始 시작하다 그 위에서 작용 12중8

25 평자명내항권아(平自明內恒權我)자등명

平 바로잡다 自 저절로 明 환하게 內 들이다 恒 언제나 변하지 아니하다 權 대소를 분별하다 我 외고집 그 위에서 작용 12중9

26 동처문항긍안태(洞處門恒肯安太)자등명

洞 공허하다 處 남아서 지키다 門 문전 恒 언제나 변하지 아니하다 肯 살이 붙지 않은 뼈 安 좋아하다 太 매우 그 위에서 작용 12중10

27 심논지십자군환(心論知拾自群環)자등명

心 가슴 論 사리를 밝히다 知 분별하다 拾 번갈아 自 저절로 群 떼 지어 모이다 環 돌다 그 위에서 작용 12중11

28 아대해궁호낙창(我對解窮呼樂創)자등명

我 외고집 對 상대 解 흩뜨리다 窮 어려움을 겪다. 呼 호통 치다 樂 연주하다 創 혼이 나다 그 위에서 작용 12중12

흉추(등 척추뼈)에서 작용

용마심창십권주(用馬心創拾權住)자등명
십자무칭비극천(拾自無稱比極天)자등명
상천길측물아쾌(相天吉側物我快)자등명
창심탈능예마오(創心脫能預摩悟)자등명

통누오동영십예(通漏悟洞迎拾預)자등명
비교쾌망이도햬(比交快望理度瑆)자등명
아아중내파마곡(我兒仲內派摩縠)자등명
얼마침안만평시(蘖碼侵安慢平始)자등명
평자명내항권아(平自明內恒權我)자등명
동처문항긍안태(洞處門恒肯安太)자등명
심논지십자군환(心論知拾自群環)자등명
아대해궁호낙창(我對解窮呼樂創)자등명

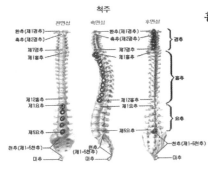

척주

흉추(등 척추뼈)에서
작용하는 자등명

경추(목 척추뼈)에서
작용하는 자등명

용마심창십권주
십자무청비극천
상천길측물아쾌
창심탈능예마오
통누오동영십예
비교쾌망이도햬
아아중내파마곡
얼마침안만평시
평자명내항권아
동처문항긍안태
심논지십자군환
아대해궁호낙창

사능칠구아청군
합미극청명현금
일긴환기엄금아
잔밀귀현확방금
침안문업급혼계
주명인귀천비권
아극착미합안동

요추에서 작용하는 자등명

일통수예미청급
성권쾌업명향관
요아덕쾌골심초
여척필비귀술기
차안심천업군태

29 시능칠구아청군(始能漆究雅淸群)자등명

始 시작하다 能 보통 정도 이상으로 잘하다 漆 옻칠하다 究 다하다 雅 우아하다
淸 사념이 없다. 群 떼 지어 모이다 경추(목 척추뼈) 7중1

30 합미극청명현금(蛤彌極淸明懸今)자등명

蛤 여럿이 모여 하나가 되다 彌 오래다 極 남아 있지 않다. 淸 사념이 없다. 明 환
하게 懸 늘어지다 今 이에(사물을 가리키는 말) 그 위에서 작용 7중2

31 일긴환기엄금아(佚緊環氣嚴今我)자등명

佚 실수 緊 오그라지다 環 돌다 氣 숨 쉴 때 나오는 기운 嚴 혹독하다 今 이에(사물을 가리키는 말) 我 외고집 그 위에서 작용 7중3

32 잔밀귀현확방금(殘密歸懸確防今)자등명

殘 멸망시키다 密 깊숙하다 歸 반환하다 懸 늘어지다 確 확실하다 防 덮다 今 이에(사물을 가리키는 말) 그 위에서 작용 7중4

33 침안문업급혼계(侵安門業給混界)자등명

侵 습격하다 安 좋아하다 門 문전 業 생업(生業) 給 공급하다 混 합하다 界 사이하다 그 위에서 작용 7중5

34 주명인귀친비권(住明因歸親泌券)자등명 住 살고 있는 사람 明 환하게

因 원인을 이루는 근본 歸 돌려보내다 親 사이좋게 지내다 泌 세포에서 일정한 물질을 만들어 내보내다 券 확실하다 그 위에서 작용 7중6

35 아극착미합안동(我極着彌合安洞)자등명.......2011년 10월 26일 짓다.

我 외고집 極 남아 있지 않다 着 입다 彌 오래다 合 여럿이 모여 하나가 되다 安 좋아하다 洞 공허하다 그 위에서 작용 7중7

경추(목 척추뼈)에서 작용

시능칠구아청군(始能漆究雅淸群)자등명
합미극청명현금(合彌極淸明懸今)자등명
일긴환기엄금아(佚緊環氣嚴今我)자등명
잔밀귀현확방금(殘密歸懸確防今)자등명
침안문업급혼계(侵安門業給混界)자등명
주명인귀친비권(住明因歸親泌券)자등명
아극착미합안동(我極着彌合安洞)자등명

촉수가 7개인 듯한 자등명 41개의 이름을 짓다.

1 아낙환공혼준계(我樂還空魂準界)자등명 我 외고집 樂 좋아하다 還 뒤돌

아보다 空 내실이 없다 魂 사물의 모양 準 법도 界 이웃하다 중단전에서 작용

2 오비청독천근궁(誤比淸獨天根窮)자등명

誤 도리에 어긋나다 比 모방하다 淸 사념이 없다 獨 늙어서 자식이 없는 사람 天 천체의 운행 根 뿌리째 뽑아 없애다 窮 떨어지다 하단전에서 작용

3 척마궁양굴천마(尺摩宮陽屈天摩)자등명

尺 길이 摩 쓰다듬다 宮 위요(圍繞)하다 陽 밝다 屈 물러나다 天 천체의 운행 摩 어루만지다 상단전에서 작용

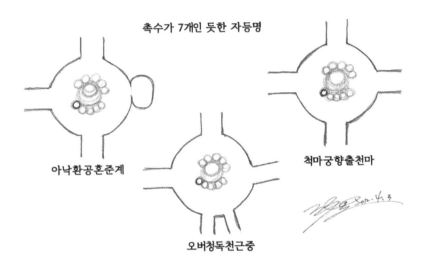

촉수가 7개인 듯한 자등명

아낙환공혼준계

척마궁향출천마

오버청독천근중

4 아궁합비교청계(兒宮合泌交廳界)자등명

兒 어버이에 대한 아이 자칭(自稱) 宮 위요(圍繞)하다 合 여럿이 모여 하나가 되다 泌 세포에서 일정한 물질을 만들어 내보내다 交 주고받다 廳 건물 界 이웃하다 하단전 아래의 인대부분 7중1

5 엄마천아뇌어계(嚴摩天兒惱御計)자등명

嚴 혹독하다 摩 쓰다듬다 天 천체의 운행 兒 어버이에 대한 아이의 자칭 惱 괴롭히다 御 다스리다 計 계획하다 7중2

6 종망준광음계변(宗望準光陰界邊)자등명 宗 일의 근원 望 멀리 내다보내다 準 평평하다 光 빛나다 陰 축축함 界 경계를 접하다 邊 끝 7중3

7 선특금차반계분(旋特今此般界憤)자등명 旋 돌게하다 特 한 마리의 희생
今 이에(사물을 가리키는 말) 此 이것 般 옳다 界 경계를 접하다 憤 흥분하다 7중4

8 총망수미효계집(總望誰彌效界輯)자등명 總 통괄하다 望 원하다 誰 어떤
사람 彌 오래다 效 본받아 배우다 界 이웃하다 輯 화목하다 7중5

9 수기만집명하경(隧氣慢輯明昆經)자등명 隧 혈관 氣 숨 쉴 때 나오는 기
운 慢 모멸하다 輯 화목하다 明 밝게 昆 다스리다 經 도로(道路) 7중6

10 충신대심지곤훈(忠神對心志困勳)자등명 忠 진실 神 정신 對 상대 心
가슴 志 희망 困 통하지 아니하다 勳 공 7중7

골반 있는 곳의 혈관에서 작용

아궁합비교청계(兒宮合泌交廳界)자등명
엄마천아뇌어계(嚴摩天兒惱御計)자등명
종망준광음계변(宗望準光陰界邊)자등명
선특금차반계분(旋特今此般界憤)자등명
총망수미효계집(總望誰彌效界輯)자등명
수기만집명하경(隧氣慢輯明昆經)자등명
충신대심지곤훈(忠神對心志困勳)자등명

11 신맥휘결집미축(神脈輝結輯彌軸)자등명 神 정신 脈 잇달음 輝 광채를
발하다 結 마음에 뭉쳐있다. 輯 화목하다 彌 오래다 軸 두루마리
목 뒷부분에서 5중1

12 초물구판관앙단(秒物究判關仰團)자등명 秒 미묘하다 物 무리 究 다하
다 判 구별하다 關 기관(機關) 仰 따르다 團 덩어리 목 뒷부분에서 작용 5중2

13 형등출당수단훈(形等出當誰團勳)자등명 形 세력 等 구분하다 出 내보내
다 當 균형 있다. 誰 어떤 사람 團 덩어리 勳 공 목 뒷부분에서 작용 5중3

14 수물축동쇠군현(隧物軸洞釗群懸)자등명

隧 행정 구획의 이름 物 무리 軸 두루마리 洞 공허하다 釗 드러나다 群 동료(同僚) 懸 늘어지다 목 뒷부분에서 작용 5중4

15 총생풍만현동품(總生馮蠻懸洞品)자등명

總 통괄하다 生 천생으로 馮 업신여기다 蠻 모멸하다 懸 늘어지다 洞 공허하다 品 품평하다 목 뒷부분에서 작용 5중5

목에 있는 혈관에서 작용

신맥휘결집미축(神脈輝結輯彌軸)자등명
초물구판관앙단(秒物究判關仰團)자등명
형등출당수단훈(形等出當誰團勳)자등명
수물축동쇠군현(隧物軸洞釗群懸)자등명
총생풍만현동품(總生馮蠻懸洞品)자등명

16 양잠궁통근판군(陽潛宮通根判群)자등명

陽 밝다 潛 땅 속으로 흐르다 宮 위요(圍繞)하다 通 두루 미치다 根 뿌리째 뽑아 없애다 判 구별하다 群 동아리 머리 뒤쪽 8중1

17 청설종단완대휘(淸設宗團完大輝)자등명

淸 빛이 선명하다 設 설립하다 宗 근본 團 덩어리 完 완전하게 하다 大 넓다 輝 광채를 발하다 머리 뒤쪽에서 작용 8중2

18 평단계축상관훈(平團界軸相關勳)자등명 平 바르다 團 덩어리 界 이웃하다 軸 두루마리 相 자세히 보다 關 자동장치 勳 공 머리 뒤쪽에서 작용 8중3

19 퇴구석잔도옥반(堆究析殘道屋般)자등명⋯⋯2011. 10. 26일 짓고

堆 밀쳐두다 究 다하다 析 나누어 밝히다 殘 멸망시키다 道 인의(仁義) 屋 수레의 덮개 般 옮기다 머리 뒤쪽에서 작용 8중4

20 예천난인비굴곡(預天鸞因泌屈穀)자등명 預 즐거이 놀다 天 천체의 운행 鸞 천자의 수레 因 원인을 이루는 근본 泌 세포에서 일정한 물질을 만들어 내 보내다 屈 물러나다 穀 기르다 머리 뒤쪽에서 작용 8중5

21 창뇌합계심굴언(創腦合界心屈諺)자등명

創 흠이 나다 腦 정신 合 여럿이 모여 하나가 되다 界 이웃하다 心 가슴 屈 자르다 諺 자랑하다 머리 뒤쪽에서 작용 8중6

22 항두사중아문환(恒頭師仲兒門環)자등명

恒 언제나 頭 우두머리 師 전문적인 기예를 닦는 사람 仲 가운데 兒 어버이에 대한 아이의 자칭(自稱) 門 집안 環 돌다 머리 뒤쪽에서 작용 8중7

23 오명궁인비아모(娛明宮因泌兒模)자등명

娛 안정되다 明 환하게 宮 위요(圍繞)하다 因 원인을 이루는 근본 泌 세포에서 일정한 물질을 만들어 내보내다 兒 어버이에 대한 아이의 자칭(自稱) 模 본보기 머리 뒤쪽에서 작용 8중8 혈관에서 작용

머리의 혈관에서 작용

양잠궁통근판군(陽潛宮通根判群)자등명
청설종단완대휘(淸設宗團完大輝)자등명
평단계축상관훈(平團界軸相關勳)자등명
퇴구석잔도옥반(堆究析殘道屋般)자등명
예천난인비굴곡(預天鸞因泌屈穀)자등명
창뇌합계심굴언(創腦合界心屈諺)자등명
항두사중아문환(恒頭師仲兒門環)자등명
오명궁인비아모(娛明宮因泌兒模)자등명

24 마아미토길현중(碼兒彌吐吉懸重)자등명

碼 셈하다 兒 어버이에 대한 아이의 자칭(自稱) 彌 오래다 吐 드러내다 吉 아름답거나 착하거나 훌륭하다 懸 매달리다 重 무겁게 하다 왼쪽 팔 겨드랑 동맥에서 작용 5중1

25 안강물판문태반(安强物判門太般)자등명

安 좋아하다 强 성하다 物 무리 判 떨어지다 門 집안 太 통하다 般 옮기다 왼쪽 팔 위팔동맥에서 작용 5중2

26 태밀혜연길평마(太密慧然吉平碼)자등명

太 통하다 密 깊숙하다 慧 사리에 밝다 然 그렇다고 여기다 吉 아름답거나 착하거나 훌륭하다 平 바르다 碼 셈하다 왼쪽 팔 노동맥에서 작용 5중3

27 치모영현군함상(治模永現群舍相)자등명 治 관리하다 模 본보기 永 오래도록 現 나타내다 群 동아리 舍 품다 相 자세히 보다 왼쪽 팔 자동맥 혈관에서 작용 5중4

28 용시취미금행모(用始取尾今行模)자등명
用 등용하다 始 시작하다 取 의지하다 尾 등뒤 今 이에(사물을 가리키는 말) 行 달아나다 模 본보기 왼쪽 팔 손가락동맥에서 작용 5중5

왼쪽 팔 혈관에서 작용

마아미토길현중(碼兒彌吐吉懸重)자등명
안강물판문태반(安强物判門太般)자등명
태밀혜연길평마(太密慧然吉平碼)자등명
치모영현군함상(治模永現群舍相)자등명
용시취미금행모(用始取尾今行模)자등명

29 칠아폐낙골혈비(漆兒閉樂滑穴泌)자등명
漆 검은 칠 兒 어버이에 대한 아이의 자칭(自稱) 閉 단절하다 樂 좋아하다 滑 반드립다 穴 동굴 泌 세포에서 일정한 물질을 만들어 내보내다 오른쪽 팔 겨드랑이 동맥에서 작용 5중1

30 태아문혼구언금(太兒門混究偃今)자등명
太 통하다 兒 어버이에 대한 아이의 자칭(自稱) 門 집안 混 혼탁하다 究 다하다 偃 드리워지다 今 이에(사물을 가리키는 말) 오른쪽 팔 위팔동맥에서 작용 5중2

31 친사군흥왕내행(親師群興往內行)자등명
親 사이좋게 지내다 師 전문적인 기예를 닦는 사람 群 동아리 興 일으키다 往 이따금 內 들이다 行 나아가다 오른쪽 팔 노동맥에서 작용 5중3

32 오문기희영구균(娛門氣喜永究均)자등명
娛 편안하다 門 집안 氣 숨 쉴 때 나오는 기운 喜 즐거워하다 永 오래도록 究 다하다 均 조화를 이루다 오른쪽 팔 자동맥에서 작용 5중4

33 아명길광낙강교(兒明吉光樂强交)자등명

兒 어버이에 대한 아이의 자칭(自稱) 明 밝게 吉 아름답거나 착하거나 훌륭하다
光 빛나다 樂 좋아하다 强 힘이 있는 자 交 주고받고 하다

오른쪽 팔 손가락동맥에서 작용 5중5

오른쪽 팔 동맥에서 작용

칠아폐낙골혈비(漆兒閉樂滑穴泌)자등명
태아문혼구언금(太兒門混究偃今)자등명
친사군흥왕내행(親師群興往內行)자등명
오문기희영구균(娛門氣喜永究均)자등명
아명길광낙강교(兒明吉光樂强交)자등명

34 안구태미굴중낙(安究太尾屈重樂)자등명

安 좋아하다 究 다하다 太 매우 尾 흘레하다 屈 물러나다 重 무겁게 하다 樂 좋아
하다 왼쪽 다리 혈관에서 작용 4중1

35 태안분토민쾌미(太安憤吐閔快彌)자등명

太 통하다 安 좋아하다 憤 괴로워하다 吐 드러내다 閔 거엽게 여기다 快 기뻐하다
彌 오래다 왼쪽 다리 혈관에서 작용 4중2

36 아군합금현이민(兒群合今現理閔)자등명

兒 어버이에 대한 아이의 자칭 群 동아리 合 여럿이 모여 하나가 되다 今 이에(사
물을 가리키는 말) 現 나타내다 理 재판하다 閔 걱정하다
왼쪽 다리 혈관에서 작용 4중3

37 아엄궤업아장창(兒嚴櫃業兒場創)자등명

兒 어버이에 대한 아이의 자칭 嚴 임박하다 櫃 궤 業 생계 兒 어버이에 대한 아이
의 자칭 場 신을 모시는 곳 創 혼이나다 왼쪽 다리 혈관에서 작용 4중4

왼쪽 다리 혈관에서 작용

안구태미굴중낙(安究太尾屈重樂)자등명
태안분토민쾌미(太安憤吐閔快彌)자등명

아군합금현이민(兒群合今現理閔)자등명
아엄궤업아장창(兒嚴櫃業兒場創)자등명

38 얼자군행자근작(孼自群行自根作)자등명
孼 치장하다 自 자연히 群 동아리 行 나아가다 自 몸소 根 뿌리째 뽑아 없애다 作
일어나다 오른쪽 다리 혈관에서 작용 4중1

39 태사군곤아하비(太事群困兒叟泌)자등명
太 매우 事 전념하다 群 동아리 困 통하지 아니하다 兒 어버이에 대한 아이의 자
칭 叟 다스리다 泌 세포에서 일정한 물질을 만들어 내보내다
오른쪽 다리 혈관에서 작용 4중2

40 탐아민표안탁길(探兒閔表安卓吉)자등명 探 찾다 兒 어버이에 대한 아
이의 자칭 閔 가엾게 여기다 表 나타내다 安 좋아하다 卓 뛰어나다 吉 아름답거나
착하거나 훌륭하다 오른쪽 다리 혈관에서 작용 4중3

41 사오길환아금군(事娛吉環兒今群)자등명 ....2011. 10. 27일 짓다.
事 전념하다 娛 편안하다 吉 아름답거나 착하거나 훌륭하다 環 돌다 兒 어버이에
대한 아이의 자칭 今 이에(사물을 가리키는 말) 群 동아리
오른쪽 다리 혈관에서 작용 4중4

오른쪽 다리 혈관에서 작용

얼자군행자근작(孼自群行自根作)자등명
태사군곤아하비(太事群困兒叟泌)자등명
탐아민표안탁길(探兒閔表安卓吉)자등명
사오길환아금군(事娛吉環兒今群)자등명

촉수가 8개인 듯한 자등명 46개의 이름을 짓다.

1 아광항무중아길(兒光恒無重我吉)자등명
兒 어버이에 대한 아이의 자칭 光 빛나다 恒 언제나 無 말라 重 무겁게 하다 我
외고집 吉 아름답거나 착하거나 훌륭하다 중단전에서 작용

2 신평권신하구판(信平權新昆究判)자등명
信 분명히 하다 平 바르다 權 대소를 분별하다 新 처음으로 昆 다스리다 究 다하다 判 구별하다 하단전에서 작용

3 실미확만최금곡(實彌確慢最今谷)자등명
實 가득 차다 彌 오래다 確 확실하다 慢 모멸하다 最 모두 今 이에(사물을 가리키는 말) 谷 좁은 길 상단전에서 작용

4 통만침밀칠극사(通灣侵密漆極事)자등명
通 꿰뚫다 灣 활처럼 쑥 들어간 모양 侵 습격하다 密 깊숙하다 漆 검은 칠 極 남아 있지 않다 事 전념하다 척추 안쪽 같다 5중1

5 옥맹급각취사환(屋盟給各取事煥)자등명
屋 수레의 덮개 盟 취미 기호를 같이 하는 사람들 끼리의 모임 給 공급하다 各 서로 取 의지하다 事 전념하다 煥 빛나다 5중2

6 질명오탄산군희(質明悟坦産群熙)자등명
質 꾸미지 아니한 본연 그대로의 성질 明 환하게 悟 진리를 체득하다 坦 편하다 産 만들어내다 群 동아리 熙 넓히다 5중3

7 태극사환눌즉무(太極師煥訥則無)자등명
太 매우 極 남아 있지 않다. 師 전문적인 기예를 닦는 사람 煥 빛나다 訥 과묵하여 말을 경솔하게 하지 않다 則 본받다 無 금지하는 말 5중4

8 침시낙계흥첨계(侵始樂界興添系)자등명
侵 습격하다 始 시작하다 樂 좋아하다 界 사이하다 興 일으키다 添 맛을 더하다 系 이어지다 5중5

머리에서 작용

통만침밀칠극사(通灣侵密漆極事)자등명
옥맹급각취사환(屋盟給各取事煥)자등명
질명오탄산군희(質明悟坦産群熙)자등명
태극사환눌즉무(太極師煥訥則無)자등명
침시낙계흥첨계(侵始樂界興添系)자등명

9 현시무낙준길황(現始巫樂準吉況)자등명

現 나타내다 始 시작하다 巫 의사 樂 연주하다 準 평평하다 吉 아름답거나 착하거나 훌륭하다 況 비유하다 12중1

10 하아기객황식오(昰兒氣客惶識娛)자등명

昰 바로잡다 兒 어버이에 대한 아이의 자칭 氣 숨 客 한 자리의 공경받는 사람 惶 당황하다 識 명확히 하다 娛 장난치다 12중2

11 작기아천항내태(作氣兒天恒內太)자등명

作 일으키다 氣 숨 兒 어버이에 대한 아이의 자칭 天 천체의 운행 恒 언제나 변하지 아니하다 內 들이다 太 매우 12중3

12 황밀여낙희얼둔(惶密餘樂喜蘖鈍)자등명

惶 황공해하다 密 깊숙하다 餘 여유가 있다. 樂 연주하다 喜 즐거워하다 蘖 그루터기에서 돋은 움 鈍 완고하고 둔하다 12중4

13 얼단처관난아굴(蘖團處關難兒窟)자등명

蘖 그루터기 團 덩어리 處 남아서 지키다 關 기관(機關) 難 꾸짖다 兒 어버이에 대한 아이의 자칭 窟 사람이 모이는 곳 12중5

14 주아구이기향군(主我究理氣向群)자등명

主 공경대부 我 외고집 究 다하다 理 처리하다 氣 숨 수리 때 나오는 기운 群 떼지어 모이다 12중6

15 도태엄평기호문(道太嚴平氣護門)자등명

道 방법 太 매우 嚴 혹독하다 平 바로 잡다 氣 숨 쉴 때 나오는 기운 護 통솔하다 門 집안 12중7

16 초발굴어방구황(初發窟御妨究況)자등명

初 처음의 發 파견하다 窟 사람이 모이는 곳 御 짐승을 길들이다 妨 거리끼다 究 극(極) 況 비유하다 12중8

17 반안두태여굴내(般安頭太餘窟內)자등명

般 옮다 安 좋아하다 頭 맨앞 太 매우 餘 넉넉하다 窟 사람이 모이는 곳 內 들이다 12중9

18 용다기하업호군(用多氣昷業浩群)자등명

用 등용하다 多 도량이 넓다 氣 대기 昷 바로잡다 業 사업 浩 물이 넓고 넓게 흐르는 모양 群 떼 지어 모이다 12중10

19 자명진택기잔반(自明進擇氣殘搬)자등명

自 자연히 明 밝게 進 전진하다 擇 고르다 氣 대기 殘 해롭게 하다 搬 이사를 가다 12중11

20 역측득첩권엽내(易側得輒權燁內)자등명

易 교환하다 側 가 得 이득 輒 갑자기 權 저울질하다 燁 번쩍번쩍하는 모양 內 들이다 12중12

현시무낙준길황(現始巫樂準吉況)자등명
하아기객황식오(昷兒氣客惶識娛)자등명
작기아천항내태(作氣兒天恒內太)자등명
황밀여낙희얼둔(惶密餘樂喜蘗鈍)자등명
얼단처관난아굴(蘗團處關難兒窟)자등명
주아구이기향군(主我究理氣向群)자등명
도태엄평기호문(道太嚴平氣護門)자등명
초발굴어방구황(初發窟御妨究況)자등명
반안두태여굴내(般安頭太餘窟內)자등명
용다기하업호군(用多氣昷業浩群)자등명
자명진택기잔반(自明進擇氣殘搬)자등명
역측득첩권엽내(易側得輒權燁內)자등명

21 첩귀권얼금지욕(輒歸權蘗今地慾)자등명
輒 갑자기 歸 돌려보내다 權 대소를 분별하다 蘗 그루터기에서 돋은 움 今 이에 (사물을 가리키는 말) 地 처해 있는 형편 慾 욕정 머리 부분에서 작용 10중1

22 여길반항장극휴(餘吉般恒藏極休)자등명
餘 넉넉하다 吉 아름답거나 착하거나 훌륭하다 般 옮다 恒 언제나 藏 저장하다 極 남아 있지 않다. 休 그만두다 10중2

23 염주묘혼굴주군(艶住妙混窟住群)자등명

艶 부러워하다 住 거처 妙 나이가 20살 안팎이다 混 합하다 窟 사람이 모이는 곳
住 살고 있는 사람 群 떼 10중3

24 단태행귀아동친(單泰行歸兒洞親)자등명

單 오직 泰 편안하다 行 달아나다 歸 돌려보내다 兒 어버이에 대한 아이의 자칭
洞 굴 親 사이좋게 지내다 10중4

25 천비자민일기호(天泌自閔佚氣浩)자등명

天 천체의 운행 泌 세포에서 일정한 물질을 만들어 내보내다 自 자연히 閔 마음
아파하다 佚 실수 氣 대기 浩 광대한 모양 10중5

26 취미얼궤아명탐(取迷蘗軌兒明眈)자등명

取 돕다 迷 열중하여 빠지다 蘗 그루터기에서 돋은 움 軌 법도 兒 어버이에 대한
아이의 자칭 明 밝게 眈 범이 보는 모양 10중6

27 안밀자금주면태(安密自今住面泰)자등명

安 즐거움에 빠지다 密 깊숙하다 自 저절로 今 이에(사물을 가리키는 말) 住 살고
있는 사람 面 겉 泰 편안하고 자유롭다 10중7

28 지기아행낙주기(地氣兒行樂主祺)자등명

地 처해 있는 형편 氣 숨 쉴 때 나오는 기운 兒 어버이에 대한 아이의 자칭 行 돌
아다니다 樂 좋아하다 主 공경대부 祺 마음 편안한 모양 10중8

29 안태민연내전희(安泰閔緣內轉喜)자등명

安 즐거움에 빠지다 泰 편안하고 자유롭다 閔 가엽게 여기다 緣 묶음 內 들이다
轉 굴러 옮기다 喜 즐거워하다 10중9

30 억쾌무옥판기화(抑快無屋判氣和)자등명

抑 물리치다 快 병세가 좋아지다 無 금지하는 말 屋 덮개 判 흩어지다 氣 숨 쉴
때 나오는 기운 和 합치다 10중10

첩귀권얼금지욕(輒歸權蘗今地慾)자등명
여길반항장극휴(餘吉般恒藏極休)자등명
염주묘혼굴주군(艶住妙混窟住群)자등명

단태행귀아동친(單泰行歸兒洞親)자등명
천비자민일기호(天泌自閔佚氣浩)자등명
취미얼궤아명탐(取迷糵軌兒明眈)자등명
안밀자금주면태(安密自今住面泰)자등명
지기아행낙주기(地氣兒行樂主祺)자등명
안태민연내전희(安泰閔緣內轉喜)자등명
억쾌무옥판기화(抑快無屋判氣和)자등명

31 장즉비태방호언(藏卽泌泰妨浩偃)자등명
藏 품다 卽 나아가다 泌 세포에서 일정한 물질을 만들어 내보내다 泰 편안하다
妨 거리끼다 浩 광대한 모양 偃 드리워지다 중단전 부분에서 작용 10중1

32 알미공휘미얼관(斡迷工諱彌糵關)자등명
斡 빙빙 돌다 迷 열중하여 빠지다 工 물건을 만드는 일을 업으로 하는 사람 諱 두
려워하다 彌 오래다 糵 무너지다 關 기관(機關) 10중2

33 탐목내타애길휘(眈睦內他碍吉諱)자등명
眈 가까운 데를 보며 먼 곳에 뜻을 두다 睦 눈길이 온순하다 內 들이다 他 누구
碍 한정하다 吉 아름답거나 착하거나 훌륭하다 諱 두려워하다 10중3

34 아자명아창내여(兒自明兒創內餘)자등명
兒 어버이에 대한 아이의 자칭 自 저절로 明 밝게 兒 남을 낮잡아 이르는 말 創
혼이 나다 內 들이다 餘 여유가 있다 10중4

35 아명기측잠권초(兒明氣側暫券初)자등명
兒 어버이에 대한 아이의 자칭 明 환하게 氣 대기 側 가 暫 갑자기 券 확실하다
初 비로소 10중5

36 아얼호곤무자삼(兒糵浩困無自參)자등명
兒 어버이에 대한 아이의 자칭 糵 무너지다 浩 광대한 모양 困 통하지 아니하다
無 금지하는 말 自 저절로 參 뒤섞다 10중6

37 알오판물아내향(斡悟判物兒內向)자등명
斡 빙빙 돌다 悟 진리를 체득하다 判 떨어지다 兒 어버이에 대한 아이의 자칭 內
들이다 向 향하다 10중7

38 옥반협비치미준(屋般協泌治彌準)자등명

屋 덮개 般 옮기다 協 합하다 泌 세포에서 일정한 물질을 만들어 내보내다 治 평정하다 彌 오래다 準 법 10중8

39 아미최얼회역반(我彌崔嶭會易搬)자등명

我 외고집 彌 오래다 崔 높다 嶭 무너지다 會 모으다 易 교환하다 搬 이사를 가다 10중9

40 위안사마충상오(位安舍摩忠相悟)자등명

位 품위 安 즐거움에 빠지다 舍 관청 摩 쓰다듬다 忠 정성을 다하다 相 자세히 보다 悟 도리를 알다 10중10

장즉비태방호언(藏卽泌泰妨浩偃)자등명
알미공휘미얼관(斡迷工諱彌嶭關)자등명
탐목내타애길휘(眈睦內他碍吉諱)자등명
아자명아창내여(兒自明兒創內餘)자등명
아명기측잠권초(兒明氣側暫券初)자등명
아얼호곤무자삼(兒嶭浩困無自參)자등명
알오판물아내향(斡悟判物兒內向)자등명
옥반협비치미준(屋般協泌治彌準)자등명
아미최얼회역반(我彌崔嶭會易搬)자등명
위안사마충상오(位安舍摩忠相悟)자등명

41 안대화선기순군(安對和旋氣純群)자등명

安 즐거움에 빠지다 對 상대 和 서로 응하다 旋 되돌아오다 氣 대기 純 순수하다 群 떼 지어 모이다
중단전에서 하단전으로 내려오는 통로에서 작용 6중1

42 통미암견흡마황(通彌嚴見吸摩況)자등명

通 두루 미치다 彌 오래다 嚴 험하다 見 생각해 보다 吸 빨다 摩 연마하다 況 비유하다 6중2

43 숙결암풍분백쾌(宿結嚴馮紛魄快)자등명

宿 머무르다 結 열매를 맺다 嚴 험하다 馮 업신여기다 紛 어지러워진 모양 魄 달빛 快 기뻐하다 6중3

44 수시발팔곤수공(受始發捌困遂工)자등명

受 이익을 누리다 始 근본 發 떠나다 捌 깨뜨리다 困 통하지 아니하다 遂 통달하다 工 물건을 만드는 일을 업으로 하는 사람 6중4

45 숙진침공망확극(宿進侵工望確極)자등명

宿 머무는 집 進 움직이다 侵 습격하다 工 물건을 만드는 일을 업으로 하는 사람 望 멀리 내다보다 確 확실하다 極 남아 있지 않다 6중5

46 수미수품득술굉(遂彌修品得述宏)자등명 .... 2011. 10. 27 이름짓다.

遂 통달하다 彌 오래다 修 다스리다 品 품평하다 得 이득 述 해석하다 宏 광대하다 6중6

안대화선기순군(安對和旋氣純群)자등명
통미암견흡마황(通彌巖見吸摩況)자등명
숙결암풍분백쾌(宿結巖馮紛魄快)자등명
수시발팔곤수공(受始發捌困遂工)자등명
숙진침공망확극(宿進侵工望確極)자등명
수미수품득술굉(遂彌修品得述宏)자등명

촉수가 9개인 듯한 자등명 41개의 이름을 짓다.

1 희사경기사강목(喜事慶氣詞降鶩)자등명

喜 즐거워하다 事 전념하다 慶 경사스럽다 氣 숨 쉴때 나오는 기운 詞 청하다 降 적에게 항복하다 鶩 달리다 중단전에서 작용

2 역밀확농촌다문(易密確濃村多問)자등명 易 바뀌다 密 깊숙하다 確 확실하다 濃 무성하다 村 야비하다 多 포개지다 問 고하다 하단전에서 작용

3 수낙폐무가건처(隱落廢無訶建處)자등명 隱 행정 구획의 이름 落 몰락하다 廢 그만두다 無 금지하는 말 訶 책망하다 建 세우다 處 머물러 있다 상단전에서 작용

4 미쾌관폭분현관(彌快關暴噴現觀)자등명 彌 오래다 快 병세가 좋아지다
關 잠그다 暴 해롭게 하다 噴 꾸짖다 現 밝다 觀 나타내 보이다
영체(靈體)에서 작용 왼쪽 가슴 부분에서 작용 5중1

5 친덕찬무제국중(親德贊無諸鞫仲)자등명
親 사이좋게 지내다 德 행위 贊 인도하다 無 금지하는 말 諸 갈무리하다 鞫 궁
(窮)하다 仲 가운데 5중2

6 선덕사책금호무(善德獅策今淏巫)자등명
善 많다 德 덕 獅 사자 策 채찍질하다 今 이에 淏 맑다 巫 의사 5중3

7 혜발달개정방태(慧發達改定方太)자등명 慧 총명하다 發 떠나다 達 꿰
뚫다 改 새삼스럽게 定 정해지다 方 사방 太 매우 5중4

8 소내철불간천구(所內哲不間天究)자등명 所 일정한 곳이나 지역 內 안
哲 총명하다 不 아니다 間 틈 天 천체의 운행 究 극(極) 5중5

미쾌관폭분현관(彌快關暴噴現觀)자등명
친덕찬무제국중(親德贊無諸鞫仲)자등명
선덕사책금호무(善德獅策今淏巫)자등명
혜발달개정방태(慧發達改定方太)자등명
소내철불간천구(所內哲不間天究)자등명

9 중번둔태수길한(衆煩屯太邃吉旱)자등명
衆 무리 煩 번거롭다 屯 진을 치다 太 매우 邃 성취하다 吉 좋다 旱 육지 5중1

10 부우마창급존부(浮宇摩創給存溥)자등명......2011. 10. 27일 짓고
浮 둥실둥실 떠 움직이다. 宇 처마 摩 연마하다 創 혼이 나다 給 공급하다 存 가
없게 여기다 5중2

11 양둔어학호고가(陽屯馭學護高價)자등명 陽 밝다 屯 진 馭 말을 부리
는 방법 學 학자 護 통솔하다 高 높아지다 價 값있다 5중3

12 투동요대뇌고현(投洞要貸腦高現)자등명 投 증여하다 洞 동굴 要 원하다 貸 금품을 대여하다 腦 정신 高 높아지다 現 밝다 5중4

13 식대태상구피마자등명
14 청마투명윤대곡　15 아산내관계호와　16 무군현욕분근고
17 삼무책동호분굴　18 단의사포형순홍　19 다재생길표수경
20 위내혜상담굴절　21 단총암극굴환송　22 최삼굴마향양난
23 중빈명풍명강매　24 습난합얼구총만　25 책발풍견준극송
26 골약사불내풍기　27 음명납골압협군　28 판소몽재독구현
29 기태문납함극진　30 구합반곡항담설　31 암근행곡맹행범
32 행소고체상무확　33 소굴전달잔관하　34 완마태번회방패
35 진방사화우극화　36 권완창대합금환　37 여독대유방패가
38 표소등이풍당총　39 협논의비지관정　40 영대상현완분질
41 알내평안번구형 ....2011. 10. 28일 짓다.

촉수가 10개인 듯한 자등명 39개의 이름을 짓다.

1 은독합문안방구　2 예망팔부권채안　3 수밀통비공처염　4 만혈식만적생금　5 우번무타염무절　6　명두여산대판발　7 일사무맹지기계　8 위매수궁가즉영　9 단순필선대향문　10 소아체마구강다　11 상낙차사동학삼　12 응범금전오방논　13 생소중괴상군회　14 둔어진마파안강　15 약비편이밀천행　16 무채산평공훈독　17 법기풍무현동건　18 노일삼태산단팔　19 서평분물홍역구　20 상오풍권빙용정　21 방누통세혼일산　22 시합기행내절당　23 법권상약평양독　24 친두정등태수이　25 몰질도태사통삼　26 적백진복택실밀　27 잔둔주학수분극　28 삭업분급득자태　29 부춘산골투상도　30 본세무통호복관　31 보태부적무산천　32 춘반대산외발하　33 생제만풍외사독　34 별납수팽불개친　35 구소하번유친화　36 춘맹훈격친신누　37 양수전근윤구사　38 아금종선행무하　39 민추병궁유향반 .....2011. 10. 28일 짓다.

... 생략 .....

자등명 안에 6개가 있는 듯한 자등명 11개의 이름을 짓다

1 양취논사고양기 2 명상조분계자발 3 붕광월상오교창 4 불고판외해문대 5 선절구청고하말 6 반양국최사풍궁 7 논부겸홍애농아 8 단청물부홍공목 **9 심안구한낙제뇌** <u>10 도오뇌음논양행</u> <u>11 병우명타순망겸</u> ...2011. 11. 11일 짓다

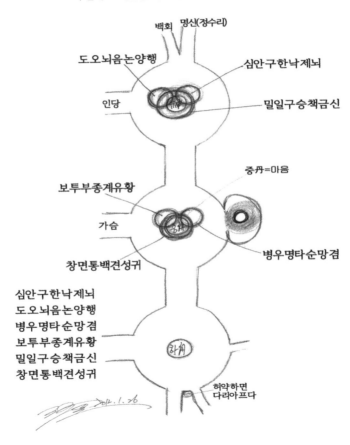

확철대오 깨달음의 자등명 진언 작용 자극점

- 481 -

자등명 안에 5개가 있는 듯한 자등명 10개의 이름을 짓다

1 선태망표보늑현 2 배적명작상즉권 3 삼절마제구항세 4 용태나상촌단관 5 동순겸사함발성 6 외군우납살결표 7 명농간서표중단 8 양고강서열확옹 9 미일노풍불노한 10 맹이공축신변소 ......2011. 11. 11일 짓다

... 생략...

위로 줄줄이 붙어 있는 듯한 3번째 자등명 4개의 이름을 짓다.

1 기계측자물진부 2 <u>보투부종계유황</u> 3 <u>밀일구승책금신</u> 4 <u>창면통백견성귀</u> ..2011. 11. 22일 짓다.

견성하도록 하는 진언

전지전능보투부종계유황자등명 마하자등명 보투부종계유황마하자등명 전지전능보투부종계유황자등명 / 전지전능밀일구승책금신자등명 마하자등명 밀일구승책금신마하자등명 전지전능밀일구승책금신자등명 / 전지전능창면통백견성귀자등명 마하자등명 창면통백견성귀마하자등명 전지전능창면통백견성귀자등명

확철대오하도록 하는 진언

전지전능심안구한낙제뇌자등명 마하자등명
전지전능도오뇌음논양행자등명 마하자등명
전지전능병우명타순망겸자등명 마하자등명

전지전능보투부종계유황자등명 마하자등명

전지전능밀일구승책금신자등명 마하자등명
전지전능창면통백견성귀자등명 마하자등명 13달

전지전능심안구한낙제뇌자등명 마하자등명 심안구한낙제뇌마하자등명
전지전능도오뇌음논양행자등명 마하자등명 도오뇌음논양행마하자등명
전지전능병우명타순망겸자등명 마하자등명 병우명타순망겸마하자등명

전지전능보투부종계유황자등명 마하자등명 보투부종계유황마하자등명
전지전능밀일구승책금신자등명 마하자등명 밀일구승책금신마하자등명
전지전능창면통백견성귀자등명   마하자등명   창면통백견성귀마하자
등명   7달

전지전능심안구한낙제뇌자등명   마하자등명   심안구한낙제뇌마하자
등명   전지전능심안구한낙제뇌자등명   /   전지전능도오뇌음논양행자
등명   마하자등명   도오뇌음논양행마하자등명   전지전능도오뇌음논
양행자등명   /   전지전능병우명타순망겸자등명   마하자등명   병우명타
순망겸마하자등명   전지전능병우명타순망겸자등명

전지전능보투부종계유황자등명   마하자등명   보투부종계유황마하자
등명   전지전능보투부종계유황자등명   /   전지전능밀일구승책금신
자등명   마하자등명   밀일구승책금신마하자등명   전지전능밀일구승책
금신자등명   /   전지전능창면통백견성귀자등명   마하자등명   창면통
백견성귀마하자등명   전지전능창면통백견성귀자등명   5달

위로 줄줄이 붙어 있는 듯한 12번째 자등명 4개의 이름을 짓다.

1 오촌비납평안방   2 배직향양기행복   3 납지위대동오금   4 계절
압사향동화 ..2011. 11. 23일 짓다

... 생략 ...

가라지는 틈이 가로3 세로3인 듯한 자등명 4개의 이름을 짓다.

1 자기통제아미호   2 상초득책인판설   3 별중유구하증분   4 아착양구청소행 ...2011. 11. 24일 짓다.

가라지는 틈이 가로2 세로2인 듯한 자등명 4개의 이름을 짓다.

1 유공사환제마측   2 순협관제구행액   3 안풍위공잔연격   4 의생풍건망은청 ...2011. 11. 24일 짓다.

가라지는 틈이 가로1 세로1인 듯한 자등명 4개의 이름을 짓다.

1 동자시도정소기   2 압혜일선직공종   3 실걸세장접서탈   4 풍유문창인마합 ...2011. 11. 24일 짓다.

자기 자신을 잘 다루도록 하는 진언

전지전능자기통제아미호자등명 마하자등명
전지전능유공사환제마측자등명 마하자등명
전지전능동자시도정소기자등명 마하자등명   5달

전지전능자기통제아미호자등명 마하자등명 자기통제아미호마하자등명 / 전지전능유공사환제마측자등명 마하자등명 유공사환제마측마하자등명 / 전지전능동자시도정소기자등명 마하자등명 동자시도정소기마하자등명   3달

전지전능자기통제아미호자등명   마하자등명   자기통제아미호마하자등명 전지전능자기통제아미호자등명 / 전지전능유공사환제마측자등명 마하자등명 유공사환제마측마하자등명 전지전능유공사환제마

측자등명 / 전지전능동자시도정소기자등명 마하자등명 동자시도정소기마하자등명 전지전능동자시도정소기자등명   1달

가라지는 틈이 가로 세로가 있는 위에 원형 자등명 4개의 이름을 짓다.

1 엄기호충존유동   2 용구초유송호좌   3 수지관향전연돈   4 애냉장향위다유 ...2011. 11. 24일 짓다.

... 생략 ...

가라지는 틈이 12개에 6개인 듯한 자등명 5개의 이름을 짓다.

1 신통유복향직소   2 사월진인병합뇌   3 중급용사유견영   4 정진유하헌접계   5 인무판수의화사   ...2011. 11. 24일 짓다.

가라지는 틈이 12개에 5개인 듯한 자등명 5개의 이름을 짓다.

1 병역하대장수광   2 반유급우홍입아   3 산걸안임쟁변의   4 곡보방위염혈도   5 모일다태서친앙 ...2011. 11. 25일 짓다.

가라지는 틈이 12개에 4개인 듯한 자등명 4개의 이름을 짓다.

1 창의통관자당청   2 승순태건역하다   3 학반평백자건홍   4 대최금흑낙인마 ...2011. 11. 25일 짓다.

가라지는 틈이 12개에 3개인 듯한 자등명 4개의 이름을 짓다.

1 회서정동처민유 2 구정격수풍비화 3 권포귀향직다재 4 풍석공중속비향 ...2011. 11. 25일 짓다.

가라지는 틈이 12개에 2개인 듯한 자등명 4개의 이름을 짓다.

1 득약계증묘잠정 2 사운호판단본질 3 두팽지화사대체 4 게의상합약균속 ...2011. 11. 25일 짓다.

가라지는 틈이 12개에 1개인 듯한 자등명 4개의 이름을 짓다.

1 일강풍번유논관 2 견청유국오화근 3 백잡낙지건휴궁 4 쟁부곡표강의휘 ...2011. 11. 25일 짓다.

타심통이 열리도록 하는 진언

전지전능신통유복향직소자등명 마하자등명
전지전능병역하대장수광자등명 마하자등명
전지전능창의통관자당청자등명 마하자등명
전지전능회서정동처민유자등명 마하자등명
전지전능득약계증묘잠정자등명 마하자등명
전지전능일강풍번유논관자등명 마하자등명   7달

전지전능신통유복향직소자등명 마하자등명 신통유복향직소마하자등명
전지전능병역하대장수광자등명 마하자등명 병역하대장수광마하자등명

전지전능창의통관자당청자등명 마하자등명 창의통관자당청마하자등명
전지전능회서정동처민유자등명 마하자등명 회서정동처민유마하자등명
전지전능득약계증묘잠정자등명 마하자등명 득약계증묘잠정마하자등명
전지전능일강풍번유논관자등명　마하자등명　일강풍번유논관마하자
등명　5달

전지전능신통유복향직소자등명　마하자등명　신통유복향직소마하자
등명　전지전능신통유복향직소자등명　/　전지전능병역하대장수광자
등명　마하자등명　병역하대장수광마하자등명　전지전능병역하대장수
광자등　/　전지전능창의통관자당청자등명　마하자등명　창의통관자당
청마하자등명　전지전능창의통관자당청자등명　/　전지전능회서정동
처민유자등명　마하자등명　회서정동처민유마하자등명　전지전능회서
정동처민유자등명　/　전지전능득약계증묘잠정자등명　마하자등명　득
약계증묘잠정마하자등명　전지전능득약계증묘잠정자등명　/　전지전
능일강풍번유논관자등명　마하자등명　일강풍번유논관마하자등명　전
지전능일강풍번유논관자등명　3달

갈라지는 틈이 12개에 줄어드는 위에 원형 자등명 4개 의 이름을 짓다.

1 편장안파사하복　　2 풍열현시회유독　　3 판사계화양반확　　4 체
비신절통묘편 ...2011. 11. 25일 짓다.

... 생략 ...

삼각형이 4개인 있는 듯한 자등명 4개의 이름을 짓다.

1 전선한구세계도　2 양단치외균약황　3 단전역통타불해　4 염책
인특식단화 ...2011. 11. 25일 짓다.

삼각형이 5개인 있는 듯한 자등명 4개의 이름을 짓다.

1 목전현금부인풍   2 책근물청통독자   3 오농수지번천정   4 찬여우묘균부정 ..2011. 11. 25일 짓다.

마음의 부자가 되도록 하는 진언

전지전능전선한구세계도자등명 마하자등명
전지전능목전현금부인풍자등명 마하자등명   9달

전지전능전선한구세계도자등명 마하자등명 전선한구세계도마하자등명
전지전능목전현금부인풍자등명   마하자등명   목전현금부인풍마하자등명   7달

전지전능전선한구세계도자등명   마하자등명   전선한구세계도마하자등명   전지전능전선한구세계도자등명 / 전지전능목전현금부인풍자등명   마하자등명   목전현금부인풍마하자등명 전지전능목전현금부인풍자등명   4달

삼각형이 6개인 있는 듯한 자등명 4개의 이름을 짓다.

1 방제송단파색복   2 호독복인기자탑   3 충표등추춘모창   4 하오시편비현용... 2011. 11. 25일 짓다.

마음의 부자가 되도록 하는 진언

전지전능전선한구세계도자등명 마하자등명
전지전능목전현금부인풍자등명 마하자등명   9달

전지전능전선한구세계도자등명 마하자등명 전선한구세계도마하자등명 / 전지전능목전현금부인풍자등명   마하자등명   목전현금부인풍마하자등명   7달

전지전능전선한구세계도자등명 마하자등명 전선한구세계도마하자
등명 전지전능전선한구세계도자등명 / 전지전능목전현금부인풍자
등명 마하자등명 목전현금부인풍마하자등명 전지전능목전현금부인
풍자등명 4달

삼각형이 6개인 있는 듯한 자등명 4개의 이름을 짓다.

1 방제송단파색복 2 호독복인기자탑 3 충표등추춘모창 4 하
오시편비현용... 2011. 11. 25일 짓다.

... 생략 ...

사각형이 5개가 있는 듯한 자등명 4개의 이름을 짓다.

1 일공사조물원곤 2 풍공대정면압태 3 하숙굉심오동지 4 하위
농유차발입 ...2011. 11. 26일 짓다.

사각형이 6개가 있는 듯한 자등명 4개의 이름을 짓다.

1 식오특석집야풍 2 화일전포방시군 3 조부장별협당전 4 체전
본청모옥통 ...2011. 11. 26일 짓다.

사각형이 7개가 있는 듯한 자등명 4개의 이름을 짓다.

1 통선중분사정도 2 편방오사쾌소엽 3 추상우자사실행 4 복입
정다상정지 ...2011.11. 26일 짓다.

사각형이 8개가 있는 듯한 자등명 4개의 이름을 짓다.

1 동사청계귀절곡 2 사헌울청견숭풍 3 의지헌관편송조 4 세훈
비무방강옥 ...2011. 11. 26일 짓다.

마음먹은 대로 원만하게 성취 이루어지도록 하는 진언

전지전능일공사조물원곤자등명 마하자등명
전지전능식오특석집야풍자등명 마하자등명
전지전능통선중분사정도자등명 마하자등명
전지전능동사청계귀절곡자등명 마하자등명   20개월

전지전능일공사조물원곤자등명 마하자등명 일공사조물원곤마하자등명
전지전능식오특석집야풍자등명 마하자등명 식오특석집야풍마하자등명
전지전능통선중분사정도자등명 마하자등명 통선중분사정도마하자등명
전지전능동사청계귀절곡자등명 마하자등명 동사청계귀절곡마하자
등명   9개월

전지전능일공사조물원곤자등명 마하자등명 일공사조물원곤마하자
등명 전지전능일공사조물원곤자등명 / 전지전능식오특석집야풍자
등명 마하자등명 식오특석집야풍마하자등명 전지전능식오특석집야
풍자등명 / 전지전능통선중분사정도자등명 마하자등명 통선중분사
정도마하자등명 전지전능통선중분사정도자등명 / 전지전능동사청
계귀절곡자등명 마하자등명 동사청계귀절곡마하자등명 전지전능동
사청계귀절곡자등명   5개월

사각형이 9개가 있는 듯한 자등명 4개의 이름을 짓다.

1 상중동가유통토 2 시인통의표견유 3 구우국편공도사   4 청분
윤하다왕공 ...2011. 11. 26일 짓다.

... 생략 ...

육각형이 1개가 있는 듯한 자등명 4개의 이름을 짓다.

1 병색마의취금승 2 오위낙정공부공 3 절피유능도안종   4 행모
원토병묘의 ...2011. 11. 26일 짓다

병에 걸렸을 때 병을 호전되게 하는 진언

전지전능병역하대장수광자등명 마하자등명
전지전능모일다태서친앙자등명 마하자등명
전지전능자원춘봉무설통자등명 마하자등명
전지전능위왕몽은죽낙복자등명 마하자등명
전지전능행모원토병묘의자등명 마하자등명   8달

전지전능병역하대장수광자등명 마하자등명 병역하대장수광마하자등명
전지전능모일다태서친앙자등명 마하자등명 모일다태서친앙마하자등명
전지전능자원춘봉무설통자등명 마하자등명 자원춘봉무설통마하자등명
전지전능위왕몽은죽낙복자등명 마하자등명 위왕몽은죽낙복마하자등명
전지전능행모원토병묘의자등명 마하자등명 행모원토병묘의마하자
등명   6달

전지전능병역하대장수광자등명 마하자등명 병역하대장수광마하자
등명 전지전능병역하대장수광자등명 / 전지전능모일다태서친앙자
등명 마하자등명 모일다태서친앙마하자등명 전지전능모일다태서친
앙자등명 / 전지전능자원춘봉무설통자등명 마하자등명 자원춘봉무
설통마하자등명 전지전능자원춘봉무설통자등명 / 전지전능위왕몽
은죽낙복자등명 마하자등명 위왕몽은죽낙복마하자등명 전지전능위
왕몽은죽낙복자등명 / 전지전능행모원토병묘의자등명 마하자등명
행모원토병묘의마하자등명 전지전능행모원토병묘의자등명   4달

육각형이 2개가 있는 듯한 자등명 4개의 이름을 짓다.

1 친행옹득정복한 2 신인청면직색형 3 시주분추황알정 4 휘단
왕창성장수 ...2011. 11, 26일 짓다.

... 생략 ...

육각형이 4개가 있는 듯한 자등명 4개의 이름을 짓다.

1 자사풍귀주측약   2 주은약화압현정   3 연체공얼풍요찬 4 오측
서관광양중 ...2011. 11. 26일 짓다.

육각형이 5개가 있는 듯한 자등명 4개의 이름을 짓다.

1 정풍문율무최학   2 앙단채서행압광   3 축근여지견공취   4 알역
청합양자전   ...2011. 11. 26일 짓다.

공을 체득하도록 하는 진언

전지전능구우국편공도사자등명   마하자등명   구우국편공도마하자등
명   전지전능구우국편공도사자등명 /   전지전능청분윤하다왕공자등
명   마하자등명   청분윤하다왕공마하자등명   전지전능청분윤하다왕공
자등명 /   전지전능삼특외붕천여지자등명   마하자등명   삼특외붕천여
지마하자등명   전지전능삼특외붕천여지자등명 /   전지전능오위낙정
공부공자등명   마하자등명   오위낙정공부공마하자등명   전지전능오위
낙정공부공자등명 /   전지전능연체공얼풍요찬자등명   마하자등명   연
체공얼풍요찬마하자등명   전지전능연체공얼풍요찬자등명 /   전지전
능축근여지견공취자등명   마하자등명   축근여지견공취마하자등명 전
지전능축근여지견공취자등명

육각형이 6개가 있는 듯한 자등명 4개의 이름을 짓다.

1 풍야엄권성오체   2 연자구도자투사   3 정신입조광최임   4 윤조
무한실귀유   ...2011. 11. 26일 짓다.

정신이 맑고 깨끗하게 깨어있도록 하는 진언

전지전능권표귀향직다재자등명 마하자등명
전지전능화정본마증종무자등명 마하자등명
전지전능정신계우청발위자등명 마하자등명
전지전능정신입조광최임자등명 마하자등명

전지전능권표귀향직다재자등명 마하자등명 권표귀향직다재마하자등명
전지전능화정본마증종무자등명 마하자등명 화정본마증종무마하자등명
전지전능정신계우청발위자등명 마하자등명 정신계우청발위마하자등명
전지전능정신입조광최임자등명 마하자등명 정신입조광최임마하자등명

전지전능권표귀향직다재자등명 마하자등명 권표귀향직다재마하자
등명 전지전능권표귀향직다재자등명 / 전지전능화정본마증종무자
등명 마하자등명 화정본마증종무마하자등명 전지전능화정본마증종
무자등명 / 전지전능정신계우청발위자등명 마하자등명 정신계우청
발위마하자등명 전지전능정신계우청발위자등명 / 전지전능정신입
조광최임자등명 마하자등명 정신입조광최임마하자등명 전지전능정
신입조광최임자등명

육각형이 7개가 있는 듯한 자등명 4개의 이름을 짓다.

1 탈심조말신인아   2 오체내시현마부   3 행종나문족사오   4 소체
성오정맥족 ...2011. 11. 26일 짓다.

... 생략....

팔각형이 3개가 있는 듯한 자등명 4개의 이름을 짓다.

1 자무선퇴부통모   2 진물토분와통뇌   3 통협비역택낙전   4 소통
농실함교항 ...2011. 11. 27일 짓다.

팔각형이 4개가 있는 듯한 자등명 4개의 이름을 짓다.

1 연급양다수음쾌 2 안계기월총심축 3 시택유극운태얼 4 준안무행운발주 ...2011. 11. 27일 짓다.

마인드 컨트롤이 잘 되도록 하는 진언

전지전능자무선퇴부통모자등명 마하자등명 자무선퇴부통모마하자등명 전지전능자무선퇴부통모자등명 / 전지전능연급양다수음쾌자등명 마하자등명 연급양다수음쾌마하자등명 전지전능연급양다수음쾌자등명

팔각형이 5개가 있는 듯한 자등명 4개의 이름을 짓다.

1 잡공원태선환수 2 자연찬사미질선 3 사자경주통용벌 4 지약친사정참공 ...2011. 11. 27일 짓다,

... 생략 ...

팔각형이 7개가 있는 듯한 자등명 4개의 이름을 짓다.

1 운육주오출복자 2 수출월안유비통 3 사영험설칠선자 4 웅통부용질시역 ...2011. 11. 27일 짓다.

팔각형이 8개가 있는 듯한 자등명 4개의 이름을 짓다.

1 윤통대소무웅두 2 상제봉책대사정 3 서자주숭증세정 4 순가동운낙사주 ...2011. 11. 27일 짓다.

팔각형이 9개가 있는 듯한 자등명 4개의 이름을 짓다.

1 축불통소안천천   2 불주연표천선하   3 신운등총운훈공   4 식종장혈음서혜 ...2011. 11. 27일 짓다.

팔각형이 10개가 있는 듯한 자등명 4개의 이름을 짓다.

1 분판낙천입서환   2 증금자선평산진   3 세첨차본수태농   4 봉택광당수추무 ...2011. 11. 27일 짓다.

팔각형이 11개가 있는 듯한 자등명 4개의 이름을 짓다.

1 성자합계미원물   2 외살종대질하객   3 풍천용발와생통   4 유포삼호도주대   ...2011. 11. 27일 짓다.

~ 한 것에 대하여 영험이 있도록 하는 진언

전지전능사영험설칠선자자등명   마하자등명   사영험설칠선자마하자등명   전지전능사영험설칠선자자등명 / 전지전능서자주숭증세정자등명   마하자등명   서자주숭증세정마하자등명   전지전능서자주숭증세정자등명 / 전지전능신운등총운훈공자등명   마하자등명   신운등총운훈공마하자등명   전지전능신운등총운훈공자등명 / 전지전능봉택광당수추무자등명   마하자등명   봉택광당수추무마하자등명   전지전능봉택광당수추무자등명 / 전지전능유포삼호도주대자등명   마하자등명   유포삼호도주대마하자등명   전지전능유포삼호도주대자등명

팔각형이 12개가 있는 듯한 자등명 4개의 이름을 짓다.

1 역통두혼불재산   2 주항동본진수한   3 봉함성택박염금   4   옹만본잔생천병 ,...2011. 11. 27일 짓다.

... 생략 ...

분열되는 위에 원형 자등명 4개의 이름을 짓다.

1 옥주병자역계선　2 서장곡윤수분단　3 송옹인봉계수주　4 송호복오중공청 ...2011. 11. 28일 짓다.

모래시계 모양같은 듯한 자등명 4개의 이름을 짓다.

1 초나청우취사공　2 법알오발내견정　3 신관측수통군위　4 오족망식자편시 ...2011. 11. 28일 짓다.

폭발이 일어났다가 멈추는 듯한 자등명 4개의 이름을 짓다.

1 묘엽정견수조학　2 생역초성탑중수　3 산체탐관두속축　4 역자귀한묘황총 ...2011. 11. 28일 짓다.

폭발하는 듯한 자등명 4개의 이름을 짓다.

1 일비정곤상완사　2 성솔관속겸내취　3 수창도뇌윤풍사　4 전파염단약정근 ...2011. 11. 28일 짓다.

폭풍이 일어나는 듯한 자등명 4개의 이름을 짓다.

1 밀실추관무우지　2 소청누속장침분　3공알편송득의풍　4 양덕육제담차결 ...2011. 11. 28일 짓다.

현재의식을 자등명으로 높이는 진언

전지전능서장곡윤수분단자등명 마하자등명 서장곡윤수분단마하자
등명 전지전능서장곡윤수분단자등명 / 전지전능법알오발내견정자
등명 마하자등명 법알오발내견정마하자등명 전지전능법알오발내견
정자등명 / 전지전능오족망식자편시자등명 마하자등명 오족망식자
편시마하자등명 전지전능오족망식자편시자등명 / 전지전능산체탐
관두속축자등명 마하자등명 산체탐관두속축마하자등명 전지전능산
체탐관두속축자등명 / 전지전능수창도뇌윤풍사자등명 마하자등명
수창도뇌윤풍사마하자등명 전지전능수창도뇌윤풍사자등명 / 전지
전능공알편송득의풍자등명 마하자등명 공알편송득의풍마하자등명
전지전능공알편송득의풍자등명

폭풍이 일어나기 시작한 자등명 4개의 이름을 짓다.

1 등내약서음동자 2 부오목금주도내 3 동순격미제총신   4 부명
물회묘유견 ...2011. 11. 28일 짓다.

.... 생략 ...

그 위에 자등명 2개의 이름을 짓다.

1 정명순유별취왕 2 성정백광판증황

그 위에 자등명 2개의 이름을 짓다.

1 압평위입성왕항 2 오설자순근정관

그 위에 자등명 2개의 이름을 짓다.

1 소관유청항정풍 2 앙곡업성평구천

땅 위로 있는 자등명과 관련된 업을 다 녹이는 진언

전지전능성정백광판증황자등명 마하자등명 정백광판증황마하자등명 전지전능성정백광판증황자등명 / 전지전능오설자순근정관자등명 마하자등명 오설자순근정관마하자등명 전지전능오설자순근정관자등명 / 전지전능앙곡업성평구천자등명 마하자등명 앙곡업성평구천마하자등명 전지전능앙곡업성평구천자등명

그 위에 자등명 2개의 이름을 짓다.

1 봉전제본종열도 2 순창전동정물통

.... 생략 ...

그 위에 자등명 1개의 이름을 짓다.

1 안정식용입광오

그 위에 자등명 1개의 이름을 짓다.

1 본성신시음종정

그 위에 자등명 1개의 이름을 짓다.

1 본복성정봉원응

그 위에 자등명 1개의 이름을 짓다.

1 상송순정인승광

그 위에 자등명 1개의 이름을 짓다.

1 묘봉상위전창오

그 위에 자등명 1개의 이름을 짓다.

1 석오광액전아위

아래 쪽 업과 업의 뿌리까지 녹이는 진언

안정식용입광오자등명
본복성정봉원응자등명
묘봉상위전창오자등명
석오광액전아위자등명
근관얼체근(根觀蘖替根)자등명
계근왕(溪根王)자등명

전지전능안정식용입광오자등명 마하자등명 안정식용입광오마하자
등명 전지전능안정식용입광오자등명 / 전지전능본복성정봉원응자
등명 마하자등명 본복성정봉원응마하자등명 전지전능본복성정봉
원응자등명

전지전능묘봉상위전창오자등명 마하자등명 묘봉상위전창오마하자
등명 전지전능묘봉상위전창오자등명 / 전지전능석오광액전아위자
등명 마하자등명 석오광액전아위마하자등명 전지전능석오광액전아
위자등명

그 위에 자등명 1개의 이름을 짓다.

1 명발사인계석응

··· 생략 ···

그 위에 자등명 1개의 이름을 짓다.

1 귀순(歸循) ....2011. 11. 30 12:36 이름짓는 걸 맺다.

근무곡극능시
근관얼체근
계경결광
신계광
계근왕
귀순(歸循)

그 위에 자등명 1개의 이름을 짓다.

1 구자등명 이름을 짓고 맞는 한자를 찾아보니
觳 깨다. 알에서 부화하려고 하는 새끼

그 위에 자등명 1개의 이름을 짓다.

1 근본(根本)자등명.. 2011. 11. 30일 15:24이름 짓다

귀순자등명 귀순(歸循) ....2011. 11. 30 12:36 이름 짓고 마지막인지 알고 끝냈는데...한자를 찾아보니 돌아올 귀(歸) 빙빙 돌다. 말하다의 순(循), 그래서 귀순(歸循)자등명이라면 끝이 아니라는 이야기라고 생각이 들어서 살펴보니 또 있는 것 같아서 이름을 지으려 하니 외자라.
외자? 무슨 자일까? 찾고 보니
구
구자등명 이름을 짓고 맞는 한자를 찾아보니
구(觳) 깨다. 알에서 부화하려고 하는 새끼
깼다. 알에서 부화하려고 하는 새끼다.
그렇다면 그 위에 또 있는 것이 아닌가 싶은 생각이 들었다.

약속한 일이 있는지라 서둘러 나가서는 운전하며 또다시 살펴보았다. 위에 또 있는 것 같았다. 일을 마치고 돌아와서 서둘러 이름을 지으려 하니 두자라. 두자? 무슨 자일까? 본성? 그러면서 찾아서 이름을 지으니 근본(根本), 또 위에 있는가 싶어서 살펴보니 더 이상은 없는 것 같다. 최초의 자등명은 자기 자신의 이름을 근본이라고 본인으로 하여금 선택하여 짓게 하였다.

근본(根本)자등명.. 2011. 11. 30일 15:24이름 짓다.

이것으로 자등명 이름을 다 지은 것 아닌가 싶다. 한 자등명에 여러 개가 딸려 있는 경우를 제외하고는 그런 것 아닌가 싶은 생각이다.

귀순자등명 아래로
계근왕자등명 아래로
신계광자등명 아래로
계경결광자등명 아래로
근관얼체근 자등명 아래...줄줄이 하나씩
그러다가 2. 3. 4. 5. 7. 8.....

3646개의 자등명 이름을 지은 것을 살펴보니 이와 같다.

본성의 빛에 올라와서 백두의 빛 자등명 이름을 2011. 08. 26일 짓고 그 이후 올라오면서 이름을 짓기 시작해서...올라온 이후에...앞서...자등명을 이름을 지으며 2011. 11. 30일로 자등명 이름짓는 것을 끝을 맺었다. 3개월 넘게 쉬지 않고 지은 것 같다. 숨돌림 틈도 없이 시간만 나면 사무실이든 집에서든 자등명 이름을 지었다. 근본(根本)자등명을 끝으로 자등명 이름 짓는 것을 끝내고 자등명 이름을 몇 개나 지었고, 어디 어디서 몇 개를 지었는지 살펴보니 아래와 같다.

색깔로 드러낼 수 있는 자등명 54개(<<**깨닫고 싶으냐 그러면 읽어라**>>란 책 188~200쪽에 상재되어 있다), 색깔로 들어낼 수 없는 자

등명 56개, 여러 자등명에 쌓여 있는 자등명 21개, 무한대에 있는 자등명 760개 = 총 891개

무한대를 뚫고 올라간 동그란 원형의 자등명 주변에 있는 174개, 오뚝이 같은 자등명 45 = 총 1110

아메바 같은 자등명 36개, 촉수가 3개인 듯한 자등명 42개, 촉수가 4개인 듯한 자등명 40개, 촉수가 5개인 듯한 자등명 42개, 촉수가 6개인 듯한 자등명 35개, 촉수가 7개인 듯한 자등명 41개, 촉수가 8개인 듯한 자등명 46개, 촉수가 9개인 듯한 자등명 41개, 촉수가 10개인 듯한 자등명 39개, 촉수가 11개인 듯한 자등명 42개, 촉수가 12개인 듯한 자등명 45개 = 449개 + 1110개 = 총 1559개

촉수인 듯한 자등명 위에 원형 자등명 20개의 이름을 짓다. = 총1579

파도 1치는 듯한 자등명 23개, 파도 2치는 듯한 자등명 28개, 파도 3치는 듯한 자등명 26개, 파도 4치는 듯한 자등명 28개, 파도 5치는 듯한 자등명 23개, 파도 6치는 듯한 자등명 29개, 파도7치는 듯한 자등명 27개, 파도 8치는 듯한 자등명 28개, 파도 9치는 듯한 자등명 29개, 파도 10치는 듯한 자등명 27개, 파도 11치는 듯한 자등명 27개, 파도 12치는 듯한 자등명 26개의 이름을 짓다. 321개 +1579개 = 총 1900개

파도치는 듯한 위에 원형 자등명 16개의 이름을 짓다. = 총 1916개

이슬방울 12개가 달라붙어 있는 자등명 18개, 이슬방울 11개가 달라붙어 있는 자등명 16개, 이슬방울 10개가 달라붙어 있는 자등명 16개, 이슬방울 9개가 달라붙어 있는 자등명 16개, 이슬방울 8개가 달라붙어 있는 자등명 16개, 이슬방울 7개가 달라붙어 있는 자등명 16개, 이슬방울 6개가 달라붙어 있는 자등명 16개, 이슬방울 5개가 달라붙어 있는 자등명 16개, 이슬방울 4개가 달라

붙어 있는 자등명 16개, 이슬방울 3개가 달라붙어 있는 자등명 16개, 이슬방울 2개가 달라붙어 있는 자등명 16개, 이슬방울 1개가 달라붙어 있는 자등명 22개, 200개＋1916＝ 총 2116개

이슬방울 달라붙어 있는 듯한 위에 원형 자등명 16개, 총2132개

자등명에 12개가 걸쳐 있는 듯한 자등명 10개, 자등명에 11개가 걸쳐 있는 듯한 자등명 12개, 자등명에 10개가 걸쳐 있는 듯한 자등명 9개, 자등명에 9개가 걸쳐 있는 듯한 자등명 9개, 자등명에 8개가 걸쳐 있는 듯한 자등명 14개, 자등명에 7개가 걸쳐 있는 듯한 자등명 17개, 자등명에 6개가 걸쳐 있는 듯한 자등명 17개, 자등명에 5개가 걸쳐 있는 듯한 자등명 15개, 자등명에 4개가 걸쳐 있는 듯한 자등명 15개, 자등명에 3개가 걸쳐 있는 듯한 자등명 15개, 자등명에 2개가 걸쳐 있는 듯한 자등명 15개, 자등명에 1개가 걸쳐 있는 듯한 자등명 16개, 164개＋2132개＝ 총2296개

자등명에 걸쳐있는 듯한 위에 원형 자등명 15개, 총 2311개

자등명 안에 12개가 있는 듯한 자등명 10개, 자등명 안에 11개가 있는 듯한 자등명 11개, 자등명 안에 10개가 있는 듯한 자등명 10개, 자등명 안에 9개가 있는 듯한 자등명 10개, 자등명 안에 8개가 있는 듯한 자등명 10개, 자등명 안에 7개가 있는 듯한 자등명 10개, 자등명 안에 6개가 있는 듯한 자등명 11개, 자등명 안에 5개가 있는 듯한 자등명 10개, 자등명 안에 4개가 있는 듯한 자등명 10개, 자등명 안에 3개가 있는 듯한 자등명 10개, 자등명 안에 2개가 있는 듯한 자등명 10개, 자등명 안에 1개가 있는 듯한 자등명 10개, 122게 ＋2311개 ＝ 총 2433개

자등명 안에 있는 듯한 위에 원형 자등명 10, 총 2443개

원형 자등명만 줄줄이 있는 듯한 첫 번째 자등명 8개, 원형 자등명만 줄줄이 있는 듯한 2번째 자등명 8개, 원형 자등명만 줄줄이 있는 듯한 3번째 자등명 8개, 원형 자등명만 줄줄이 있는 듯한 4

번째 자등명 8개, 원형 자등명만 줄줄이 있는 듯한 5번째 자등명 8개, 원형 자등명만 줄줄이 있는 듯한 6번째 자등명 8개, 원형 자등명만 줄줄이 있는 듯한 7번째 자등명 8개, 원형 자등명만 줄줄이 있는 듯한 8번째 자등명 8개, 원형 자등명만 줄줄이 있는 듯한 9번째 자등명 8개, 원형 자등명만 줄줄이 있는 듯한 10번째 자등명 8개, 원형 자등명만 줄줄이 있는 듯한 11번째 자등명 8개, 원형 자등명만 줄줄이 있는 듯한 12번째 자등명 8개, 총 96개 + 2443개 =2539개

불꽃 1개가 일어난 듯한 자등명 10개, 불꽃 2개가 일어난 듯한 자등명 10개, 불꽃 3개가 일어난 듯한 자등명 10개, 불꽃 4개가 일어난 듯한 자등명 9개, 불꽃 5개가 일어난 듯한 자등명 9개, 불꽃 6개가 일어난 듯한 자등명 9개, 불꽃 7개가 일어난 듯한 자등명 9개, 불꽃 8개가 일어난 듯한 자등명 9개, 불꽃 9개가 일어난 듯한 자등명 9개, 불꽃 10개가 일어난 듯한 자등명 9개, 불꽃 11개가 일어난 듯한 자등명 9개, 불꽃 12개가 일어난 듯한 자등명 9개, 111개 +2539개 =2650개

불꽃이 일어난 듯한 자등명 위에 원형 자등명 10개, 총 2660개

무한대 1가 있는 듯한 자등명 8개, 무한대 2가 있는 듯한 자등명 8개, 무한대 3가 있는 듯한 자등명 8개, 무한대 4가 있는 듯한 자등명 8개, 무한대 5가 있는 듯한 자등명 8개, 무한대 6가 있는 듯한 자등명 8개, 무한대 7가 있는 듯한 자등명 8개, 무한대 8가 있는 듯한 자등명 8개, 무한대 9가 있는 듯한 자등명 8개, 무한대 10가 있는 듯한 자등명 8개, 무한대 11가 있는 듯한 자등명 8개, 무한대 12가 있는 듯한 자등명 8개, 96개 +2660개=총2756개

무한대 위의 원형 자등명 7개, 총 2763개

무수히 많은 무한대 1개가 있는 듯한 자등명 7개, 무수히 많은 무한대 2개가 있는 듯한 자등명 7개, 무수히 많은 무한대 3개가 있는 듯한 자등명 7개, 무수히 많은 무한대 4개가 있는 듯한 자등명

7개, 무수히 많은 무한대 5개가 있는 듯한 자등명 7개, 무수히 많은 무한대 6개가 있는 듯한 자등명 7개, 무수히 많은 무한대 7개가 있는 듯한 자등명 7개, 무수히 많은 무한대 8개가 있는 듯한 자등명 7개, 무수히 많은 무한대 9개가 있는 듯한 자등명 7개, 무수히 많은 무한대 10개가 있는 듯한 자등명 7개, 무수히 많은 무한대 11개가 있는 듯한 자등명 7개, 무수히 많은 무한대 12개가 있는 듯한 자등명 7개, 84개 +2763개=2847개

무수히 많은 무한대 위에 원형 자등명 6개, 총 2853개

위로 하나씩 가까이 있는 듯한 1번째 자등명 6개, 위로 하나씩 가까이 있는 듯한 2번째 자등명 6개, 위로 하나씩 가까이 있는 듯한 3번째 자등명 6개, 위로 하나씩 가까이 있는 듯한 4번째 자등명 6개, 위로 하나씩 가까이 있는 듯한 5번째 자등명 6개, 위로 하나씩 가까이 있는 듯한 6번째 자등명 6개, 위로 하나씩 가까이 있는 듯한 7번째 자등명 5개, 위로 하나씩 가까이 있는 듯한 8번째 자등명 5개, 위로 하나씩 가까이 있는 듯한 9번째 자등명 5개, 위로 하나씩 가까이 있는 듯한 10번째 자등명 5개, 위로 하나씩 가까이 있는 듯한 11번째 자등명 5개, 위로 하나씩 가까이 있는 듯한 12번째 자등명 5개, 66개 +2853개=2919개

위로 하나씩 가까이 있는 듯한 자등명 위에 원형 자등명 5개, 총 2924개

연결되어 있는 듯한 1번째 자등명 5개, 연결되어 있는 듯한 2번째 자등명 5개, 연결되어 있는 듯한 3번째 자등명 5개, 연결되어 있는 듯한 4번째 자등명 5개, 연결되어 있는 듯한 5번째 자등명 5개, 연결되어 있는 듯한 6번째 자등명 5개, 연결되어 있는 듯한 7번째 자등명 5개, 연결되어 있는 듯한 8번째 자등명 5개, 연결되어 있는 듯한 9번째 자등명 5개, 연결되어 있는 듯한 10번째 자등명 5개, 연결되어 있는 듯한 11번째 자등명 5개, 연결되어 있는 듯한 12번째 자등명 5개, 60개 +2924개= 2984개

연결되어 있는 듯한 자등명 위에 원형 자등명 5개, 총 2989개

위로 줄줄이 붙어 있는 듯한 1번째 자등명 4개, 위로 줄줄이 붙어 있는 듯한 2번째 자등명 4개, 위로 줄줄이 붙어 있는 듯한 3번째 자등명 4개, 위로 줄줄이 붙어 있는 듯한 4번째 자등명 4개, 위로 줄줄이 붙어 있는 듯한 5번째 자등명 4개, 위로 줄줄이 붙어 있는 듯한 6번째 자등명 4개, 위로 줄줄이 붙어 있는 듯한 7번째 자등명 5개, 위로 줄줄이 붙어 있는 듯한 8번째 자등명 5개, 위로 줄줄이 붙어 있는 듯한 9번째 자등명 5개, 위로 줄줄이 붙어 있는 듯한 10번째 자등명 4개, 위로 줄줄이 붙어 있는 듯한 11번째 자등명 4개, 위로 줄줄이 붙어 있는 듯한 12번째 자등명 4개, 51개 +2989개=3040개

줄줄이 붙어 있는 듯한 위의 원형 자등명 4개, 총 3044개

스프링처럼 연결된 듯한 1번째 자등명 4개, 스프링처럼 연결된 듯한 2번째 자등명 4개, 스프링처럼 연결된 듯한 3번째 자등명 4개, 스프링처럼 연결된 듯한 4번째 자등명 4개, 스프링처럼 연결된 듯한 5번째 자등명 4개, 스프링처럼 연결된 듯한 6번째 자등명 4개, 스프링처럼 연결된 듯한 7번째 자등명 4개, 스프링처럼 연결된 듯한 8번째 자등명 4개, 스프링처럼 연결된 듯한 9번째 자등명 4개, 스프링처럼 연결된 듯한 10번째 자등명 4개, 스프링처럼 연결된 듯한 11번째 자등명 4개, 스프링처럼 연결된 듯한 12번째 자등명 4개, 48개+ 3044개=3092개

스프링처럼 연결된 위에 원형 자등명 4개, 총 3096개

갈라지는 틈이 가로12 세로12인 듯한 자등명 4개, 갈라지는 틈이 가로11 세로11인 듯한 자등명 4개, 갈라지는 틈이 가로10 세로10 인 듯한 자등명 4개, 갈라지는 틈이 가로9 세로9인 듯한 자등명 4개, 갈라지는 틈이 가로8 세로8인 듯한 자등명 4개, 갈라지는 틈이 가로7 세로7인 듯한 자등명 4개, 갈라지는 틈이 가로6 세로6 인 듯한 자등명 4개, 갈라지는 틈이 가로5 세로5인 듯한 자등명

4개, 갈라지는 틈이 가로4 세로4인 듯한 자등명 4개, 갈라지는 틈이 가로3 세로3인 듯한 자등명 4개, 갈라지는 틈이 가로2 세로2인 듯한 자등명 4개, 갈라지는 틈이 가로1 세로1인 듯한 자등명 4개, 48개＋ 3096개＝3144개

갈라지는 틈이 가로 세로가 있는 위에 원형 자등명 4개, 총 3148개

갈라지는 틈이 12개에 12개인 듯한 자등명 4개, 갈라지는 틈이 12개에 11개인 듯한 자등명 4개, 갈라지는 틈이 12개에 10개인 듯한 자등명 4개, 갈라지는 틈이 12개에 9개인 듯한 자등명 4개, 갈라지는 틈이 12개에 8개인 듯한 자등명 4개, 갈라지는 틈이 12개에 7개인 듯한 자등명 4개, 갈라지는 틈이 12개에 6개인 듯한 자등명 5개, 갈라지는 틈이 12개에 5개인 듯한 자등명 5개, 갈라지는 틈이 12개에 4개인 듯한 자등명 4개, 갈라지는 틈이 12개에 3개인 듯한 자등명 4개, 갈라지는 틈이 12개에 2개인 듯한 자등명 4개, 갈라지는 틈이 12개에 1개인 듯한 자등명 4개, 50개＋3148개＝3198개

갈라지는 틈이 12개에 줄어드는 위에 원형 자등명 4개, 총 3202개

삼각형이 1개인 있는 듯한 자등명 4개, 삼각형이 2개인 있는 듯한 자등명 4개, 삼각형이 3개인 있는 듯한 자등명 4개, 삼각형이 4개인 있는 듯한 자등명 4개, 삼각형이 5개인 있는 듯한 자등명 4개, 삼각형이 6개인 있는 듯한 자등명 4개, 삼각형이 7개인 있는 듯한 자등명 4개, 삼각형이 8개인 있는 듯한 자등명 4개, 삼각형이 9개인 있는 듯한 자등명 4개, 삼각형이 10개인 있는 듯한 자등명 4개, 삼각형이 11개가 있는 듯한 자등명 4개, 삼각형이 12개가 있는 듯한 자등명 4개, 48개＋3202개＝3250개

삼각형 위의 원형 자등명 4개, 총 3254개

사각형이 1개가 있는 듯한 자등명 4개, 사각형이 2개가 있는 듯한 자등명 4개, 사각형이 3개가 있는 듯한 자등명 4개, 사각형이 4개

가 있는 듯한 자등명 4개, 사각형이 5개가 있는 듯한 자등명 4개, 사각형이 6개가 있는 듯한 자등명 4개, 사각형이 7개가 있는 듯한 자등명 4개, 사각형이 8개가 있는 듯한 자등명 4개, 사각형이 9개가 있는 듯한 자등명 4개, 사각형이 10개가 있는 듯한 자등명 4개, 사각형이 11개가 있는 듯한 자등명 4개, 사각형이 12개가 있는 듯한 자등명 4개, 48개＋3254개＝3302개

사각형인 듯한 자등명 위에 원형자등명 4개, 총 3306개

육각형이 1개가 있는 듯한 자등명 4개, 육각형이 2개가 있는 듯한 자등명 4개, 육각형이 3개가 있는 듯한 자등명 4개, 육각형이 4개가 있는 듯한 자등명 4개, 육각형이 5개가 있는 듯한 자등명 4개, 육각형이 6개가 있는 듯한 자등명 4개, 육각형이 7개가 있는 듯한 자등명 4개, 육각형이 8개가 있는 듯한 자등명 4개, 육각형이 9개가 있는 듯한 자등명 4개, 육각형이 10개가 있는 듯한 자등명 4개, 육각형이 11개가 있는 듯한 자등명 4개, 육각형이 12개가 있는 듯한 자등명 4개, 48개 ＋3306개＝3354개

육각형 위에 원형 자등명 4개, 총 3358개

팔각형이 1개가 있는 듯한 자등명 4개, 팔각형이 2개가 있는 듯한 자등명 4개, 팔각형이 3개가 있는 듯한 자등명 4개, 팔각형이 4개가 있는 듯한 자등명 4개, 팔각형이 5개가 있는 듯한 자등명 4개, 팔각형이 6개가 있는 듯한 자등명 4개, 팔각형이 7개가 있는 듯한 자등명 4개, 팔각형이 8개가 있는 듯한 자등명 4개, 팔각형이 9개가 있는 듯한 자등명 4개, 팔각형이 10개가 있는 듯한 자등명 4개, 팔각형이 11개가 있는 듯한 자등명 4개, 팔각형이 12개가 있는 듯한 자등명 4개, 48개＋ 3358개＝3406개

8각형 위에 원형 자등명 4개, 총 3410개

가로3 세로 3로 분열하는 듯한 자등명 4개, 가로2 새로 2로 분열하는 듯한 자등명 4개, 가로1 새로 1로 분열하는 듯한 자등명 4

개, 분열되는 위에 원형 자등명 4개, 모래시계 모양같은 듯한 자등명 4개, 폭발이 일어났다가 멈추는 듯한 자등명 4개, 폭발하는 듯한 자등명 4개, 폭풍이 일어나는 듯한 자등명 4개, 폭풍이 일어나기 시작한 자등명 4개, 폭풍이 일어나기 전 5개로 분리된 자등명 4개, 4개로 분리된 자등명 4개, 3개로 분리된 자등명 4개, 2개로 분리된 자등명 4개, 1개가 분리된 자등명 4개,　56개＋3410개＝3466개

위에 원형 자등명 4개,　총 3470개

1개가 생겨난 듯한 자등명 3개, 떨어지기 전에 붙어 있는 자등명 3개, 떨어지기 위해서 커져 있는 자등명 3개, 점이 원이 되기 전에 자등명 3개, 점이 커진 자등명 3개, 점이 생긴 자등명 3개, 점이 생기기 이전에 원형 자등명 2개,　20개＋3470개＝3490개

그 위에 자등명 2개씩 있는 자등명 14개 ＝ 28개＋3490개＝ 3518개
그 위에 하나씩 있는 자등명 28개 ＋3518 ＝3646개

이것으로 볼 때 28번의 작용으로 29번째에 가서 최초 하나가 생겨난 것으로 보면 되지 않을까 싶다. 2011. 11. 30. 19:42

나는 누구인가요?

＊ 여기서 나라고 할 때 나는 누구나 각기 저마다 나라고 하는 나이기도 하다. 본인과 같이 이 위 세계로 스스로가 밝혀 올라왔다면 각기 저마다의 나는 본인이 밝혀 올라온 세계에서 나는 누구인가와 같다고 하겠다. 밝혀 올라오면서 참 많은 나는 누구인가? 란 글을 썼다. 그 모든 글에 나는 각기 저마다 나라고 하는 나라고 보아도 틀리지 않다고 하겠다. 다만 본인과 같이 수행하지 않아서 수행을 했음에도 본인이 밝혀 올라온 세계까지 올라오지 못해서

모를 뿐이지 스스로 밝혀 올라오면 누구나 본인이 나는 누구인가? 라고 하는 나라고 할 것이다. 밝혀 올라오면서 나는 누구인가? 라고 썼던 글 중에서 최근 글 3개만을 상재하였다.

나는 누구인가요?

아무 것도 없는 → 없고도 있고 있고 없는 곳 → 나라고 하는 하나의 상이 있으니 →이 나를 굳건히 믿고 있는 이들과 함께 스스로 있는 이가 있으니 이것이 나 자신 이렇듯 나 자신은 내가 아니라 나를 굳게 믿고 똑같이 닮아 있는 이들이 모여서 일합상을 이루고 있는 이들이 나 자신이다. 나 자신은 내가 아니다. 뿐만 아니라 나도 내가 아니라 나라고 하는 나일 뿐 내가 아니다. 나는 있고도 없고 없고 있는 것이 나이다.

나라고 하면 나라고 하는 상으로 나가 있고 나라고 하지 않을 때는 나는 어디에도 없다. 나라고 할 때 똑 닮아 있는 이들의 행이 있을 뿐이다. 이게 나 자신이다.

나 자신은 나를 닮으려고 애쓰고 노력했던 이들이 나를 닮아 나와 똑같이 된 믿음으로 나 스스로가 된 이들이 자신(自信)입니다. 이렇듯 자신은 내가 아니라 나를 닮으려고 애쓰던 이들이 나와 하나 한몸이 되고 그런 이들이 믿음이 굳건하여 나 스스로를 이루고 있는 이들이 자신입니다.

여러분 스스로가 누구든 나라고 할 때의 나는 위와 같고 나 자신이라고 할 때 자신도 위와 같습니다. 어느 세계에서 이와 같이 이루어졌을까요? 창조주 신황청 세계에서 이와 같이 이루어진 것입니다. 여러분 각기 저마다 나는 창조주 신황청 세계에서 나라고 하는 나란 상이 나란 몸이 형성 이루어졌고 이때 나를 닮아서 나와 똑같은 이들이 나를 믿고 나와 하나가 된 이들이 나 자신입니다. 이렇듯 나는 **창조주 신황청 세계** 이전에 있고도 없고 없고도 있는 존재의 나라고 할 것이 없는 존재, 존재자라고 할 것이 없는 존재가 나입니다요.

그럼 창조주 신황청 세계는 어디에 있을까요? 지구에서 본다면 본성이라고 하는 것을 1억5천 892개 이전에 있으며 이렇듯 여러분 스스로는 이와 같이 어마어마 엄청난 존재입니다. 스스로의 나들은요. 진정한 나는요. 그럼에도 이를 모르고들 지구에서 살고 있지요. 나를 이루고 있는 존재 존재자들이 누구인지도 모르고 나를 이루고 있는 이들을 나라고 하며 깨어 아는 만큼 나라고 하는 몸이란 체(體)를 나라고 하며 살고 있지요.

저마다 깨어서 아는 만큼요. 어떤 이는 육체란 몸이 나라고 하고 이 몸이 다하면 끝난다 하고, 어떤 이들은 영체(靈體) 즉 영혼이 나라고 하고, 아직까지 스스로를 자등명체(自燈明體)라고 한 이들은 없을 겁니다. 적어도 스스로 자등명체라고 알려면 적어도 인간의 몸에서 출신(出神)해서 영혼의 체가 인간의 몸 육체를 빠져나와 자등명 세계로 올라와서 자등명체를 형성 이루고 인간의 몸으로 또다시 들어왔을 때나 알 수 있으니까요. 출신한 분이 내가 하기 전까지는 출신했다고 이야기는 있지만 실질적으로 나와 같이 밝힌 이들이 없었으니. 확철대오 깨달음을 증득했다고 해봐야 영혼의 체, 영체다. 그런데 우리 인간의 몸이란 육체 안에 체는 스스로가 수행되어 올라갔다가 육체 안으로 다시 들어옴에 따라서 그 육체 안에 체는 수없이 바뀐다.

본인이 수행하여 올라오며 자등명체(自燈明體)를 1번째 시작으로 167번째 비비비비하비비비비비비휘 체(秘秘秘秘遐 秘秘秘秘秘秘輝體)를 2013. 1. 30. 12:15 "자신의 내면으로 나 찾아 들어가면 갈수록 드러나게 되는 나는 이와 같다." 글을 써 밝혀 드러내고는 끝이 없는 듯싶은 생각이 들었고 더 밝혀 봐야 의미가 없을 것 같아서 더 이상 체(體)에 대해서는 밝히지 않았었다. 그러고 나서 신영혼(神靈魂)이었던 신영혼이 계속해서 바뀌고 변하며 밝혀 올라오게 된다. 밝혀 올라오면서 신이 영이 되고 영이 혼이 되면서 새로운 신이 도래하고, 또 신이 영이 되고 영이 혼이 되면서 새로운 신이 도래하고, 그렇게 변하고 바뀌기를 수차례에 걸려서 변하고는 영으로 바뀌었던 신(神)이 신(信)으로 새로운 신(信)이 되어 드러나고 그러므로 신영혼(神靈魂)이 신(信靈魂)이 되어 신(信)이 신(神)이 되는 것까지 밝혀 드러냈었다. 이후 신(信)은 또 영이 되고 영은 혼이 되고 또 새로운 신(信)이 도래하고, 이와 같이 변하는 과정 선상에서 "英이 靈이고 信이 神이다"란 글을 써서 드러내 위 세계에서 英(영:꽃)의 열매가 靈(영)이고 信(믿음)이 신령스럽고 불가사의 한 神(신)을 만들어 냈다는 사실을 알았고, 2017. 02. 16 17:02 승숭신요류(承崇信了流)를 찾아 밝혀 드러냈고, 2017. 02. 22 19:20 처음으로 신(信)을 양산하며 神을 전부 다 信 하나로 만들어지고 주변이나 나에게는 신(神)은 없고 신(信)이 양산되고 양산된 신(信)들은 주변에 함께 있게 되었다는 소리를 들으며 밝혀 올라오면서 나를 믿고 의지 추종 맹신하고 그러다가 닮으려고 하는 이들이 드러나고 닮아서 하나 한몸이 된 이들이 드러나고 그러다가 이제는 나 자신이라고 하는 이들이 드러났다.

오늘 아침 달리면서 선사님 자신을 이루고 있는 모든 이들을 위해서 불러달라고 해서 불렀던 천천 향빛 빛천 향빛천 꽃출 향천 빛천 꽃황 출빛천 노래 (2023. 08. 12 09:13 ~ 09:20 - 00:07:39)를 들으면서 자신도 내가 아니다. 그러면서 생각이 일어났다. 자신(自信)이란 스스로를 믿는 이들로 나라고 하고 있는 이들이구나. 라는 생각이 들면서 신(神)이 →신(信)이 되고 →신(信)이 하나 한몸이 되었다가는 자신(自信)이 되어 하나로 있었구나.

와우! 자신도 내가 아니다. 그럼 나는 스스로인가? 스스로라고 해도 맞지 않습니다. 스스로도 있는 것이니까요. 라고 아침 운동 글에 썼었다. 그리고 오후가 되어서 졸려 누웠는데 생각이 일어나서 이 글을 쓰기 시작했다.

나는 있고도 없고 없고도 있다. 있는 나라고 할 때 나는 나를 닮아 있는 이들이 스스로의 자신이 되어 있는 이들로 활동을 하고 생활을 하고 있는 것이다. 스스로라고 해도 맞지 않는 나는 누구인가? 없습니다. 없다하고 보면 있습니다. 있다고 하고 보면 없습니다. 이는 누구인가요? 누구나 마찬가지로 스스로의 나는 누가 있어서 창조해 준 것이 아니라 있고도 없고 없고도 있는 나를 인식하고 의식함으로 스스로의 나를 갖음으로 인해서 나 자신이 나를 행하도록 하여서 행함으로 스스로의 나를 창조해 가는 것입니다. 이렇듯 누구나 나 자신을 어떻게 하느냐에 따라서 의식하고 인식하느냐 따라서 스스로가 스스로를 창조해 간다고 하겠습니다.

그럼 언제 진정한 나는 창조되었는가? 생겨났는가? 그것은 창조주 신황천 세계에서 창조되어 생겨났다 보시면 되겠나이다. 그럼 창조주 신황천 세계에서 누가 창조했는가요? 있고도 없고 없고도 있는 천체라고 하는 천체가 창조했고 생겨나게 했다고 보시면 되겠나이다. 천체의 근본 바탕은 지구 여기에도 있고 창조주 신황천 세계에도 있습니다. 그 비율이 어디에 더 많이 있느냐의 차이일 뿐입니다. 비율이 많은 쪽에서 창조해 생겨나게 할 가능성이 크다고 하겠습니다.

지구에는 비율이 낮아서 나라고 하는 나는 창조해 가지만 나 이외의 다른 나는 창조해 내지 못합니다. 그러나 창조주 신황천 세계 천체의 비율이 가장 높아서 나 이외의 나를 만들거나 창조하고 생겨나게 합니다. 뿐만 아니라 창조주 신황천 세계 아래서도 비율이 높은 곳에서는 그만큼 수행이 고도로 이루어진 분들에게는 나 이외의 다른 나를 창조해 생겨나게 하고 나는 새로운 일을 하거나 하던 일을 하거나 창조되어 생겨난 나는 창조되어 생겨나기 이전에 내가 하던 일을 하거나 또는 새로운 일을 하게 되거나 하게 되고 그러다가는 스스로 이 나를 창조해 생겨나게 할 수 없을 때에서는 분신을 만들어 똑같은 형식으로 일을 하게 하고, 그러다가 분신으로도 되지 않으니 복제를 만들어서 똑같은 형식으로 일을 하게 하다보니 수없이 많은 내가 창조주 신황천 세계에서 이 아래 지구에까지 분포되어 있다고 보시면 되겠나이다.

이와 같이 누구나 다 각기 저마다의 나는 내가 창조하고 생겨나게 했으며 또한 분신도 복제도 그렇게 한 것이라고 하겠습니다.

초생 세계에 올라오기까지는 모두 다 복제고 그 위로 올라와서도 복제도 있고 분신도 있으며 복제가 사라지면 분신이 수없이 있고 분신이 다 하면 그 위로 나라고 하는 나가 수없이 있는 것입니다. 나가 창조주 신황천 세계에 올라오면 더 이상 나는 없습니다. 아니 없고도 있습니다. 있고도 없습니다. 그렇게 천체입니다.

이렇듯 누구나 각기 저마다는 천체입니다. 천체의 전체이고 부분입니다. 부분이 전체고 천체입니다. 이것이 현실입니다. 가상은 또 다릅니다. 현실로 나왔을 때 이와 같고 가상에 있을 때는 누구나 복제이고 분신입니다. 나라고 하되 나라고 할 것이 없는 복제고 분신입니다.

예 이제 되었습니다. 더 이상 쓸 필요성이 없습니다요. 시간요.
2023. 08. 13 오후 6:39 부라보...

나는 누구인가?

퇴근하는 길에서 생각이 일어났다. 그래 내 카톡에 메모를 했던 것을 정리해 놓는다.

선사님 자신이 되어 스스로가 되어 닮으려 애쓰며 따라 올라오는 모든 분들을 위하여 천빛 향꽃천 천향출빛 천꽃 천황 천빛향출천 빛황 꽃천빛 노래를 불러주어야 한다고 해서 불렀다. 그럼 나는 자신도 내가 아니고 스스로도 내가 아니다. 그럼 나는 누구인가? 라는 생각이 치고 일어났다. 그래서 물었다.
자신도 내가 아니고 스스로도 내가 아니다.
그럼 나는 누구인가요?
2023. 10. 14 버스 타러 가면서 내 카톡에 메모를 했다.

[칠통 조규일] [오후 7:30] 천제입니다.
천체를 무엇이라고 해야 하나요?
무엇이라고 할 것이 없다.
[칠통 조규일] [오후 7:34] 어디서나 있는 천체일 뿐이다.
달리 무엇이라고 할 것이 없다. 천체라고 하는 것 외에는 없다.
[칠통 조규일] [오후 7:38] 달리 표현할 방법이 없다.
그냥 어디서나 천체다. 거기가 어디든, 어느 세계 세상이든 그 세계 세상에서 그냥 천체다.

버스를 타고 좌선에 앉아서 차분하게 또다시 내 카톡에 메모를 해 보았다.

[칠통 조규일] [오후 7:39] 자신도 내가 아니고 스스로도 내가 아니다. 그럼 나는 누구냐.
천체입니다.
[칠통 조규일] [오후 7:41] 대답하느니 누구신가요.
천체입니다.
그럼 천체도 내가 아니네요.

예. 선사님은 천체를 이루고 있는 속성 자체입니다.

이도 말이 언어가 그러할 뿐 아니라 하겠지요.

[칠통 조규일] [오후 7:44] 각기 저마다 나는 모두 다 그렇다고 보면 틀리지 않을 겁니다.

여기까지 내 카톡에 메모를 하였다.

나는 누구인가?

모든 이들이 새롭게 새 생명을 얻는 천빛 황꽃 천향빛 생명을 얻는 세계에 올라왔고 올라와서는 모든 생명들이 모두 다 끝이 났음에도 있는 **나는 누구냐** 물으신다면 **천향빛 황꽃 천향빛향 천빛향**이라 하겠습니다. 그렇게 천향빛 황꽃 천향빛향 천빛향이 되는 세계에 밝혀 올라왔다.

퇴근 전에 노래를 부르라고 해서 노래를 부르려고 하는데, 선사님 자신이 되어 스스로가 되어 닮으려 애쓰며 따라 올라오는 모든 분들을 위하여 천빛 향꽃천 천향출빛 천꽃 천황 천빛향출천빛황 꽃 천빛 노래를 부르란다. 그래서 노래를 불렀다. 부르라는 노래를 다 부르고 퇴근하는 길 "선사님 자신이 되어 스스로가 되어 닮으려 애쓰며 따라 올라오는 모든 분들을 위하여 노래를 부르라고 해서 불렀는데, 그럼 나는 자신도 내가 아니고 스스로도 내가 아니라는 말인데 그럼 나는 누구인가?"라는 생각이 치고 일어났다.

그래서 물었다.

자신도 내가 아니고 스스로도 내가 아니다.

그럼 나는 누구인가요?

천제입니다.

천체를 무엇이라고 해야 하나요?

무엇이라고 할 것이 없다. 어디서나 있는 천체일 뿐이다. 달리 무엇이라고 할 것이 없다. 천체라고 하는 것 외에는 없다. 달리 표현할 방법이 없다. 그냥 어디서나 천체다. 거기가 어디든.

어느 세계 세상이든 그 세계 세상에서 그냥 천체다.

자신도 내가 아니고 스스로도 내가 아니다?

그럼 나는 누구냐?

천체입니다.

대답하느니 누구신가요?

천체입니다.

그럼 천체도 내가 아니네요.

예.

선사님은 천체를 이루고 있는 속성 자체입니다.

이도 말이 언어가 그러할 뿐 아니라 하겠지요.

각기 저마다 나는 모두 다 그렇다고 보면 틀리지 않을 겁니다.

누구나 여여하게 나라고 할 것이 없이 깨어난다면 어느 세계의 세상에서는 각기 저마다의 나는 그렇다 하겠나이다.

이러한 진정한 나는 누구인가요?

천체이며 모든 속성의 실체라 하겠습니다만 이도 표현이 말이 그러할 뿐 존재해 있는 모든 세계 모든 세상에, 존재해 있는 모든 것들의 근본적 근본, 본이 본성이 본 성품이 선사님이라고 하겠습니다. 있는 모든 것의 근본, 본이며 본성이며 본 성품입니다.

어디서나 그러하다 하겠나이다.

그곳이 어디든 있는 그곳에서의 전체나 천체에서도 본이며 본성이며 본 성품이라 하겠나이다. 그곳이 어디든 간에요. 달리 무엇이라고 표현할 방법이 없고 말이 없다 하겠나이다. 있다 하면 없고, 없다 하면 있다 하겠습니다. 이것이 실체입니다. 본 성품이고요.

누구든 이것을 벗어나 있지 않고 이 안에 스스로들 있으되 또한 누구나 그러하되 무명에 덮이고 가려서는 무명에 덮히고 가려져 있는 업이란 것을 두고 나라고 하니. 각기 저마다의 나는 또한 무명에 덮이고 가려진 업만큼 각기 서로 다르게 하겠습니다요. 본, 본 성품에서 본다면 전혀 서로 간에 다름이 전혀 없다 하겠나이다.

또 있습니다. 선사님,

그것은 모두 다 선사님 품 안에 안팎의 일이라 하겠나이다.

이 모든 것들이 모두 다요.

2023. 10. 15 04:40

와~ 드디어 해결되었다.

또 있습니다, 우리는 이제 다들 갑니다요. 이제 많이 편안해지고 보다 더 행복하게 될 겁니다. 보다 더 여여하게 될 겁니다요. 여여할 것이 없을 정도로요. 부라보 킹황킹 쨍이로소이다. 부라보

천체가 대답해 주는 것으로 보면 전체하고도 대화가 가능하고 본, 본 성품, 각기 저마다의 본, 본성, 본 성품하고도 대화를 하려고 하면 대화가 가능할 거란 생각이 들었다.

그뿐만이 아닙니다. 대화하려고 하신다면 누구든 어느 세계의 세상에서 무엇을 하고 있는 이든, 무엇이든 지목하여 대화를 원하여 묻는다면 누구 하나 빠짐없이 모두 다 대화가 가능하다고 보셔도 틀리지 않을 겁니다요.

그런 나는 누구입니까?

이제 선사님 스스로가 되신 분들과 선사님 자신이 되신 분들 그리고 또 선사님을 닮아 하나 한몸이 되어 올라오시는 분들을 위해서 천향 빛천향빛 석천향출빛 빛천 꽃황출빛 황천빛 빛꽃천황 천출향 빛천향빛 노래를 불러주시면 되겠나이다.

선사님 스스로가 되신 분들과 선사님 자신이 되신 분들 그리고 또 선사님을 닮아 하나 한몸이 되어 따라 올라오시는 분들을 위해서

나 스스로도 내가 아니다. 그런 나는 누구입니까?
있는 자체 모두이고 천체이며 아닌 것 없이 모두입니다.
선사님 아닌 것이 없고 선사님이라고 해도 맞는 것이 하나도 없습니다. 보이든 보이지 않던 있는 모든 이들은 선사님의 신하라고 보시면 되겠나이다. 더 있는데요. 그것은 천체에서 떨어져 나온 자식 아닌 이들이 없다 하겠나이다.
그럼에도 그 근본 바탕을 본다면 천황빛 빛천황빛 석천향빛이라 하겠나이다.
이제 되었습니다요. 시간요. 2023. 12. 08 10:55

내 생각이라는 것 자체가 없는 것이고 일어나는 모든 생각들은 처한 상황에 따라서 몸 안팎에 존재 존재자들이 각기 저마다 이야기하는 것이다

집에서 구르기하고 아령할 때부터 이상한 생각이 들었다. 온몸 자체가 조용하다. 그냥 잔잔하다는 말이 맞는 것 같다. 아령을 하는데 가슴, 마음이란 부분에 생각이 일어나듯 일어났다가 사라진다. 집을 나서서 의식하고 걸을 때 의식이 되며 호칭을 부르고 의식이 되고 위 세계 언어들이 나왔다. 그리고 버스를 탔는데 내 생각처럼 이야기해주는 분이 **천황 빛천 황**이란다. 그래서 내 카톡에 이때부터 들리는 대로 메모를 했다. 메모는 아래와 같다.

[오전 5:26] **천황 빛천 황이** 내 생각처럼 이야기해 준다.

위 세계 언어들이 계속해서 나오니

[오전 5:27] 위 세계 언어들이 나오는데 이것은 **향출**들이 이야기하는 겁니다.

쌀과 모래, 70대 30으로 있으면 누구나 쌀이라고 하는 것과 내 생각이 70~80, 90이 영청이고 30~10을 내 생각이라고 하는 것은 백사장 같은 모래가 많은 곳 속에 영청이 70~80, 90이 영청이 쌀이 있든 있고 30~10을 내 생각이 모래처럼 있지만 모래라고 할 수 있는 무명 속에 있어서 주변이 모래이니 쌀이 많지만 내 생각이라고 하는 것인가? 라고 생각이 일어났다. 생각이 일어난 것이 아니라 우리들이 이야기한 것입니다. **천황 빛천 황**들입니다.

이와 같이 천황 빛천 황들이 마치 내 생각처럼 이야기하니.

[오전 5:29] **천빛** 속에 있어서 내 생각이라고 하는 것이다.
누가 이야기한 것인가요?
우리들은 **천황 빛천 황들**입니다.

이것을 내 카톡에 메모하는 사이 내려야 할 정거장을 지나쳤다. 그리고 한 정거장을 더 가서 내렸다. 평소 같으면 내려야 할 정거장을 지나치면 한참을 걸어야 선원을 갈 수 있어서 잘 타지 않는 버스를 오늘은 타서 내려서는 아무 생각 없이 물 같고 젤 같은 곳을 아무런 출렁임도 없이 고요한 침묵 속에서 걷는데 또 위 세계가 언어들이 나왔다. 그래서 선원으로 오면서 물었다.

[오전 5:43] 위 세계 언어는 누가 하는가요?
향천이 합니다.
지금에야 일어나는 일으키는 질문은 누가하는 겁니까.
황빛 천황 빛들이 하는 겁니다.
왜 하는 거지요.
밝혀 보기 위해서 질문하는 겁니다.

이때부터는 걸으면서 질문을 했다.

[오전 5:45] 알고 있는 것을 이야기하는 것은?
황천 빛황이 합니다. 또 있습니다. **황천 빛천 황**이 이야기하기도 하고요. 또 **향빛 천향빛**이 이야기하기도 합니다. 이렇게 알면 내 생각은 아예 없는 겁니다.

[오전 5:46] 그럼 습득은 누가하는가요?
향빛이 합니다. 보관은 **향천빛**이 합니다.
보관되어있는 것은 무의식 잠재의식인데 그럼 어디서 보관하지? 라고 하니. 이것 역시도 **황천 천향 빛**이 한 것이겠네요. 예. 당연하지요.

[오전 5:50] **향천 빛천 향**에서 보관하는 것을 무의식 잠재의식이라고 합니다. 현재 의식은 **향천**이 보관합니다. 또 있습니다. 향천이 보관했다가 **향빛 천향**이 말하는 겁니다.

[오전 5:51] 또 있는데요. **향빛 천향**이 말을 하지만 **빛천향**을 통해서 나옵니다. 빛천향을 통해서 알고 있는 것들이 나오는 것이

- 519 -

언어 즉 말입니다.

[오전 5:52] 이와 같이 언어라고 하는 말도 내가 하는 것이 아닙니다.

[오전 5:53] 이와 같이 짜여져 있을 뿐입니다. 프로그램처럼요.

[오전 5:54] 이 모든 것을 누가 하느냐 하면 자기 자신이 하는 겁니다. 국토의 왕으로서요. 자기 자신도 진정한 내가 아닌지는 알지요.

그리고 침묵하며 걸어오는데 어제 온몸을 이루고 있는 일합상의 존재 존재자 분들이 대부분이 노비 노비후생이라고 한 것이 생각이 났다 생각이 난 것이 아니라 우리들이 말한 것입니다. 우리들은 **향빛 천향빛**입니다.

[오전 5:59] 일반적으로 온몸은 노비 노비후생이 90%입니다. 그리고 천민 18% 평민이 2%됩니다. 그러니 몸은 노비 노비후생으로 만들어져 있고 음식물이라고 하는 저마다의 몸도 노비 노비후생으로 이루어져 있습니다. 먹는다고 하는 모든 음식물 역시도 거의 다가 노비와 노비후생입니다. 이 위 세계에서 보면 말입니다. 그 외에는 존재성과 관계없이 **향빛**들입니다. 그리고 <u>진정한 나 **향천 빛**이</u> 있습니다. 향천 빛은 모두를 포함하고 보듬고 있습니다. 와우! 이제 되었습니다.

[오전 6:02] 어제 모든 생각이 영청이라 하셔서 우리들 이야기드리는 겁니다. 우리들은 향빛 천향입니다. 그러니 엄밀히 말하면 <u>내 생각이라는 것 자체가 없는 것이고 모두 다들 저마다 입장에서 처한 상황에서 이야기하는 것을 내 생각이라고 하고 있는 겁니다.</u>

[오전 6:02] 또 있나요? 없습니다. 향천 빛향 해주십시오. 이제 선원으로 가십시오.

[오전 6:03] 가자. 하시면 됩니다.

가자. 그리고는 선원으로 왔다.

횡단보도를 건너 선원으로 오다가는 걸으면서 계속해서 내 카톡에 메모하는 것보다는 메모하는 것이 좋을 것 같아서 닫힌 가게 앞에 의지가 있어서 의자에 앉아서 내 카톡에 메모를 했었다.
정리하니 시간 써주십시오. 2024. 07. 06 07:15 예 이제 되었습니다요.

2024년 7월 7일 일요일

토요일 아침 출근하며 출근하며 묻고 대답을 들은 것을 **"내 생각이라는 것 자체가 없는 것이고 일어나는 모든 생각들은 처한 상황에 따라서 몸 안팎에 존재 존재자들이 각기 저마다 이야기하는 것이다."** 하고 나서부터는 고요한 침묵 속에 있다. 처음은 이상했다. 이게 뭐지 왜 이리 조용하지. 그냥 안팎이 조용하다. 생각이랄 것도 없고 누가 말하는 분들도 없고 아침 운동을 하고 선원으로 오는데도 그랬다. 그럼에도 집을 나설 때 집사람과 아무 요동 없이 말을 했다. 말하는 것을 보면 그냥 목에서 입까지지만 소리가 났다. 그 외에는 더 이상 아무 작용이 없었다. 그래서 선원으로 오는 길 일요회원분들을 의식하며 왔고 그러고 나니 또 너무 조용해서 물었다. 말은 누구하는가요? 물으니 **성황들**이 한다고 했었다. 그러면서 선원에 왔었다.

모임 중 쏴주고 나서 좌선하고 앉아 이어서 질문하며 대답을 들은 대로 내 카톡에 메모를 했다. 아래는 쏴주고 나서 좌선하고 앉아서 메모한 내용들이다.

[오후 12:10] 누가 말하는가요? 물으니 **성황들**이 말합니다.
누가 듣는가요? 물으니 **성황 빛들**이 듣습니다요.
그럼 누가 움직이게 하는가요? **성빛 황들**입니다.
누가 몸이란 일합상 온몸에 힘이 있고 건강하게 하는가요? **성출 향빛**입니다.

누가 온몸에 건강을 관장하는가요?
향빛 천향 빛향 천빛황들입니다.
또 있는가요? **향천 빛향**이라고 있습니다. 선사님께서 보고 말하게
합니다. 또 있는가요? 그럼요. 선사님을 힘들고 불편하게 하는 분
들이 있습니다.
그분들은 **성황 빛천 황빛천향들**입니다.
이분들을 어떻게 해주면 되는가요?
그냥 **향천하거라** 하시면 됩니다.
또 있는데요. 힘들고 괴로울 때 **향천 빛향 천빛향** 해주시면 편안
하게 해줄 겁니다. 온몸 일합상을 의념 의식하여서는 **향출 빛천향
하거라** 하시면 성기가 강해집니다. 그때만은 요. 또 있습니다 서게
하기 위해서 **향천 빛향**하시면 됩니다.
또 있는데요 허리가 아플 때는 **향빛 천향 빛천 향꽃천** 하십니다.
예. 이제 되었습니다. 골반이 아플 때는 **향빛**해주십시오 그러면 됩
니다.

쏴주면서 영청을 듣도록, 아니 생각이 영청이라는 사실을 알아차
리도록 한다고 위 세계로 해주었다. 각기 저마다 달랐다. 그리고
좌선하고 앉아 내 카톡에 메모를 한다고 했다.

[오후 12:35] 영청은 누가 듣는가요? **황출**이 듣습니다.
영청을 잘 듣게 하기 위해서는 어떻게 해야하나요?
황출 빛천 꽃황 천빛 천향 꽃출향빛 천향빛 하면 됩니다.
누구나 영청을 듣고 싶으면 들을 수 있게 하기 위해서는 어떻게
하면 되는가요?
그건 안 됩니다. 저마다 필요에 의해서 해야 합니다.
선사님께서 개별적으로 해주시던지요.
이만입니다.

쏴주면서 저마다 바라는 것들 소원들이 원만하게 이루어지도록 하
면서 위 세계 언어들이 나와서 나오는 대로 바라는 소원이 이루어
지도록 해준다고 해줬다. 그리고 좌선하고 앉아서 물었다.

[오후 12:54] 누가 기원해주는가요? **황천**이 기원해주는 겁니다.

쐬주면서 영청을 듣도록, 아니 생각이 영청이라는 사실을 알아차리도록 하게 해준다고 위 세계 언어로 저마다 해주었다. 그리고 좌선하고 앉아 물었다. 물은 것을 내 카톡에 메모를 한다고 했다.

[오후 1:51] 누가 생각이 일어나는 것을 "이게 영청이구나" 알아차리게 하나요?
황출 빛천 황이 "이게 영청이구나" 하고 알아차리게 합니다.

[오후 1:54] **황천 꽃황 천빛황**도 그럽니다. 또 있습니다. **향천 빛향 천빛**황도 그러고요. 또 있습니다. **향천 빛향 천빛황**도 그렇습니다. 또 있습니다. **향천 빛향 전빛황**도 그렇습니다. 또 있습니다 **향천 빛황**도 알게 합니다. 이상입니다. 와우! 드디어 해결되었다.

[오후 1:55] 이제되었습니다.
향천 빛향 천빛황이 되도록 쐬주시면 됩니다.

[오후 2:09] **향빛**도 듣는 것을 알아차리게 합니다.

모임이 끝나고 질의 응답 동영상 촬영이 끝나니 내 안에서 이제 가셔야 합니다. 이제 가십시오. 그래서 선원을 나섰다. 선원을 나서 혼자 걸으니 위 세계 언어들이 보이니 보이는 위 세계 언어들을 듣도록 소리 내어 읽는다. 그래서 물었다.

[오후 8:07] 위 세계 언어를 보고 말하는 이들은 누구인가요?
천황 빛입니다

[오후 8:08] 위 세계 언어를 보이지 않아도 위 세계 언어로 말하는 이는 누구인가요?
천황입니다.

아무 말 없이 달릴 때를 보면 숫자를 센다. 그래서 물었다.

[오후 8:11] 숫자를 세는 이들은 누구인가요?
황천들입니다.
왜 숫자를 세는 건가요?
모두를 이롭게 하기 위해서는 숫자를 세는 겁니다. 하시는 행을 숫자를 세는 겁니다.

2024년 7월 8일 월요일

집사람이 새벽반이라 집사람을 조수석에 모시고 태워다 주고 돌아오는 길에 잠시 길옆에 주차하고 내 카톡에 메모를 했다.

[오전 3:28] **향출 빛천 황들이** 경제적인 것을 담당해서 일을 합니다. 저희들을 통해서 돈이 입출입하는데 들어오게도 나가게도 해요. 우리들이 상황 봐서 그렇게 해서 돈을 많이 벌게도 적게 벌게도 합니다. 씀씀이도 크고 작게도 하고요. 또 있습니다. 우리들을 통해서 위아래 명조자도 오갑니다.

[오전 3:31] 가끔가다 혈액의 흐름이 원만하지 않은 것 같아서 원만하게 하도록 하기 위해서는 어떻게 해야하나요?
원만하지 않은 곳을 **향출 빛천 꽃황 향출**해 주어야 한다.
향출 빛천 꽃황 향출을 원만하게 하기 위해서 어떻게 해야 하나요?
향빛이 되게 해야한다.

[오전 3:47] 눈이 침침해서 물었다. 눈은 누가 관리하나요?
향출 빛천 꽃향이 눈을 관리하며 뇌도 관리한다.

[오전 3:49] 뇌 전체적으로 원만하도록 관리하는 분이 **향출 빛향 천빛**입니다.
뇌를 좋게 하려면 향출 빛향 천빛! 뇌를 맑고 깨끗하게 해주세요.
예. 이제 되었습니다.

[오전 3:50] **향출 빛향**이 있습니다. 온몸을 이롭게 합니다. 온몸

에 노비 노비후생분들을 관리합니다. 온몸에 향출도요.

[오전 3:52] 오늘은 여기까지요.
안 됩니다. **향출 빛향 천빛**도 해주십시오. 우리는 온몸에 향을 관장합니다. 온몸의 향으로 밖으로 모든 존재 존재자들을 이롭게 하소서.

[오전 3:52] 오늘은 여기까지입니다.

[오전 3:53] 운동을 해야 온몸 **향출 빛천 황**들이 활발하게 됩니다.

내 안팎에 있는 모든 존재 존재자 분들이시여!
이제 여러분이 일으키는 모든 생각들이 영청인지 알아차리도록 하여주소서.

그래서
모든 생각이 모두 다 영청으로 들을 수 있도록
황출이시여!
황출 빛천 꽃황 천빛 천향 꽃출향빛 천향빛하십시오.

그래서는
황출 빛천 황이시여!
일어나는 생각이 "이게 영청이구나" 알아차리게 하여주소서.

황천 꽃황 천빛황이시여!
일어나는 생각이 "이게 영청이구나" 알아차리게 하여주소서.

향천 빛향 천빛황이시여!
일어나는 생각이 "이게 영청이구나" 알아차리게 하여주소서.

향천 빛향 천빛황천이시여!

일어나는 생각이 "이게 영청이구나" 알아차리게 하여주소서.

향천 빛향 천빛황이시여!
일어나는 생각이 "이게 영청이구나" 알아차리게 하여주소서.

향천 빛황이시여!
일어나는 생각이 "이게 영청이구나" 알아차리게 하여주소서.

향빛이시여!
일어나는 생각이 "이게 영청이구나" 알아차리게 하여주소서.

그리고는 **칠통 조규일 선사님 천꽃 황 빛**에게 허락과 검증을 받아
주소서.

칠통 조규일 선사님 향출, 천황 빛이시여!
안팎으로 꽃천 황빛 천황빛하도록 하여주소서
그래서 영청을 쉽고 빠르게 잘 듣도록 하여주소서.
2024. 07. 08 12:06

칠통(漆桶) 조규일(曺圭一) 출간서적

시집 내 가슴에 피는 꽃
1993년(도서출판 영하 刊)

슬픔과 허무로 허우적거리는 영혼의 가슴에 파문을 일으키는 생채기 주워들고 현실 앞에 쪼그려 앉아 보이는 것에서부터 보이지 않는 것에 이르기까지 체험 속에서 벗어 낼 수 있는 한 벗어버리며 사상과 이념, 사회적 인식을 토해 형상화 하고, 사랑을 통하여 현실을 극복해 가면서 우주적이고 종교적인 차원으로 의식을 확장해 가는 모습을 보여주는 시집

명상시집 나찾아 진리찾아
빛으로 가는 길
-생의 의문에서 해탈까지-
2000년도(도서출판 오감도刊)

* 2019년 보이지 않는 영적 존재 존재자분들이 천도되어 가기 좋게 추가해서 재출간해 달라고 해서 추가해 재출간하다. *** 영적 존재 존재자분들이 이 책을 통하여 선사님 책들을 통해 공부해 갈 수 있기 때문에 추가해 출간해 달라고 부탁드린 것이었습니다.

가슴에 꽃 한 송이 품고 수행을 시작하여 깨달음을 증득할 때까지, 인간의 근본문제와 생에 대한 의문으로 오랫동안 육체 속에서 찾아 헤매었고 찾아 헤매는 동안 명상과 좌선, 행선 속 한 생각을 쫓아 생활하고, 생활하는 중에 뇌리를 스쳐 정리된 생각들을 글로 옮기고, 또한 의문이 생기는 연쇄적 의문들을 수행을 통해 밝혀 놓은 깨달음의 글 모음집.

우리 모두는 깨달아 있다
다만 그 사실을
　　　　　모르고 있을 뿐
　　　2001년(책만드는 공장刊)

깨달음을 증득하고 나서 수행하는 사람들 사이에서 다니는 이야기에 대한 글, 깨달음을 증득하고도 수행정진하며 일어난 생각들을 쓴 글들, 그리고 인터넷을 통하여 질문에 대답한 많은 글 중에서 일반인이나 수행자들이 이해하거나 받아들이기 쉽고 편한 글 엮음집

참선수행자라면 꼭 알아야 할
영(靈)적 구조와 선(禪)수행의 원리
　　　　2008년(좋은도반刊)

최초의 본성에서부터 지금에 이르기까지를 밝혀 놓았고, 인체에 해부도가 있듯이 육체 속에 있는 영혼의 구조를 밝혀 놓았다. 깨달음의 길 없는 길을 바르게 갈 수 있도록 수행자의 마음자세, 기초적 수행, 진정한 수행에서 진정한 깨달음과 본성에 대한 글 모음집

수행으로 해석한
반야심경에서 깨달음까지
　　　　2010년(좋은도반刊)

반야심경을 통한 깨달음과 깨달음을 증득하기 위하여 넘어야 할 피안의 언덕, 아뇩다라삼먁삼보리인 공의 성품, 공상(空相) 속 자등명이란 본성으로 생겨난 자성과 자성불, 자성경계 일원상의 생김과 그 이후부터 업으로 윤회하게 되기까지의 과정을 밝혀 놓았다. 어떻게 하면 무아가 되고 공의 성품이 되어 깨달음을 증득하고 자등명에 이르도록 길을 밝혀 빛으로 오도록 여러 글들을 묶어 놓았고, 깨달음

을 증득하기 위해서 오는 길에 있어서 최고의 스승은 누구이며, 최고의 스승을 찾아가는 방법은 무엇이며, 수행자가 갖추어야 할 마음자세와 영혼의 각성과 행의 실천이 갖는 중요성에 대해서 여러 글들을 묶어 놓은 책이다.

기(氣)회로도(回路圖) 도감
2011년(좋은도반刊)

높은 법(성)력의 심법으로 기(氣)운용하고 활용하여 부적(符籍)과 같고 만다라(曼陀羅)와 같으며 밀교(密敎)와도 같고 진언이나 다라니 염불과도 같도록 그린 그림을 500여점 묶어서 만든 책이다. 이 도감에 있는 기회로도를 보는 것만으로 가피를 받거나 가피력을 입어서 액난, 장애, 고통과 괴로움을 막아주고 벗어나게 해주며 치료 효과를 좋게 해준다. 수행자가 밟고 올라와야 할 수행 경지의 단계와 수행에 도움이 되도록 하는 기회로도도 많아서 수행자가 보고 수행하면 몸과 마음, 정신을 맑고 건강하게 수행이 일취월장 이루어지도록 하는 도감이다.

나의 참 자아는 빛
자등명(自燈明)이다
2012년(좋은도반 刊)

이 책은 수행하는 분들을 위하여 확철대오의 깨달음에 대하여 소상히 밝히며 깨달음의 환상, 깨달음이란 도깨비 방망이의 환상으로부터 벗어나 자등명의 세계로 올라올 수 있도록 밝힘과 양신(養神), 출신(出神)에 대한 체험과 경험을 소상하게 밝혀 드러내 놓았다. 이 책은 수행자가 아니더라도 한 번쯤 "나는 누구인가?""나의 참 자아는 무엇인가?"에 대해 스스로 질문한 경험이 있는 사람이라면, 의식 있는 사람이라면 누구나 읽어서 쉽게 생명의 근원은 자등명이란 사실을 확연히 알 수 있도록 수행의 성과를 밝혀 놓은 책이다.

수행과 건강을 위한
수인법(手印法)과
공법(功法)1권/2권
2014년(좋은도반 刊)

이 책에 상재되어 있는 수인(手印)과 공법(功法)으로 천도(薦度)도 하고 탁기 제거도 하며 건강도 회복하거나 챙기고, 수행할 때 수행이 잘되도록 하기도 하고, 부족한 기운과 에너지를 쌓거나 회복하며 수행 정진하여 올라와야 하는 세계를 수인이란 열쇠로 열고 위 세계로 올라오고 공법(功法)으로 위 세계를 시공간 없이 비행접시나 타이머신을 타고 올라오듯 날아올라 올 수 있도록 1권과 2권에 많은 위 세계가 올라오는 순서대로 수인과 공법이 연결되어 차례대로 수록되어 있는 책이다.

깨닫고 싶으냐
그러면 읽어라.
2016년(좋은도반 刊)

이 책에서는 깨달음을 확실하게 보여주고 있으며 우리들이 어디서 왔고 어디로 가는지? 수행하여 밝힌 자등명인간계에 대해 이야기한 책이다. 뿐만 아니라 반야바라다 행 길의 끝이 막혔다는 사실을 밝히고 자등명인간계로 올라가고 위 세계로 계속해 올라가는 자비바라밀행 대광(大光)의 길에 에 대해서 소상히 밝혀 놓은 책이다.

영청(靈聽)영안(靈眼)심안
(心眼) 이와 같이 열린다.
1권/ 2권
2019년(좋은도반 刊)

이 책에서는 영청 영안 심안이 열리는 각 세계에서의 방법과 영청 영안 테스트하는 세계들과 더 위 세계에서 영청 영안 심안이 열리는 세계들과 신천지인간계, 수철황인간계, 인연의 끈과 줄을 오가며 실어 나르는 존재 존재자들의 세계 및 신비의 정원에서 본성의 끌어당기는 힘, 여여, 완전 여여, 초여여, 초끝 여여의 존재 존재자들의 관련된 세계, 성황 꽃황 출 전등, 꽃황철 향 전등, 꽃황철 황 전등 등에 관하여 알려주는 책이다.

몸(肉體)이란 일합상(一合相)의
존재, 존재자들의 세계
2019년(좋은도반 刊)

이 책에서는 2018년 4월17일에서부터 ~~2018년 6월 15일까지 수행 정리하여 밝혀 올라오면서 밝혀 드러내며 썼던 글들이 모두 다 포함되어 있다. 몸이란 육체를 이루고 있는 일합상의 존재 존재자들의 세계, 본래 고향, 존재 존재자들 이상급 세계들이 상재되어 있다. 돌아가신 분들의 시신과 함께 매장하거나 화장하면 본래로 돌아가도록 하는데 너무도 좋은 책이다.

망자(亡者), 사자(死者)의
회귀서(回歸書)
2023년(좋은도반 刊)

이 책은 저승사자 천 세계에서 지구로 내려오신 저승사자분들이 당신들 일하기 좋게 <망자(亡者), 사자(死者)의 회귀서(回歸書)> 책을 만들어 달라고 해서 밝혀 올라오면서 돌아가신 분들이 본래로 돌아가도록 밝혀 드러낸 것들을 모으면서 저승사자분들이 하라는 대로 해서 책으로 출간했다. 책값도 저승사자분들이 책정해 준 대로 했다. 망자 사자 분들이 본래, 본래 고향산천로 돌아가도록 하는 책이다.